本书为

2021—2035 年国家古籍工作规划重点出版项目

简牍高质量整理出版工程项目

国家文物保护专项资金补助项目（编号 19-4-15-4200-076）

国家社会科学基金资助项目（编号 17BKG029）

"十四五"国家重点出版物出版规划项目

随州周家寨汉墓简牍

上册

湖北省文物考古研究院 编著

科学出版社

内 容 简 介

本书对湖北随州周家寨墓地21座汉墓进行了全面报道。西汉墓葬年代跨度为西汉早期后段到西汉中期，出土陶器整体面貌与襄阳地区汉墓最为接近，均以仿铜陶礼器鼎、盒、壶（钫）为主，模型明器主要是灶，日用陶器流行双耳罐和圜底瓮。按出土文字材料，周家寨墓地应与西汉桃侯国的公共墓地有关。其中M8出土一批简牍，保存良好，内容丰富，书法精美，学术价值重大，是我国近年考古出土文献的又一次重要收获。简牍主体内容为日书，经缀合、编连的总数为502枚。据简文内容分为78篇，其中57篇为原有篇题，涉及古人的衣食、居处、出行、婚嫁、农事、仕宦、生死、鬼神等社会生活与信仰方面的宜忌与选择。通过这批简牍，我们有望从术数史、风俗史、社会史等角度窥见西汉社会的若干细节。

本书可供从事考古学、秦汉史、历史地理研究人员及简牍研究者和美术工作者阅读与参考。

图书在版编目（CIP）数据

随州周家寨汉墓简牍：全2册 / 湖北省文物考古研究院编著. -- 北京：科学出版社，2025.6.
ISBN 978-7-03-079039-2

I．K877.54

中国国家版本馆CIP数据核字第2024CY7822号

责任编辑：王光明 / 责任校对：邹慧卿
责任印制：肖　兴 / 封面设计：张　放

科学出版社 出版
北京东黄城根北街16号
邮政编码：100717
http://www.sciencep.com
北京汇瑞嘉合文化发展有限公司印刷
科学出版社发行　各地新华书店经销

*

2025年6月第 一 版　　开本：787×1092　1/8
2025年6月第一次印刷　　印张：45　插页：16
字数：1 112 000
定价：1280.00元（全二册）
（如有印装质量问题，我社负责调换）

目　　录

第一章　绪言 ··· 1

 第一节　地理位置与自然环境 ·· 1

  一、地理位置 ·· 1

  二、自然环境 ·· 2

 第二节　建制沿革与文物概况 ·· 2

  一、建制沿革 ·· 2

  二、文物概况 ·· 3

 第三节　工作经过 ·· 4

第二章　墓葬概述 ··· 5

 第一节　墓地布局 ·· 5

  一、墓地范围 ·· 5

  二、墓葬分布 ·· 5

 第二节　墓葬形制 ·· 7

  一、方向 ··· 7

  二、封土与填土 ··· 7

  三、墓圹 ··· 8

  四、葬具 ··· 8

  五、葬式 ··· 8

 第三节　随葬品 ·· 8

第三章　墓葬分述 ··· 9

 第一节　西汉墓葬 ·· 9

  一、M1 ·· 9

二、M2 ··· 10

三、M3 ··· 14

四、M4 ··· 16

五、M5 ··· 18

六、M6 ··· 20

七、M7 ··· 21

八、M8 ··· 23

九、M9 ··· 41

十、M10 ··· 46

十一、M11 ··· 48

十二、M12 ··· 50

十三、M22 ··· 52

十四、M23 ··· 55

十五、M24 ··· 57

十六、M25 ··· 59

第二节　东汉墓葬 ··· 60

一、M13 ··· 60

二、M14 ··· 62

三、M16 ··· 63

四、M17 ··· 64

五、M20 ··· 64

第四章　出土简牍 ·· 66

第一节　日书 ·· 66

第二节　文书 ·· 72

第三节　告地书 ·· 72

第四节　签牌 ·· 73

第五章　分期与年代 ·· 74

第一节　西汉墓葬的类型学分析 ·· 74

一、铜器 ··· 74

二、银器 ... 75
三、铁器 ... 77
四、陶器 ... 78
五、漆木器 ... 82
六、竹制品 ... 84
七、玉石器 ... 85
八、其他质地 ... 85

第二节　西汉墓葬的组合与分组 ... 85
一、器物组合 ... 85
二、分组 ... 87

第三节　年代 ... 89
一、西汉墓葬的分期与年代 ... 89
二、东汉墓葬的年代 ... 93
三、与孔家坡墓地的年代整合 ... 93

第六章　结语 ... 96

附表 ... 101
附表一　周家寨汉墓形制登记表 ... 101
附表二　周家寨汉墓随葬品登记表 ... 103

附录 ... 105
附录一　随州周家寨简牍的清理与保护 ... 105
附录二　随州周家寨汉墓M8出土木材研究 ... 111
附录三　随州周家寨汉墓M8出土植物遗存研究 ... 122
附录四　随州周家寨墓地金属器检测报告 ... 129
附录五　随州周家寨汉墓M8出土石砚残留墨迹的初步分析 ... 146

后记 ... 152

插 图 目 录

图一　　周家寨墓地位置示意图 ·· 1
图二　　周家寨墓地与孔家坡墓地分布总图 ·· 6
图三　　M1平、剖面图 ·· 10
图四　　M1随葬器物 ·· 11
图五　　M2平、剖面图 ·· 12
图六　　M2随葬陶器 ·· 13
图七　　M2随葬铜、铁器 ··· 14
图八　　M3平、剖面图 ·· 15
图九　　M3随葬器物 ·· 16
图一〇　M4平、剖面图 ·· 17
图一一　M4随葬陶器 ·· 17
图一二　M5平、剖面图 ·· 19
图一三　M5随葬陶器 ·· 19
图一四　M6平、剖面图 ·· 20
图一五　M6随葬陶器 ·· 21
图一六　M7平、剖面图 ·· 22
图一七　M7随葬陶器 ·· 22
图一八　M8平、剖面图 ·· 23
图一九　M8棺椁结构复原示意图 ·· 24
图二〇　M8棺椁三维复原效果图 ·· 25
图二一　M8椁结构分解图 ··· 27
图二二　M8棺结构分解图 ··· 28
图二三　M8随葬器物分布图 ··· 29
图二四　M8出土陶器 ·· 30
图二五　M8出土漆木耳杯 ··· 32
图二六　M8出土木俑 ·· 33
图二七　M8出土漆木器 ·· 35
图二八　M8出土漆木器 ·· 36
图二九　M8出土漆木器 ·· 37
图三〇　M8出土木器 ·· 38
图三一　M8出土竹筒形器 ··· 39
图三二　竹简（M8∶61-1）编连位置示意图 ··· 40

图三三	M8出土竹器、简牍文具及其他类器物	41
图三四	M9平、剖面图	43
图三五	M9随葬陶器	44
图三六	M9随葬铜、银、铁、漆木、玉器	45
图三七	M10平、剖面图	47
图三八	M10随葬器物	48
图三九	M11平、剖面图	49
图四〇	M11随葬陶器	50
图四一	M12平、剖面图	51
图四二	M12随葬陶瓮（M12：1）	51
图四三	M22平、剖面图	53
图四四	M22随葬器物	54
图四五	M23平、剖面图	55
图四六	M23随葬陶器	56
图四七	M24平、剖面图	57
图四八	M24随葬陶器	58
图四九	M25平、剖面图	59
图五〇	M25随葬陶器	60
图五一	M13平、剖面图	61
图五二	M13随葬器物	62
图五三	M14平、剖面图	62
图五四	M16平、剖面图	63
图五五	M16随葬陶灶（M16：1）	63
图五六	M17平、剖面图	64
图五七	M20平、剖面图	65
图五八	M20随葬陶瓮（M20：1）	65
图五九	铜锏、盆	75
图六〇	铜镜	76
图六一	铜勺	76
图六二	铜、银器	77
图六三	陶鼎	79
图六四	陶盒	79
图六五	陶壶	80
图六六	陶瓮	81
图六七	陶双耳罐	82
图六八	陶灶	83
图六九	陶器分组图	88
图七〇	孔家坡M16、M8与周家寨M8器物比较图	90

插 表 目 录

表一	M8棺椁尺寸统计表	26
表二	M8漆木耳杯尺寸统计表	31
表三	M8木俑尺寸统计表	33
表四	M8竹筒形器尺寸统计表	37
表五	铜、铁器型式表	86
表六	陶器型式表	86
表七	周家寨墓地与孔家坡墓地西汉墓葬分组对应表	94
表八	周家寨M8与孔家坡M8随葬器物比较表	98

彩 版 目 录

彩版一　勘探发掘现场

彩版二　发掘与整理现场

彩版三　M8、M25

彩版四　M8椁室

彩版五　M8出土器物

彩版六　M8出土器物

彩版七　M2、M8、M9出土器物

彩版八　M11、M22、M24

图 版 目 录

图版一　　M1、M24出土器物

图版二　　M2

图版三　　M2、M4出土器物

图版四　　M3、M4

图版五　　M3出土器物

图版六　　M5～M7

图版七　　M5～M7出土陶器

图版八　　M8出土陶器

图版九　　M8出土漆耳杯

图版一〇　M8出土木耳杯

图版一一　M8出土木器

图版一二　M8出土漆木器

图版一三　M8出土漆木竹器

图版一四　M8出土木器

图版一五　M8出土器物

图版一六　M8出土遗物

图版一七　M9

图版一八　M9出土器物

图版一九　M10、M12、M13

图版二〇　M9～M11出土器物

图版二一　M11、M22出土器物及M22椁底垫木

图版二二　M22出土器物

图版二三　M22、M23出土器物

图版二四　M23、M24出土陶器

第一章 绪 言

第一节 地理位置与自然环境

一、地 理 位 置

周家寨墓地位于湖北省随州市曾都区周家寨村八组、九组及孔家坡社区一组,中心地理坐标为北纬31.74°,东经113.38°,高程78.45米。墓地位于市区西北郊,向南约5千米为㴚水,西约1.5千米有㴌水向南注入㴚水。墓地分布在一略呈西北—东南走向的不规则岗地上(现为季梁大道),西为曾都二中,东为大顾家塆,北边为一条沟地,南边为低洼的水塘地(图一;彩版一)。

随州是湖北省下辖地级市,位于湖北省北部,为全国历史文化名城,素有"鄂北明珠"之称。随州地处长江流域和淮河流域的交汇地带,东承我国中部中心城市武汉,西接省域副中心城市襄阳,北临河南省南阳市、信阳市,南面与荆门的京山市、钟祥市相连,地当荆豫要冲,势扼汉襄咽喉。

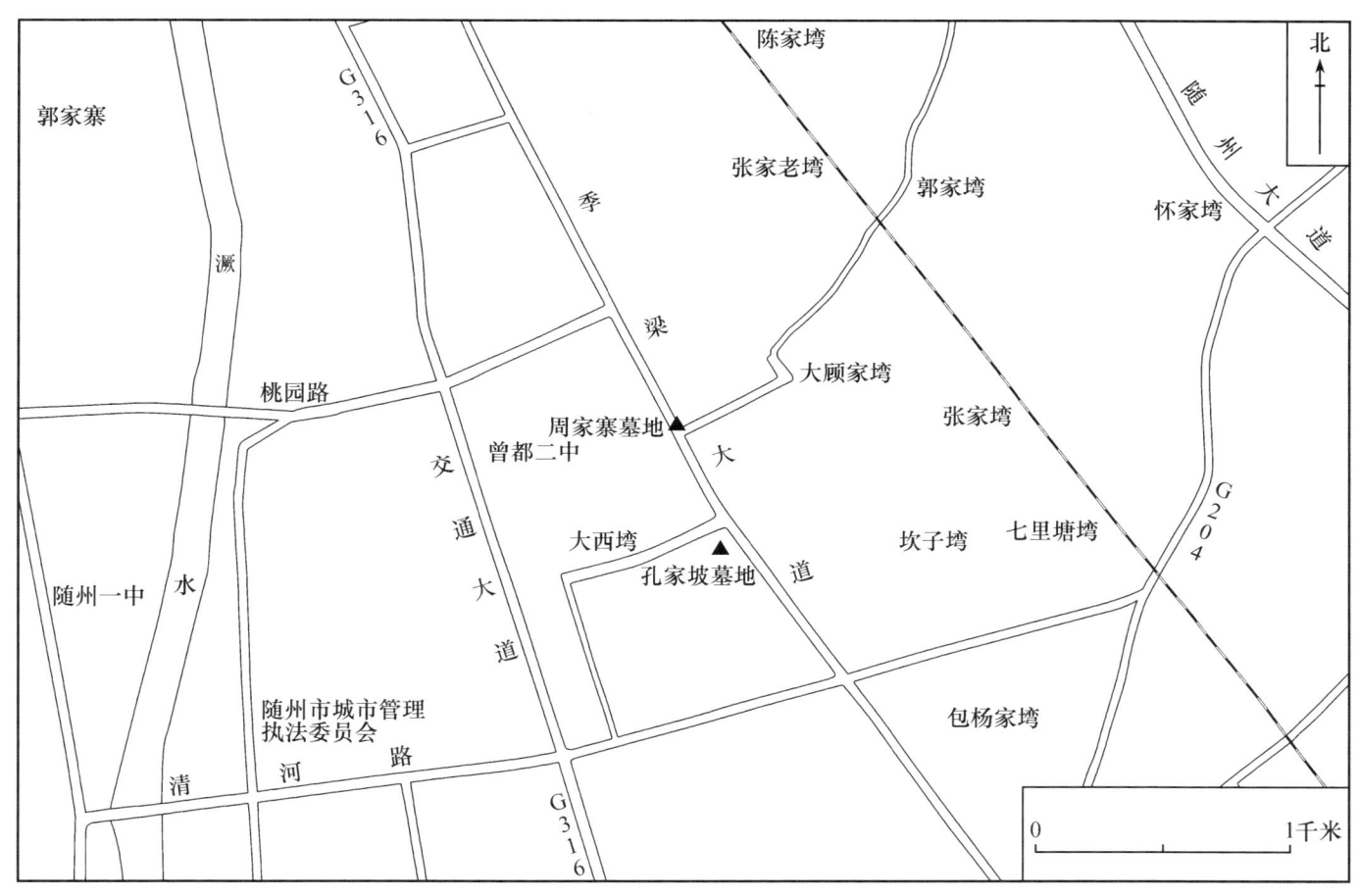

图一 周家寨墓地位置示意图

二、自然环境

随州处于中纬度季风环流区域的中部，属于北亚热带季风气候。因受太阳辐射和季风环流的季节性变化影响，气候温和，四季分明，光照充足，雨量充沛，无霜期较长，严寒酷暑时间较短。

随州东、南、北三面环山，东有大贵山、四望山，南有大洪山，北有桐柏山，地势由南、北渐向中部微缓倾斜。最高点为北部太白顶，海拔1140米，最低点为东南涢水出境处的河床，海拔47米。境内山脉以大洪山和桐柏山为脉，呈西北—东南向分布，南、北、西部为海拔200米左右的低山丘陵，中部为海拔百米以下的陂陀岗地，东南一隅为海拔60米左右的平川。全市地貌类型可分为五大区：第一区为分布于草店东北及西北部祖师顶、玉皇顶、双峰、三道河一带和七尖峰的花岗岩体组成的花岗岩地形；第二区为分布在太白顶以南的合河、天河口、王子成、东王庙一带的太古代桐柏群片麻岩、混合岩和万和、高城、新中、吴山、联强、倒峡、封江口一带的元古宙应山群山的片岩、千枚岩、片麻岩以及洪山、尚店、何店、洛阳一带的元古宙应山群的变质凝灰岩、硬砂岩、火山碎屑岩等组成的地形，这一区的北部为中低山地形，向南过渡为低山丘陵及丘陵地形；第三区系侵入太古宙桐柏群和元古宙应山群的一套变质岩系中的基性岩及超基性岩体，如辉长岩、辉绿岩、角闪岩、玄武岩等，风化后形成的丘陵地形；第四区为万福店、华宝、厉山、澴潭、均川、新街、尚市、淅河、大堰坡等地的大片白垩纪-新生代紫红色砾岩、红棕色砂砾岩、砂岩组成的丘陵地形及低立岗地地形；第五区为涢水、府河、溠水、浪水、漂水等河流及其支流两侧的一、二级阶梯或高河漫滩组成的平原或准平原地形。

随州山高，多为河流源头，百川外流，仅一水入境。全市知名的常流河有139条，呈叶脉状遍布全境。其中以涢水为最，源于大洪山北麓，境内流长194千米，流域面积1940余平方千米。涢水、均水、大富水、漳河等皆源于大洪山。桐柏山区地表径流呈叶脉状汇成五支，同源别流。其北麓以太白顶为中心，东流入淮，汇泗沂入东海；西流入澧，汇汉水入长江；其南麓溠、溠、漂三流平行排列汇涢水亦入长江。境内溠水、溠水、漂水、均水、浪水系涢水的五大支流。此外，龙潭河、红石河、小林河、二道河、三道河等向北流，注入淮河；大富水、漳水等向南流，注入汉水。

第二节　建制沿革与文物概况

一、建制沿革

随州以古随国而得名。春秋分属随、厉、唐三国。战国中期，楚灭随建县，直至秦灭楚，隶属南阳郡，西汉置随县。晋设义阳郡，南北朝改设随阳郡，后又改为随郡、北随郡。北周设汉东、义阳二郡。西魏随升为州，辖郡、县。隋仍设州，后废州设汉东郡。唐改郡为随州。宋、元仍为随州。民国后废州为县，抗战时期，国民政府湖北省三专区公署设在随县。

1949年，属孝感专区。1952年，属襄阳专区。1970年，属襄阳地区。1979年，随县城关镇从随县划出，成立县级随州市，均属襄樊市（今襄阳市）。1983年，撤销随县，并入县级随州市，属襄樊市。1983年，国务院批准撤销随县，将襄樊市随县的行政区域并入随州市（县级）。1994年，湖北省政府将随州市由襄樊市管辖改为省辖（县级）。

2000年6月25日，经国务院批准，撤销省直辖县级随州市，设立地级随州市。市人民政府驻新设立的曾都区；随州市设立曾都区，以原县级随州市的行政区域为曾都区的行政区域。2009年5月，在随州市曾都区区划范围内，划出部分乡镇成立随县，曾都区继续保留。

二、文物概况

随州文物资源丰富，从旧石器时期一直到明清时期，古文化、古文明遗存均有分布。

1957年在随州城郊发现的旧石器，证明早在旧石器时期，就有人类在这块土地上活动。

随州境内的新石器时期遗址遍布全市，目前已知的有屈家岭文化和石家河文化两个大的发展阶段。1957年发现的随县三里岗冷皮垭屈家岭文化遗址距今约5000年，石家河文化的淅河西花园遗址距今约4400年。此外经过发掘的新石器时期遗址还有金鸡岭和佘家老垸遗址等。

商文化遗址和墓葬在随州境内发现较多，重要的发现有淅河庙台子、万店点将台、均川黄土岗、广水余店古城畈、长岭周家湾等遗址。淅河梁家台发现的商代墓葬，出土了一批青铜生产工具和酒器，广水长岭还发现了一件商代兽面纹铜鼎。

西周时期文化遗存比商代遗存明显增多，分布更为广泛，重要的遗址和墓葬有曾都区北郊两水沟王家塝遗址、何店陈家畈遗址、随县万和新城下园子遗址、庞家岗村郑家岗遗址、环潭戴家台遗址、三里岗窑田遗址、安居羊子山西周古墓群、均川熊家老塆墓地等。近年发掘的叶家山古墓群，出土了大批西周时期的青铜器，是江汉地区西周考古的一次重大考古发现，被评为"2011年度全国十大考古新发现"。

东周时期遗址在随州地区发现得较多，主要有随县草店柯家寨龙王庙遗址、环潭加屋塆遗址、洪山周家嘴望洪店遗址、三里岗常安村乌龟颈遗址等。随州春秋战国时期的墓葬发现较多，较为重要的有曾都区东城义地岗古墓群、擂鼓墩古墓群、枣树林春秋曾国墓地，随县安居桃花坡古墓群、均川刘家崖古墓群、广水吴店大块地古墓群、应山前河彭家塆古墓群等。这些墓群有些经过正式发掘，出土文物数量较多，其文化性质主要属于中原文化系统，战国中晚期带有一定的楚文化因素。其中，枣树林春秋曾国墓地还被评为"2019年度全国十大考古新发现"。随州出土的商周时期青铜器多有铭文，铭文中国名主要有曾、楚、陈、黄、鄂、随等，这对研究随州境内古代诸侯国及其相互关系具有可靠的史料价值，曾侯乙墓出土的大批精美青铜器，尤其是曾侯乙尊盘、鉴缶、编钟等，体现了当时高超的青铜冶炼和铸造技术。

两汉时期遗址和墓葬在随州各区县都有发现，分布十分广泛。重要的有曾都区北郊曹家湾遗址、万店老店子遗址、府河清筑城遗址、随县新城界牌口遗址、韩河遗址、万和三房湾遗址、唐镇罗家湾遗址、厉山古城岗遗址、广水市吴店王子山遗址、曾都区北郊孔家坡汉墓群、城北文化宫汉墓、安居棉花采购站汉墓、唐镇鲁城河汉墓、厉山王岗墓子堰汉墓群等。西汉墓多为土坑墓，已发掘的汉墓中出土了一批漆木器、简牍、铜器及陶模型器和楚国金币"郢爯"等。东汉墓多盛行砖室券顶墓，多用小砖砌筑，在随县的唐镇还发现东汉画像砖、石墓，出土文物多见明器及陶模型器。

三国、隋唐时期墓葬在随县唐镇、曾都区洛阳镇都有所发现，多为砖室墓，出土陶器、瓷器和金银器等。

宋明时期墓葬在随州曾都区何店，随县唐镇张家塆、环潭九里岗、杨家塆，广水平林江家塆等地都有发现，这些墓葬多为砖室券顶墓，出土陶器、瓷器和钱币等[①]。

---

① 随州市博物馆：《随州文物志》，武汉大学出版社，2020年。

第三节　工作经过

2014年初，在随州市世纪大道（现季梁大道，下同）工程及周家寨还建小区的建设过程中，新发现了多座古墓，施工单位随即通知了文物部门。按照湖北省文物局的指示，湖北省文物考古研究所（现湖北省文物考古研究院，下同）随即对该墓地进行了勘探，确认这是一处以汉代墓葬为主的古墓群。为配合工程项目建设，支援当地经济发展，同时也为保护该墓地丰富的文物资源，湖北省文物考古研究所向国家文物局申请发掘，在发掘执照获批后，和随州市曾都区考古队组成联合考古队，于2014年9月至2015年1月对该墓地进行了勘探与抢救性发掘，完成了施工范围内所有墓葬的勘探与发掘工作（彩版一；彩版二，1）。本次联合考古队由湖北省文物考古研究所罗运兵任领队，史德勇任执行领队，参加工作的人员有凡国栋、蔡丹、郝勤建、余乐、李玲、卫扬波、赵军、左德田、周立庆、郑文、余霜、周文银、张清荣、万贤才、符德明、曾令斌等。

发掘工作结束后，随即转入室内整理阶段。该批墓葬资料的整理工作主要分为两部分，陶器、漆木器、青铜器等器物的整理修复工作在随州市博物馆进行，参加人员有罗运兵、史德勇、罗娟、余霜、郑文、张清荣、万贤才、周文银等；竹简的文保工作及简文缀合释读等工作在湖北省博物馆进行，参加人员有李天虹、罗运兵、史德勇、凡国栋、蔡丹、李玲、卫扬波等（彩版二，2、3）。简牍清理与保护的报告由湖北省文物考古研究所卫扬波负责完成。周家寨墓地M8出土了一批植物种子，由中国社会科学院研究生院唐丽雅博士（现为西北大学文化遗产学院副教授）鉴定，并完成了相关鉴定报告的编写工作。M8木材研究工作由中国社会科学院考古研究所王树芝研究员负责，并完成了相关鉴定报告的编写工作。另外，湖北省博物馆江旭东研究员负责完成出土金属器的检测工作，武汉大学李洋副教授完成了石砚检测工作。

鉴于周家寨墓地出土了一大批重要的随葬器物，尤其是内容丰富的竹简，在考古资料整理的基础上，湖北省文物考古研究所于2017年将周家寨墓地考古报告作为课题，申请了国家社会科学基金并获得立项，课题编号为17BKG029，随后由课题负责人罗运兵带领课题组成员史德勇、凡国栋、蔡丹等共同完成了周家寨墓地报告的编写工作，2022年提交结项，等级为优秀。2022年，报告列入"2021—2035年国家古籍工作规划重点出版项目（第一批）"。

本报告由湖北省文物考古研究院罗运兵主编，史德勇、凡国栋任副主编，其他报告编写参与人员有蔡丹、罗娟、余霜、郑文等。

第二章　墓葬概述

第一节　墓地布局

一、墓地范围

由于周家寨墓地是在施工过程中发现的，许多墓葬在正式发掘前已经受到较为严重的破坏，墓地资料不全，资料提取工作难度较大。依据残存的资料，可以厘清该墓地的大致分布范围。

周家寨墓地分布于略呈西北—东南走向的岗地上，北部地势略高于南部，与孔家坡墓地所在的岗地原为同一岗地，因修建孔家坡还建小区和世纪大道，已将周家寨墓地和孔家坡墓地之间的岗地推平。本次发掘的周家寨墓地大致以岗地最高处的乡村公路为界分为南、北两大区域。北部区域自乡村公路向北地势逐渐降低形成地势较缓的坡地，该区域为工程施工的取土区域，墓葬破坏极为严重，所发现的墓葬大多位于取土场的边缘。南部区域自乡村公路向南分布于曾都二中和湖北明艺电子厂之间，地势略低，地形起伏不大。

因配合工程建设的局限，本次的发掘区域仅限于世纪大道和周家寨还建小区施工区域，施工范围外并未做详细的勘探发掘工作，根据走访当地村民和调查的结果来看，乡村公路以南施工区域外的岗地上，还分布着大量的汉墓，而本次发掘的周家寨墓地位于1998年发掘的孔家坡墓地以北约600米处，两者布局较为相似，出土的器物年代也大致相当，可能属于同一墓地（图二）。

二、墓葬分布

本次发掘为配合世纪大道和周家寨小区还建工程建设，发掘区域仅限于曾都二中和湖北明艺电子厂之间的世纪大道以及周家寨还建小区的施工范围，共发掘了墓葬25座，其中西汉墓16座、东汉墓5座、唐墓1座、空墓3座，另外还发掘了近现代窑址1座。

西汉墓葬16座，墓号为M1～M12、M22～M25。整体而言，西汉墓葬集中分布于本次发掘区南部长约120、宽约110米，面积约13000平方米的范围内，该范围以北的发掘区域并未发现西汉墓葬，根据当地居民提供的线索，在该范围以西、以东偶有棺椁木料发现，应该也是西汉时期的墓葬，结合南部孔家坡墓地的发掘情况来看，本次发掘的西汉墓葬位于整个西汉墓群分布区域的最北端，由此推测地势最高的乡村公路以南的岗地可能均属于西汉墓地的分布范围。本次发掘的墓葬，既有两墓并排的墓葬，也有单独下葬的墓葬。两墓并排的墓葬共有4组，分别为M4与M24、M5与M6、M11与M12、M8与M25，这几组墓葬墓坑之间距离较近，集中分布于本次发掘西汉墓葬区域的西南方，由于早期破坏和施工取土，墓坑上部已被破坏，很多墓葬仅剩墓底（如M7、M10、M23、M25等），难以判断这些成组墓葬之间是否具有打破关系（除了M25打破M8外）。从随葬品的分析结果来看，成组墓葬的年代并不一致，略有早晚。单独下葬的墓葬中，M7、M10、M23上部已被破坏，均只剩墓底，不排除其并列的另一座墓葬被破坏。结合成组的墓葬来看，这些墓

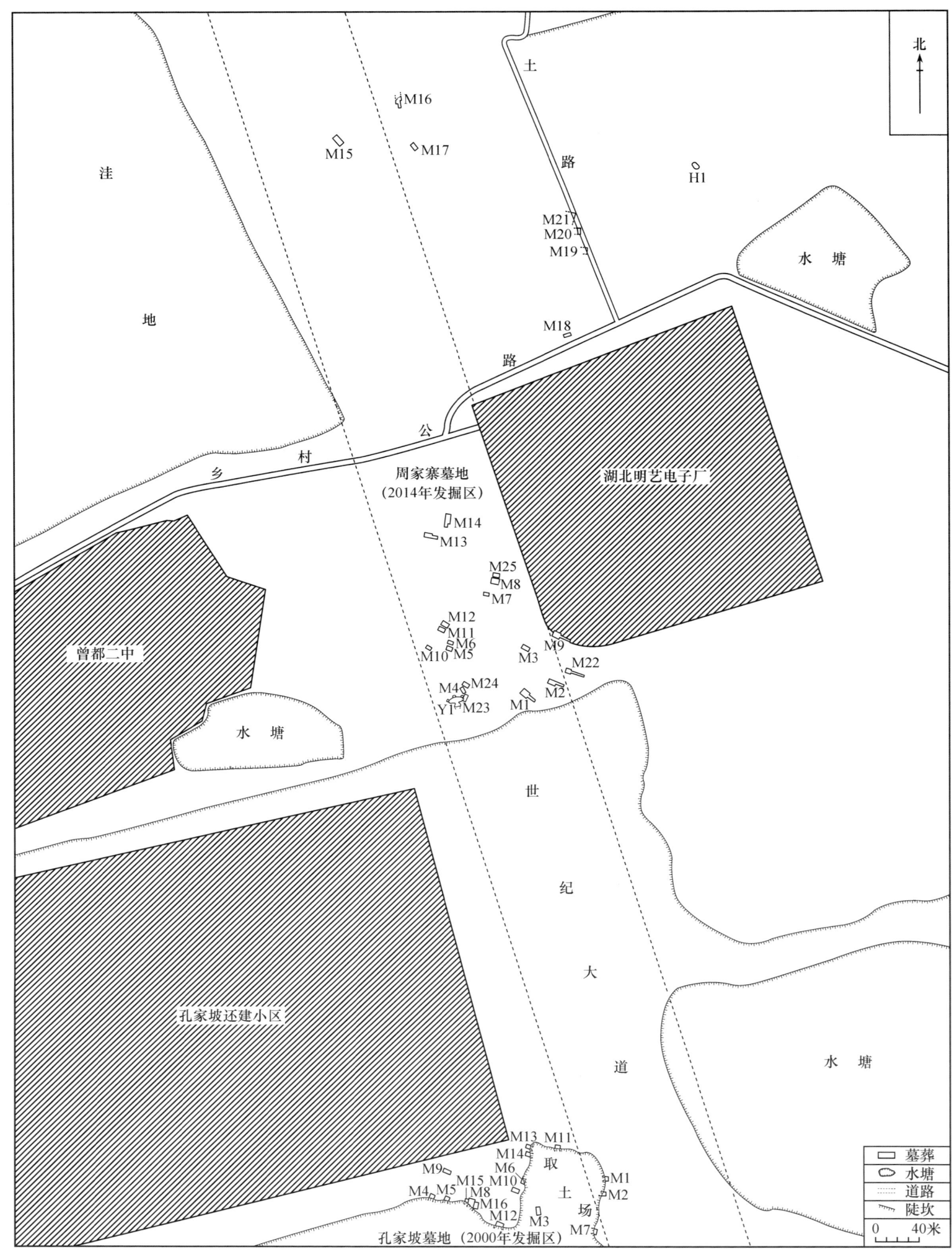

图二 周家寨墓地与孔家坡墓地分布总图

葬大致呈三排分布。另外5座单独下葬的墓葬，除M3外，其余4座均为带墓道的墓葬，M1、M2、M22大致呈一排分布于本次发掘西汉墓葬区域的东南部。从现存的迹象分析，成组墓葬和单独下葬的墓葬大致成排分布，并分区域排布，墓向也基本一致，多为西北—东南走向（仅M23为东北—西南向），表明本次发掘的西汉墓地很有可能是事先进行了详细规划的公共墓地。

东汉墓5座，分别为M13、M14、M16、M17、M20，主要分布于西汉墓葬以北区域，其中M13、M14位于地势较高的乡村公路以南，M16、M17、M20位于乡村公路以北。东汉墓葬或被早期破坏，或被施工破坏，基本无完整墓，分布较为分散，墓向也不一致，无规律可循，仅根据墓砖和残存的器物判断这些墓葬的年代大致为东汉时期。2000年发掘的孔家坡墓葬中，仅M9为砖室墓，但该墓的材料并未刊布，其墓向与本次发掘的M13一致，推测其可能也为东汉墓。这表明自西汉以后，周家寨和孔家坡墓地作为公共墓地的功能退化，仅成为一般的墓地。

本次发掘1座唐墓M18，以及3座空墓分别为M15、M19、M21。M18为砖室残墓，发现了一件完整的四系盘口瓷壶和一件锡镜（经检测，锡含量高达99.9%）。M15、M19、M21均为土坑墓，其中M19、M21仅剩墓底，这几座墓葬既未发现墓砖，亦未发现遗物，无法判定年代。以上四座墓葬均位于乡村公路以北区域，分布较为零散。另外，本次还发掘了一个汉代灰坑H1和一座近现代窑址Y1，Y1打破M23。由于以上几个遗迹单位的资料较为零散，本报告不做报道。

第二节　墓葬形制

一、方　　向

本次发掘的16座西汉墓葬，墓坑方向基本一致。除M23为东北—西南向外，余为西北—东南方向，或正东西向略微偏离。

东汉墓葬的方向无规律可循，南北、东西、西北—东南向均有。

二、封土与填土

周家寨墓地因早期平整土地和施工取土等原因，墓葬上部全部被破坏，本次发掘过程中并未发现封土，原本是否有封土无法判断。

西汉墓葬的填土以花土为主，根据颜色大致可分为五花土、小花土、褐黄黏花土、黄褐夹灰白土、灰白夹黑黄土、灰白夹黑土几种颜色，少数有棺椁保存的墓葬接近棺椁顶部及周围的填土呈青灰色，湿度较大的墓葬则是较为明显的青膏泥，如M8、M9、M25等，其中M9椁室之上还有一层厚约0.5米的草木灰烬层和炭层，表明此墓是一座积炭墓。填土一般较为致密（少数湿度较大墓葬的填土略微松软），纯净，无包含物。带长斜坡墓道的墓葬，墓道填土与墓室填土基本一致。

东汉墓葬的填土较杂，有淤土、扰土、小花土几种，由于破坏严重，填土中多含有散碎的墓砖、陶片等。

三、墓　　圹

整个岗地因早期破坏和施工平整土地导致墓葬的上部都被破坏，墓坑的原始尺寸无法复原。

西汉墓葬以中小型墓葬居多，均为土坑竖穴墓，一般口略大于底，墓壁略向内倾斜，除M5、M12发现脚窝外，墓壁上没有发现其他加工痕迹，墓底较为平坦。未发现墓道的墓葬有M3～M8、M10～M12、M23～M25，平面形状呈长方形，墓口长2.38～4、宽1.12～3.4、深0.2～3.35米，其中两两并排墓葬之间的墓坑深度并不一致，墓坑深度相差较小的M4、M24约0.78米，相差较大的M11、M12达1.59米。带长斜坡单墓道的墓葬M1、M9、M22平面形状呈"甲"字形，M2的平面形状呈刀形。相对而言，带墓道的墓葬尺寸略大，墓口长3.22～5.39、宽2～3.54、深1.58～3.79米。

东汉墓葬共5座，M13、M14为明显的长方形土坑竖穴砖室墓，M16、M17填土里含有东汉绳纹砖，也应该是砖室墓，M20仅剩墓底，填土里也未发现墓砖，无法判定是否为砖室墓。仅M13、M16残留部分墙砖和铺地砖，墙砖为单砖平砌，铺地砖为横铺。墓口长1.59～3.8、宽1.12～2.18、深0.31～0.75米。其中，M13、M14、M16发现短墓道，长1～1.64、宽1.12～1.47米，M16除墓道外，还发现甬道，甬道长1.47、宽1.05米。

四、葬　　具

东汉墓葬未发现葬具。大部分西汉墓葬的葬具仅存痕迹，从已发现的葬具和痕迹判断，西汉墓的葬具材质为木质，绝大多数为一棺一椁，M8的葬具保存最完整，由椁、棺、纵梁及隔板、垫木等部件组成，棺多位于椁室一侧。西汉墓葬的椁室长2.17～4.86、宽1～2.86、高0.17～1.23米，棺室长1.85～2.36、宽0.31～1.25、高0.12～0.68米。

五、葬　　式

西汉墓葬和东汉墓葬均未发现人骨，葬式不明。西汉墓葬M10棺内偏东侧发现两颗牙齿，依此判断墓主头向东南。

第三节　随　葬　品

西汉和东汉墓共登记随葬品236件。西汉墓葬的随葬品一般置于棺外椁内一侧或一端，极少量随葬品置于棺内。西汉墓葬随葬品以陶器为主，极少数墓葬发现漆木竹器、少量铜器及铁器。陶器可分为礼器、日用器、模型明器三大类，礼器一般为鼎、盒、壶（仅M8为钫），多为两套（仅M9为三套），日用器以瓮为主，少量罐等，模型明器以灶为主，极少量仓。漆木竹器仅M8发现得较多，种类丰富，耳杯、俑数量较多，其他器类如马、梳、笥、璧、梯形器、俎、勺等则数量较少。铜器多出土于带墓道的西汉墓中，主要器类有盆、铙、鐎壶、剑等。铁器发现极少，有釜、剑等。

东汉墓葬损毁严重，出土器物极少，亦无规律可循，以陶器为主，器类有鼎、壶、瓮、仓、圈等。

第三章 墓葬分述

第一节 西汉墓葬

本次发掘的西汉墓葬共计16座，其中带墓道的墓葬4座，由于这批墓葬被破坏较为严重，部分随葬品过于破碎无法修复，为了更全面地报道这些墓葬的资料，现场可辨器类在整理时未能修复的器物依旧保留了其原有的编号。

一、M1

1. 墓葬形制

M1被破坏得较为严重，根据地面及壁上残留的痕迹复原墓坑。该墓为带长斜坡墓道的长方形竖穴土坑墓，平面形状呈"甲"字形。开口于表土层下，打破生土，墓口距地表0.3米。西北—东南向，方向为130°。墓坑口大底小，墓口长3.85、复原宽2.95～3.15米。墓壁外凸，略呈束腰状，墓深1.58～1.65米，墓底长3.7、宽2.7～2.82米。长斜坡墓道位于墓室东南方，长4.23、口宽0.8～1.04、底宽0.8～0.9米，坡度18°。填土为五花土，纯净、无包含物。葬具已朽，仅存零星痕迹。人骨腐朽无存，葬式不明。残留的随葬品置于墓底东北部，大部损毁，陶器可辨器类有鼎、罐、盖、瓮、灶等，铜器有剑、镦等（图三）。

2. 随葬器物

（1）陶器

已修复或挑选的标本器类有瓮、盖。

瓮 1件。M1∶1，泥质黄褐胎。胎厚，体型较大。轮制。侈口，短领，圆肩，深腹内收，平底略内凹。内外壁有一层黑色陶衣，腹饰十道宽条弦断竖绳纹。口径24.2、肩径44.1、底径20.5、通高40.7厘米（图四，1；图版一，1）。

盖 3件。M1∶6，泥质黄褐胎。弧顶。内外壁有少量黑色陶衣痕迹，外壁有朱绘痕迹。盖径21.7、高4.1厘米（图四，2；图版一，2）。M1∶8，泥质灰胎。弧顶。内外壁有黑色漆皮，外壁漆皮上有红色图案，中间两周圆形线纹，圆圈内外侧饰卷云纹。盖径24.5、高5.74厘米（图四，3；图版一，3）。M1∶9，泥质黄褐胎。弧顶。内外壁有少量黑色陶衣痕迹，外壁残留少量红彩。盖径23、高4.34厘米（图四，4；图版一，4）。

（2）铜器

器类有镦、剑。

镦 1件。M1∶7，直筒状，横截面略呈菱形，中空，内残存木渣。尾端平，中有一小穿孔。器身中部有一周凸起的箍棱，箍棱下有宽带状垫片。横截面边长2.3、通高12.8厘米（图四，5；图版一，5）。

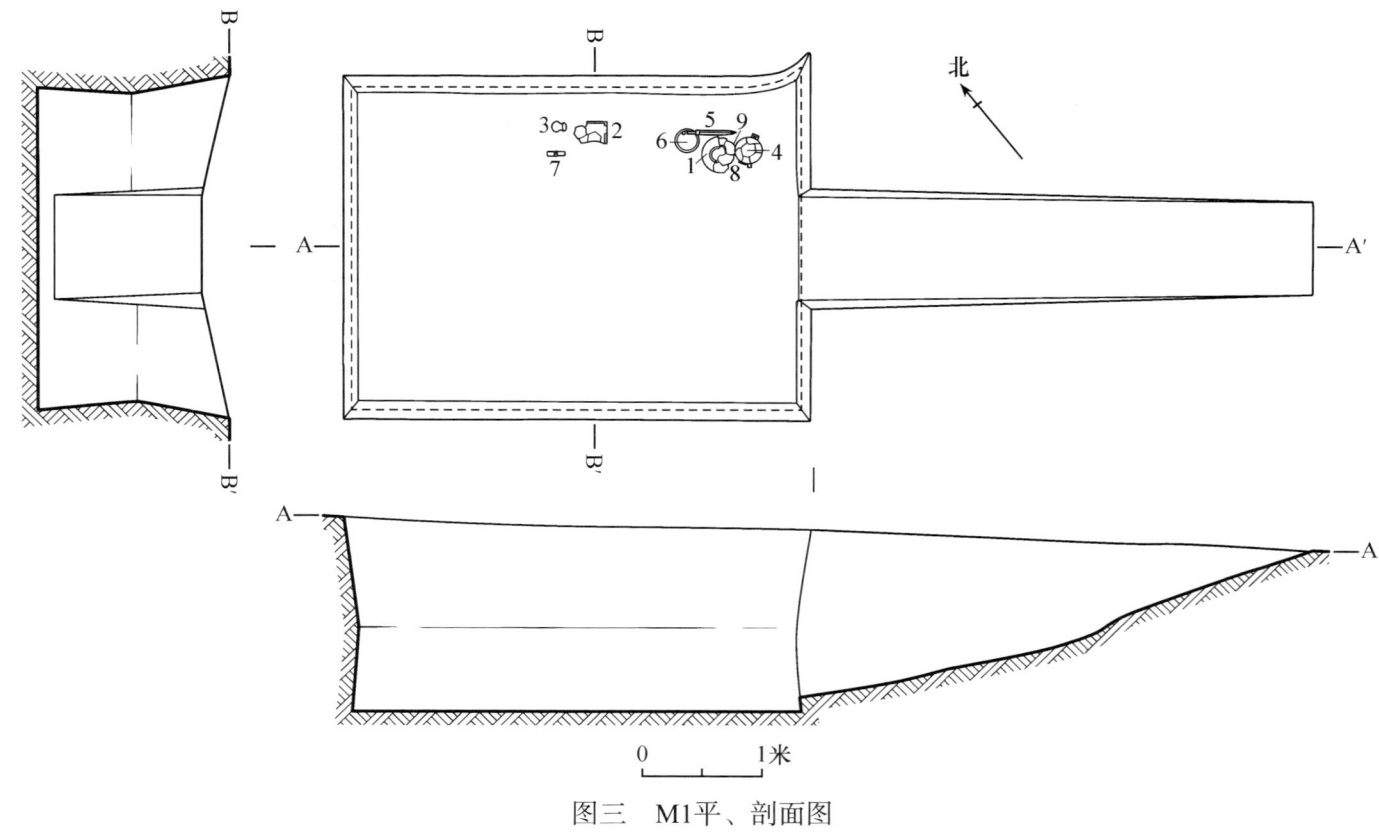

图三 M1平、剖面图
1. 陶瓮 2. 陶灶 3. 陶罐 4. 陶鼎 5. 铜剑 6、8、9. 陶盖 7. 铜镦

剑 1件。M1：5，剑身铜质，剑鞘铜木结构，鞘口、剑标、剑格均为铜质，剑身黏附木质鞘痕。剑身前窄后宽，中部起棱脊，两刃前聚成锋。广格，格正面中部有一半圆形纽。长条形茎，茎中有一小穿孔，无首。鞘口、剑标各有一桥形小纽。剑长42.5、宽2.6～3.6、柄长11.4、棱脊厚0.4厘米（图四，6；图版一，6）。

二、M2

1. 墓葬形制

M2为带长斜坡墓道长方形土坑竖穴墓，上部已被破坏，墓口平面呈刀形。西北—东南向，方向125°。墓口长3.22、宽2米，墓壁略收，深2.96米，墓底平坦，长3、宽1.63～1.78米。墓道位于墓室东北侧，斜坡状，坡度33°，自西向东渐窄，长5.13、宽0.91～1.26。墓内填土为褐黄相间的五花黏土，墓道填土板结，墓室填土湿度大，土质松软，墓室南侧有垮塌迹象。墓内可见黑色的长方形棺、椁痕迹。椁痕长2.79、宽1.31～1.67、残高0.17米，四角出榫。两根垫木分置于椁底南北两侧，长2.96、宽0.09、厚0.06米。棺置于椁室中部，长2.22、宽0.65～0.8、残高0.13米。从棺椁痕迹及随葬品的位置推测棺略向南侧移动。棺内未见人骨，头向、葬式不明。随葬器物多置于椁内棺外靠南部，陶器有鼎、盒、壶、瓮、灶等，铜器有铫、镜、剑等，铁器有削刀等（图五；图版二）。

2. 随葬器物

（1）陶器

已修复或者可复原的标本器类有鼎、盒、瓮、灶。

鼎 2件。泥质灰陶。器身子口内敛，长方形附耳外侈，弧腹，圜底，蹄状足外撇，足内侧平。除器盖外壁残留黑色漆皮外，其余素面。M2：10，盖尖顶，母口。口径17.44、腹径20.8、通盖高18.08

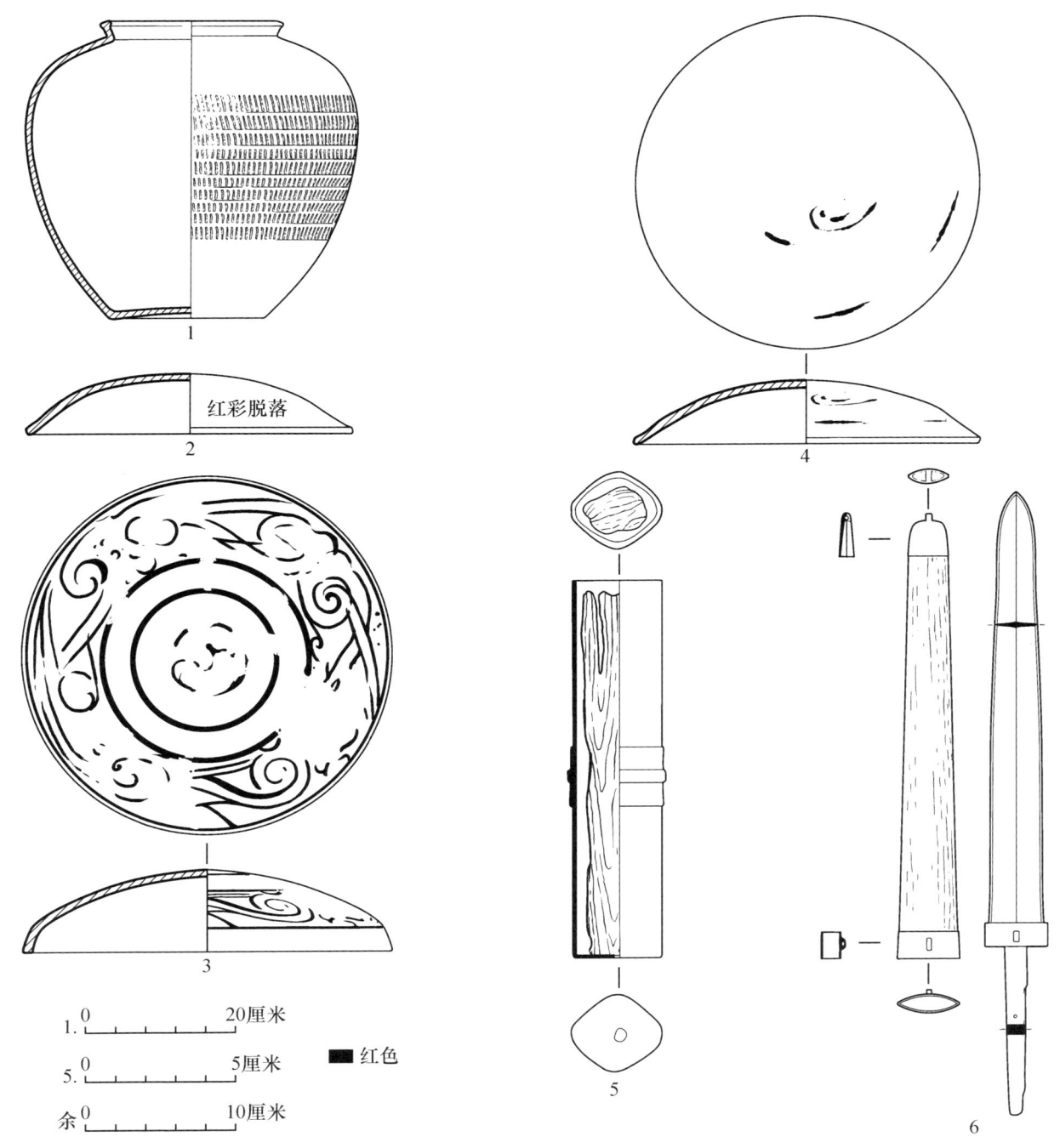

图四　M1随葬器物
1.陶瓮（M1:1）　2~4.陶盖（M1:6、M1:8、M1:9）　5.铜镦（M1:7）　6.铜剑（M1:5）

厘米（图六，1；图版三，1）。M2:9，盖弧顶。口径17.08、腹径19.8、通盖高15.4厘米（图六，2；图版三，2）。

盒　2件。泥质黄褐陶。器身子口内敛，尖唇，弧壁，平底微内凹，假圈足。外壁残留黑漆痕迹。M2:11，盖弧顶，中部有圆圈形捉手。口径18.68、腹径19.8、底径9.4、通高15厘米（图六，3；图版三，3）。M2:7，盖尖顶。口径16.64、腹径20.8、底径8.22、通高13.32厘米（图六，4；图版三，4）。

瓮　1件。M2:6，泥质黄褐陶。侈口，方唇，短领，鼓肩，较宽，斜腹内收，平底略内凹。外壁有黑色漆皮痕迹。口径23、肩径42、底径24.5厘米（图六，5）。

灶　1件。M2:8，泥质灰黄陶。灶体平面呈船形，前圆后方，直壁。前端斜置圆柱形烟囱，烟孔较纸。后壁圆拱形灶门落地。灶面有一大一小两火眼，置灶具3件，下置釜，上置甑。釜敛口，圆唇，圆腹，圜底。甑敞口，短平沿，斜弧腹内收，平底，底有五箅孔。灶体长31.3、宽12.3~18、高9.3、通高17.44厘米（图六，6；图版三，5）。

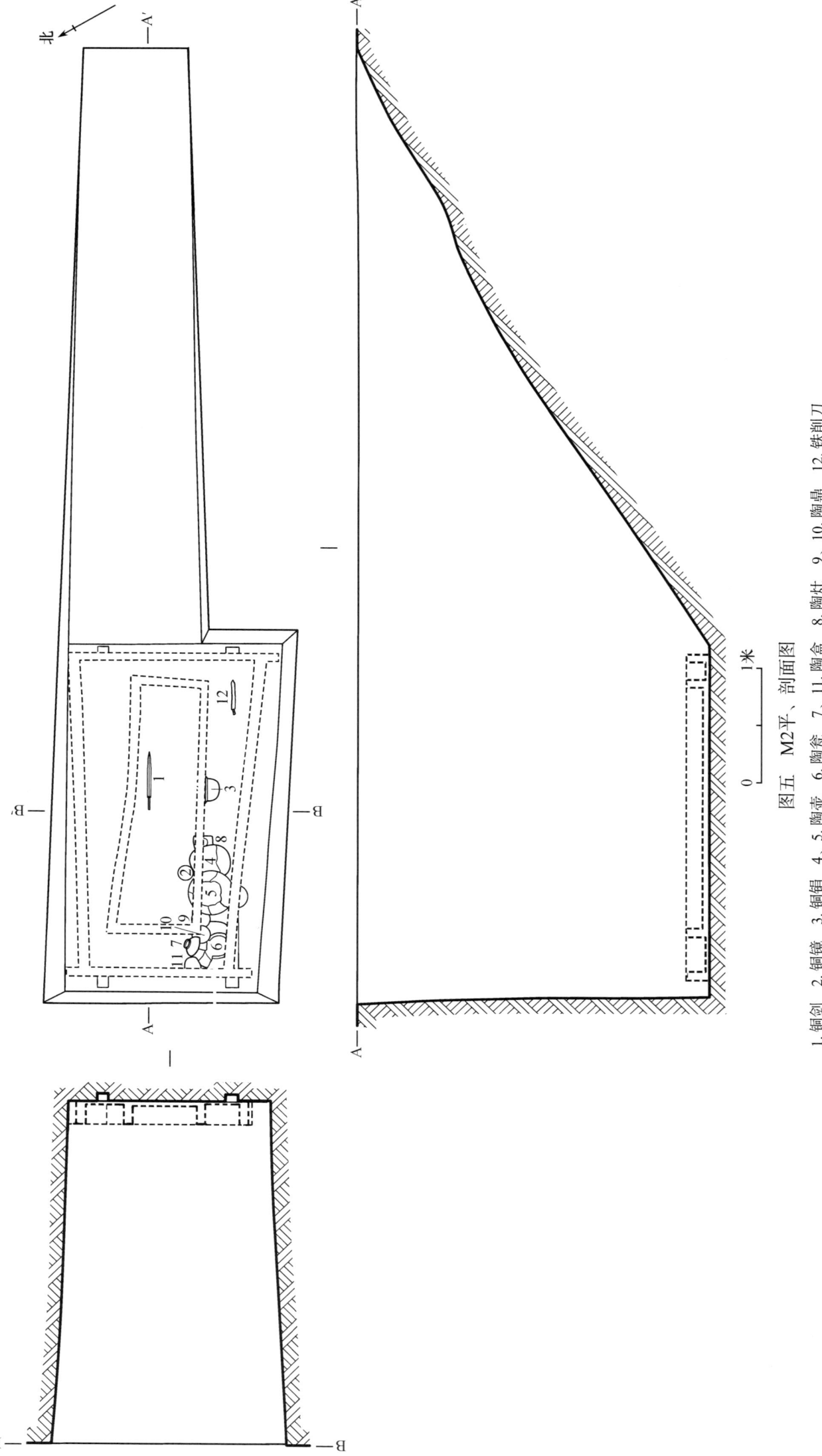

图五 M2平、剖面图

1.铜剑 2.铜镜 3.铜削 4、5.陶壶 6.陶瓿 7、11.陶盒 8.陶灶 9、10.陶鼎 12.铁削刀

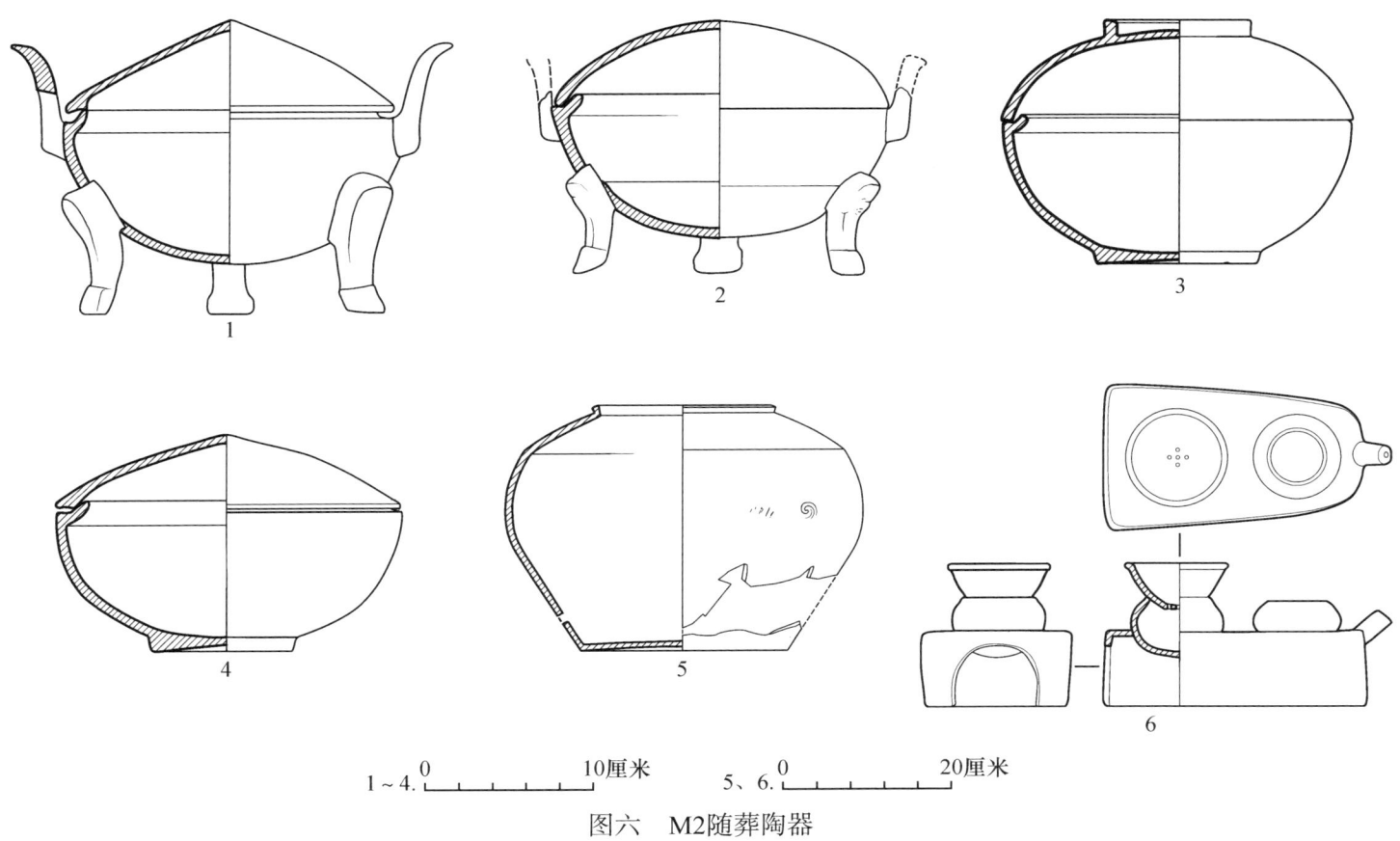

图六　M2随葬陶器
1、2.鼎（M2：10、M2：9）　3、4.盒（M2：11、M2：7）　5.瓮（M2：6）　6.灶（M2：8）

（2）铜器

器类有镜、锅、剑。

镜　1件。M2：2，青灰色，圆形。镜面平，背面浮雕花纹。桥形纽，方形纽座，座外双线方框内有铭文"见日之光，天下大阳"。方框内四角处饰桃形花苞纹，方框外四角饰双枝花苞纹，桃形花苞外射。方格框四外边居中饰一乳钉，乳钉外侧为桃形花苞，两侧饰双层草叶纹。镜边缘饰十六内向连弧纹。直径11.6、缘厚0.3厘米（图七，1；彩版七，4）。

锅　1件。M2：3，胎极薄。侈口，平折沿，尖唇，上腹壁直，下腹斜弧急收，底残。素面。复原口径19.8、残高7.4厘米（图七，2）。

剑　1件。M2：1，剑身铜质，剑鞘铜木结构，鞘口、剑标、剑格均为铜质，剑身黏附木质鞘痕。剑身前窄后宽，中部起棱脊，两刃前聚成锋。广格，格正面中部有一半圆形纽。长条形柄，由宽变窄，柄中有一小穿孔，无首。鞘口、剑标各有一桥形小纽。剑长35.7、宽1.6~3.6、柄长9.3、棱脊厚0.4厘米（图七，4；彩版七，5）。

（3）铁器

器类有削刀。

削刀　1件。M2：12，锈蚀严重。刀身前窄后宽，厚背薄刃，直背，刃与直背前聚成尖锋，刀柄直，环状刀首。刀鞘仅存黑色漆皮。刀宽0~1.8、背厚0.4、残长25.08厘米，鞘宽0~2.4、残长17.9厘米（图七，3；图版三，6）。

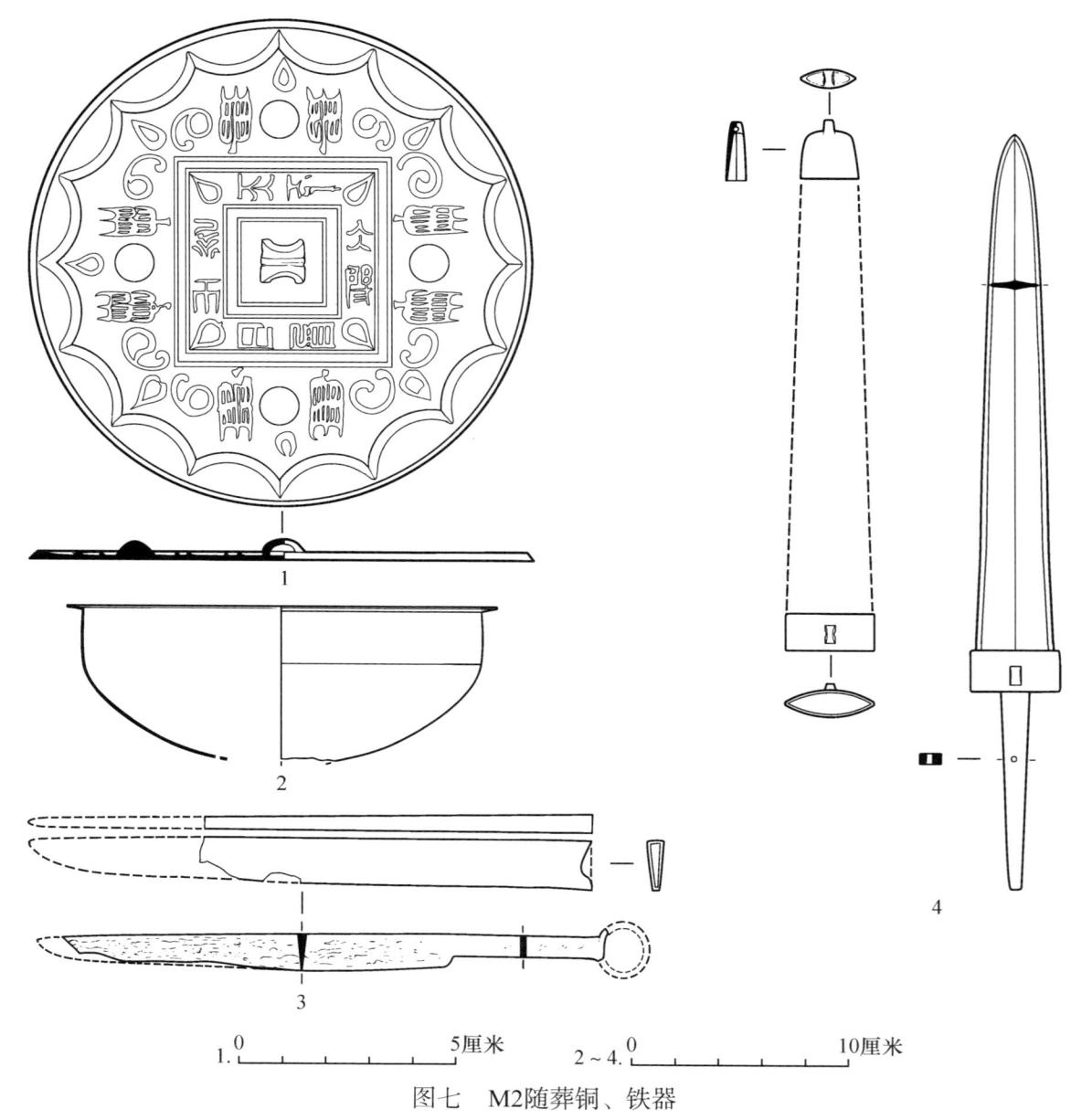

图七 M2随葬铜、铁器
1. 铜镜（M2：2） 2. 铜鍪（M2：3） 3. 铁削刀（M2：12） 4. 铜剑（M2：1）

三、M3

1. 墓葬形制

M3为长方形土坑竖穴墓，开口于表土层下，打破生土。西北—东西向，方向127°。墓口长3.5、宽2.1米，墓壁略内收，深2.02米，底略小于口，较为平坦，长3.3、宽1.99米。填土为褐黄相间的黏花土，板结，较纯净。葬具已朽，可见棺椁痕迹。椁痕呈长方形，四角未出榫，长3.1、宽1.73~1.79、残高0.3米，从痕迹判断椁盖板和底板均为横铺。椁底之下有两根垫木痕，长3.1、宽0.09、厚0.06米。棺置于椁室北部，长2.07、宽0.58、残高0.19米。人骨无存，葬式不明。随葬器物主要置于棺外椁内南部，东侧可见少量漆木器腐朽后残留的漆皮，不辨器类，陶器有鼎、盒、壶、灶等，铜器有鍪、勺等（图八；图版四，1、2）。

2. 随葬器物

（1）陶器

已修复或挑选的标本器类有鼎、盒、壶、灶。

鼎 2件。轮制。盖弧顶，顶端近平，器身子口，内敛承盖，方唇，弧腹，圜底。长方形附耳外侈，中有竖长条形镂孔，蹄足外撇，足跟内侧平。内外壁施黑色陶衣，出土时大部已脱落。M3：4，泥质黄褐陶。

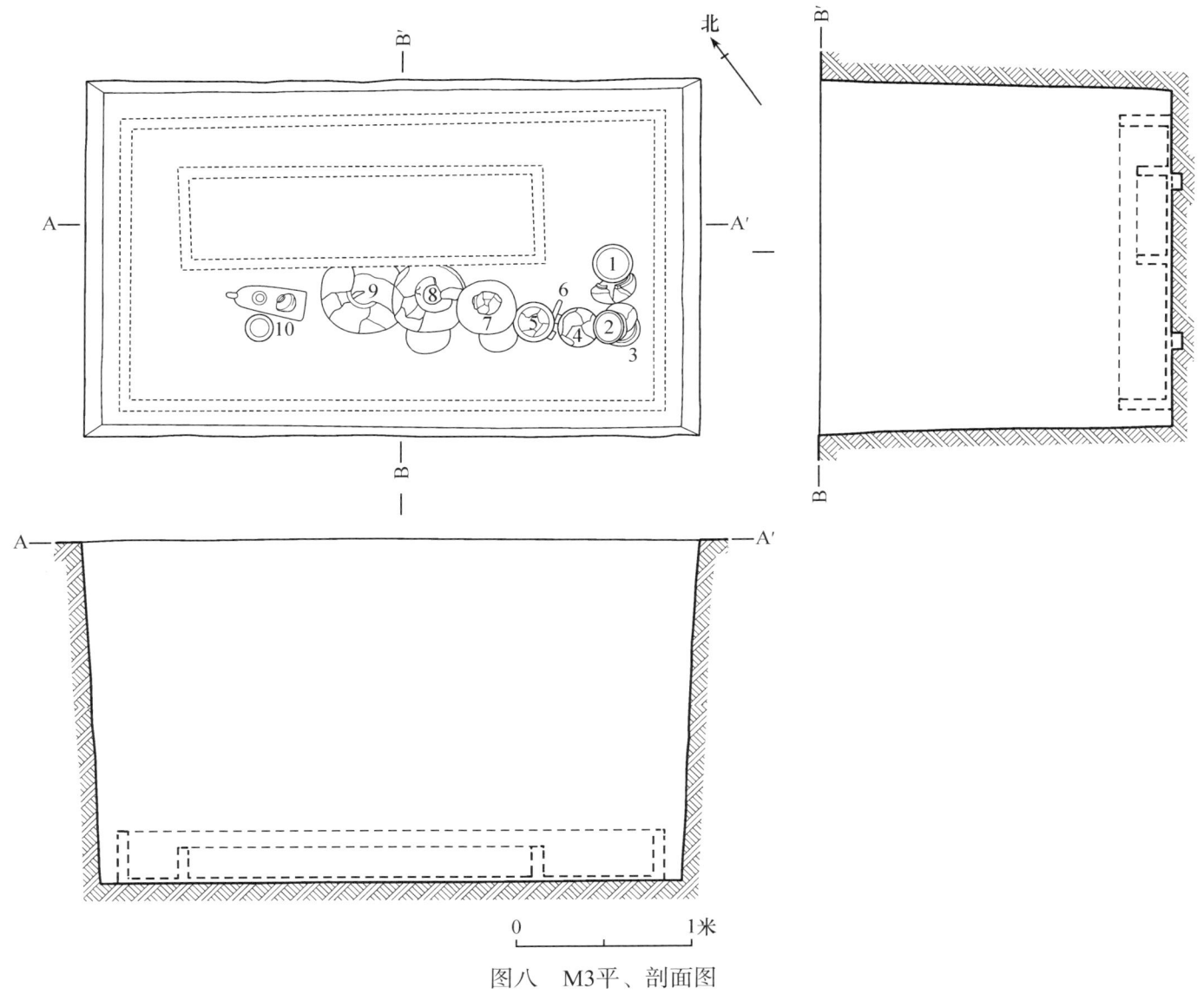

图八　M3平、剖面图
1、3.陶盒　2.铜锅　4、5.陶鼎　6.铜勺　7、8.陶壶　9.陶瓮　10.陶灶

口径20.56、腹径24.5、通高18.68厘米（图九，1；图版五，1）。M3：5，泥质灰陶。腹部有一道凹弦纹。口径18.8、腹径24.5、通高18.5厘米（图九，2；图版五，2）。

盒　2件。轮制。器盖与器身大小大致相当，整体呈扁圆形。盖弧顶，顶端近平，中部有圆圈形捉手。器身子口内敛，承盖，浅腹，弧壁，小平底微内凹。内外壁施黑色漆衣，出土时大部已脱落。M3：3，泥质灰陶。口径20.8、腹径24、底径9.4、通高15.7厘米（图九，3；图版五，3）。M3：1，泥质黄褐陶。内有保存极差的铜铃。口径21.7、腹径24.4、底径9.6、通高16.6厘米（图九，4；图版五，4）。

壶　2件。泥质黄褐陶。轮制。器身盘口，外侧有折棱，短束颈，溜肩，垂鼓腹，圜底近平，喇叭状圈足。两个兽面铺首模制成形后，黏附于肩上，对称分布。内外壁施黑色漆衣，外壁漆衣上有红色彩绘，漆衣及彩绘大部已脱落，腹中部及圈足可辨图案为两道线纹夹波状纹。M3：7，盖弧顶，近平。口径20.8、腹径34.3、圈足径20、通高43.2厘米（图九，8；图版五，5）。M3：8，口径22.2、腹径37、圈足径21.2、残高42.7厘米（图九，9）。

灶　1件。M3：10，泥质灰胎。平面呈船形，前圆后方，灶体狭长，直壁，前端斜立一圆柱形烟囱，烟孔较粗，后壁方形灶门落地。灶面有一大一小两火眼，灶具4件，下层置釜，釜上分置甑、盆。釜敛口，圆唇，鼓腹，圜底；甑敞口，短平折沿，圆唇，斜腹，平底，底有五箅孔；盆除无箅孔外形制同甑。灶面及壁上压印圆圈纹。灶体长38、宽9.2～16.9、高10～11.8、通高20.5厘米（图九，7；图版五，6）。

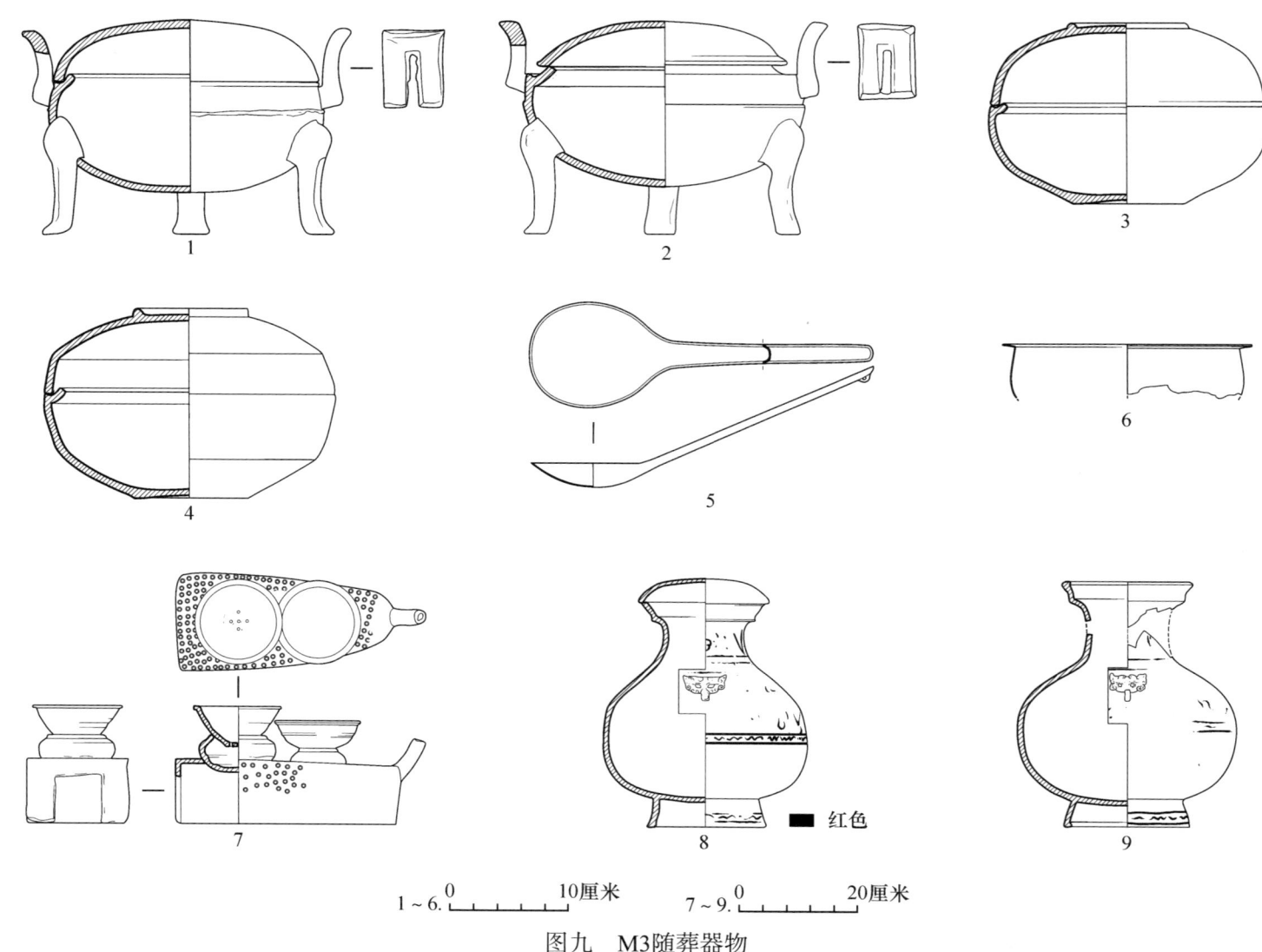

图九　M3随葬器物

1、2.陶鼎（M3：4、M3：5）　3、4.陶盒（M3：3、M3：1）　5.铜勺（M3：6）　6.铜鋗（M3：2）　7.陶灶（M3：10）
8、9.陶壶（M3：7、M3：8）

（2）铜器

器类有鋗、勺。

鋗　1件。残。M3：2，胎极薄。侈口，折沿，尖唇，垂鼓腹，底残。素面。口径21、腹径19.7、残高4.7厘米（图九，6）。

勺　1件。M3：6，胎薄。勺身近椭圆形，圜底，流状柄斜出，柄截面呈半环形，柄首底端有半环形纽。素面。勺身长10.8、宽9.2、柄长21.1厘米（图九，5；图版五，7）。

四、M4

1. 墓葬形制

M4上部已被破坏，打破生土。长方形土坑竖穴墓，西北—东南向，方向153°。残留的墓坑口大底小，口长2.38、宽1.12米，墓壁内收，残深0.22米，墓底长2.34、宽1.04米。坑内填小花土，土质纯净。棺椁及人骨腐朽无存，形制、葬式不明。随葬品置于坑底南部，均为陶器，器类有鼎、盒、壶、罐、瓮、灶等（图一〇；图版四，3）。

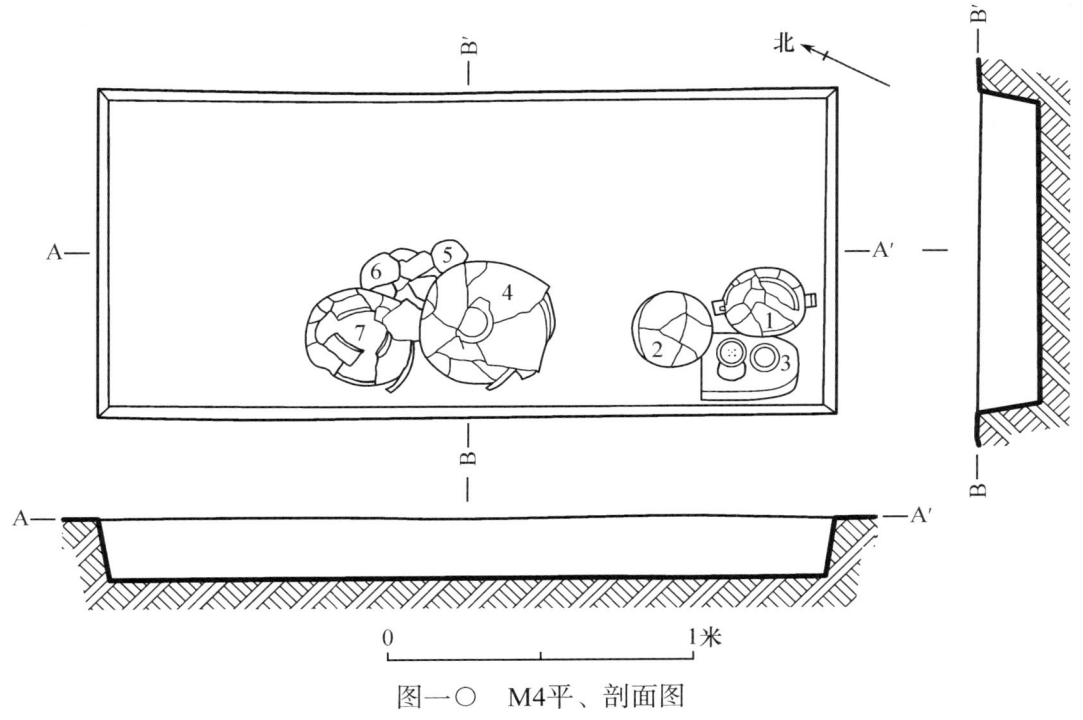

图一〇　M4平、剖面图

1、2.陶鼎　3.陶灶　4.陶壶　5.陶盒　6.陶罐　7.陶瓮

2. 随葬器物

陶器

已修复或挑选的标本器类有鼎、壶、瓮、灶。

鼎　1件。M4:1，泥质灰陶。盖沿下折，顶微弧，器身子口内敛，尖唇，微鼓腹，圜底，矮蹄足外撇，足跟内侧平。口沿外侧有两个对称的长方形附耳，上部平折。口径21.8、腹径23.5、通盖高17.6厘米（图一一，1）。

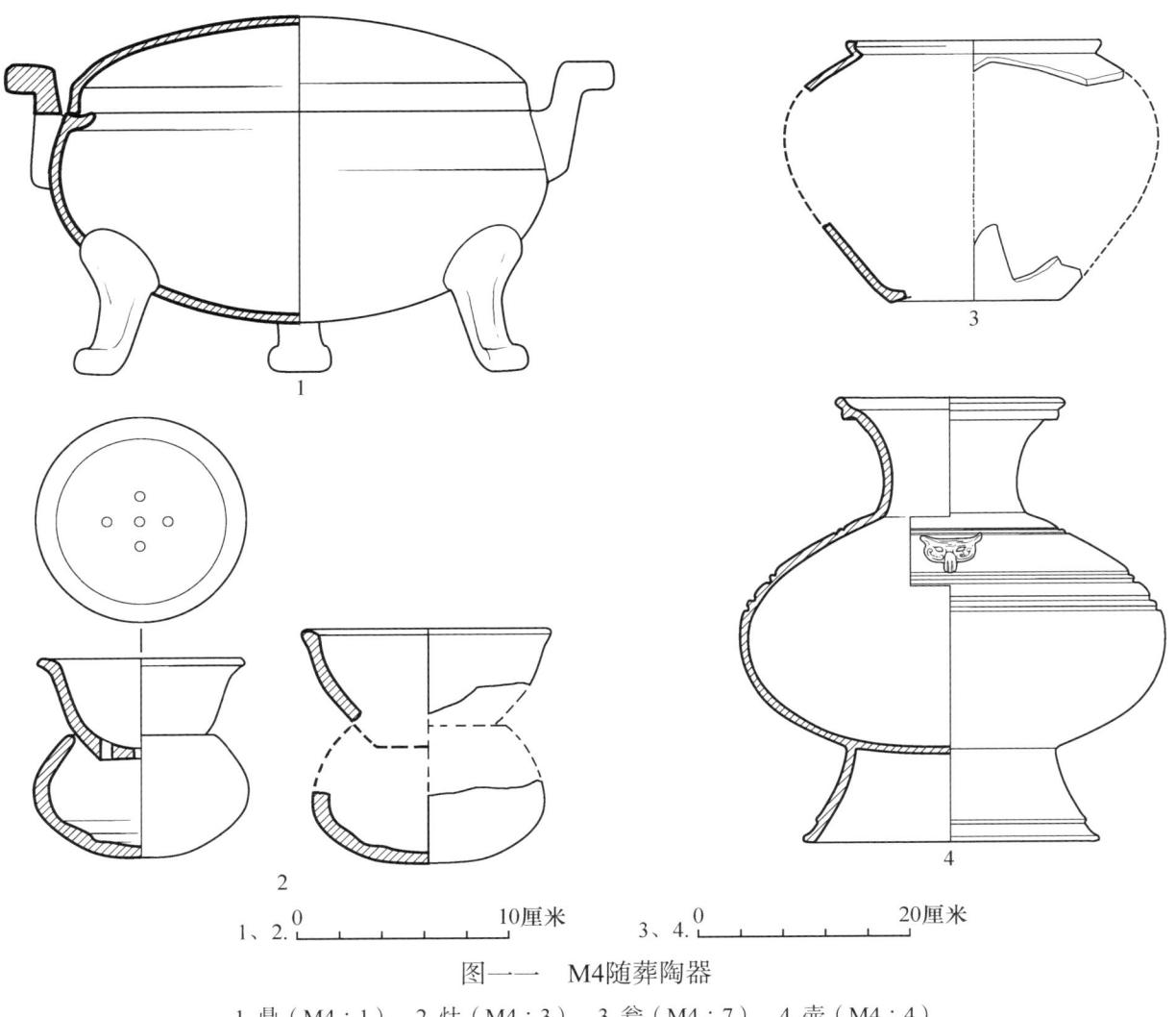

图一一　M4随葬陶器

1.鼎（M4:1）　2.灶（M4:3）　3.瓮（M4:7）　4.壶（M4:4）

灶　1件。M4：3，灶体未能修复，仅复原了灶具4件。釜泥质黄褐陶，敛口，尖圆唇，圆鼓腹，圜底，素面，完整釜口径6.8、腹径9.8、高6厘米；甑泥质灰陶，敞口，短卷沿，尖唇，斜腹，平底，底有五箅孔，素面，口径9.8、底径4.4、高4.5厘米；盆泥质黄褐陶，敞口，斜腹，底残，素面，口径11.8、残高4.6厘米（图一一，2）。

瓮　1件。M4：7，未能修复。泥质黄褐陶。侈口，方唇，矮领，肩腹残，平底。素面。口径24、底径16厘米（图一一，3）。

壶　1件。M4：4，泥质黄褐陶。轮制。盘口，圆唇，沿外侧有凸棱，束颈，广肩，扁圆鼓腹，腹最大径偏下，圜底近平，喇叭状高圈足。两个兽面铺首，模制成形后黏附于肩上，对称分布。肩腹饰三组凹弦纹，每组两道。内外壁可见零星黑色陶衣痕迹。口径21.68、腹径41、圈足径27.92、高43厘米（图一一，4；图版三，7、8）。

五、M5

1. 墓葬形制

M5曾被盗扰，为长方形土坑竖穴墓，开口于表土层下，打破生土。略呈西北—东南向，方向114°。墓口长2.91、宽1.87米，墓壁较陡直，略内斜，墓深2.7米，墓底长2.69、宽1.69米。东壁有一三角形脚窝，宽0.3、深0.16米，距墓底0.4米。坑内填五花土，无包含物。葬具腐朽，仅存痕迹，椁痕四角出榫，椁室长2.3、宽1.29、残高0.18米。棺痕位于椁室北部，长2、宽0.55、残高0.18米。随葬品均置于椁内棺外南侧，仅存陶器，可辨器类有鼎、盒、壶、罐、瓮、灶等（图一二；图版六，1）。

2. 随葬器物

陶器

修复器类有鼎、盒、壶、瓮、灶。

鼎　2件。泥质灰褐陶。盖沿下折，顶微弧，器身子口内敛，圆唇，圜底，蹄足外撇。长方形附耳上部平折，中有竖长条形镂孔。身、盖素面，足根部饰浮雕云雷纹。M5：6，浅圆鼓腹。口径16.7、腹径20.7、残高16.1厘米（图一三，1）。M5：5，浅折鼓腹。口径17、腹径19.5、通高17.1厘米（图一三，2）。

瓮　1件。M5：2，泥质灰陶。侈口，方唇，短斜领，鼓肩，腹较深，下腹斜内收，平底。素面。口径24.4、底径21.9、复原高27.8厘米（图一三，3）。

盒　1件。M5：8，泥质灰褐陶。轮制。盖沿下折，弧顶，器身子口内敛，承盖，方唇，斜弧腹内收，平底。素面。口径14.6、底径7.2、复原高11.3厘米（图一三，4）。

壶　1件。M5：1，泥质黄褐陶。盘口，尖圆唇，长直颈，弧肩，腹、底残，喇叭状圈足。素面。口径16、圈足径20.7厘米（图一三，5）。

灶　1件。M5：4，泥质灰陶。灶体平面呈长梯形，斜直壁，前壁上中部有一圆孔，圆孔内套置一弯曲状烟囱，烟孔较大，后壁拱形灶门落地。灶面有两个大小相当的火眼，置灶具4件，下层置釜，上层置甑、盆。釜敛口，扁腹，圜底；甑敞口，短沿，斜弧腹内收，平底，底有五箅孔；盆除底无箅孔外，形制同甑。灶体素面。灶体长26.8、宽13.7~18.3、高9.3、通高14.84厘米（图一三，6；图版七，1）。

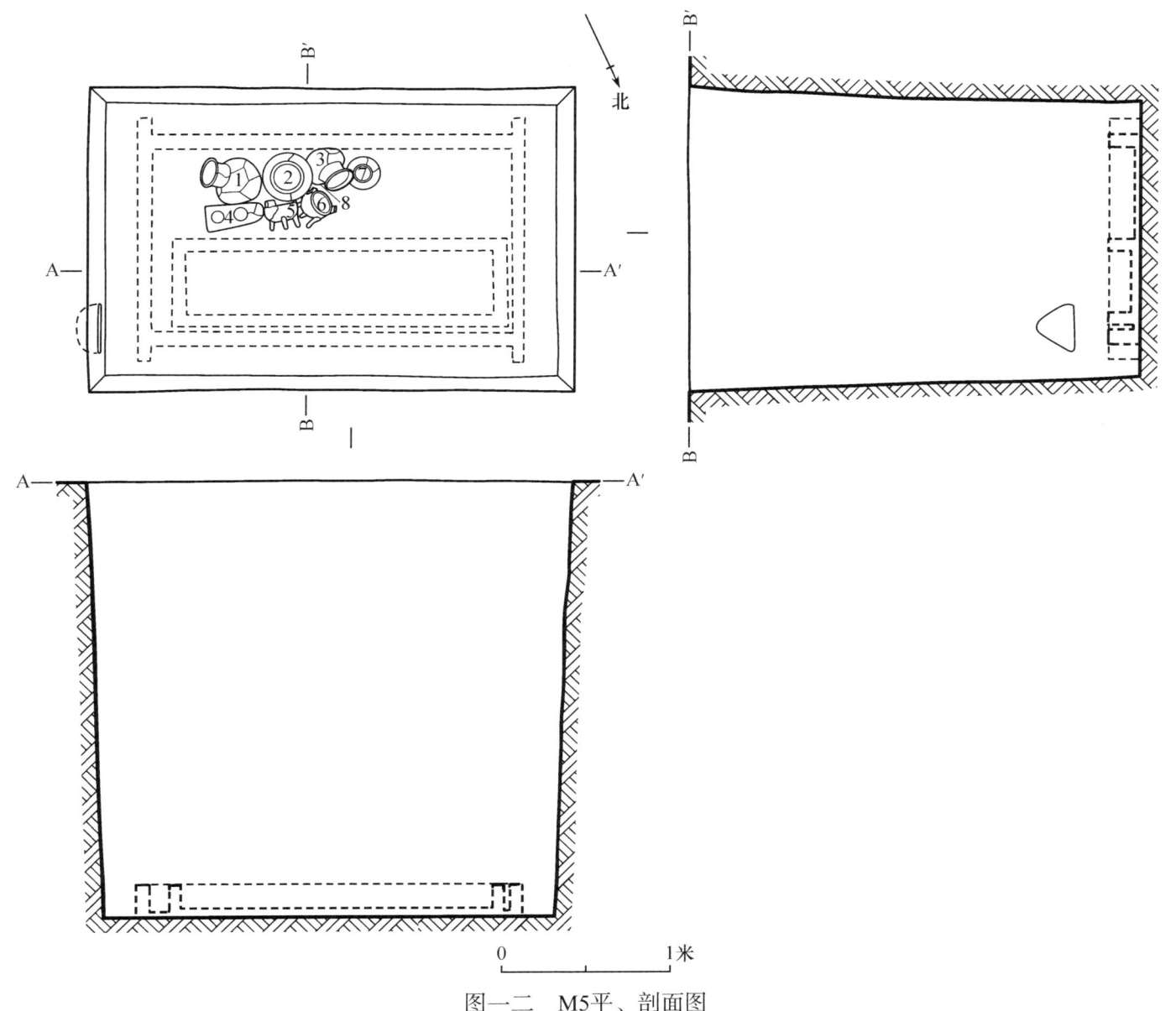

图一二　M5平、剖面图

1、3.陶壶　2.陶瓮　4.陶灶　5、6.陶鼎　7.陶罐　8.陶盒

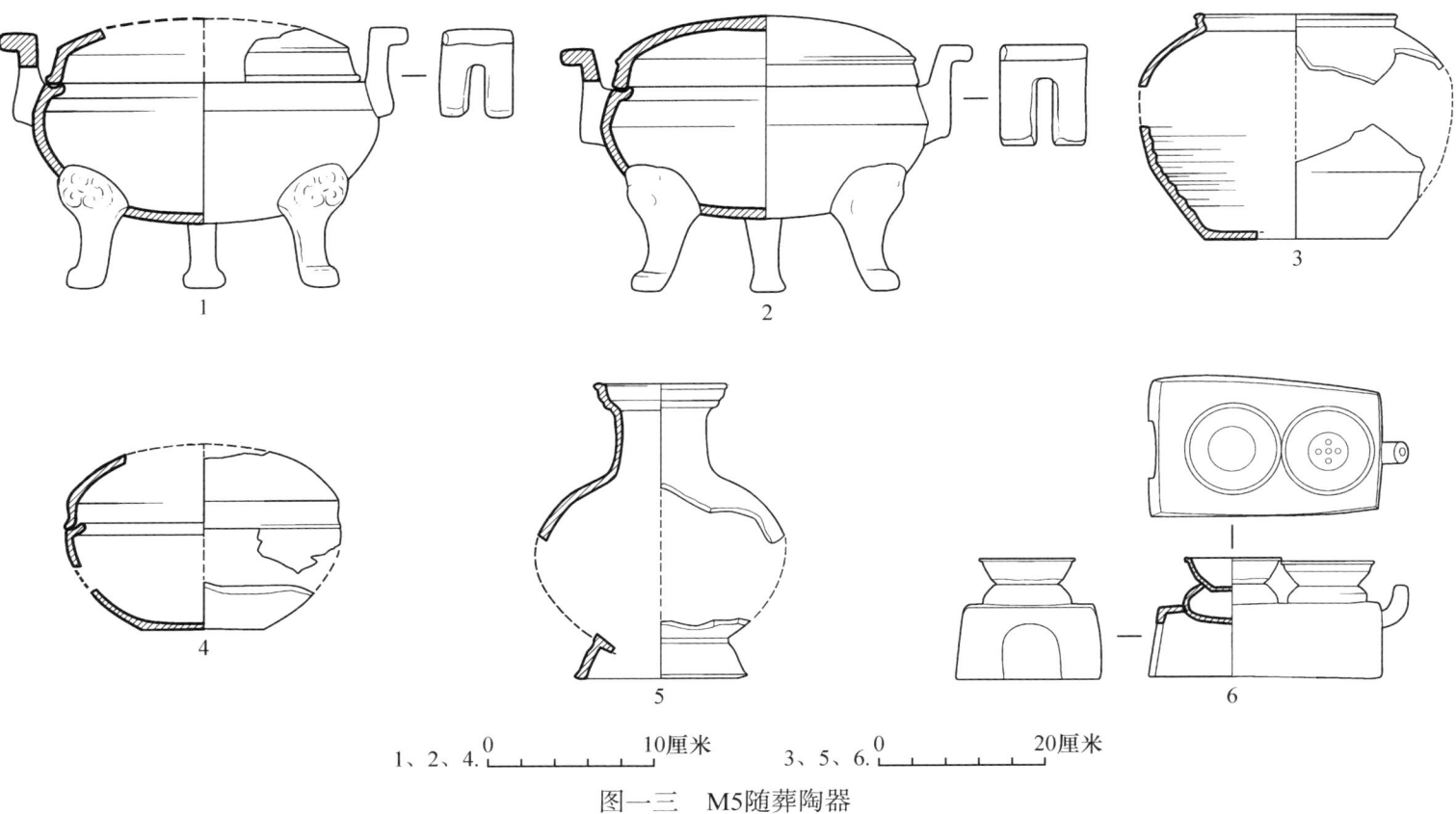

图一三　M5随葬陶器

1、2.鼎（M5:6、M5:5）　3.瓮（M5:2）　4.盒（M5:8）　5.壶（M5:1）　6.灶（M5:4）

六、M6

1. 墓葬形制

M6为长方形土坑竖穴墓，开口于表土层下，打破生土。西北—东南向，方向117°。口大底小，墓口长2.67、宽1.62米，四壁略内斜，墓深1.73米，墓底长2.48、宽1.33~1.52米。坑内填小花土，无包含物。棺椁仅存腐痕，经过挤压，有所变形。椁四角出榫，椁痕长2.17~2.25、宽1~1.08、残高0.27米，棺置于椁室南部，长2.07、宽0.31~0.41、残高0.26米。随葬品置于棺外椁内北部，以陶器为主，可辨器类有鼎、盒、壶、罐、灶等（图一四；图版六，2）。

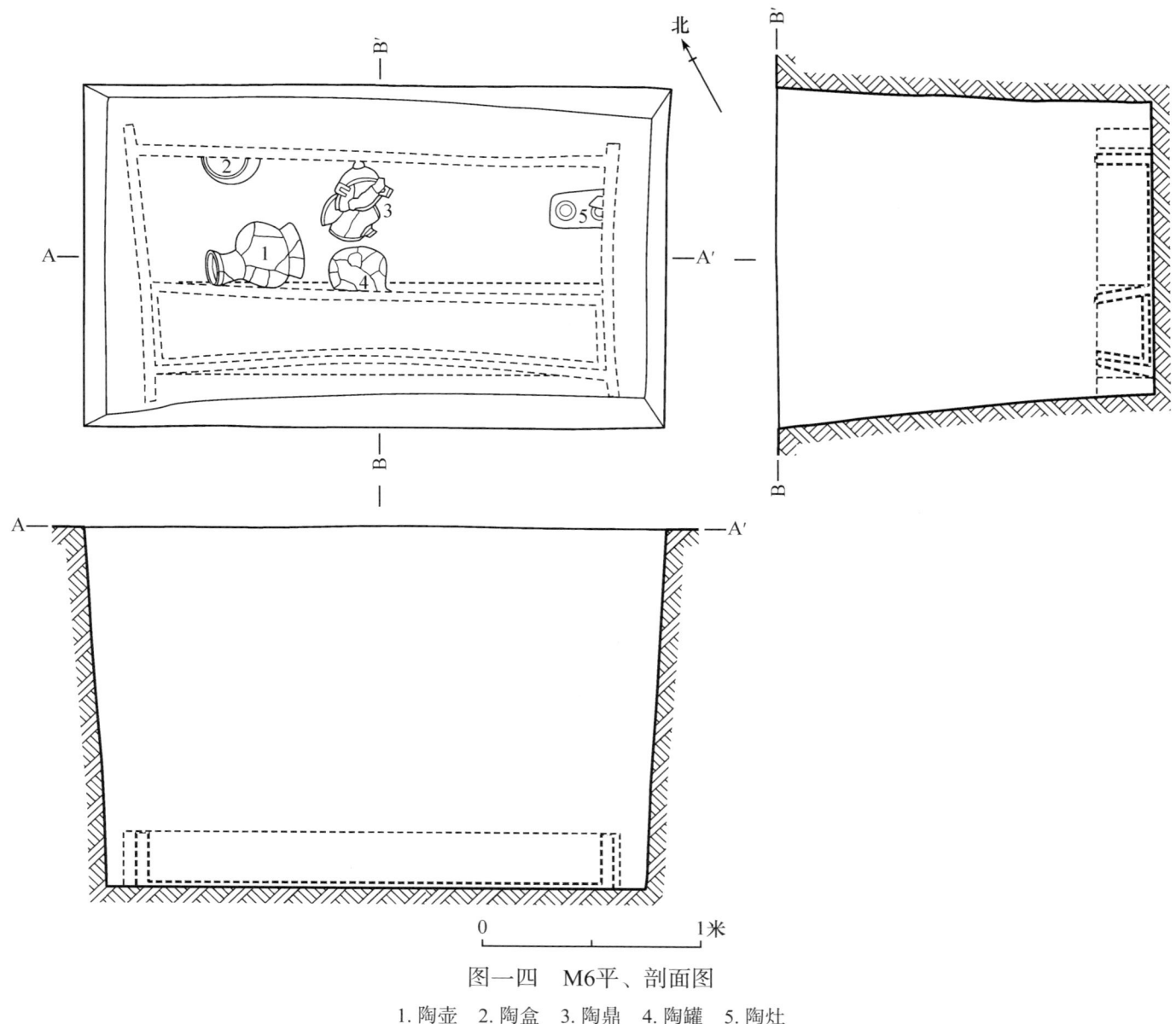

图一四　M6平、剖面图
1.陶壶　2.陶盒　3.陶鼎　4.陶罐　5.陶灶

2. 随葬器物

陶器

已修复或挑选的标本器类有盒、罐、灶。

罐　1件。M6：4，泥质灰陶。侈口，平折沿，尖圆唇，高直领，略内斜，弧肩，下残，肩部有两个对称分布的拱形耳。肩腹饰弦断竖绳纹。口径16、残高9厘米（图一五，1）。

盒　1件。M6：2，泥质灰陶。轮制。盖弧顶，无捉手。器身子口较短，尖唇，斜弧腹，平底略内凹。素面。口径20、腹径20、底径6.7、通高16.7厘米（图一五，2；图版七，2）。

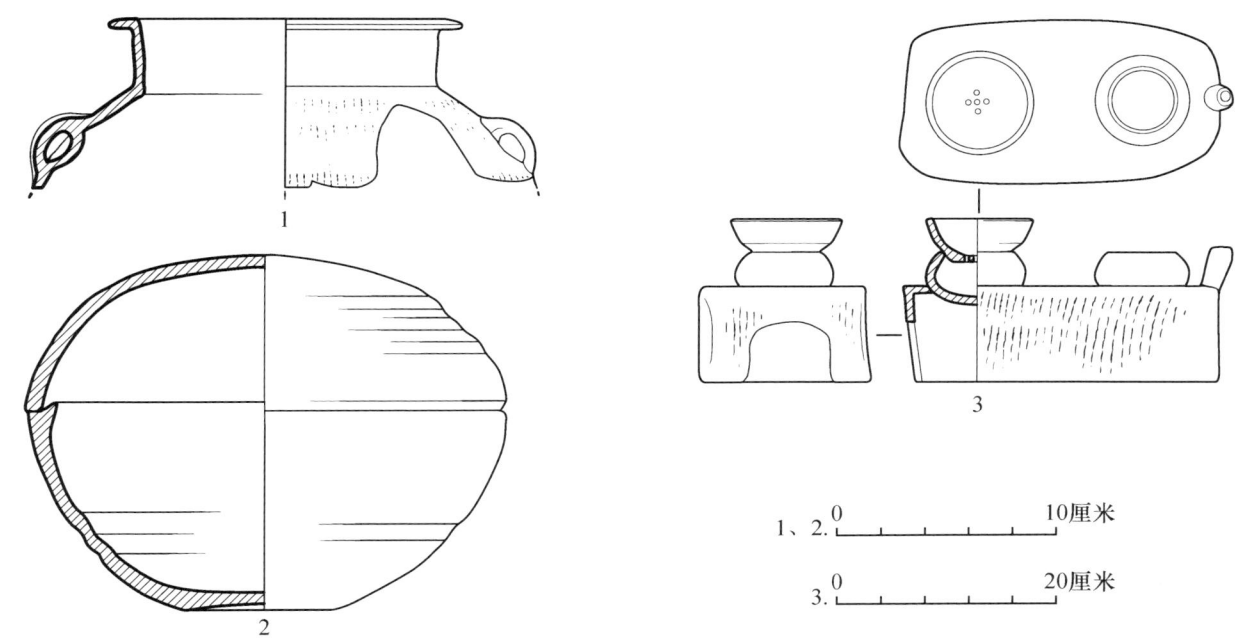

图一五　M6随葬陶器
1.罐（M6：4）　2.盒（M6：2）　3.灶（M6：5）

灶　1件。M6：5，泥质黄褐陶。灶体平面呈圆角长方形，直壁，前端斜立一圆柱形烟囱，烟孔较细，后壁拱形灶门落地。灶壁饰绳纹。灶面有两个火眼，残存灶具3件置于火眼上。釜敛口，尖圆唇，扁腹，圜底，素面；甑敞口，圆唇，斜弧腹内收，平底，底有五箅孔，素面。灶体长28.5、宽10.7～15.5、高9、通高15.4厘米（图一五，3；图版七，3）。

七、M7

1. 墓葬形制

M7为长方形竖穴土坑墓，上部被破坏，发掘时椁室已暴露于地面。西北—东南向，方向94°。残存的墓口与底尺寸相当，墓口长2.75、宽1.72、残深0.2米，墓底平坦，长2.53、宽1.6米。填土为褐色夹黄、白斑点五花土，土质致密，较纯净。墓底残存椁底板六块，南北向平铺于墓底，每块长1.53、宽0.34～0.4、厚0.06米，人骨无存，葬式不明。墓底西北角残存1件陶盒，其余随葬品发现于扰乱的墓葬填土中（图一六；图版六，3）。

2. 随葬器物

由于该墓受到了严重的破坏，仅在墓底西北角发现了1件陶盒，其余器物由扰乱的填土中的陶片修复而成。

陶器

器类有盒、壶、双耳罐、瓮、灶。

盒　2件。泥质灰陶。盖沿竖折，弧顶，中部有圆圈形捉手。内外壁施黑色陶衣，外壁黑色陶衣之上有零星朱彩。M7：1，器身子口内敛，承盖，圆唇，弧腹内收，平底。口径17.5、底径12.5、通高16.3厘米（图一七，1；图版七，4）。M7：3，仅存盖。盖径21.2、高7.2厘米（图一七，4；图版七，5）。

壶　1件。M7：7，泥质灰陶。残存口、底。盘口，外侧有凸棱，肩有兽面铺首，喇叭状圈足。口径20、圈足径20.9厘米（图一七，5）。

双耳罐　1件。M7：4，夹砂灰陶。侈口，卷沿，方唇，束颈，鼓腹，圜底微内凹。肩部有两个对称分

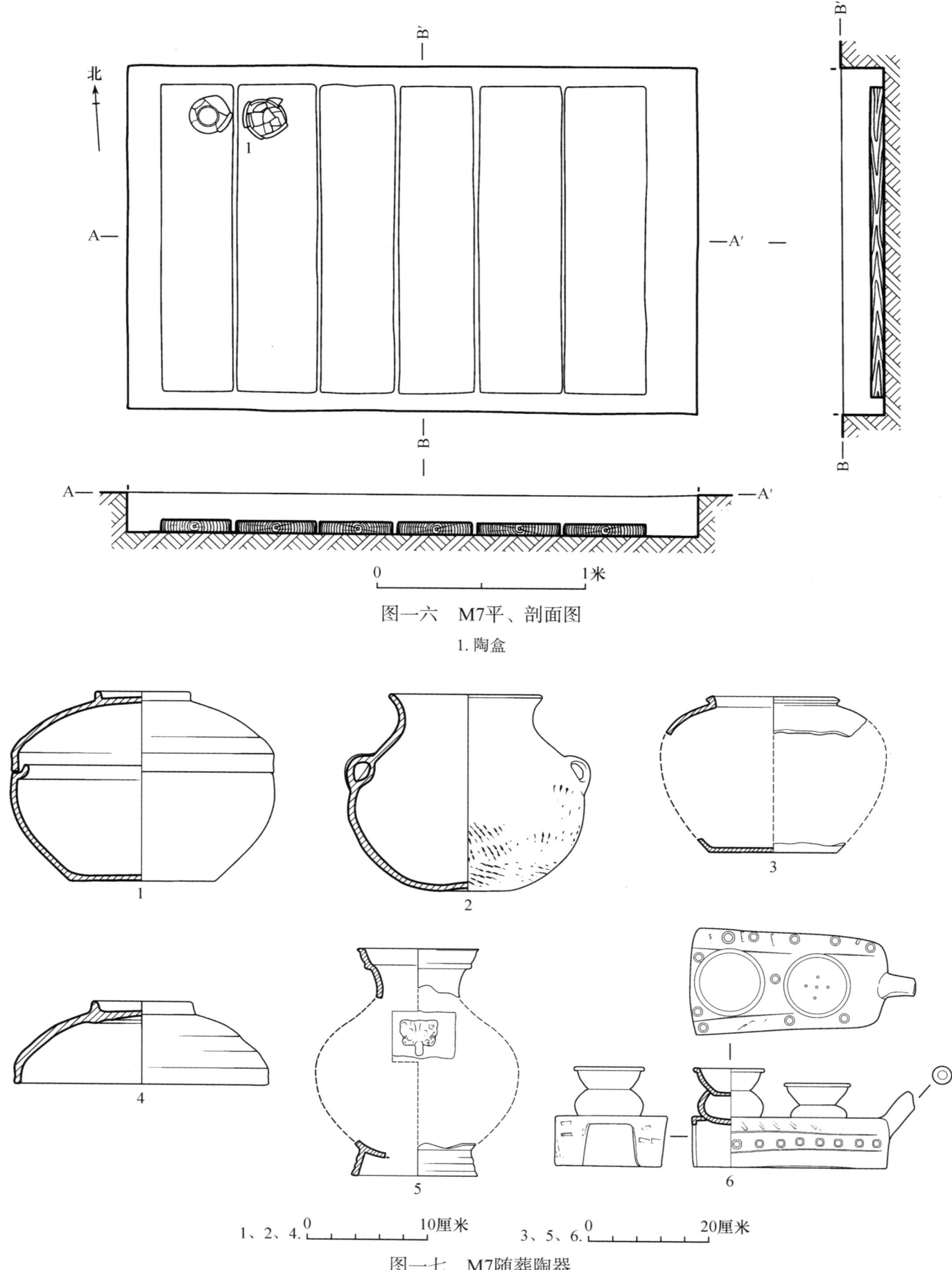

图一六　M7平、剖面图
1.陶盒

图一七　M7随葬陶器
1、4.盒（M7:1、M7:3）　2.双耳罐（M7:4）　3.瓮（M7:8）　5.壶（M7:7）　6.灶（M7:6）

布的拱形耳，下腹饰交错绳纹。口径12.5、腹径19.6、底径5.8、通高16.94厘米（图一七，2；图版七，6）。

瓮　1件。M7：8，泥质灰陶。侈口，仰折沿极短，方唇，鼓肩，腹残，平底。器表有黑色陶衣，黑色陶衣上有零星朱彩。口径22.1、底径21.1厘米（图一七，3）。

灶　1件。M7：6，泥质灰陶。灶面略呈船形，前圆后方，直壁，前端斜立一烟囱，烟孔较大，后壁梯形灶门落地。灶面、壁饰压印圆圈纹、长方格纹及两道近平行的划线纹。灶面上有两个火眼，置灶具4件，下层置釜，上层置甑、盆。釜敛口，圆唇，扁圆腹，圜底近平，素面；甑侈口，平折沿极短，弧腹内收，平底，底有五箅孔，素面；盆除底无箅孔外，形制同甑，素面。灶体长32.5、宽14.7~18.3、高8.6、通高17厘米（图一七，6；图版七，7）。

八、M8

1. 墓葬形制

（1）墓坑

M8被M25打破，为长方形土坑竖穴墓，大致呈西北—东南向，方向278°。墓坑棺椁以上部分被破坏，残存坑口近圆角长方形，长约4、宽约3.1、残深1.4米。填土主要为五花土，椁室外侧填青灰土，无包含物。葬具为一棺一椁，由椁、棺、纵梁及隔板、垫木组成，纵梁及隔板在椁室内隔出棺室，并形成西头箱和南边箱。椁室长2.9、宽1.6、高1米，棺室长2.1、宽0.8、高0.8米（图一八；彩版三，1）。

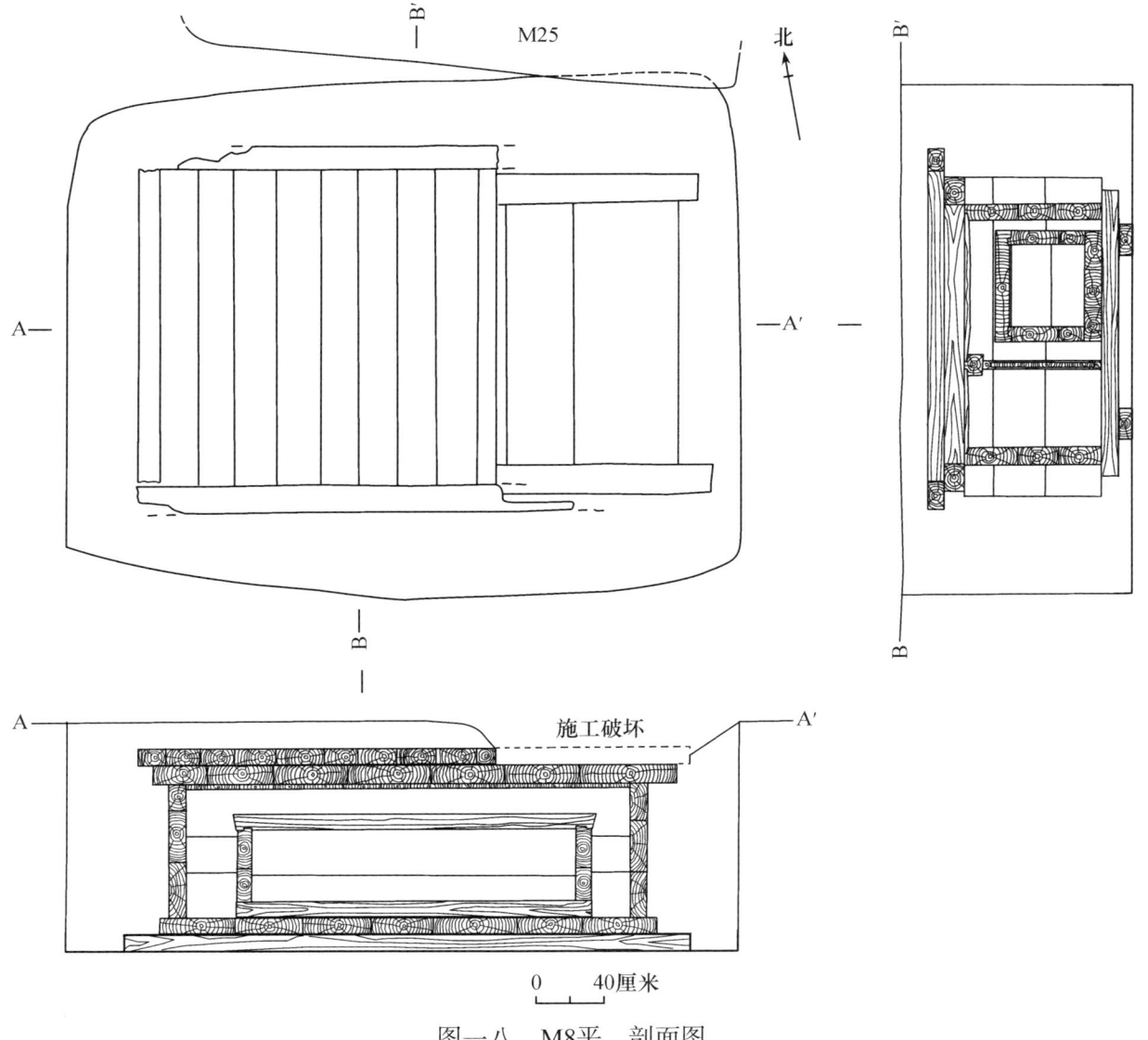

图一八　M8平、剖面图

（2）葬具

M8葬具保存较好，虽然有所破损，但基本结构清晰，其由椁室和棺室两大部分组成，各部位构件尺寸详见图一九、图二〇及表一。

（3）椁室

椁室由上下层盖板、分板、南北墙板、东西挡板、纵隔梁、隔板、底板、垫木构成（图二一；彩版三，2、3；彩版四，1）。

盖板：第一层椁盖板东侧遭破坏（上有一层竹席腐烂痕迹），残存九块盖板、南围板、北围板，第二层椁盖板由七块盖板、南围板、北围板构成。

分板：南北两排，南侧分板共9块，北侧分板共11块。

南北墙板：南墙板有上、中、下三块。上墙板上端有榫槽，长2.6、宽0.04、深0.02米，该墙板上有五个榫眼，榫眼深0.04米，从西向东榫眼长、宽分别为0.04米×0.04米、0.06米×0.04米、0.03米×0.04米、0.06米×0.04米、0.03米×0.04米；墙板内上下各有两个榫眼，榫眼长0.06、宽0.04、深0.04米，间距0.58米，用四个榫头将其与上、下墙板固定；下墙板内上下各有两个榫眼，间距0.58米，榫眼长0.06、宽0.04、深0.04米，上面两榫眼与中墙板的榫眼相对应，下面两个榫眼与椁底板榫眼相对应，并用榫头与中墙板和椁底板固定。三墙板共有六个榫头，尺寸一致，长0.12、宽0.06、厚0.04米。北墙板共三块，除上墙板内侧未发现榫槽外，结构与南墙板相同。

东西挡板：西挡板有上、中、下三块。上挡板内侧南、北两端各有一竖形榫槽，间距1.42米，榫槽高0.12、宽0.1、深0.03米，榫槽距挡板0.2米，与南、北墙板相榫。上挡板上端有一燕尾榫槽，内宽0.06、外

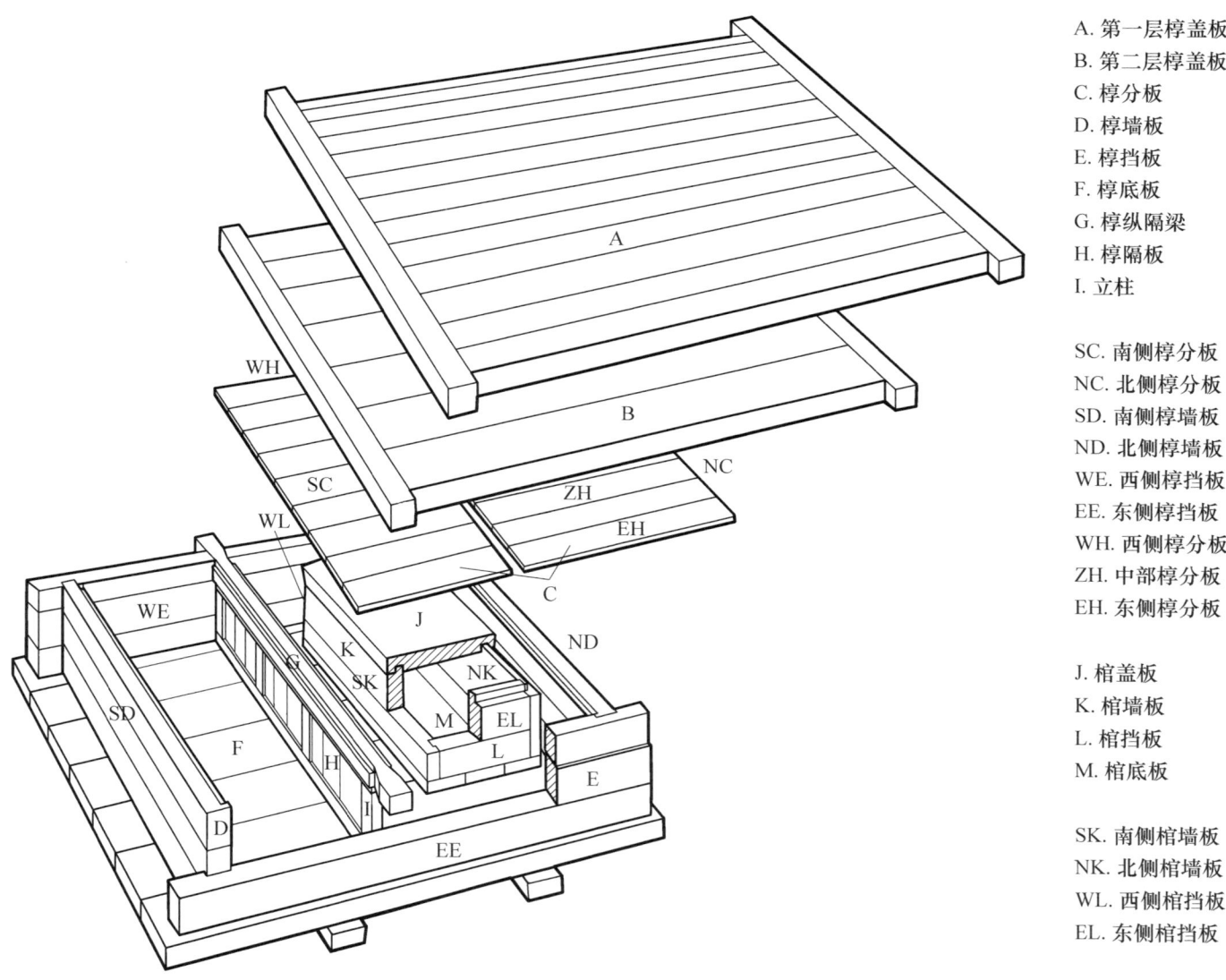

图一九　M8棺椁结构复原示意图

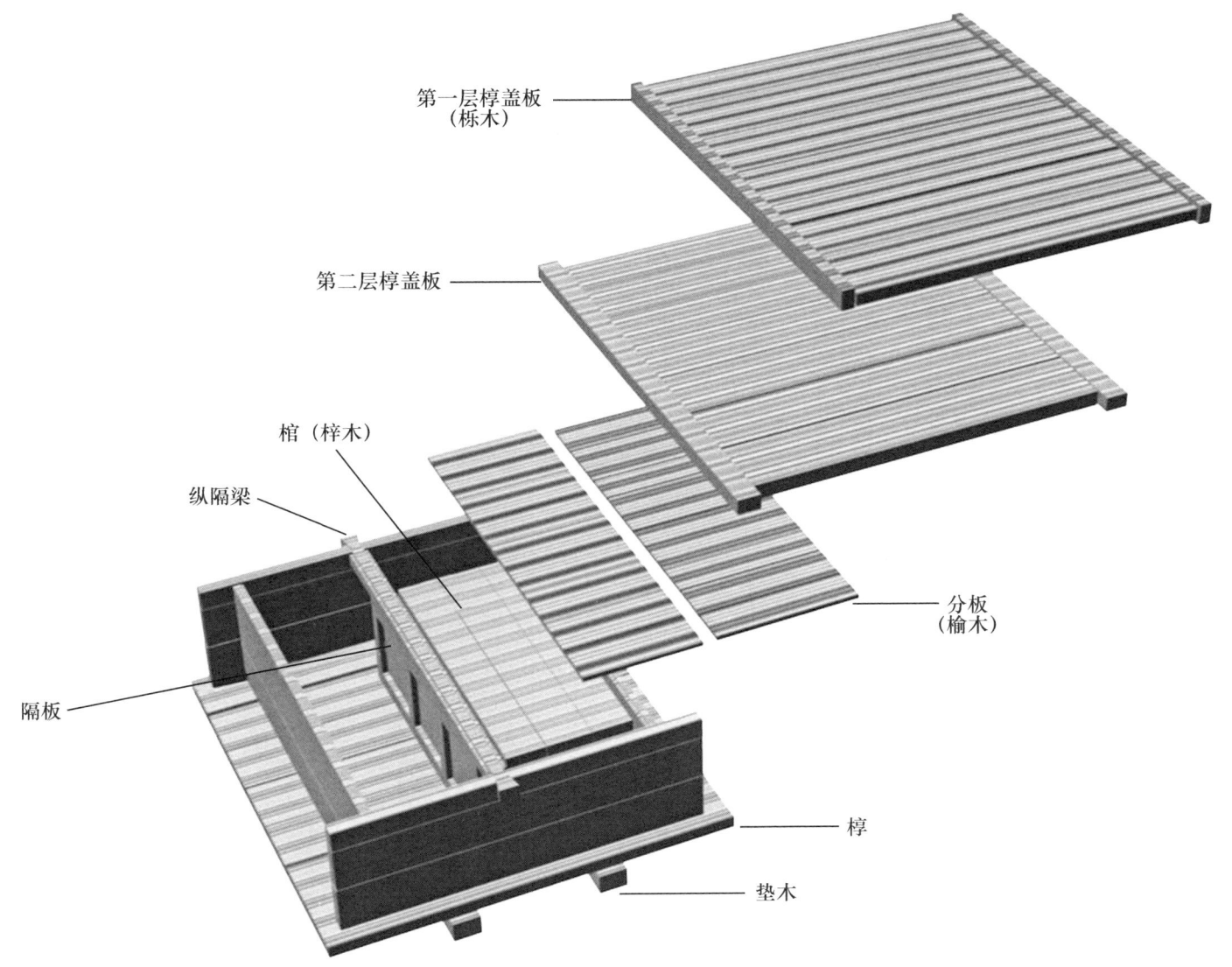

图二〇　M8棺椁三维复原效果图

宽0.14、深0.1米，与椁室隔梁两端的榫头相榫。上挡板底端内壁有榫眼两个，距挡板0.34米，间距1.22米，榫眼长0.06、宽0.06、深0.04米，与中挡板的榫眼相对应，用两个透榫将上、中挡板固定。透榫长0.12、宽0.06、厚0.04米；中挡板内侧有两条榫槽，间距1.22米，榫槽高0.32、宽0.1、深0.03米；中挡板上下两端内壁各有两个榫眼，榫眼长0.06、宽0.06、深0.04米，与上、下挡板的榫眼以榫头相榫；下挡板内侧有两条榫槽，间距1.22米，榫槽高0.34、宽0.1、深0.03米；下挡板上下各有两个榫眼，榫眼长0.06、宽0.04、深0.06米，分别与中挡板、椁底板以榫头相榫，榫头长0.12、宽0.06、厚0.04米。东挡板结构与西挡板结构相同，不再赘述。

纵隔梁：纵隔梁两端作子榫，嵌入东西挡板的凹形槽内，其上部两侧各有一条宽、深均为0.02米的榫槽，承接南北分板。

隔板：由上下两根横梁、四根立柱和九块隔板组成。上下横梁尺寸相同，长2.14米，宽、厚均为0.05米，横梁上各有长0.06、宽0.04、深0.04米的榫眼，以及长2米，宽、深为0.02米的榫槽；立柱四根，东西两端立柱的结构相同，上下端均有长、宽为0.04米的榫头，与隔梁相榫，内侧有一条榫槽，长0.55、深0.02米，与隔板相榫。中间两根立柱除了两侧均有榫槽外，其余结构与东西两端立柱相同；隔板分西、中、东隔板，均由上、中、下三块构成，九块隔板均榫入立柱、隔梁榫槽内。

底板：底板一共七块，东西向并排铺设。

垫木：椁底板下有两根垫木，间距0.92米，东西端均伸出椁底板0.2米，南侧垫木距底板南端0.22米。

表一　M8棺椁尺寸统计表

(单位：米)

第一层椁盖板		第二层椁盖板		椁分板	
盖板	围板	盖板	围板	南侧	北侧
			南　北		
1.96×0.12×0.1	1.26×0.16×0.1	1.62×0.32×0.14	3.44×0.18×0.12	0.52×0.3×0.02	0.9×0.32×0.02
1.96×0.24×0.1	1.9×0.14×0.1	1.62×0.4×0.14	3.22×0.16×0.14	0.52×0.34×0.02	0.9×0.2×0.02
1.96×0.22×0.1		1.62×0.44×0.14		0.52×0.34×0.02	0.9×0.18×0.02
1.96×0.24×0.1		1.62×0.48×0.14		0.52×0.28×0.02	0.9×0.24×0.02
1.96×0.26×0.1		1.62×0.46×0.14		0.52×0.3×0.02	0.9×0.22×0.02
1.96×0.22×0.1		1.62×0.44×0.14		0.52×0.28×0.02	0.9×0.18×0.02
1.96×0.22×0.1		1.62×0.58×0.14		0.52×0.26×0.02	0.9×0.22×0.02
1.96×0.24×0.1				0.52×0.24×0.02	0.9×0.24×0.02
					0.9×0.24×0.02
					0.9×0.28×0.02
西↓东				西↓东	0.9×0.34×0.02

椁纵隔梁	椁底垫木
2.14×0.16×0.1	3.36×0.2×0.1

椁南北墙板	椁隔板			
	西隔板	中隔板	东隔板	立柱
2.7×0.22×0.1	0.74×0.24×0.02	0.46×0.24×0.02	0.74×0.24×0.02	0.56×0.06×0.06
2.7×0.24×0.1 上↓下	0.74×0.24×0.02 西↓东	0.46×0.24×0.02 西↓东	0.74×0.24×0.02 西↓东	
2.7×0.26×0.1	0.74×0.14×0.02	0.46×0.14×0.02	0.74×0.14×0.02	

椁东西挡板	棺底板	棺南北墙板	棺东西挡板	棺盖板
1.98×0.16×0.1 上↓下	1.98×0.2×0.1	2.1×0.3×0.1 上↓下	0.56×0.24×0.1 上↓下	2.1×0.7×0.1
1.98×0.32×0.1	1.98×0.24×0.1	2.1×0.16×0.1	0.56×0.2×0.1	
1.98×0.34×0.1	1.98×0.24×0.1			

第一层椁盖板-盖板续
1.78×0.43×0.1
1.78×0.4×0.1
1.78×0.4×0.1
1.78×0.36×0.1
1.78×0.49×0.1
1.78×0.38×0.1
1.78×0.45×0.1
西↓东

注：尺寸格式为长×宽×厚，另棺椁对应的南北墙板、东西挡板、南北垫木的尺寸一致。

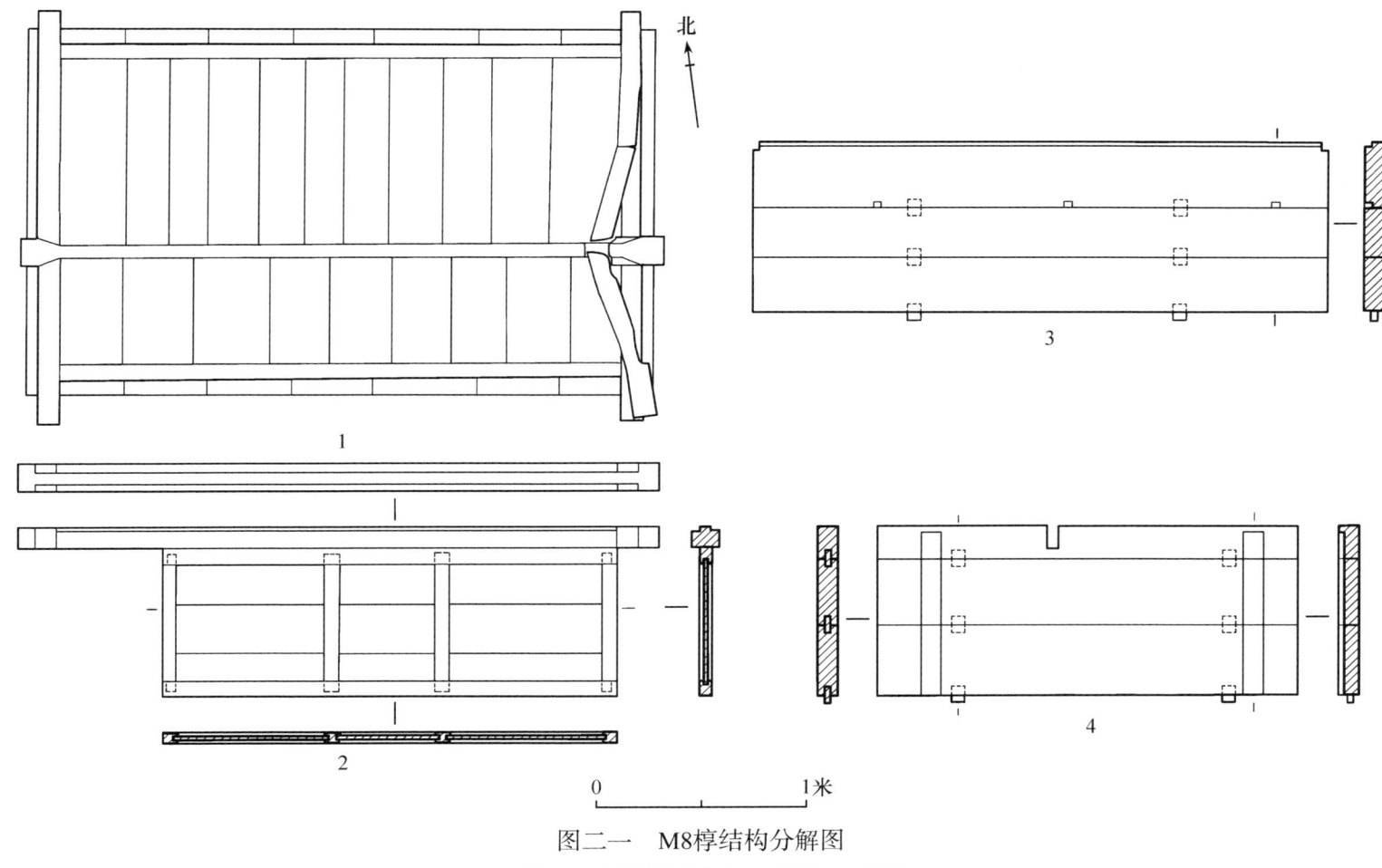

图二一　M8椁结构分解图
1.分板　2.纵隔梁及隔板　3.墙板　4.挡板

（4）棺室

棺置于椁室内北部偏东，由盖板、南北墙板、东西挡板、底板组成（图二二）。

盖板：两端略向外弧，盖沿作母口，唇宽0.06、深0.02米，与墙板、挡板的子口相扣。

南北墙板：北墙板由上下两块组成。上墙板上端有一条长2、宽0.04、高0.02米的子口，西端内侧有一长0.12米燕尾榫，上下宽中间窄，榫入相同尺寸的榫眼内，固定墙板内侧的裂口。墙板内侧两端各有一榫眼，间距1.94米，榫眼长0.02、宽0.02、深0.08米，与挡板的榫头相榫卯。上墙板下端有榫眼两个，长0.04、宽0.04、深0.06米，与下墙板的榫眼相合，用长0.12、宽0.04、厚0.04米榫头固定；下墙板上端榫眼与上墙板相合，下端有榫眼三个，长0.04、宽0.04、深0.06米，以榫头与底板相榫。东西两端与上墙板一致，相对应的位置亦各有一个规格相同的榫眼，与挡板的榫头相榫。南墙板的规格、形制与北墙板大致相同，不再赘述。

东西挡板：东挡板由上下两块组成。上挡板两端各有一个长0.06、宽0.04、厚0.04米的榫头，与墙板榫眼相榫。上挡板下端偏中部有一个榫眼，长0.04、宽0.04、深0.06米，与下挡板榫眼相合；下挡板结构与上挡板基本一致，两挡板间的榫眼用长0.12、宽0.04、厚0.04米的榫头固定。西挡板的规格、形制与东挡板大致相同，不再赘述。

底板：由南、中、北三块底板组成。南底板南侧边沿有三个尺寸相同的榫眼，长0.04、宽0.04、深0.06米，榫眼间距由西向东分别为0.7、0.88米，这三个榫眼与南墙板底部榫眼相合，以榫头固定。南底板北侧中部有两个榫眼，间距0.64米，榫眼长0.04、宽0.04、深0.06米，与中底板南部榫眼相合；中底板南北两侧中部各有两个榫眼，与南北底板中部榫眼相对应，尺寸一致，以长0.12、宽0.04、厚0.04米的榫头与两侧底板相榫；北底板结构与南底板完全一致，并呈对称分布，不再赘述。

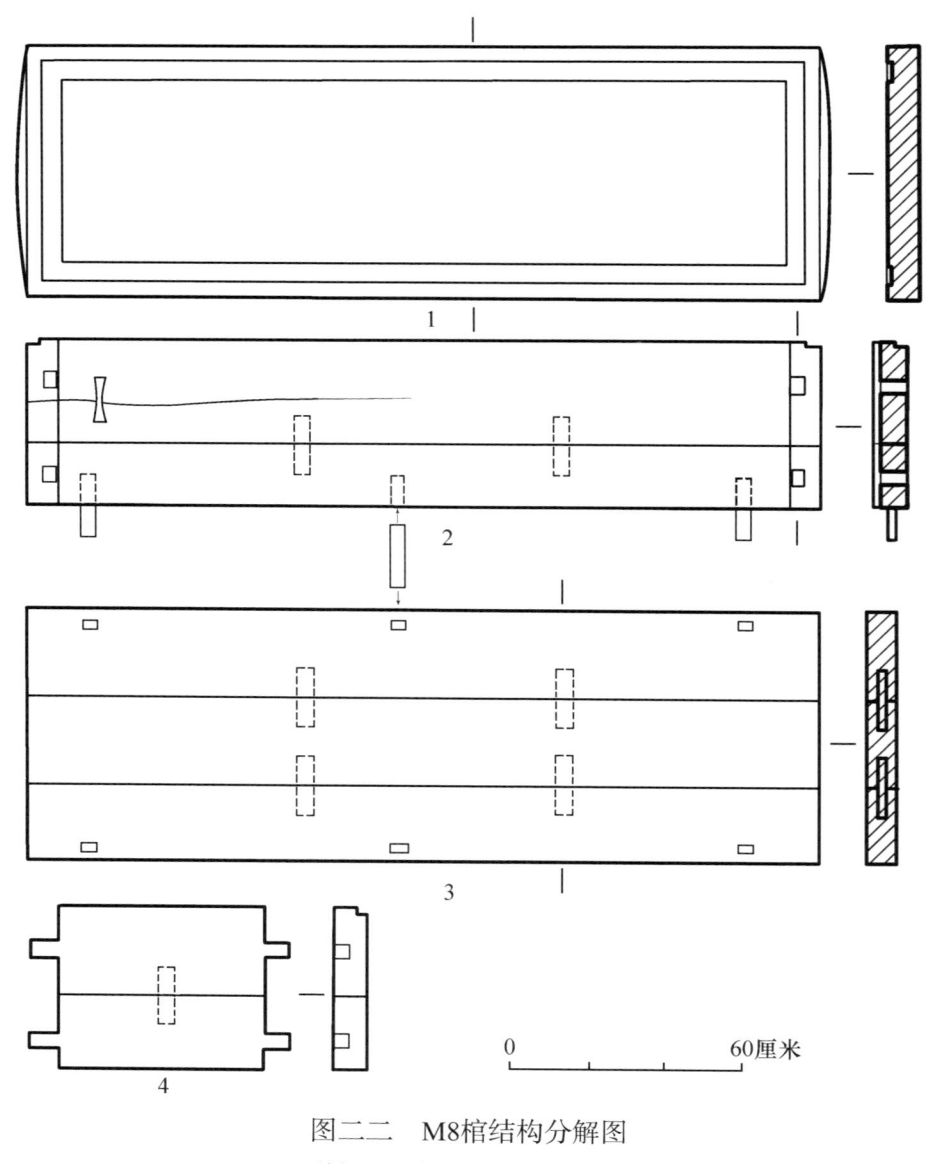

图二二　M8棺结构分解图
1.盖板　2.墙板　3.底板　4.挡板

2. 随葬器物

M8的棺椁在发掘时处于饱水环境中，遗物保存良好，共发现77件（套）。以漆器和木器为主，器类丰富，有扁壶、耳杯、奁、盘、俑、车构件、马、梳形器、篦、梯形器、俎、勺、珠、"T"形器、棋盘、杖、弩机模型、剑、盖等。竹器有笥、筒形器、条、笔筒和成卷的简册等。陶器出土较少，有鼎、盒、钫、瓮、灶。另有石砚、葫芦瓢、铜环等。椁内还出土了大量的植物种子（图二三；彩版四，2）。

（1）陶器

器类有鼎、盒、钫、瓮、灶（图二四；彩版五，1）。

盒　2件。泥质黄褐胎。整体扁圆。弧形盖，顶中部有圆形捉手，器身子口内敛，方唇，浅弧腹，小平底微内凹。内外壁施黑色陶衣，上有红、白、黑三色彩绘，器盖饰卷曲及点状彩绘纹饰，器身腹部饰彩绘弦纹二周，弦纹间饰彩绘波纹。M8：56，口径16.2、腹径19.8、底径6.5、通高13.26厘米（图二四，1；图版八，1）。M8：47，口径16.2、底径7、通高13.3厘米（图二四，2；图版八，2）。

鼎　2件。细泥质灰胎。盖弧顶，器身子口内敛，方唇，浅弧腹，圜底，矮蹄形足，略外撇。长方形附耳，外侈，中有长竖条状镂孔。内外壁施黑色陶衣为地，有红、白、黄彩绘纹饰，盖饰红、黄色彩绘卷云纹及点纹，腹上部有二周红色弦纹，弦纹间饰黄色波纹，耳饰红色卷曲纹，足外侧有红、白色弦纹及圆圈纹。M8：45，口径16.5、通盖高14厘米（图二四，3；图版八，3）。M8：44，口径16.1、通盖高14.08厘米（图二四，4；图版八，4）。

图二三　M8随葬器物分布图

1.漆扁壶　2、3、20、29、35、38、42.漆耳杯（20置于陶瓮内）　4.葫芦瓢　5.漆奁　6.漆璧　7.木梯形器　8、12~15、23、24、48、49、55.木俑　9、10.木马　11.木"T"形器　16、27、30~34.木耳杯　17.竹筒　18.竹薪　19.陶瓮　21、22.陶钫　25.竹木伞　26.漆盘　28、67~71.竹筒形器　36、37、43.木勺　39.陶灶　40.木笾　41、52.木珠　44、45.陶鼎　46.漆扁壶模型　47、56.陶盒　50.漆盖　51.木棋盘　53.木剑　54.木俎　57.漆车构件　58.木盖　59.木构件　60.竹条　61-1.竹简　61-2.铜环　62.木梳　63.木杖　64.漆弩机模型　65.漆梳形器　66.有字木牍　72.石砚　73~75.无字木牍　76.竹笔筒　77.竹签牌（室内清理时发现）

钫　2件。泥质黄褐胎。覆斗形盖，器身侈口，方唇，束颈，溜肩，垂鼓腹，平底，高圈足外撇。内外壁施黑色陶衣，盖顶有红色弦纹和波状纹，颈及上腹部饰红、白色彩绘，纹样有云气纹、草叶纹、卷叶纹及弦纹。M8:21，大部分彩绘已脱落。口径12.06、腹径19、圈足径13.56、通盖高37.5厘米（图二四，5；图版八，5）。M8:22，口径12.4、腹径19.5、圈足径13.3、通盖高38厘米（图二四，6；图版八，6）。

灶　1件。M8:39，泥质黄褐胎。灶面前圆后方，呈船形，前端斜置柱形烟囱。后壁长方形灶门落地。

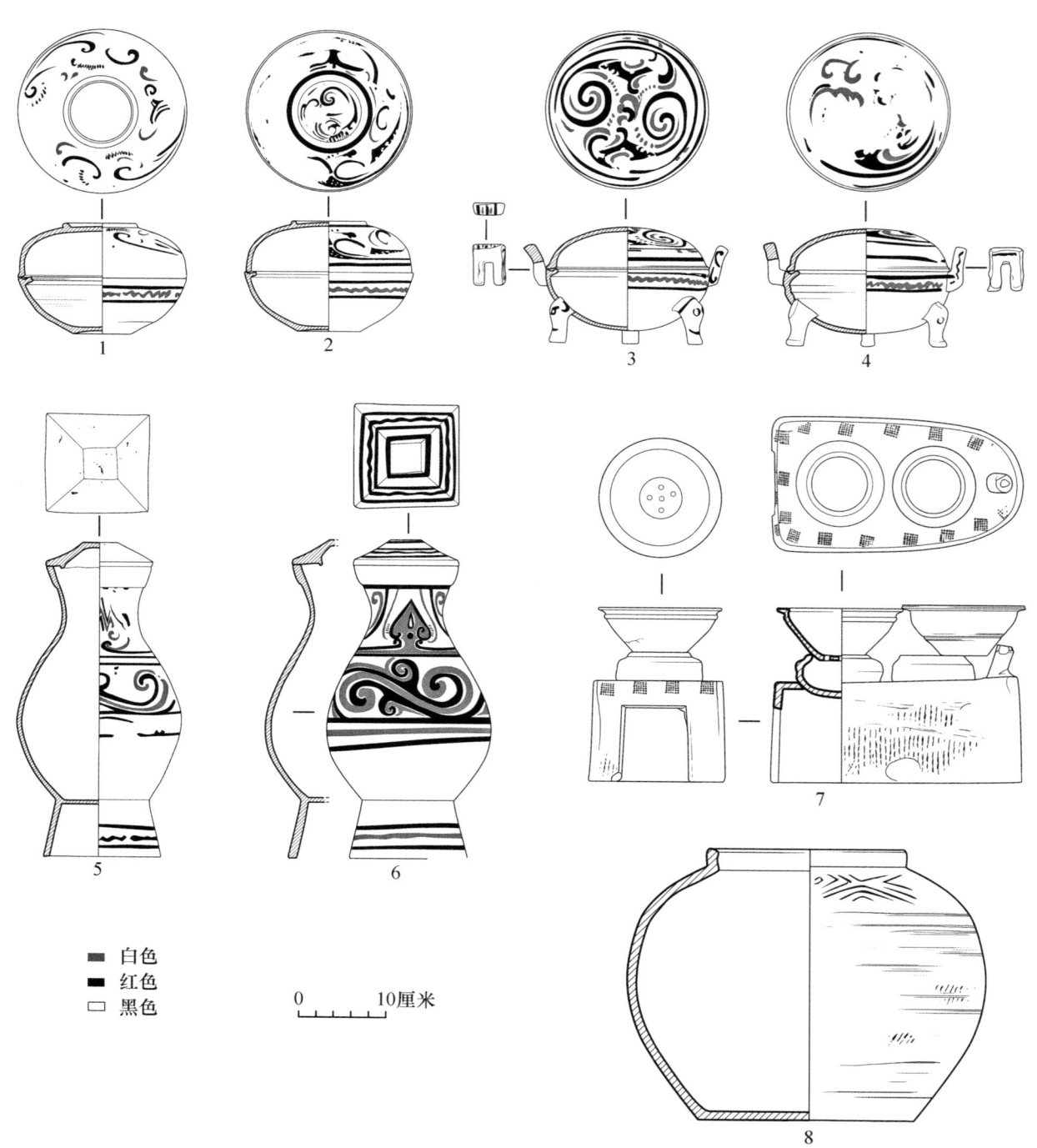

图二四 M8出土陶器

1、2.盒（M8：56、M8：47） 3、4.鼎（M8：45、M8：44） 5、6.钫（M8：21、M8：22） 7.灶（M8：39） 8.瓮（M8：19）

灶面上有两个等大的圆形火眼，置灶具4件，下层置釜，上层置甑、盆。釜敛口，尖圆唇，扁腹，圜底近平。甑敞口，折沿，尖唇，斜腹微弧，内收，平底，底面有五个箅孔。盆除底无箅孔外，形制同甑。灶面及灶门上端饰戳印方格纹，外壁饰粗绳纹。灶长29、宽15.7、通高21.3厘米（图二四，7；图版八，7）。

瓮 1件。M8：19，泥质灰陶，胎厚。短直领，圆唇，溜肩，圆鼓腹，下腹弧收，大平底。内外壁施黑色陶衣，肩部有零星红彩。口径23.1、肩径41.2、底径24.9、高32厘米（图二四，8；图版八，8）。

（2）漆木竹器

器类有扁壶、耳杯、盘、奁、俑、璧、笥、梳、马、俎、剑、梯形器、"T"形器、勺、珠、棋盘、杖等漆木器，竹笥、筒形器、条、笔筒、简册，以及成捆的细长竹竿、竹片和木条等。

漆木耳杯 14件。形制基本一致。木胎，为整木斫削挖凿而成，器体轻薄，外壁可见削痕，内壁平整。器身呈椭圆形，敞口，弧腹，平底，两侧有月牙形附耳。耳杯有髹漆与未髹漆两种，每种各7件。漆耳杯一般在内壁髹红漆，内底用黑漆书写"東路"二字，除内壁外通体髹黑漆为地，其中有5件耳部和口沿外侧有红色条纹、波折纹、点纹（彩版五，2、3）；未髹漆耳杯腹部一侧外壁多烙印有"∽"状符号（彩版六，1）。耳杯尺寸详见表二。

表二　M8漆木耳杯尺寸统计表　　　　　　　　　　　　　　　　　　（单位：厘米）

序号	编号	通高	连耳宽	口长	口宽	唇厚	耳厚	底长	底宽	纹饰			备注
										髹漆		未髹漆	
										红彩纹样（附耳）	黑漆文字（内底）	烙印符号（外壁）	
1	M8:3	5.3	11.8	15.7	9.3	0.4	1.7	10.1	5.0	条纹、波折纹、点纹	東路		图二五，1；彩版五，3
2	M8:20	5.8	11.2	15.9	8.9	0.4	1.9	9.3	5.1	条纹、波折纹、点纹	東路		图二五，2；图版九，1
3	M8:35	5.4	12.9	16.0	9.9	0.4	1.9	10.5	5.0	条纹、波折纹、点纹	東路		图二五，3；图版九，2
4	M8:38	5.9	11.9	16.5	9.5	0.4	2.2	10.7	4.3	条纹、波折纹、点纹	東路		图二五，4；图版九，3
5	M8:42	5.6	10.5	15.9	8.7	0.4	2.3	9.5	3.9	条纹、波折纹、点纹	東路		图二五，5；图版九，4
6	M8:2	4.8	12.0	16.3	9.7	0.4	1.3	9.8	5.2		東路		图二五，6；图版九，5
7	M8:29	5.2	11.7	14.7	8.7	0.4	1.6	10.6	5.4		東路		图二五，7；图版九，6
8	M8:30	6.0	13.9	17.8	10.2	0.4	2.5	11.2	4.5			⌒	图二五，8；图版一〇，1
9	M8:27	6.4	14.0	17.8	10.1	0.4	2.7	11.2	4.5			⌒	图二五，9；图版一〇，2
10	M8:16	5.8	13.2	17.8	10.7	0.4	2.3	10.3	6.0			⌒	图二五，10；图版一〇，3
11	M8:31	6.34	13.6	18.4	10.6	0.4	2.5	10.1	5.0			⌒	图二五，11；图版一〇，4
12	M8:32	5.6	13.0	18.0	8.96	0.4	2.1	9.92	4.32			⌒	图二五，12；图版一〇，5
13	M8:33	5.0	13.3	18.0	10.3	0.4	2.3	11.5	6.5			⌒	图二五，13；图版一一，1
14	M8:34	6.0	13.7	18.2	10.7	0.4	2.3	10.9	5.2			⌒	图二五，14；图版一一，2

木俑　上部整木斫削、雕刻，手足多分制拼接而成，分立俑和蹲坐俑两种（尺寸详见表三）。

立俑　9件。M8:8，发中分，身着及地长袍，交领右衽，广袖，下着喇叭形裙，双手环抱于袖内置于胸前。底部前端有两个方形榫眼。通身有黑彩痕迹（图二六，1；彩版六，2）。M8:24，发中分，发髻后垂及肩，身着及地长袍，交领右衽，束腰，广袖。右臂自然下垂，左臂屈置胸前。领部及手处有零星红彩痕迹（图二六，2；彩版六，3）。M8:23，形制与M8:8大体一致，唯束腰更明显，发髻后垂至肩部（图二六，3；图版一一，3）。M8:49，破损严重，后脑发髻外凸，身着长袍，广袖。双臂下垂，裙下露两足。有零星墨迹（图二六，4；图版一一，4）。M8:12，表面有斫削痕迹，面部模糊不清。双手抱于腹部，袍裙未及地，露出双足。全身有零星黑漆痕迹（图二六，5；图版一一，5）。M8:15，头部雕刻精

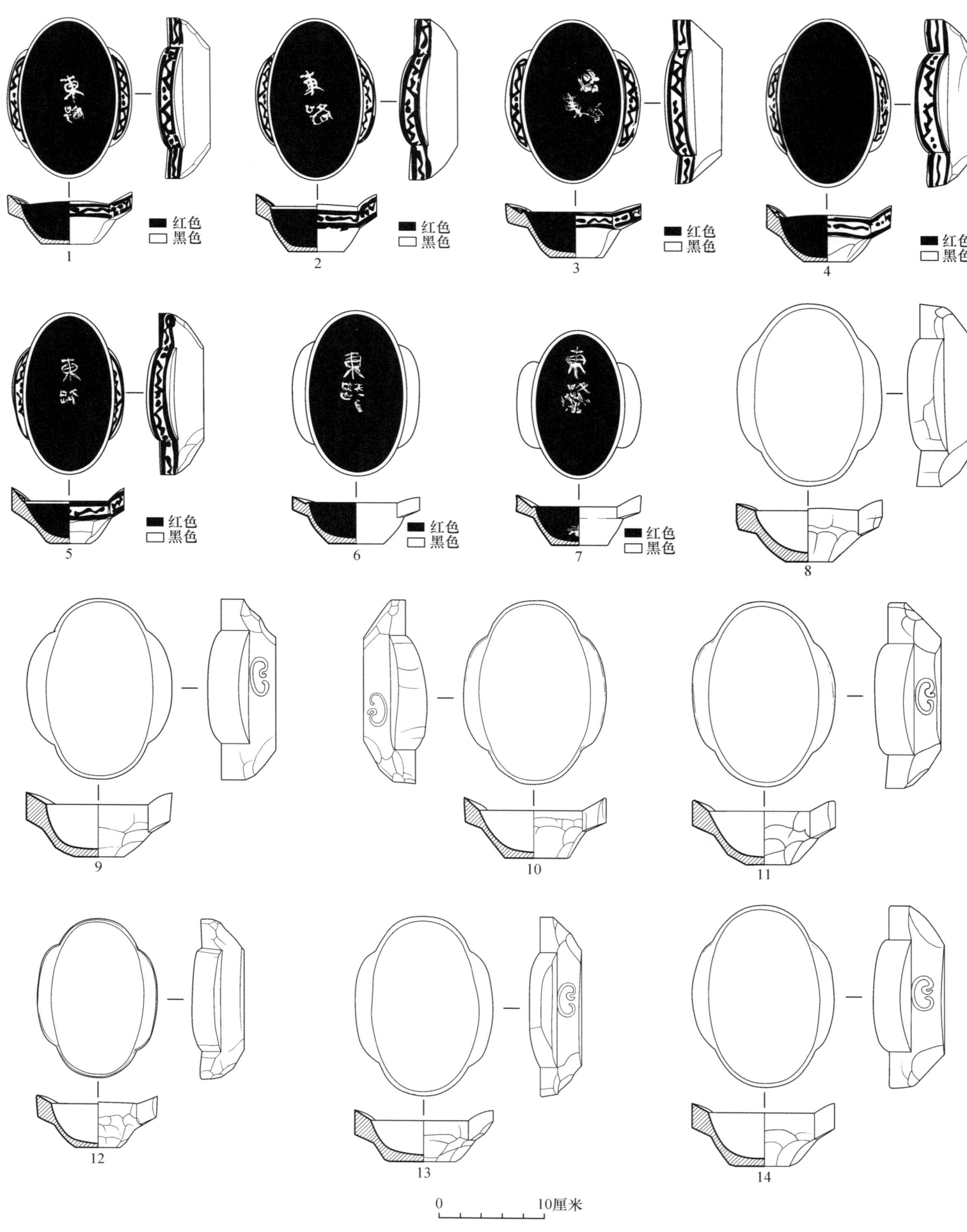

图二五　M8出土漆木耳杯

1~7.髹漆耳杯（M8：3、M8：20、M8：35、M8：38、M8：42、M8：2、M8：29）　8~14.未髹漆耳杯（M8：30、M8：27、M8：16、M8：31、M8：32、M8：33、M8：34）

表三　M8木俑尺寸统计表　　　　　　　　　　　　　　　　　　　（单位：厘米）

编号	通高	头长	肩宽	身宽	足宽	发长	备注
M8：8	40.8	6.9	8.1	5.1		6.6	立俑
M8：24	35.2	6.3	8.0	4.0		8.7	立俑
M8：23	35.3	6.3	7.7	4.0		9.5	立俑
M8：49	21.0	4.7	6.3	2.9	1.7	4.6	立俑
M8：12	26.4	5.5	5.8	4.0	1.8	5.1	立俑
M8：15	28.4	5.7	6.3	2.9	1.7	5.1	立俑
M8：14	32.0	6.0	7.4	4.3	1.4	6.6	立俑
M8：13	21.2	4.6	7.0	2.9	1.2	4.6	立俑
M8：48	17.1	3.5	6.7	3.5	1.1	3.5	立俑
M8：55	12.8	3.9	5.1	2.6		3.4	蹲坐俑

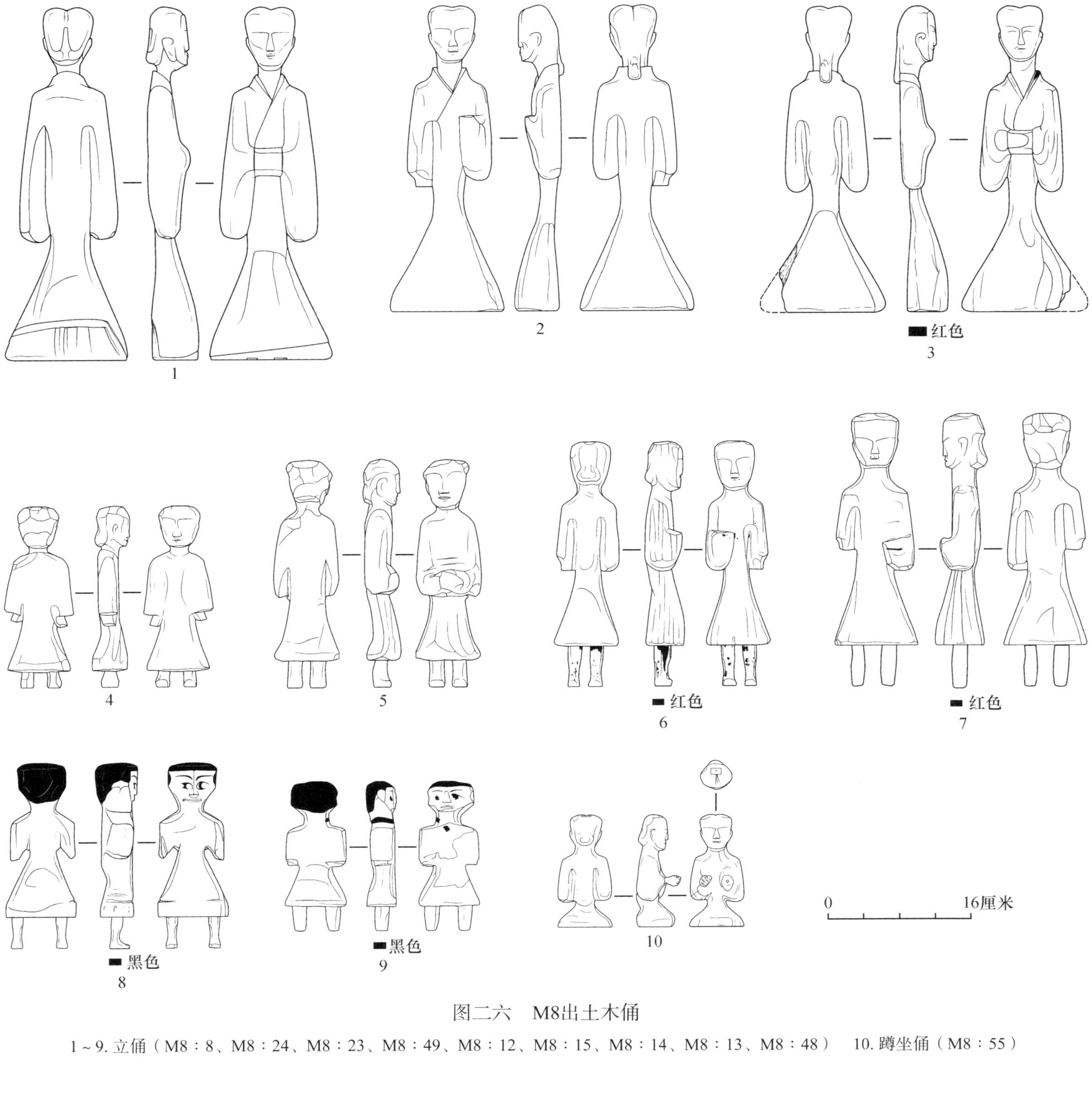

图二六　M8出土木俑

1~9.立俑（M8：8、M8：24、M8：23、M8：49、M8：12、M8：15、M8：14、M8：13、M8：48）　10.蹲坐俑（M8：55）

细，鼻、嘴清晰可见。左臂自然下垂，右臂屈置于胸前，束腰明显，裙下露双足。通身有红、黑彩痕迹（图二六，6；图版一一，6）。M8∶14，发髻垂至肩部，上身扁平，右臂自然下垂，左臂屈置于腹部，下肢制作粗糙。左手臂前有一道朱绘痕迹，下肢有零星墨迹（图二六，7；彩版六，4）。M8∶13，较扁平，头顶较平，面中部凸起一条棱脊，嘴雕刻而成，墨绘眼和眉毛。身着短裙，背部微隆，双足站立较开。头部有大量墨痕（图二六，8；图版一一，7）。M8∶48，破损严重，墨绘眼睛，有肩无手，裙下露出两足。头部有墨迹（图二六，9；图版一一，8）。

蹲坐俑　1件。M8∶55，发中分，后脑发髻外凸，头顶中间有方形凹槽，推测与帽等其他构件相接，耳、鼻雕刻清晰。身着长袍，广袖，袖袍下垂，手与身体卯合，仅存右手，向前伸出，半握向上，拇指与其他手指中间有一缝，推测原器有其他构件（图二六，10；彩版六，5）。

漆奁　1件。M8∶5，木胎，灰黑色。圆筒形，由盖与器身套合而成，盖、底皆用整块厚木块斫削成形，壁用薄木片卷制而成。盖顶与器底微凸，直壁。通体髹漆，顶部残留网状编织物。口径16.8、通高13.6厘米（图二七，1；图版一二，1）。

木俎　1件。M8∶54，木胎。平面呈长方形，俎面微凸，较为光滑，中间较两端稍薄，下接四个方形足，略外撇。长18.6、宽9、高7.1厘米（图二七，2；图版一二，2）。

漆弩机模型　1件。M8∶64，明器模型。两面及顶面各有一道凹槽，中有一小穿孔。通体以黑墨为地，顶面髹红漆。残长17.8、高3.9厘米（图二七，3；图版一二，3）。

木篦　1件。M8∶40，木质。马蹄形，厚背，篦齿均匀细密，除边齿外，有齿六十五根。长7.2、宽5.24、背厚1.5厘米（图二七，4；图版一二，4）。

木梳　1件。M8∶62，木质。马蹄形，厚背，梳齿均匀稀疏，除边齿外，有齿十一根。残长7、宽5.6、背厚0.9厘米（图二七，5；图版一二，5）。

木"T"形器　1件。M8∶11，木质。由船形板和束腰形柄组成，木板通体打磨光滑，器身内凹，正中方形榫眼接木柄，柄束腰处雕刻一圈绳索状凸棱，出土时把手朝上扣在墓中。长41、面宽15.4、高12.1厘米（图二七，6；彩版六，6）。

漆扁壶　1件。M8∶1，木胎。器身由两半黏合而成。盖为弧顶，器身为直口，矮领，唇厚，束颈，广肩，椭圆形扁腹，平底。外壁髹黑漆。口径10.8、腹径32.2、底长20.8、底宽9.8、通高28厘米（图二七，7；图版一二，6）。

漆梳形器　1件。M8∶65，木胎。平面略呈长方形，梳齿未透。通体髹黑漆，饰红色线纹、卷曲纹、点纹。长9.6、宽1.7～2.1、厚0.4～0.8厘米（图二七，8；图版一二，7）。

漆盘　1件。M8∶26，木胎。浅盘，敞口，平沿，方唇，唇较厚，浅弧腹，平底。内壁髹红漆，外壁髹黑漆。唇、底部用红漆绘一周宽弦纹，腹壁用红漆绘制一圈细弦纹，弦纹与口沿间饰三组等距"B"形纹。口径17.8、底径8.5、通高3.5厘米（图二八，1；图版一三，1）。

木盖　1件。M8∶58，圆形，尖顶，平底。素面。直径13.5、高2厘米（图二八，2；图版一三，2）。

漆盖　1件。M8∶50，圆形，小平顶，平底。顶面髹黑漆，上饰两圈红色波纹及花瓣纹。直径22.2、高3.8厘米（图二八，3；图版一三，3）。

漆璧　1件。M8∶6，木胎，出土时立置于棺外椁内北墙板上。圆形，中部有一圆形穿孔。大部黑漆脱落，黑漆上用红色颜料在边缘绘两周弦纹和一周波纹，内部绘花草、鸟纹等。直径19.1、孔径3.8、厚1.1厘米（图二八，4；图版一三，4）。

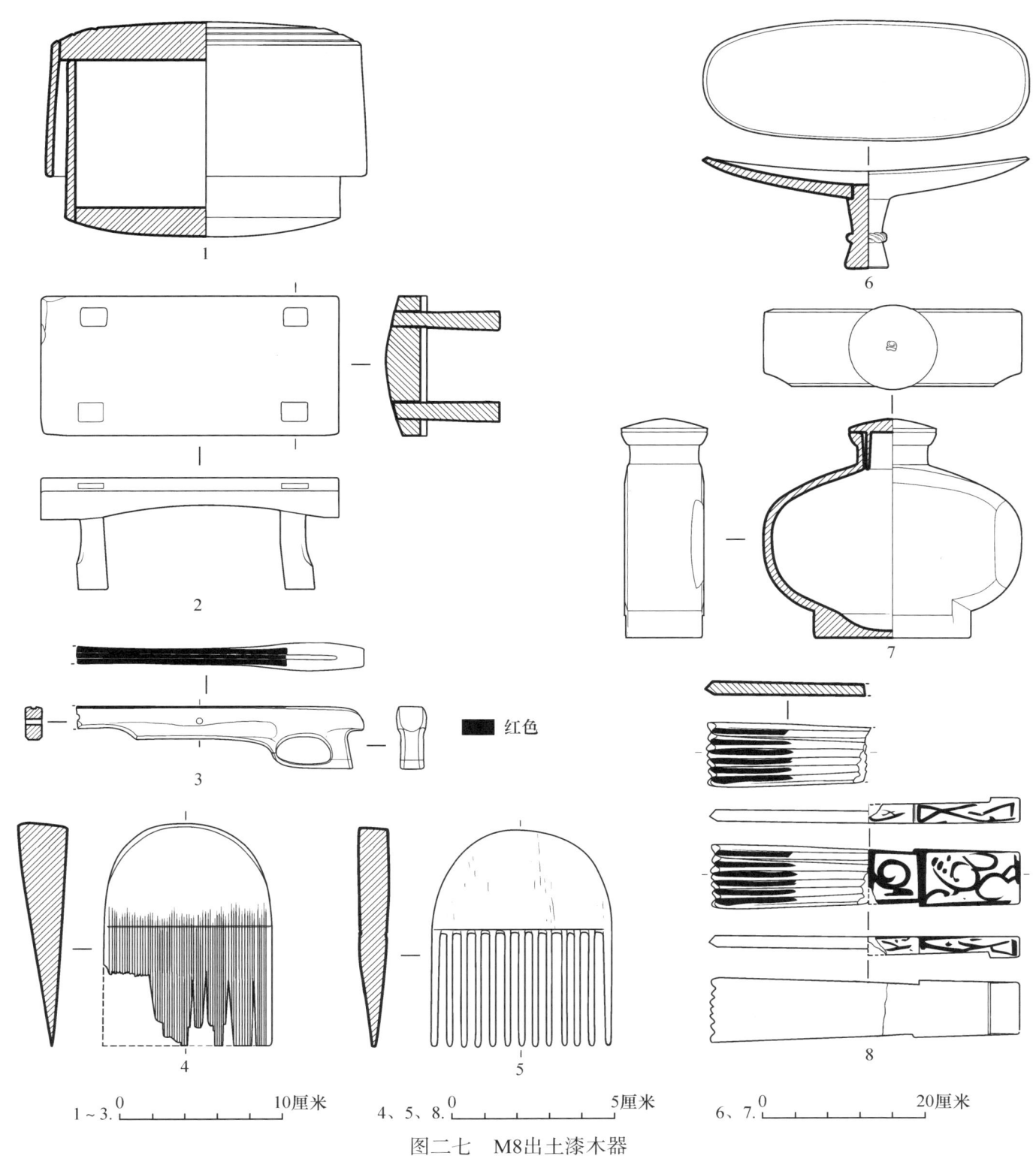

图二七　M8出土漆木器

1. 漆奁（M8∶5）　2. 木俎（M8∶54）　3. 漆弩机模型（M8∶64）　4. 木篦（M8∶40）　5. 木梳（M8∶62）
6. 木"T"形器（M8∶11）　7. 漆扁壶（M8∶1）　8. 漆梳形器（M8∶65）

漆扁壶模型　1件。M8∶46，木胎，为模型器。扁平，假直口，扁圆腹，斜直假足。通体髹黑漆，两面均用红色颜料绘制线纹和点纹。口宽1、腹宽4.16、底宽2.5、通高3.67厘米（图二八，5；图版一三，5）。

木马　2件。木胎，大小形制基本一致。构件有头、颈、身、腿、尾几部分，头、颈部及身、腿结合处均为榫卯结构，脖、身结合处也有三个榫眼，中间大两头小，尾、身结合处无榫眼，应是黏合而成。立姿，首微昂，前腿直，后腿微屈，尾上翘。头顶有黑、红彩痕，口腔内有少量红彩。M8∶9，通体长50.5、宽9.5、高48厘米（图二九，1；图版一三，6）。M8∶10，尾及腿下部分缺失。残长35.4、残高37.9厘米（图二九，2；图版一三，7）。

木构件　1捆。M8∶59，木质，不规则长条状。长43.5~63.5、宽2.5~7、厚2.8~3.5厘米（图二九，3）。

竹木伞　1件。M8∶25，残。由伞帽、伞柄和十六根盖弓组成，盖弓为细竹条，伞帽与伞柄用一根完整

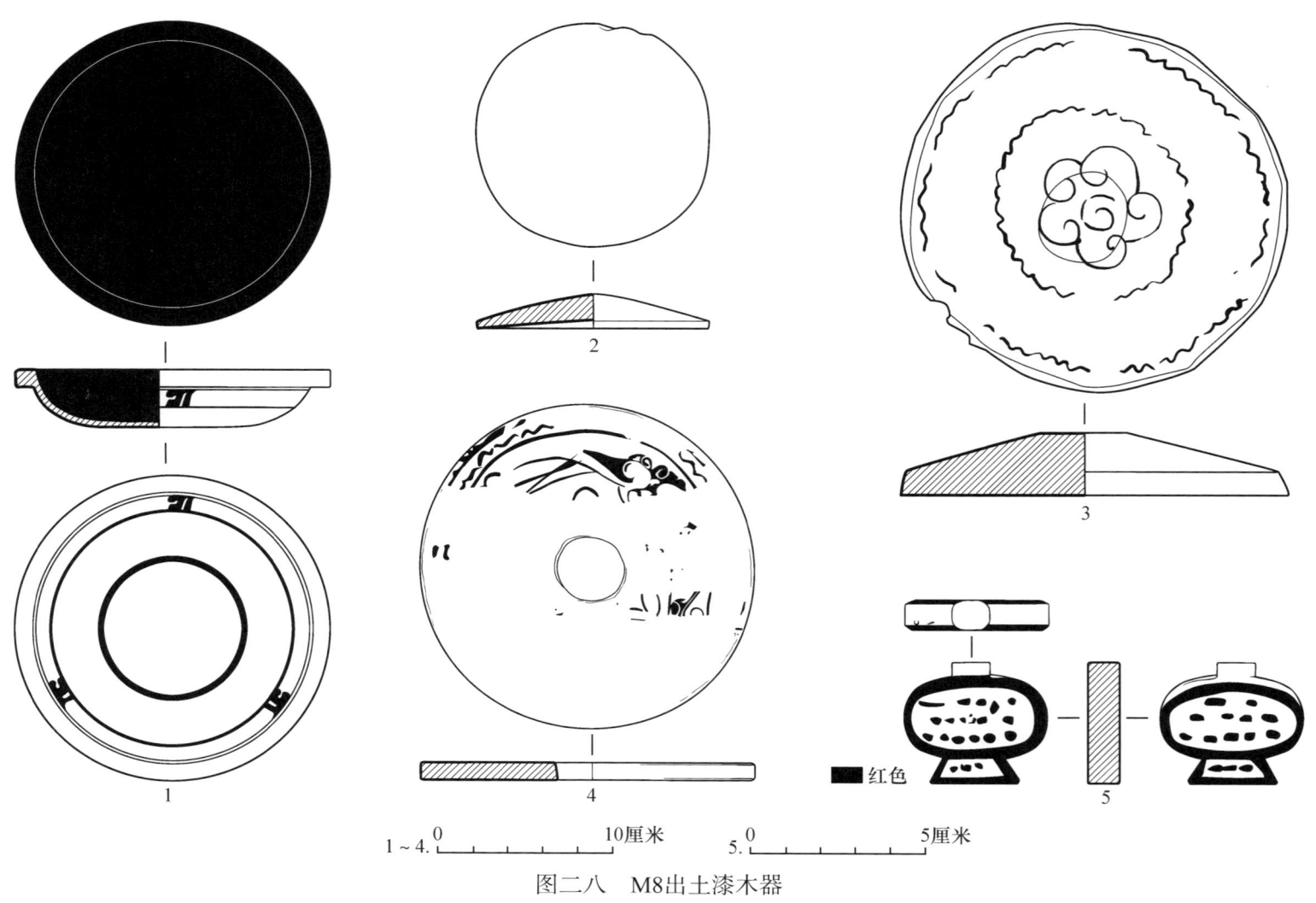

图二八　M8出土漆木器

1. 漆盘（M8∶26）　2. 木盖（M8∶58）　3. 漆盖（M8∶50）　4. 漆璧（M8∶6）　5. 漆扁壶模型（M8∶46）

的木棒斫削而成，髹黑漆。复原伞径35.1、盖弓残长16.2厘米（图二九，4；图版一三，8）。

漆车构件　M8∶57，若干散件，无法整体复原。方形构件，四段长梯形木板和三块长方形木板以榫卯结构拼接成方形，四缘用八个倒"2"形木构件粘贴，边长34.1、高9.4厘米（图二九，5）。车轮，2个，大小形制一致，车毂与辐条以方形小卯眼相接。通体髹黑漆，车毂朱绘两周弦纹，轮内侧朱绘一周弦纹，复原直径25.5厘米（图二九，6）。长方形构件，一侧边有半圆形缺口，黑漆大部脱落，并有零星红彩，长24.7、残宽11.8厘米（图二九，7）。

木棋盘　1件。M8∶51，木胎。近方形，一侧有圆形小穿孔，背面涂黑墨为地，上有零星红彩，正面有墨绘棋盘格局，中间一正方形，正方形四边中部各有一组"T"形图案，四角分别有一个"⌐"形图案。长14.9、宽11.5、厚0.7厘米（图二九，8；图版一四，1）。

木珠　2组。M8∶52，木质。若干，出土时散在椁底板。球状，中有小穿孔。直径约1厘米（图二九，9）。M8∶41，木质。两端削平，中间一圆形穿孔，孔壁光滑。直径5、高3.7厘米（图二九，10）。

木勺　3件（图版一四，2）。木胎，勺身呈椭圆形，敞口，圆唇，弧腹，扁平长柄上翘，柄端下折。M8∶36，柄端有凹槽。勺身长6.5、宽5.2、深1.1、通长22.2厘米（图三〇，1；图版一四，3）。M8∶37，柄端有凹槽。勺身长5.5、宽4.2、深1、通长16.16厘米（图三〇，2；图版一四，4）。M8∶43，柄端有一圆形小穿孔。勺身长9.4、宽7、深3.6、通长20.8厘米（图三〇，3；图版一四，5）。

木剑　1件。M8∶53，木质，系完整木棒斫削而成。无鞘，剑锋平直，并用铜片包裹，平脊，剑身截面近椭圆形，剑柄截面呈扁圆形。剑身宽3、通长48.2厘米（图三〇，4；图版一四，6）。

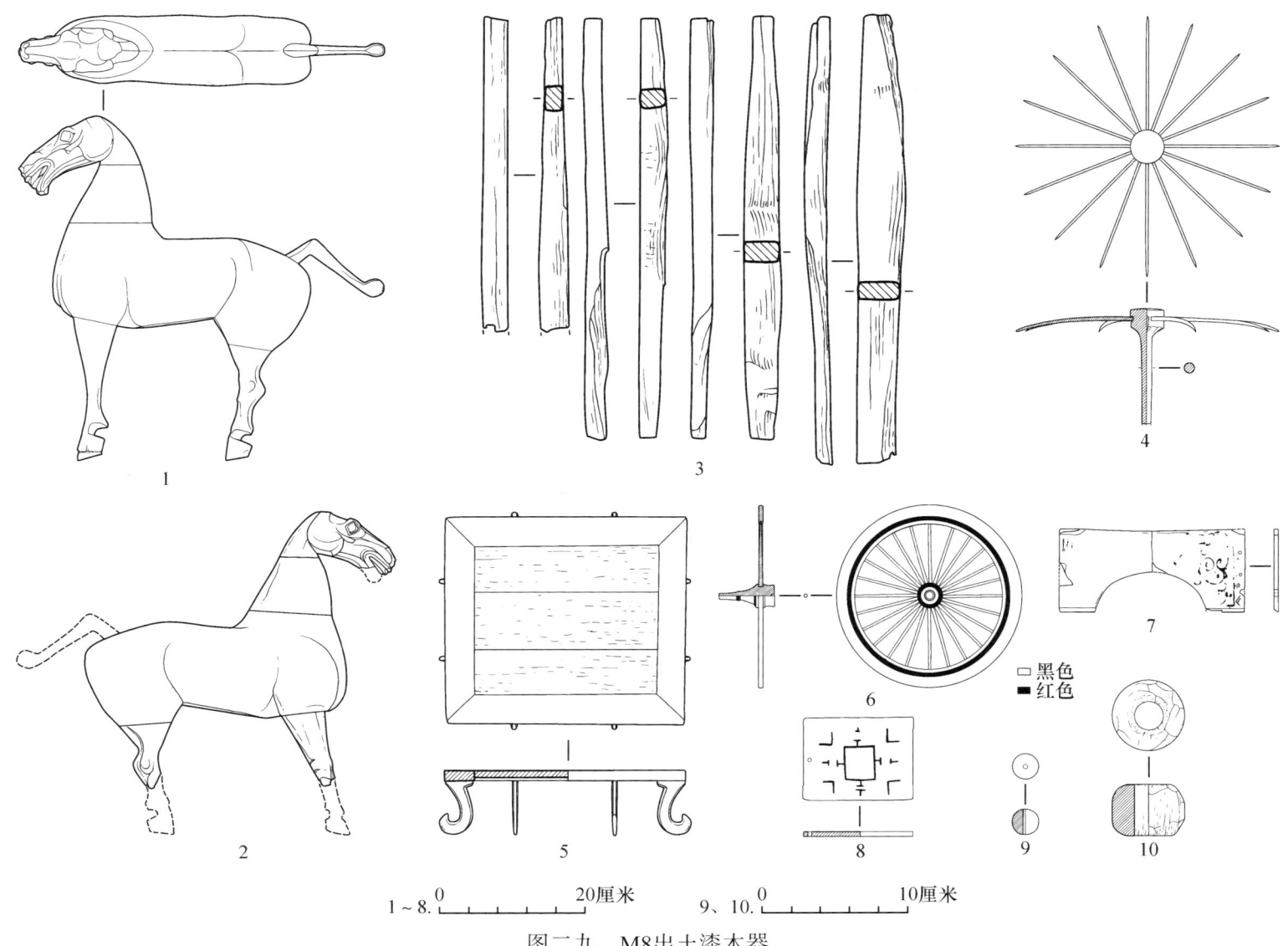

图二九　M8出土漆木器

1、2.木马（M8：9、M8：10）　3.木构件（M8：59）　4.竹木伞（M8：25）　5~7.漆车构件（M8：57）　8.木棋盘（M8：51）
9、10.木珠（M8：52、M8：41）

木杖　1件。M8：63，木质。出土时漂浮于棺内，天然圆木棒稍加斫削制成，表面光滑。复原长140、直径3~4厘米（图三〇，5）。

木梯形器　1件。M8：7，木质。两侧长木截面呈方形，阶木较扁平，与两侧长木卯合而成，残存十六阶。残长203、宽23.4厘米（图三〇，6；图版一五，1）。

竹筒形器　6件。由竹筒削成，以竹节为底，上端削出半环状缺口，多有一小孔，部分竹筒内置细竹签。器身以黑漆为地，两端绘成组的红彩重叠三角纹或网状纹，三角纹每圈五组，每组三个（图三一；彩版七，1）。器物尺寸详见表四。

表四　M8竹筒形器尺寸统计表　　　　　　　　　　　　　　　　（单位：厘米）

编号	竹筒			竹签			纹饰	备注
	通高	筒径	缺口长	直径	长	数量/支		
M8：71	16.8	3.3	5.1	0.4	14.0	14.0	网状纹	图三一，1；彩版七，2
M8：70	27.8	3.4	4.5	0.4	23.0	8.0	三角纹	图三一，2；彩版七，1
M8：69	36.0	4.0	9.0				三角纹	图三一，3；彩版七，1
M8：68	39.3	3.4	6.9				三角纹	图三一，4；彩版七，1
M8：67	44.8	3.8	5.4				三角纹	图三一，5；彩版七，1
M8：28	50.8	4.5	6.0				三角纹	图三一，6；图版一五，2

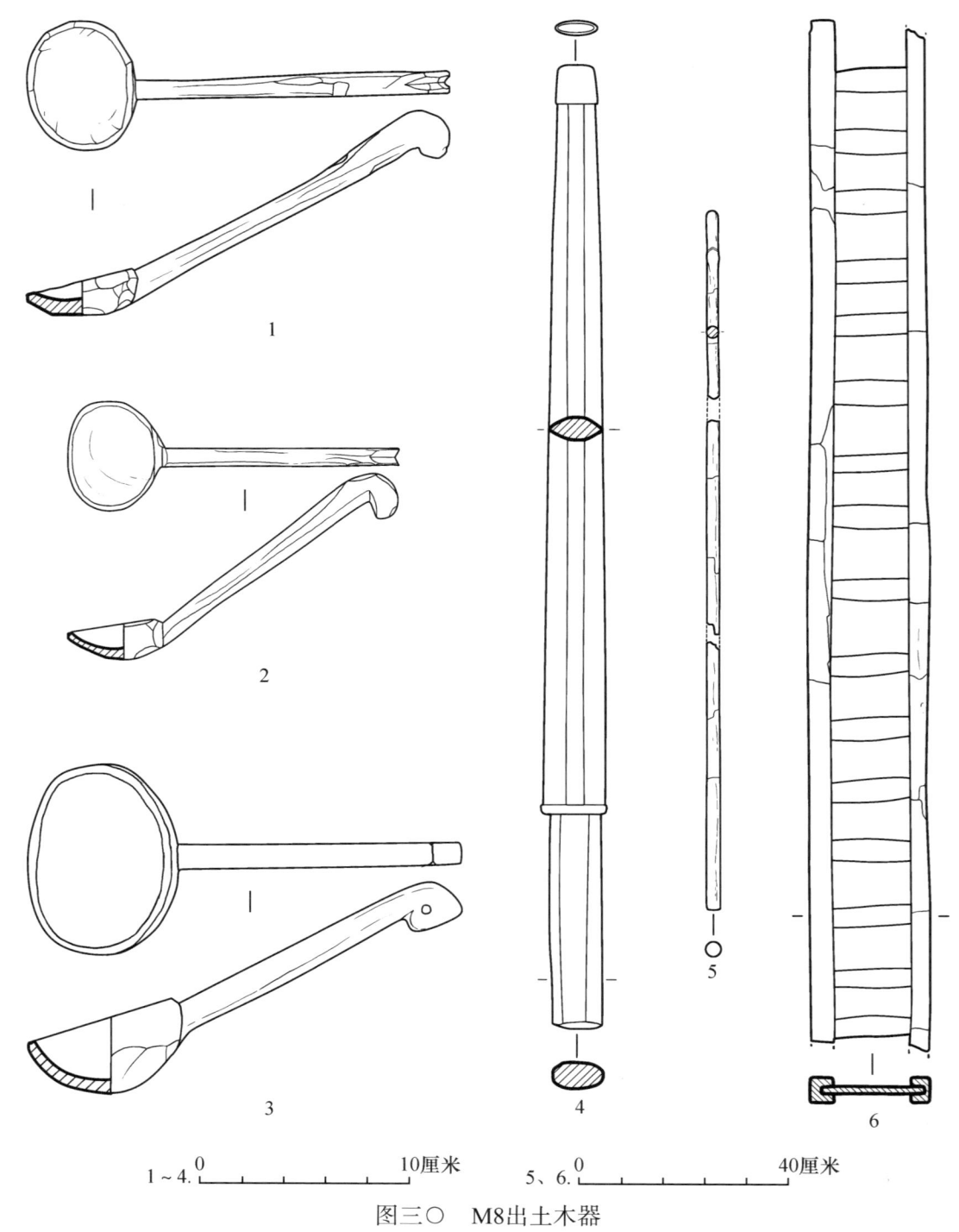

图三〇　M8出土木器
1~3. 勺（M8：36、M8：37、M8：43）　4. 剑（M8：53）　5. 杖（M8：63）　6. 梯形器（M8：7）

竹笥　1件。M8：17，竹条编织而成。保存较差，仅提取了一部分，上下两部分塌陷，扣合成一块，从正面可观察到数十根经线和纬线交叉编织。残长42厘米（图三三，5；彩版六，7）。

竹薪　若干。M8：18，竹制品。保存较差，无法提取。系天然竹竿剖开制成，位于椁室南边箱南北两侧墙板处，每侧各有五根，置于器物群之上，竹竿之间还有大量细竹条。

竹条　若干。M8：60，竹制品。保存较差，无法提取，由十七根宽竹条加四五根细竹条简单缠绕编织而成，器形及功能均不明。

（3）简牍及文具

包括竹简、木牍、石砚、竹笔筒、铜环等。

竹简　1卷。M8：61-1，出土时位于椁室南边箱东端，立靠在隔板上，呈卷状，基本保持了下葬时的原貌。经清理，共登记竹简566枚，包括一部分有字残片和无字残简，其中完整竹简约360枚。竹简两端平直，不削角，完整简长27.8~28.2厘米，根据宽度和厚度的不同，大致可分为两类：一类宽约0.8厘米，简略薄；另一类宽约1厘米，简略厚。每支简有上、中、下三道编绳，天头、地脚各约1厘米，中间编绳大致位于简的

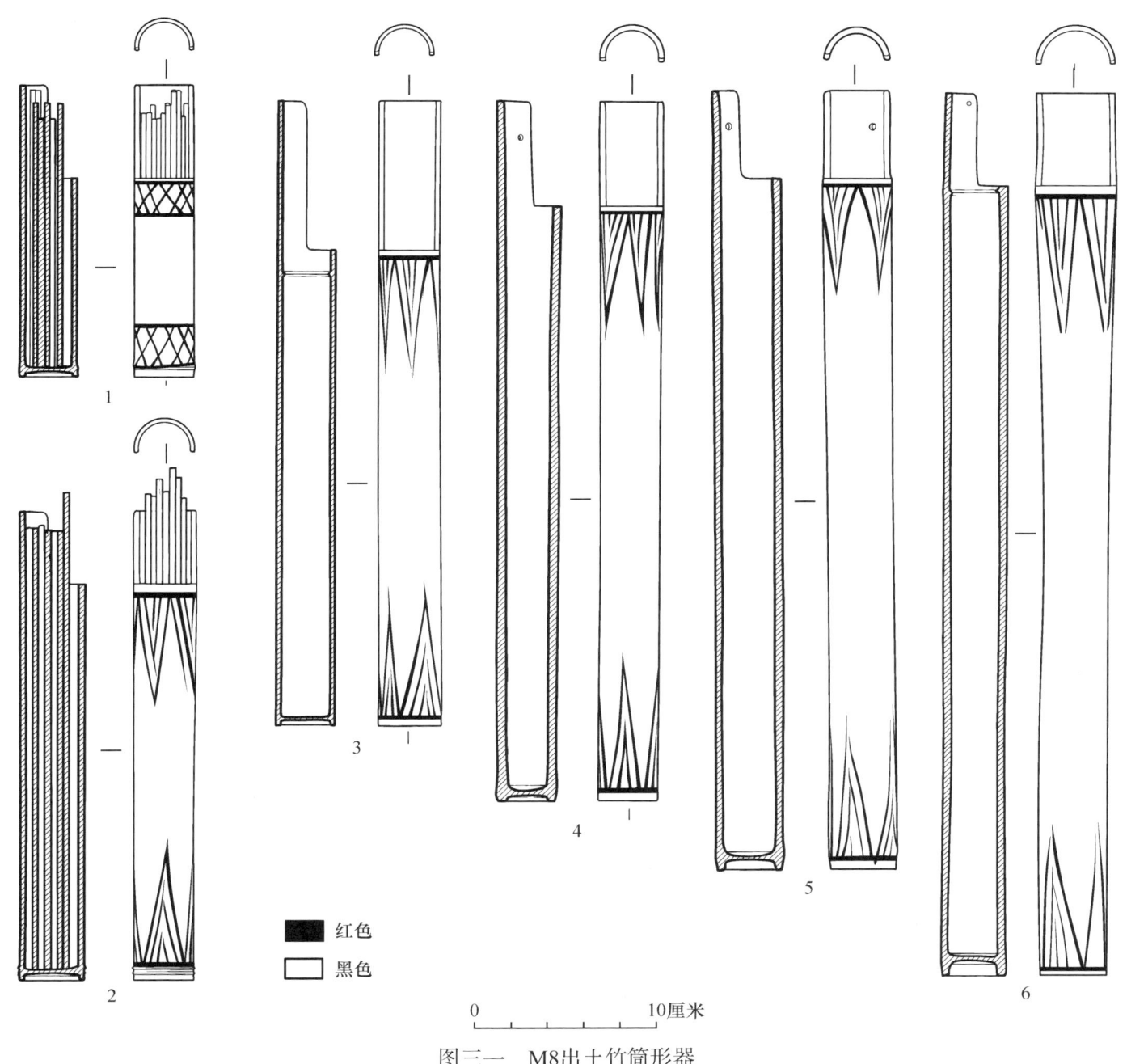

图三一 M8出土竹筒形器
1. M8∶71 2. M8∶70 3. M8∶69 4. M8∶68 5. M8∶67 6. M8∶28

中部。多数竹简上存留编绳，清理时多见编绳叠压文字的情况。简文用墨抄写在竹简篾黄一面，字体为工整的隶书，厚、薄两类简的书体不同，可能为不同的抄手书写（图三二）。竹简内容详见下册。

铜环　1件。M8∶61-2，残存半环，由四段铜条接成，截面呈圆形，环身粗0.3～0.4、直径6.3厘米。铜环与竹简共出，可能是捆绑竹简的用具（图三三，4；图版一五，3）。

石砚　1套。M8∶72，由两块自然砾石组成，残留大量墨痕。一块为砚石，较扁，砚面磨平，其余面基本保持自然面。长14.9、宽13.6、厚1.8～3.2厘米。一块为磨墨石，长12.1、高5、厚4.1厘米（图三三，2；彩版七，3）。

木牍　4件。长方形，四边平直，上下两端修平。

无字木牍　3件。墨已脱落，有零星红彩。M8∶75，长14.4、宽3.5、厚0.4厘米（图版一五，4）。M8∶74，长18.2、宽3.4、厚0.4厘米（图版一五，5）。M8∶73，残半段。残长8.4、宽3.3、厚0.2厘米。

有字木牍　1件。M8∶66，置于竹筒内，长25.5、宽3.5、厚0.2厘米。一面用墨书写文字，字体为隶书，内容如下："元年后九月丙戌，桃侯国丞寿成、都乡佐疵：'高里公乘路平不幸，从车一乘、马二匹，奴婢十人，各将千石米，谒告地丞下。以律令从事。'"，为告地书；另一面无字。

竹签牌　M8∶77，共4枚。后期室内清理过程中发现，其中一枚与竹简共出，另外三枚出自竹筒中。用

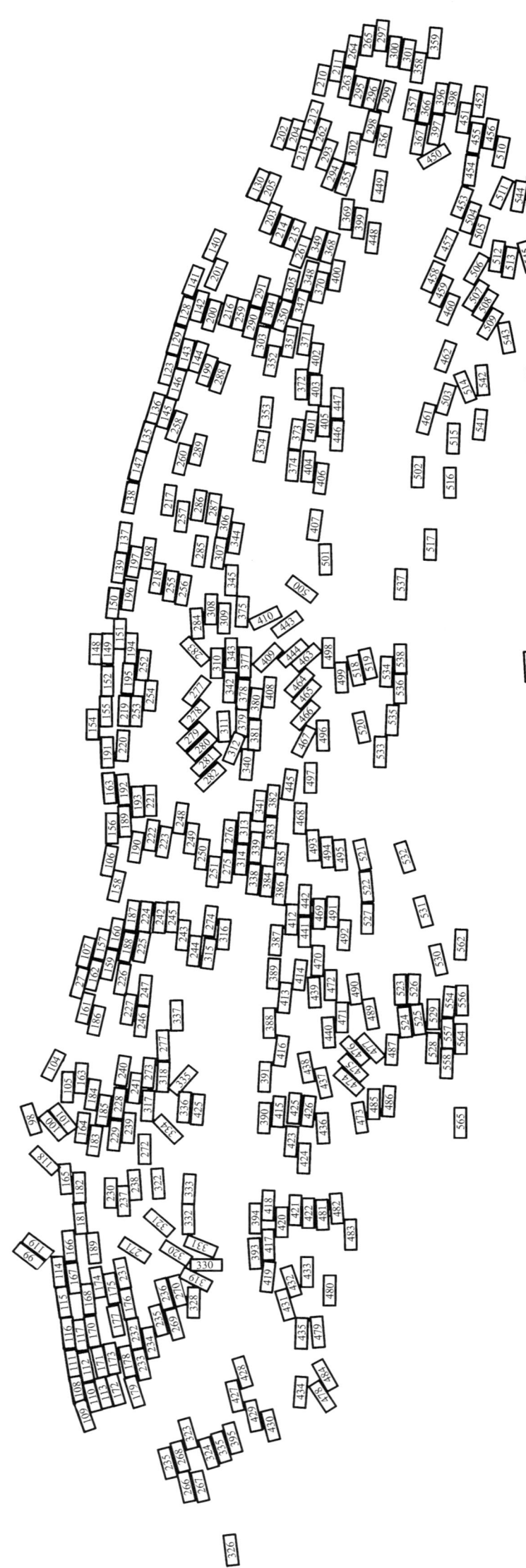

图三二 竹简（M8∶61-1）编连位置示意图

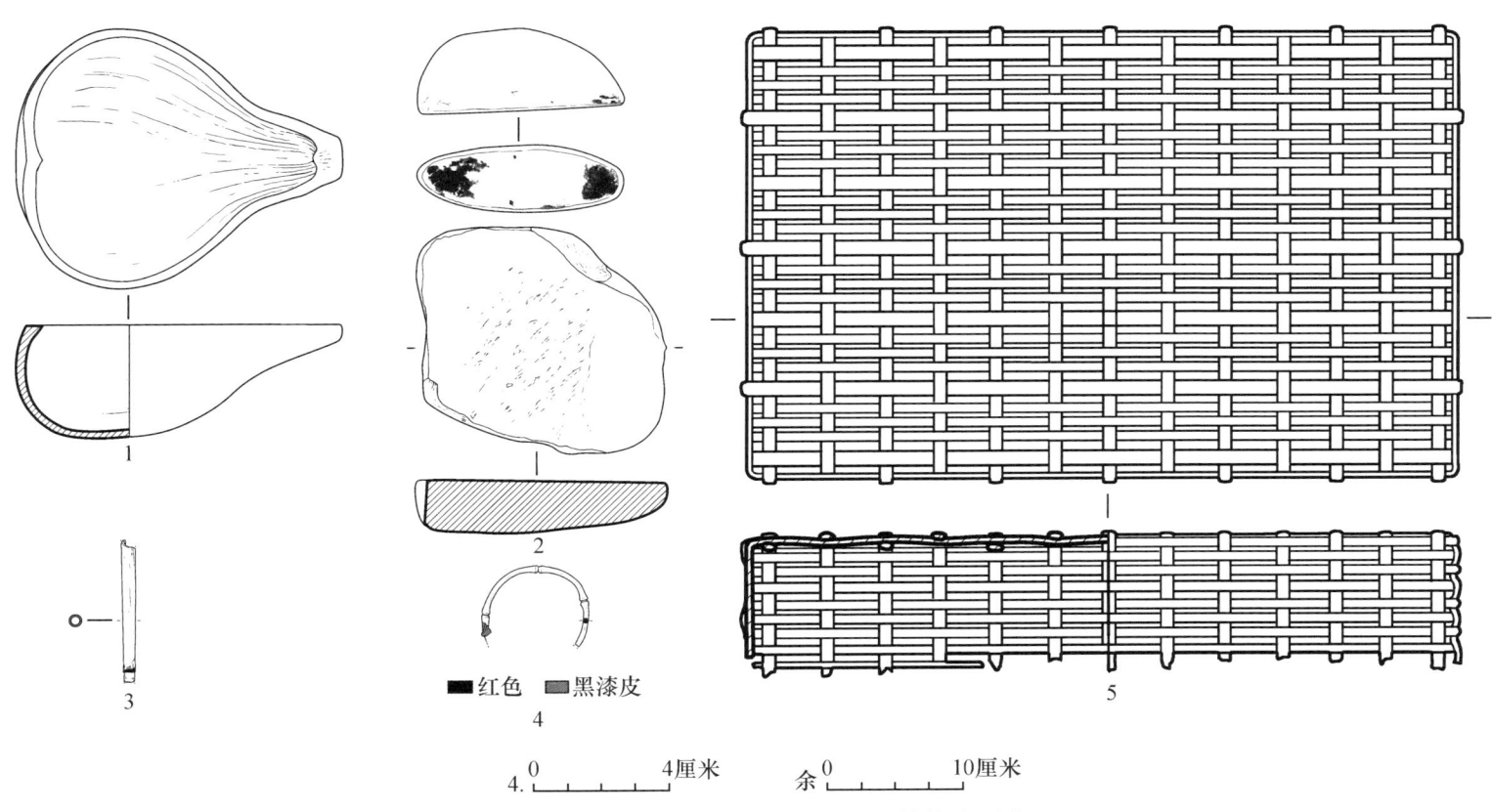

图三三　M8出土竹器、简牍文具及其他类器物
1. 葫芦瓢（M8：4）　2. 石砚（M8：72）　3. 竹笔筒（M8：76）　4. 铜环（M8：61-2）　5. 竹笥（M8：17）

竹简加工而成，一端平直，一端加工成尖状，并在竹简两侧切开"V"形缺口。四枚签牌宽0.8厘米，长度分别为5.7、6.5、7.6、5.8厘米。签牌内容为"大奴可"（M8：77-1）、"大卑（婢）来人"（M8：77-2）、"大卑（婢）益夫"（M8：77-3）、"大奴信"（M8：77-4，原80号简），皆为奴婢的姓名，与同墓所出《告地书》所记奴婢有关，可能与出土的木俑配合使用。

竹笔筒　1件。M8：76，仅残留下半段，下端经削整。残长8.8、杆径0.9厘米（图三三，3；图版一五，6）。

（4）其他

葫芦瓢　1件。M8：4，葫芦对剖制成，内有清晰的纹理。长19.2、宽15.8、高7厘米（图三三，1；图版一五，7）。

植物种子　M8：19陶瓮内浮选出5粒稻谷稃壳遗存；椁室内淤泥浮选出1粒水稻的稃壳、152粒枣核（图版一六，1）、61粒秋子梨种子及12颗果梗（图版一六，2）、114颗板栗果实（图版一六，3）、1副葫芦果皮（瓢），以及1粒红鳞扁莎种子、1粒狗尾草种子和2粒未知种子（疑似）的植物遗存。详见附录三。

纺织物残留　在对M8椁内淤泥的浮选过程中，还发现一些纺织物残留（图版一六，4）。

九、M9

1. 墓葬形制

M9为长斜坡墓道土坑竖穴墓，开口于表土层下，打破生土。略呈西北—东南走向，方向105°。墓葬西部有一盗洞，口小底大，直通椁室，整个椁室受到了严重的盗扰，盗洞所出土的矿泉水瓶显示日期为2012年，表明该墓近年被盗（图版一七，1）。墓口长5.39米，西端较东端稍窄，口宽3.31～3.54米；墓底长5.11、宽2.98～3.24米，直壁略斜，深3.79米；墓道长8.64米，东端口部稍窄，宽1.29～2.54米，斜坡倾斜度为16°。墓内填土较纯净，红褐色夹灰斑五花黏土，较松软。椁室周边有青灰泥，上部有一层厚约0.5米的草木灰烬层和炭层，表明此墓是一座积炭墓（图版一七，2）。棺椁保存较差，从痕迹判断，东西向，一椁一棺，无垫木。椁长4.86、宽2.49～2.86、残高0.57米。根据椁室内残存的痕迹，可辨别出椁室分为头箱、边箱和足箱，头箱长2.64、宽1.08米，边箱长2.79、宽1.02～1.32米，中有一块横木将其分为东西两部分，足箱长2.31、宽0.73米；棺置于椁室北侧，长2.36、宽1.25、残高0.24米。棺室内人骨腐朽无存，葬式不明，从铁剑剑首的位置判断，头应向东。随葬器物绝大部分位于椁内棺外四周，少量随葬品置于棺内，主要集中于足箱和边箱，头箱随葬器物较少，有陶、铁、铜、漆木器等，棺内则以饰品居多（图三四；图版一七，3）。

2. 随葬器物

（1）陶器

由于M9受近年盗扰严重，陶器多残缺不全，已修复或可复原的陶器11件，器类有鼎、盒、壶、瓮、灶。

壶　3件。其中2件带弧顶盖，侈口，束颈，溜肩，球形鼓腹，腹最大径在中部，肩部有两个对称兽形铺首，肩、腹部各有一组包含四圈的凹弦纹，器身施一层黑色漆皮，并有朱绘图案。M9：6，泥质黄褐陶。矮圈足，圈足有折痕。通高47、口径20.6、腹径36.7、圈足径20.1厘米（图三五，1）。M9：11，泥质灰陶。口、肩、腹部均残，高圈足，喇叭状。复原高52.9、圈足径24.6厘米（图三五，2）。M9：5，泥质黄褐陶。仅残留下腹及圈足，高圈足，喇叭状。残高27.8、圈足径24.5厘米（图三五，3）。

盒　3件。盖弧顶，圆形捉手，器身子口内敛，斜弧腹内收，平底，器外壁施一层黑漆，并残留朱绘痕迹，可辨弦纹和波状纹，器内壁施红色颜料。M9：28，泥质黄褐陶。仅存盖顶及器口。残高6.9厘米（图三五，4）。M9：26，泥质黑陶。通高16.7、口径21.1、底径8.8厘米（图三五，5）。M9：27，泥质黄褐陶。残高16.3、底径9.8厘米（图三五，6）。

鼎　2件。泥质黄褐陶。子口内敛，蹄形足，足跟外撇，内侧平，方形耳上端外折。施黑漆，大部脱落，有红色痕迹。M9：20，上腹部有朱绘波状纹。复原口径18、高26.1厘米（图三五，7）。M9：19，口径15.7、残高18.6厘米（图三五，8）。

灶　1件。M9：13，泥质灰陶。灶体平面呈长梯形，前窄后宽，后壁方形灶门，前端灶面烟囱已残。灶面有两个大小相同的火眼，置灶具4件，下层置釜，上置盆、甑，灶具均为黄褐陶。釜敛口，鼓腹，平底。盆敞口，短平沿，尖唇，斜腹近直，平底。甑形制与盆一致，仅底部有五个小镂孔。灶体长30.9、宽14.7～19.6、高10.9、通高19.1厘米（图三五，9）。

瓮　2件。均残。泥质黄褐陶。侈口，短斜领外折，方唇，鼓折肩，素面。M9：12，平底。复原口径22、底径14厘米（图三五，10）。M9：7，斜弧腹内收。口径20.6、腹径44.6、残高29.4厘米（图三五，11）。

（2）铜器

11件。器类有盆、铞、鐎壶、鈁镂、镜、印章。

盆　3件。M9：10，胎薄。侈口，仰折沿，微鼓腹，腹最大径偏中部，假圈足。素面。口径28.8、底径12、通高13.6厘米（图三六，1）。M9：25，套置于M9：2号铜铞内。侈口，仰折沿，腹残，假圈足。口径16、底径8、复原高10.2厘米（图三六，2）。M9：8，敞口，极短沿，微折，斜弧腹内收，平底。上腹有一圈凸弦纹，其余素面。口径26、底径13、通高9厘米（图三六，5；图版一八，1）。

铞　2件。铜质呈黄色，胎极薄。侈口，仰折沿，弧腹，圜底。素面。M9：2，长直颈。口径20、复原高10厘米（图三六，3）。M9：14，口径20、复原高9.2厘米（图三六，4）。

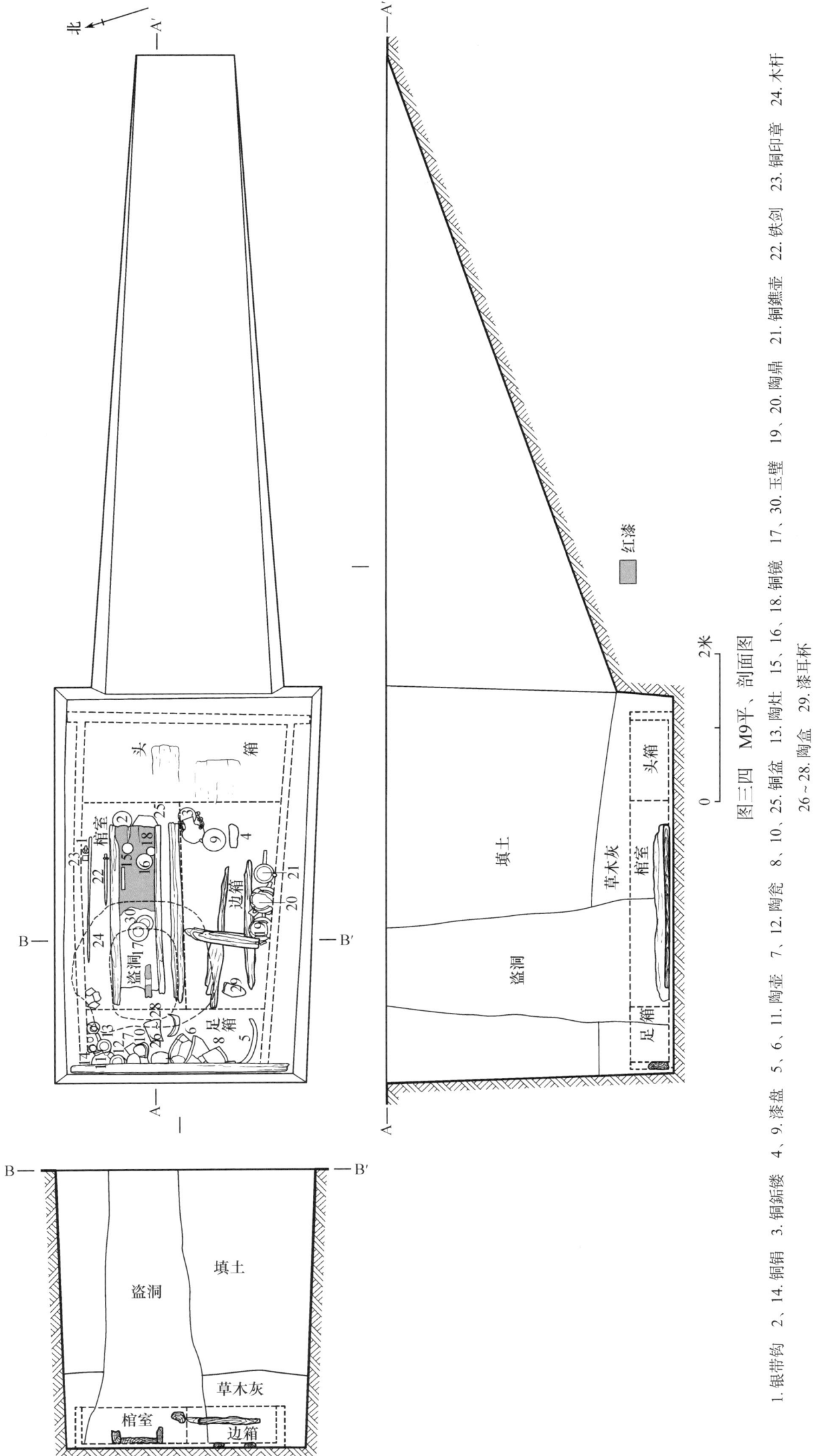

图三四 M9平、剖面图
1.银带钩 2、14.铜镜 3.铜错镂 4、9.漆盘 5、6、11.陶壶 7、12.陶瓮 8、10.陶灶 13.陶盆 15、16、18.铜镜 17、30.玉璧 19、20.陶鼎 21.铜鐎壶 22.铁剑 23.铜印章 24.木杆 25.铜盆 26~28.漆耳杯 29.陶盒

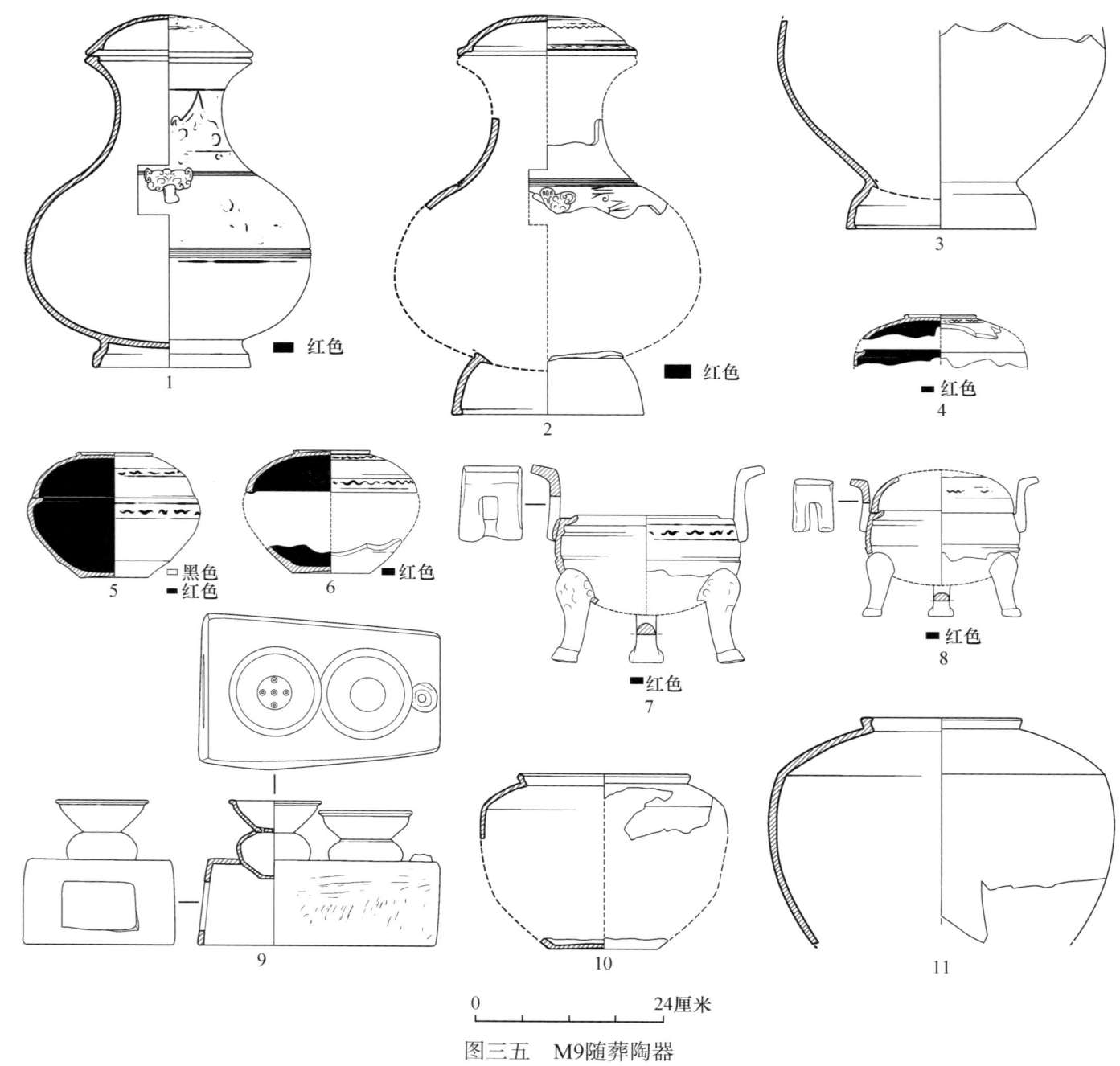

图三五　M9随葬陶器
1~3.壶（M9：6、M9：11、M9：5）　4~6.盒（M9：28、M9：26、M9：27）　7、8.鼎（M9：20、M9：19）　9.灶（M9：13）
10、11.瓮（M9：12、M9：7）

鐎壶　1件。M9：21，铜质呈黄色，器身呈扁球形，带盖，敛口，领较矮，广肩，球形腹，腹最大径在中部，圜底，三蹄形足，方形銎柄，靠器身一侧略折，龟蛇首形活页式流口，活页式圆形折沿盖，顶带圆形铜环纽。通体素面。通高9.7、口径7.7、腹径12.5厘米（图三六，6；图版一八，2）。

鈁镂　1件。M9：3，铜质呈黄色，胎薄。盖顶三个穿孔鸟形首，盖与器身合至肩部，器身近直口，粗长束颈，溜肩，球形鼓腹下垂，圜底，三蹄形足，提梁与肩部相接，由两端雕有龙首形的把手接两段长度相等的铜环链组成。通高21.6、口径8.7、腹径15.3厘米（图三六，7；彩版七，6）。

镜　3件。青灰色，圆形，镜面平。M9：16，背面浮雕花纹。鼻形纽，方形纽座，座外双线方框内有铭文"愿长相思，长毋见忘"。方框内四角处饰"×"形纹，方框外四角饰双枝花苞纹，桃形花苞外射。方格框四外边居中饰一乳钉，乳钉外侧为桃形花苞，两侧饰双层草叶纹。镜边缘饰十六内向连弧纹。直径12.2、边缘厚0.3厘米（图三六，8；彩版七，7）。M9：15，背面中心有一鼻形纽，双框圆形纽座，纽座外饰一圈蟠螭纹。直径8.7、缘厚0.2厘米（图三六，9；图版一八，3）。M9：18，胎极薄，背面中心一鼻形纽，无纽座。素面。直径10.1、厚0.1厘米（图三六，10；图版一八，4）。

印章　1件。M9：23，正方形。两面均有篆文，一面阴刻"蔡氏家印"，另一面阴刻"臣丑"。侧面有

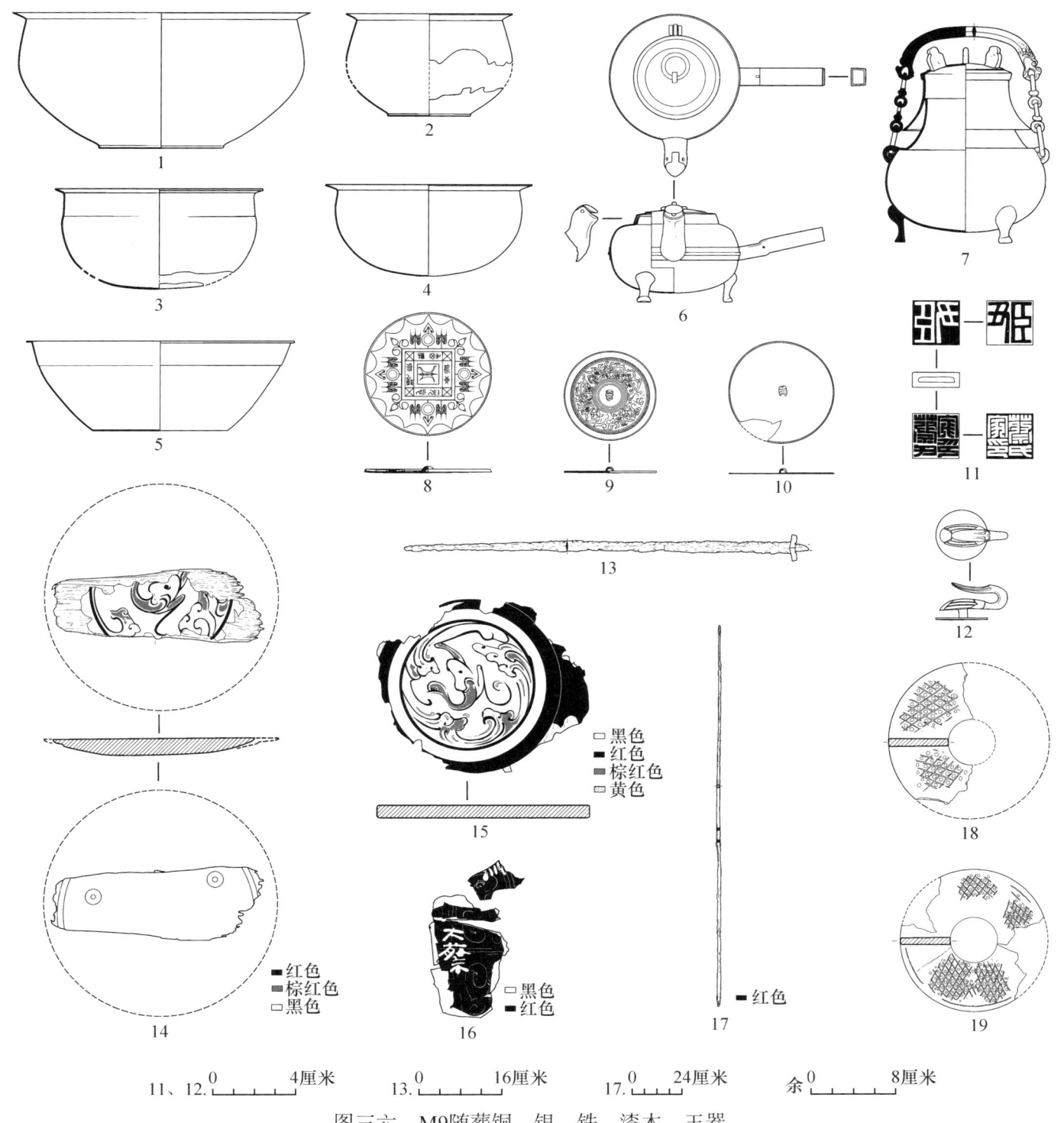

图三六　M9随葬铜、银、铁、漆木、玉器

1、2、5.铜盆（M9：10、M9：25、M9：8）　3、4.铜銷（M9：2、M9：14）　6.铜鐎壶（M9：21）　7.铜鍪镂（M9：3）　8～10.铜镜（M9：16、M9：15、M9：18）　11.铜印章（M9：23）　12.银带钩（M9：1）　13.铁剑（M9：22）　14、15.漆盘（M9：4、M9：9）　16.漆耳杯（M9：29）　17.木杆（M9：24）　18、19.玉璧（M9：17、M9：30）

一宽条形穿孔，应是系挂绶带所用。边长2.3、厚0.7厘米（图三六，11；彩版七，8）。

（3）银器

1件。器类为带钩。

带钩　1件。M9：1，与印章伴出。圆形扣，鹤状钩。通宽3.5、通高1.7厘米（图三六，12；彩版七，9）。

（4）铁器

1件。器类为剑。

剑　1件。残。M9：22，锈蚀严重。柄残，铜格横截面呈菱形。剑身修长，前窄后宽，前聚成锋，中部起棱脊，截面呈菱形。残长77.2、身宽2.1、格宽5.6厘米（图三六，13；图版一八，5）。

（5）漆木器

4件。器类有盘、耳杯、杆。

漆盘　2件。M9：4，复原为圆形，髹黑色漆皮为地，盘内中部饰一圈弦纹，弦纹内填满卷云纹，盘底有一周凸棱纹，并残存两个圆形小孔。残长19.5、残宽7、残高1.4厘米（图三六，14；图版一八，6）。M9：9，复原成圆形。除盘中外，髹红色漆皮为地，盘中略内凹，髹黑漆皮为地，红色漆绘圆形团簇卷云纹。复原直径20.2、厚1.3厘米（图三六，15；图版一八，7）。

漆耳杯　M9：29，出土时仅残存漆皮，六张重叠在一起，均用隶书写"大蔡"二字，根据M8的耳杯来推断，这批漆皮应为耳杯木胎腐朽后残留（图三六，16；图版一八，8）。

木杆　1件。残。M9：24，较长，推测为幡杆。长1.85米（图三六，17）。

（6）玉器

2件。器类为璧。

璧　2件。均残。圆形，肉大于好，璧面布满网状谷纹。M9：17，直径15.3、好径4.5、厚0.7厘米（图三六，18；图版二〇，1）。M9：30，直径13.9、好径4.5、厚0.7厘米（图三六，19；图版二〇，2）。

十、M10

1. 墓葬形制

M10为竖穴土坑墓，开口于表土层下，打破生土。西北—东南向，方向125°。平面略呈不规则长方形，口大底小，墓口长2.67~2.76、宽1.89~2米，壁略内斜，墓深1.72米，墓底长2.5~2.61、宽1.73~1.83米，底面平整。填土呈黄褐色，局部夹杂黄色黏土及灰白土，致密，较为纯净。葬具已朽，从痕迹判断应为一椁一棺，椁痕长2.22、宽1.2~1.28、残高0.33米，棺痕位于椁室偏北部，长1.85、宽0.59~0.64米。人骨无存，葬式不明，仅在棺内偏东侧发现两颗牙齿，依此判断墓主头向东南。随葬品置于棺外椁内南部，有铜器、陶器及漆木器，其中铜器器壁较薄，已朽，器类应为鋞。漆木器仅存朽痕。陶器的器类较为丰富，有鼎、盒、壶、罐、瓮、灶等（图三七；图版一九，1）。

2. 随葬器物

有陶器、铜器和漆木器，漆木器只残留部分漆痕，也无法辨别器类。

（1）陶器

已修复或挑选的标本器类有鼎、盒、壶、瓮、灶。

鼎　2件。M10：2，泥质黄褐陶。轮制。口微敛，弧腹，圜底，长方形附耳外侈，中有竖长条形镂孔，扁蹄足外撇，足跟内侧平。壁残留灰色陶衣。口径18.9、腹径21、通耳高16.8厘米（图三八，1；图版二〇，3）。M10：5，未能修复。泥质黄褐陶。微敛口，长方形附耳外侈，腹、底残，蹄足（图三八，2）。

盒　2件。M10：4，仅残存下半部。泥质灰黄陶。轮制。子口不明显，略内敛，弧腹，平底。口径17.3、底径8.9、残高7.6厘米（图三八，3）。M10：6，泥质灰胎。轮制。弧盖，无提手，身敞口，深弧腹，平底微内凹。素面。口径20.7、底径9.2、通高16.8厘米（图三八，4；图版二〇，4）。

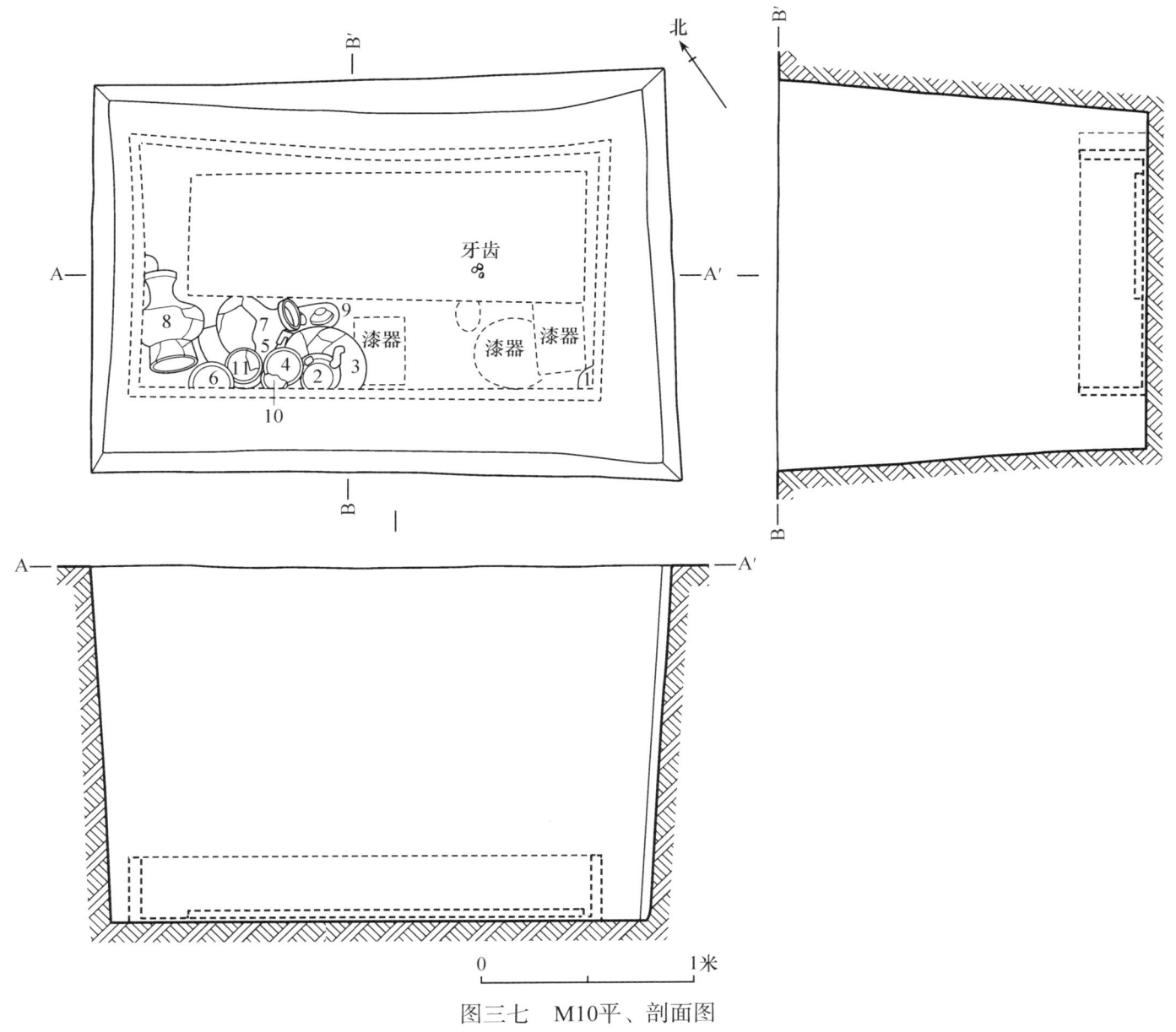

图三七　M10平、剖面图
1.铜鉴　2、5.陶鼎　3.陶瓮　4、6.陶盒　7、8.陶壶　9.陶灶　10.陶罐　11.陶盖

壶　2件。泥质黄褐陶。器身轮制。盘口，束颈，鼓腹，腹最大径在中部，圜底近平，喇叭状高圈足，肩部有兽形铺首。M10：8，弧顶盖，腹近折。素面，壁残留黑色漆痕。口径19.5、腹径39、圈足径25.28、通盖高49.6厘米（图三八，8；图版二〇，5）。M10：7，上腹部饰两周凹弦纹。口径19.9、腹径37.8、圈足径23.6、高43.2厘米（图三八，9；图版二〇，6）。

灶　1件。M10：9，灶体未能修复，仅修复了灶具4件。夹砂灰陶。轮制。釜2件，敛口，尖圆唇，扁腹，圜底，素面；甑盘口，斜腹内收，平底，底有六箅孔，素面；盆除底无箅孔外，形制同甑（图三八，5）。

瓮　1件。M10：3，泥质黄褐陶。轮制。侈口，短沿翻折，圆唇，圆鼓肩，腹深，斜弧内收，平底内凹。口径14.9、肩径29.8、底径18、复原高24厘米（图三八，7）。

（2）铜器

器类为鉴。

鉴　1件。M10：1，仅存腹、底。圆腹，圜底。素面。残高8.5厘米（图三八，6）。

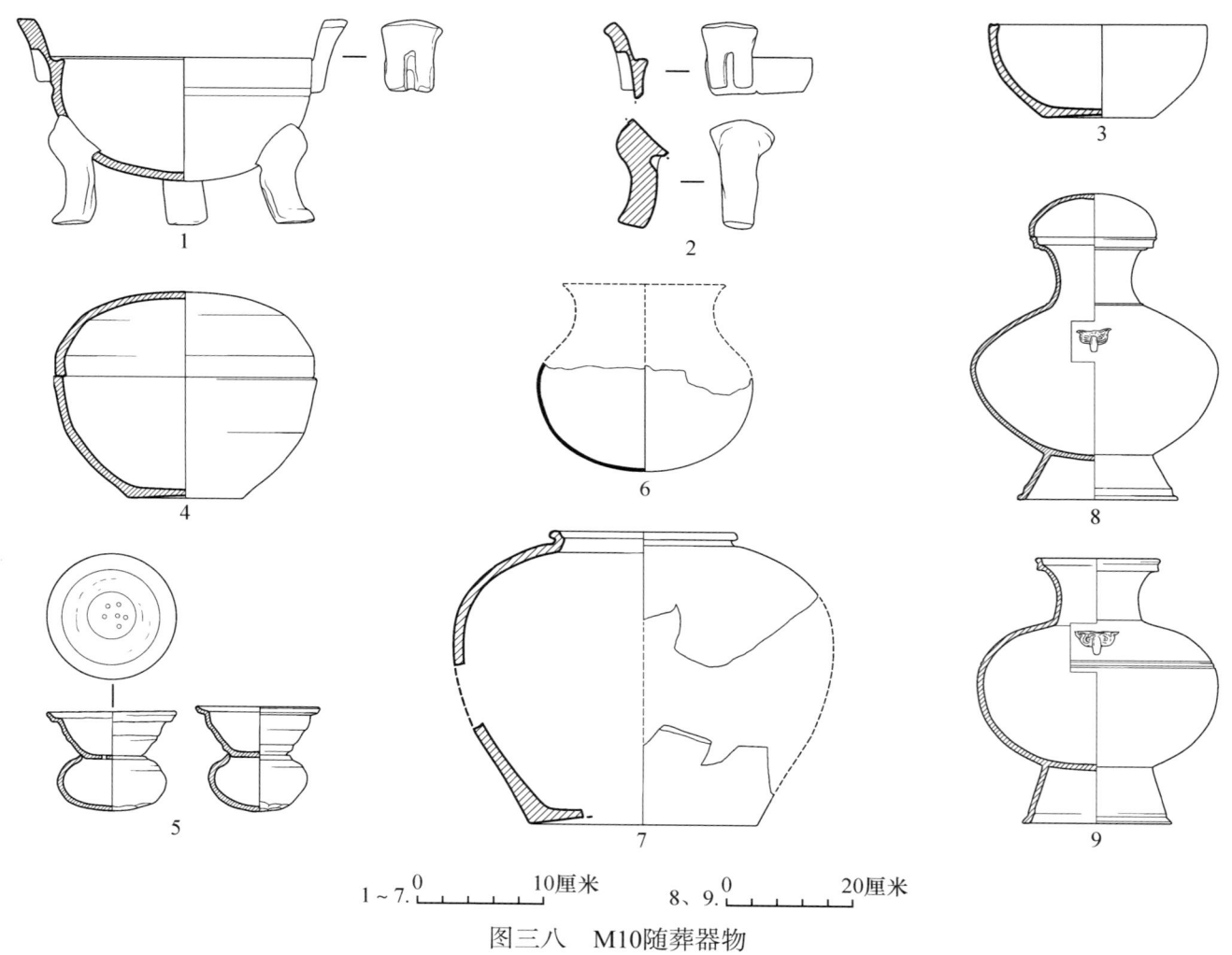

图三八　M10随葬器物

1、2.陶鼎（M10∶2、M10∶5）　3、4.陶盒（M10∶4、M10∶6）　5.陶灶（M10∶9）　6.铜鍪（M10∶1）　7.陶瓮（M10∶3）
8、9.陶壶（M10∶8、M10∶7）

十一、M11

1. 墓葬形制

M11为长方形竖穴土坑墓，开口于表土层下，打破生土。西北—东南向，方向123°。口略大于底，墓口长3.13~3.22、宽2.04米，墓壁光滑，略向内倾斜，墓深1.76米，底长2.96、宽1.82米，底面平整。填土为灰白土夹黑斑、黄褐土，致密，坚硬，较纯净。葬具腐朽，从痕迹判断为一棺一椁，椁长2.7、宽1.5、残高0.34米。棺置于椁内北部偏西，长1.92、宽0.64、残高0.12米。该墓随葬品主要置于椁内棺外南部及东部，南部以陶器为主，可辨器类有鼎、盒、壶、瓮、灶、仓等，东部以漆木器为主，仅存痕迹，可辨器类有耳杯、奁等，另有一件铜盆和铁釜，均已朽蚀，难以提取（图三九；彩版八，1）。

2. 随葬器物

陶器

器类有鼎、盒、壶、瓮、灶、仓。

鼎　2件。泥质灰陶。子口不明显，内敛，尖唇，弧腹，蹄足内收，足根部浮雕人面纹，长方形附耳外侈，中有竖长条形镂孔。M11∶3，弧顶盖，圜底。口径18.3、通盖高20.5厘米（图四〇，1；图版二〇，7）。M11∶5，盖顶弧度较缓，平底。口径20.2、通盖高18厘米（图四〇，2；图版二〇，8）。

盒　2件。泥质灰陶。盖、身大小相当，盖弧顶，圈状捉手，器身敞口，弧腹，平底微内凹。素面。M11∶2，子口。口径20.1、底径8.9、通高17.1厘米（图四〇，3；图版二一，1）。M11∶4，子口不明显，

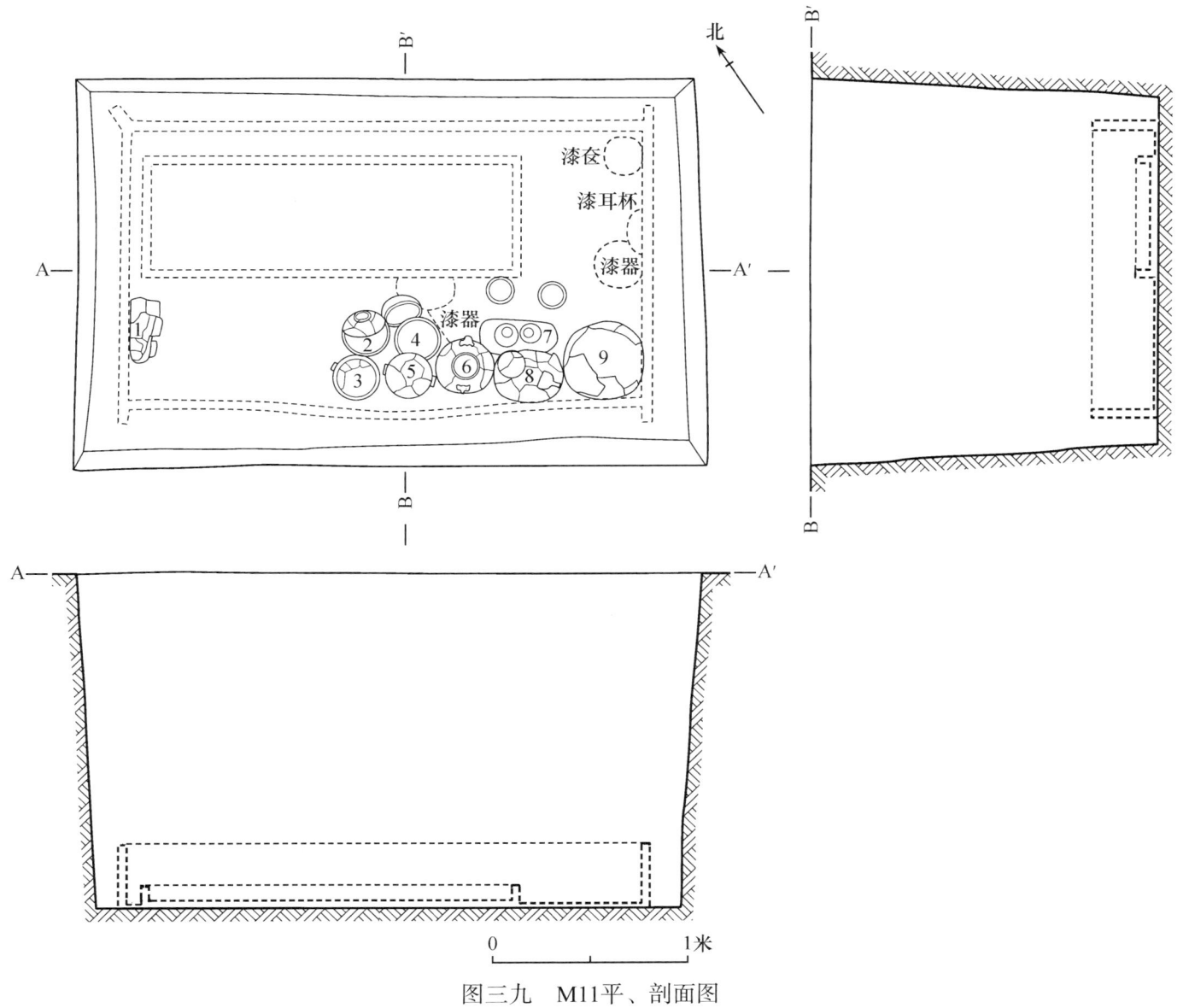

图三九　M11平、剖面图
1.陶仓　2、4.陶盒　3、5.陶鼎　6、8.陶壶　7.陶灶　9.陶瓮

尖唇内敛。口径22.8、底径12.7、通高23.3厘米（图四〇，7；图版二一，2）。

壶　2件。泥质灰陶。盘口，微束颈，溜肩，圜底，喇叭状圈足，肩部有兽形铺首。M11：8，圆鼓腹，肩、上腹部饰凹弦纹三组，每组两道，下腹饰绳纹，颈部残留红彩。口径21、腹径32.4、圈足径20.4、复原高38.4厘米（图四〇，5）。M11：6，腹残。口径20、圈足径21.7厘米（图四〇，4）。

瓮　1件。M11：9，泥质灰陶。胎厚，轮制。侈口，沿下折，方唇，短直领，折肩，直腹略下垂，圜底。上腹饰竖绳纹，下腹、底饰交错绳纹，间有弦纹，肩部残留红彩。口径23.5、腹径40.48、通高34厘米（图四〇，6；图版二一，3）。

仓　1件。M11：1，泥质灰陶。长方形，悬山顶，两面坡，坡面各有六或七道脊，底部立四柱足，正面开方形窗。仓体长29.7、宽14.8、高23.1厘米，檐长36.1、宽（单面）9.7厘米，通高32.9厘米（图四〇，8；图版二一，4）。

灶　1件。M11：7，泥质灰陶。灶面呈圆角长方形，前端烟囱已残，后壁拱形灶门落地。灶面有两个大小相当的火眼，灶具4件，下层均置釜，釜上各置一盆。釜敛口，鼓腹，圜底，素面。盆敞口，斜直腹，平底，素面。灶壁上部饰斜绳纹。灶体长38、宽17.12、高10.4、通高17.7厘米（图四〇，9；图版二一，5）。

· 49 ·

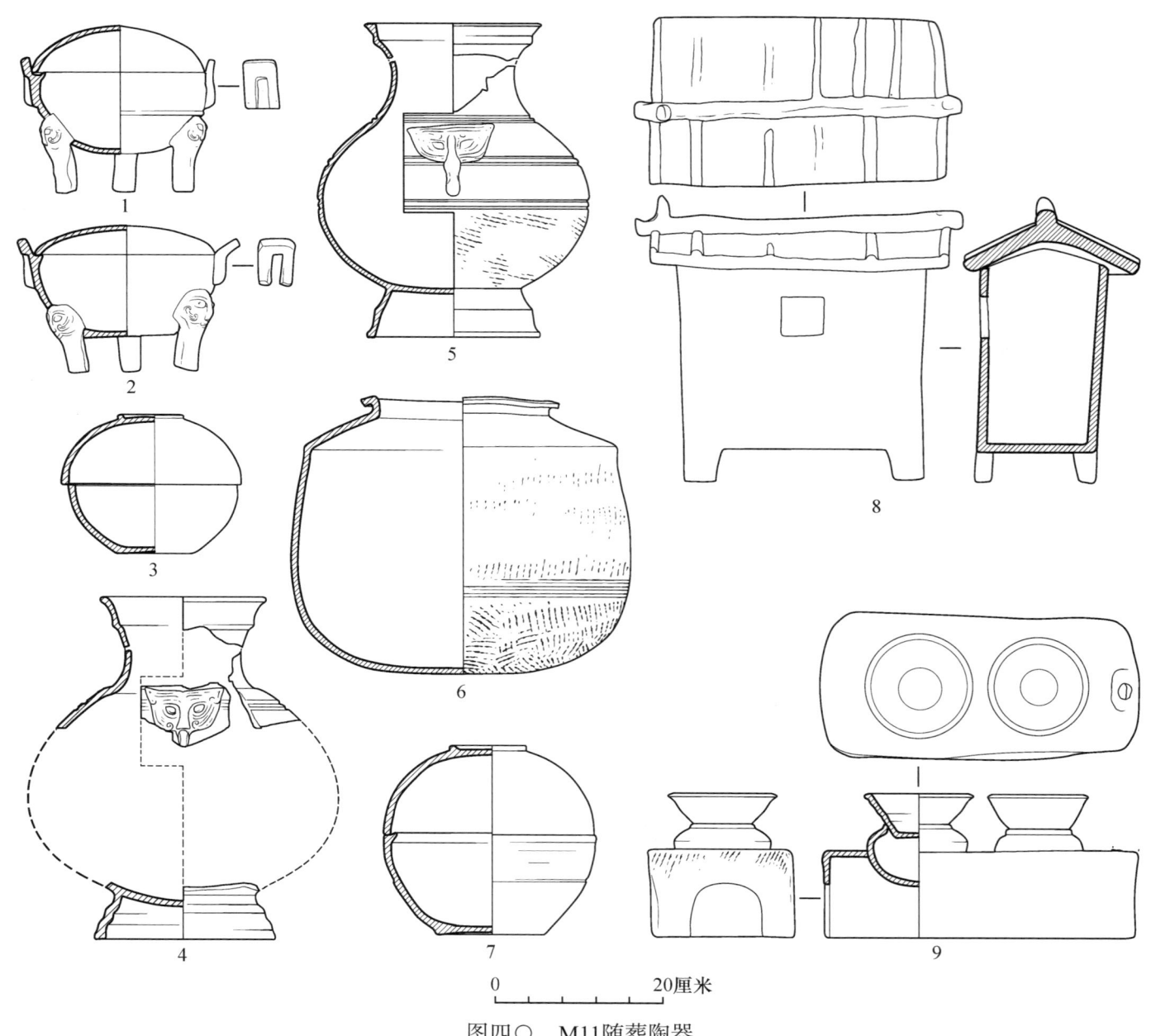

图四〇 M11随葬陶器

1、2.鼎（M11∶3、M11∶5） 3、7.盒（M11∶2、M11∶4） 4、5.壶（M11∶6、M11∶8） 6.瓮（M11∶9） 8.仓（M11∶1）
9.灶（M11∶7）

十二、M12

1. 墓葬形制

M12为土坑竖穴墓，开口于表土层下，打破生土，距地表0.3米。平面呈长方形，略呈西北—东南向，方向121°。墓口长3.84、宽2.45～2.61米。口大于底，墓壁略向内倾斜，较为光滑，墓坑深3.35米，墓底平坦，长3.44、宽2.06～2.13米。南壁有两个大致呈水平分布的"三角形"脚窝，距墓口2.19米，距底约0.97米。西端的脚窝宽0.2、高0.2、深0.12米，另一脚窝位于墓壁中部，宽0.6、高0.04～0.16、深0.12米。填土为灰白夹黑斑土，土质坚硬、致密，较为纯净。有一早期盗洞，略呈椭圆形，径1.7～1.94、深3.35米。盗洞填土为黄褐夹黑斑土，松软，包含较多的泥质灰陶片，应是墓内器物受到了扰动（图四一；图版一九，2）。

2. 随葬器物

该墓遭到了较为严重的盗扰，墓底仅余陶瓮残片。

瓮 1件。M12∶1，泥质灰陶。胎厚。直口微敛，矮领，鼓肩，深腹，底残。口径22.1厘米（图四二）。

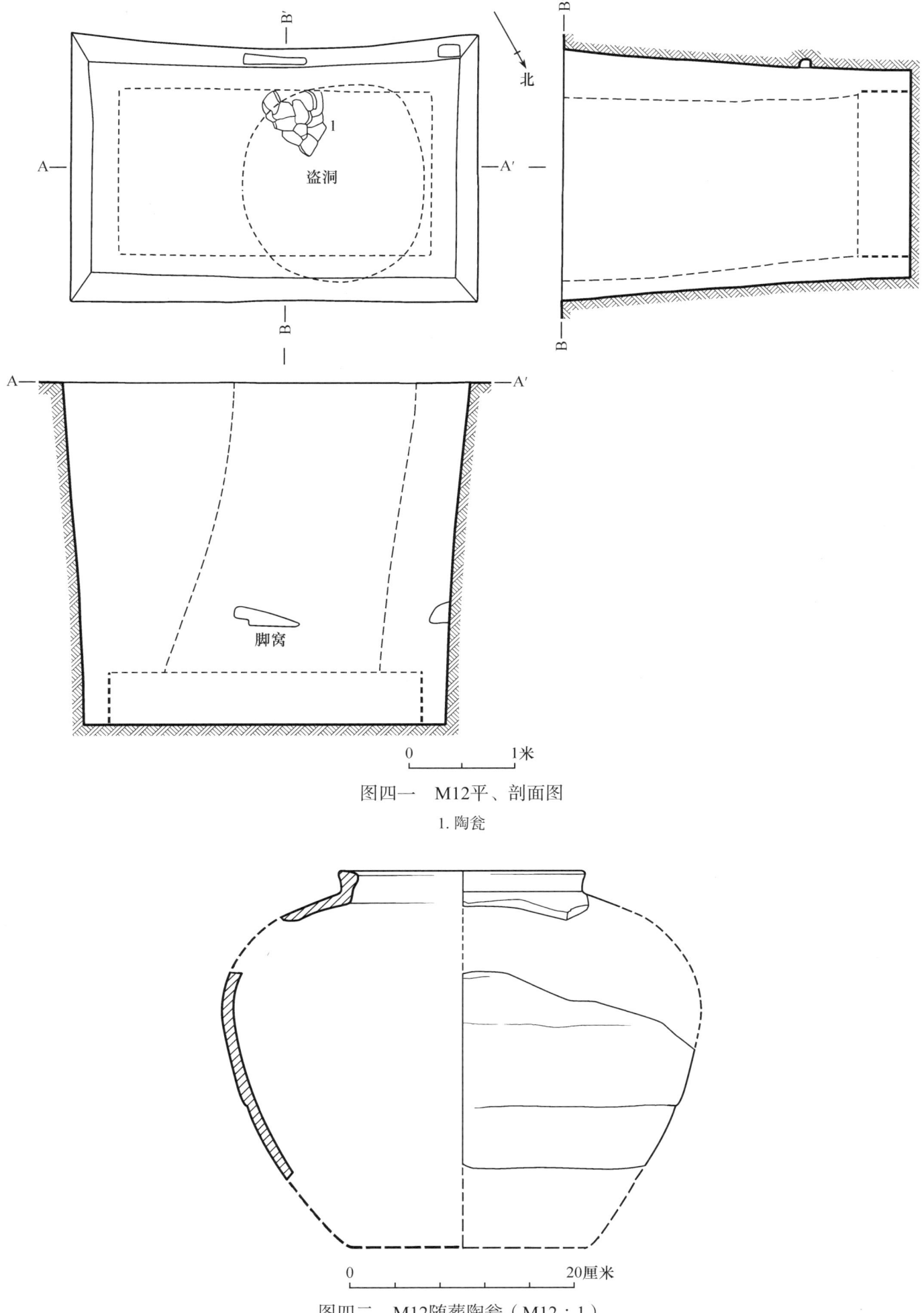

图四一　M12平、剖面图
1.陶瓮

图四二　M12随葬陶瓮（M12∶1）

十三、M22

1. 墓葬形制

M22为带长斜坡墓道的长方形土坑竖穴木椁墓。略呈西北—东南向，方向109°。墓口长3.91、宽2.7米，口大底小，墓壁略斜，深2.8米，墓底长3.63、宽2.3~2.36米。墓道为东西向长斜坡墓道，长7.84~8、宽1.18~1.32米，斜坡坡度16°。墓内填土较纯净，五花土，黏性大，较松软，未见夯打。椁室周边有青膏泥分布，无积炭。棺椁保存较差，从痕迹推测葬具为一椁一棺，椁下两根圆形垫木。椁痕长3.25、宽1.9、残高0.29米。垫木保存较好，径0.07、长3.64米。棺具位于椁室北侧，长2.47、宽0.63米。人骨已朽，头向葬式不明。随葬器物主要分布在棺外椁内南及东侧，以陶、铜器为主，极少量铁器。陶器有鼎、盒、壶、瓮、灶等，铜器有盆、锅、镜、勺、铛等，铁器有铁剑等（图四三；彩版八，2；图版二一，6）。

2. 随葬器物

（1）陶器

8件。器类有鼎、盒、壶、瓮、灶。

鼎　2件。轮制。盖弧顶，子口内敛，弧腹，圜底，蹄足外撇，方形附耳外侈，耳上部有一圆形穿孔。下腹及底部饰交错绳纹，残留黑色漆衣及红彩痕迹。M22：14，泥质灰陶。口径16、腹径20.6、通盖高19厘米（图四四，1；图版二一，7）。M22：15，泥质黄褐胎。口径15.2、腹径19.8、通盖高18.3厘米（图四四，2；图版二一，8）。

盒　2件。泥质灰陶。轮制。身盖扣合呈扁圆形，弧顶盖，圆圈状捉手，子口内折，方唇，弧腹下收，小平底。器表施黑色漆衣。M22：10，口径18.7、腹径19、底径8.8、通高14.5厘米（图四四，3；图版二二，1）。M22：13，口径17.5、腹径20.2、底径6.9、通高14.5厘米（图四四，4；图版二二，2）。

壶　2件。泥质灰陶。弧顶盖，器身敞口，圆唇，束颈，溜肩，鼓腹略下垂，圜底，喇叭状大圈足，圈足有折痕。腹上部有两个对称兽面铺首，壁施黑色漆衣，外壁残留少许红彩。M22：9，肩和腹部各饰三道凹弦纹。口径15.2、腹径27.4、圈足径22.1、通盖高38.1厘米（图四四，5；图版二二，3）。M22：11，腹饰三道凹弦纹。M22：11，口径14.5、腹径27.4、圈足径23.6、通盖高37.3厘米（图四四，6；图版二二，4）。

瓮　1件。残。M22：8，泥质灰陶，胎厚。微侈口，唇外侧有一周凹槽，极短领，圆鼓肩，下腹斜内收，平底。素面。口径19.8、底径19.8、肩径41.1、残高31.2厘米（图四四，7）。

灶　1件。M22：12，泥质灰陶。灶面为长方形，直壁，后壁长方形灶门落地，前端斜立一烟囱，烟孔较粗。灶面上有两个等大的火眼，上置灶具4件，下层置釜，上层分置甑、盆。釜敛口，圆唇，圆鼓腹，圜底，素面。甑敞口，尖唇，弧腹内收，平底，底有五箅孔，素面。盆除底无箅孔外，形制同甑。灶体长26.7、宽16.8、高7.6、通高15.5厘米（图四四，8；图版二二，5）。

（2）铜器

6件。器类有盆、锅、镜、勺、铛。

盆　2件。器表呈黄褐色，胎极薄。素面。M22：3，侈口，仰折沿，鼓腹下垂，假圈足。口径25、底径9.5、通高11.4厘米（图四四，9；图版二二，6）。M22：2，敞口，翻沿，斜弧腹内收，上腹部有一周折痕，平底。口径25.5、底径12.6、通高9.4厘米（图四四，10；图版二二，7）。

锅　1件。M22：4，器表呈黄褐色，胎极薄。侈口，仰折沿，弧腹，圜底。素面。口径17.9、残高7.6厘

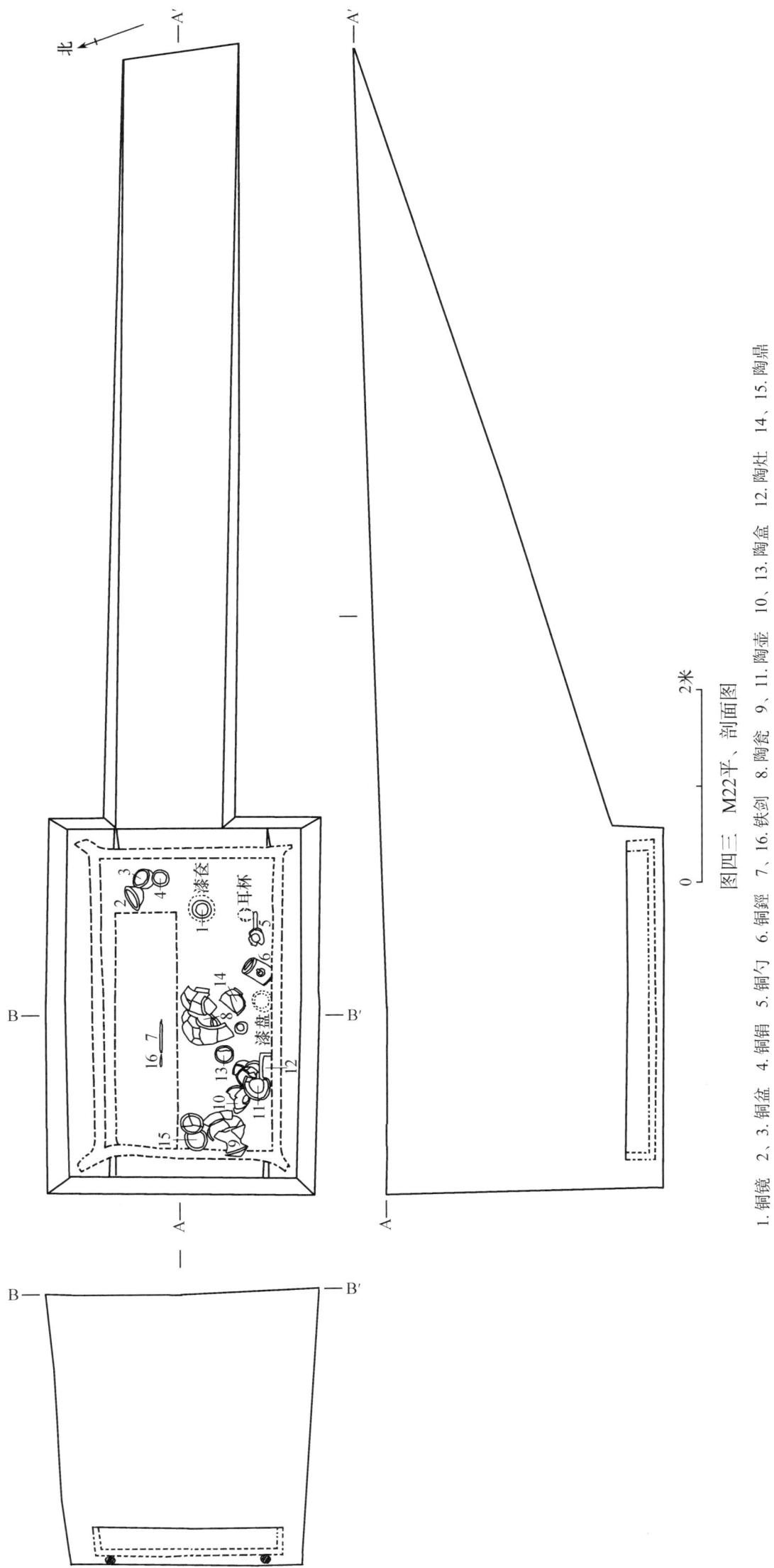

图四三 M22平、剖面图
1.铜镜 2、3.铜盆 4.铜锅 5.铜勺 6.铜锺 7、16.铁剑 8.陶瓮 9、11.陶壶 10、13.陶盒 12.陶灶 14、15.陶鼎

米（图四四，11；图版二二，8）。

镜　1件。M22∶1，残破不全。青灰色。圆形，镜面平，背面浮雕花纹。桥形纽，方形纽座，座外双线方框内有铭文"见日之光，天下大明"。方框内四角处饰桃形花苞纹，桃形花苞外射，方框外四角饰双枝纹。方格框四外边居中饰一乳钉，乳钉外侧为桃形花苞，两侧饰单层草叶纹。镜边缘饰十六内向连弧纹。直径10.7、缘厚0.2、中厚0.1厘米（图四四，12）。

勺　1件。M22∶5，红褐色。勺身近椭圆形，圜底，流状柄斜出，截面呈"U"形，柄首平。勺身长8.4、宽9.1、柄宽1.7、长25厘米（图四四，13；图版二三，1）。

鋞　1件。基本完整。M22∶6，整体呈圆筒状，带盖，盖顶略平，直口，无唇，直筒形腹，平底，三蹄形小足，腹上部有一提梁，为两端铸造成龙头形状的横梁与链组成，腹中部有一周宽条弦纹。口径10.7、底径10.7、通高26.3厘米（图四四，14；图版二三，2）。

（3）铁器

2件。器类为剑。

剑　2件。锈蚀严重。M22∶7，仅存剑身，剑身窄长，截面呈菱形。残长47.2厘米（图四四，15；图版二三，3）。M22∶16，剑锋、柄断缺，剑身截面呈菱形，铜格。残长23.6、格宽4.2厘米（图四四，16；图版二三，4）。

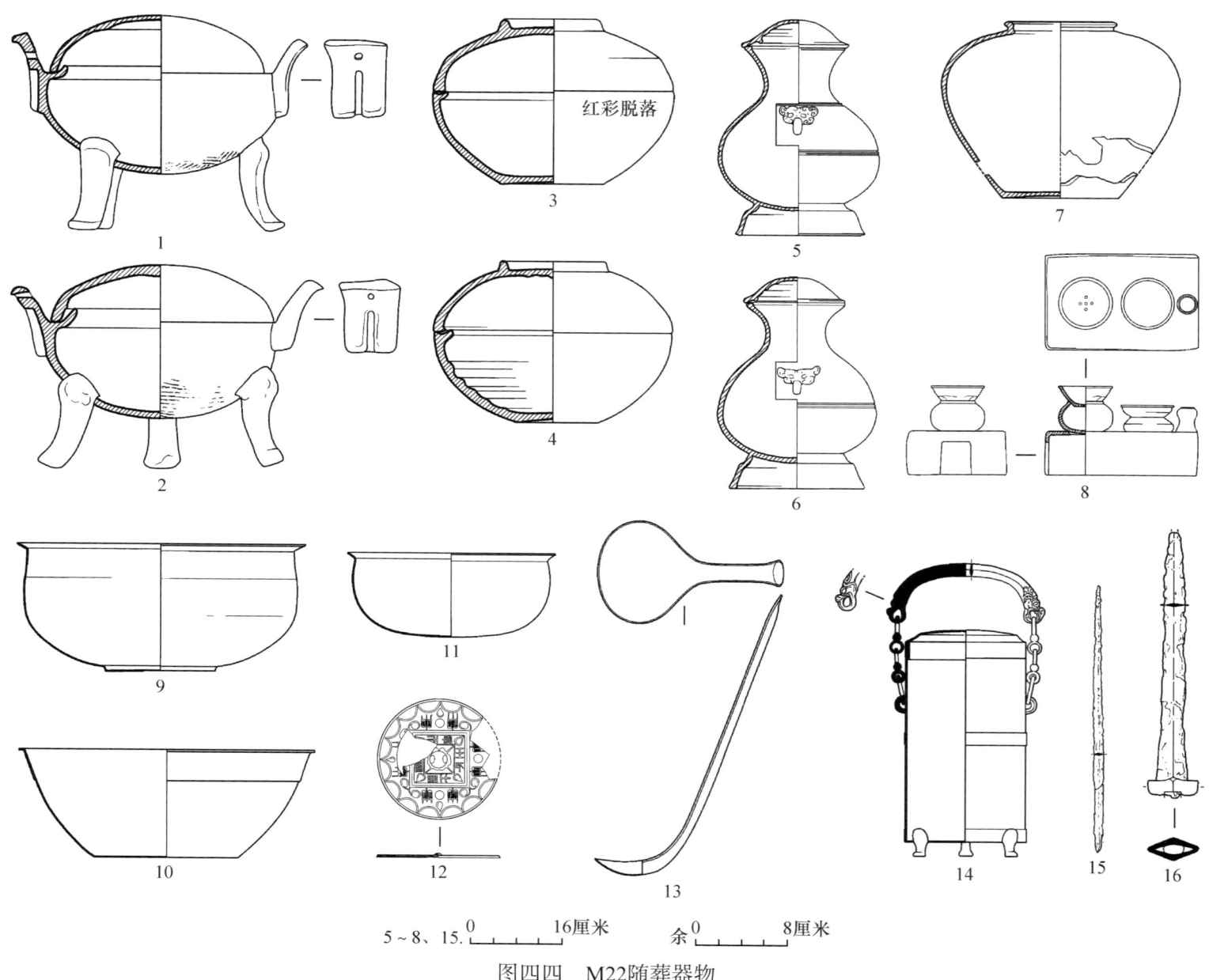

图四四　M22随葬器物

1、2.陶鼎（M22∶14、M22∶15）　3、4.陶盒（M22∶10、M22∶13）　5、6.陶壶（M22∶9、M22∶11）　7.陶瓮（M22∶8）
8.陶灶（M22∶12）　9、10.铜盆（M22∶3、M22∶2）　11.铜鋗（M22∶4）　12.铜镜（M22∶1）　13.铜勺（M22∶5）
14.铜鋞（M22∶6）　15、16.铁剑（M22∶7、M22∶16）

十四、M23

1. 墓葬形制

M23开口于表土层下，打破生土，被一座近现代窑址打破。长方形竖穴土坑墓，东北—西南向，方向25°。墓口长3.03、宽2.02米，口略大于底，墓壁略向内倾斜，墓坑深0.22~0.39米，墓底长2.94、宽1.92米。墓葬填土坚硬，呈块状，致密，为小花土，较纯净。葬具已朽，仅存棺痕，位于墓坑偏西部，长2.18、宽0.56~0.67、高0.27米。人骨已朽，葬式不明。随葬器物置于棺东侧，以陶器为主，器类有鼎、盒、壶、瓮、灶，另有一件铁釜，已朽，无法提取（图四五）。

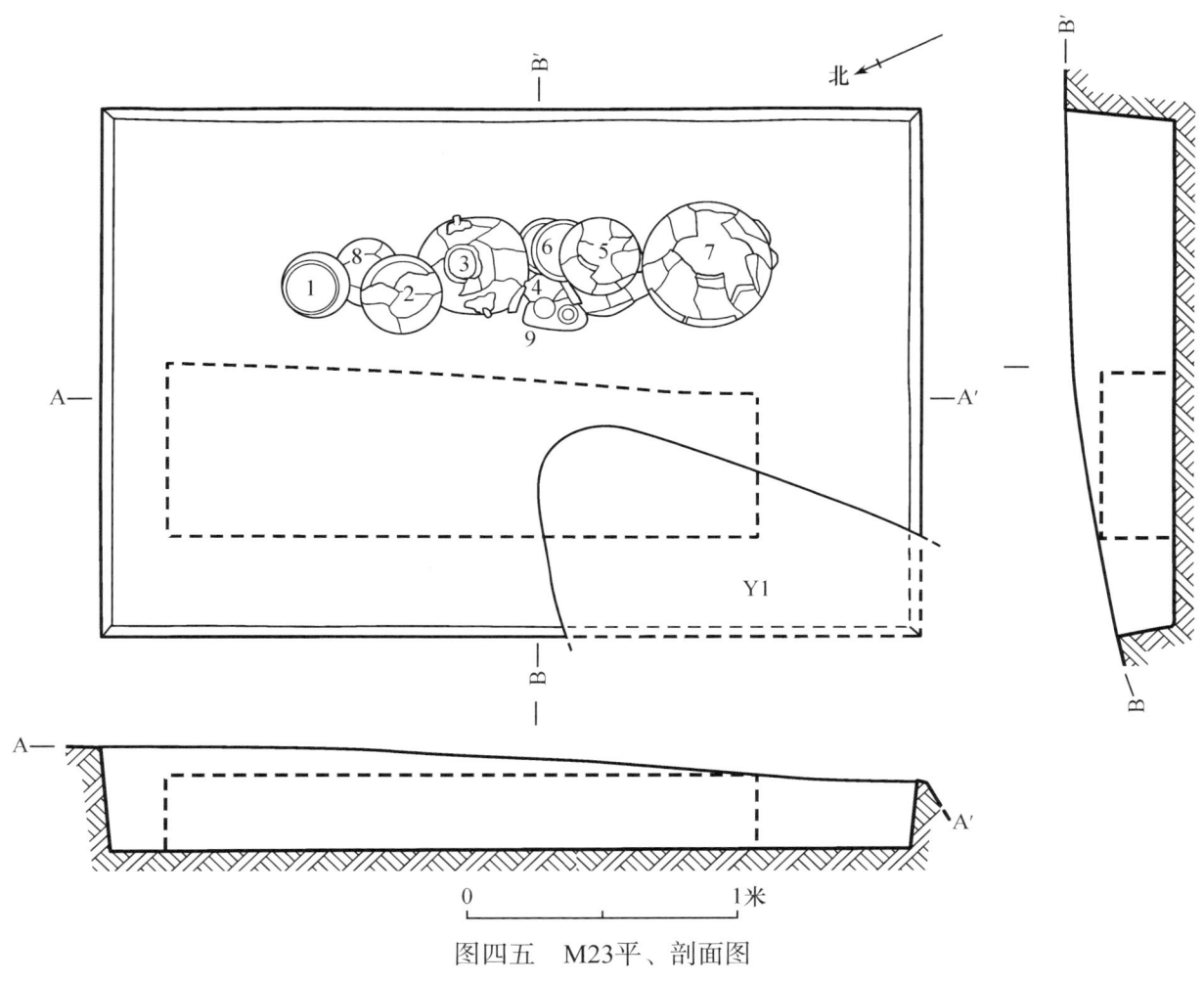

图四五　M23平、剖面图

1.铁釜　2、8.陶鼎　3、5.陶壶　4、6.陶盒　7.陶瓮　9.陶灶

2. 随葬器物

（1）陶器

8件。器类有鼎、盒、壶、瓮、灶。

鼎　2件。轮制。整体呈扁圆状。盖弧顶，器身子口内敛，弧腹，圜底。长方形附耳上部外折，蹄足外撇，足根部浮雕人面纹。残留零星红彩。M23：2，泥质灰陶。口径22.2、通盖高20.1厘米（图四六，1；图版二三，5）。M23：8，泥质黄褐陶。口径22.88、通盖高20.8厘米（图四六，2；图版二三，6）。

盒　2件。泥质黄褐陶。轮制。盖弧顶，圆形捉手，器身子口内敛，弧腹，平底。壁残留零星波状红彩痕迹。M23：4，口径21.3、底径10、通高16.6厘米（图四六，3；图版二三，7）。M23：6，盖饰一周弦纹和卷云纹。口径20、底径9.5、通高16.2厘米（图四六，6；图版二三，8）。

壶　2件。轮制。盖弧顶，器身盘口，束颈极短，溜肩，圆鼓腹，圜底，喇叭状圈足，肩部有两个兽面铺首。上腹部饰凹弦纹两组，每组两道，下腹饰绳纹。M23：3，泥质灰陶。口径20.4、腹径33.8、圈足径25.3、通盖高43厘米（图四六，4；图版二四，1）。M23：5，盖泥质黄褐陶，身泥质灰陶。口径20、腹径31.8、圈足径22.8、通盖高42.3厘米（图四六，5；图版二四，2）。

瓮　1件。M23：7，泥质灰陶。轮制。直口，短直领，弧肩，直腹，圜底。上腹饰竖绳纹，间有六道抹痕，下腹及底饰交错绳纹。口径21.2、腹径40、通高34.4厘米（图四六，7；图版二四，3）。

灶　1件。M23：9，泥质灰陶。灶平面呈长梯形，前端斜立圆柱形烟囱，后壁拱形灶门落地。灶面有两个大小相当的火眼，置灶具4件，下层均置釜，釜上分置甑、盆。釜敛口，鼓腹，圜底。甑敞口，平折沿，斜腹，平底，底有四箅孔。盆除无箅孔外形制同甑。灶壁饰戳印圆圈纹。灶体长30.2、宽13.8~18.2、高10.5、通高18.8厘米（图四六，8；图版二四，4）。

（2）铁器

1件。为釜，已朽，无法提取。

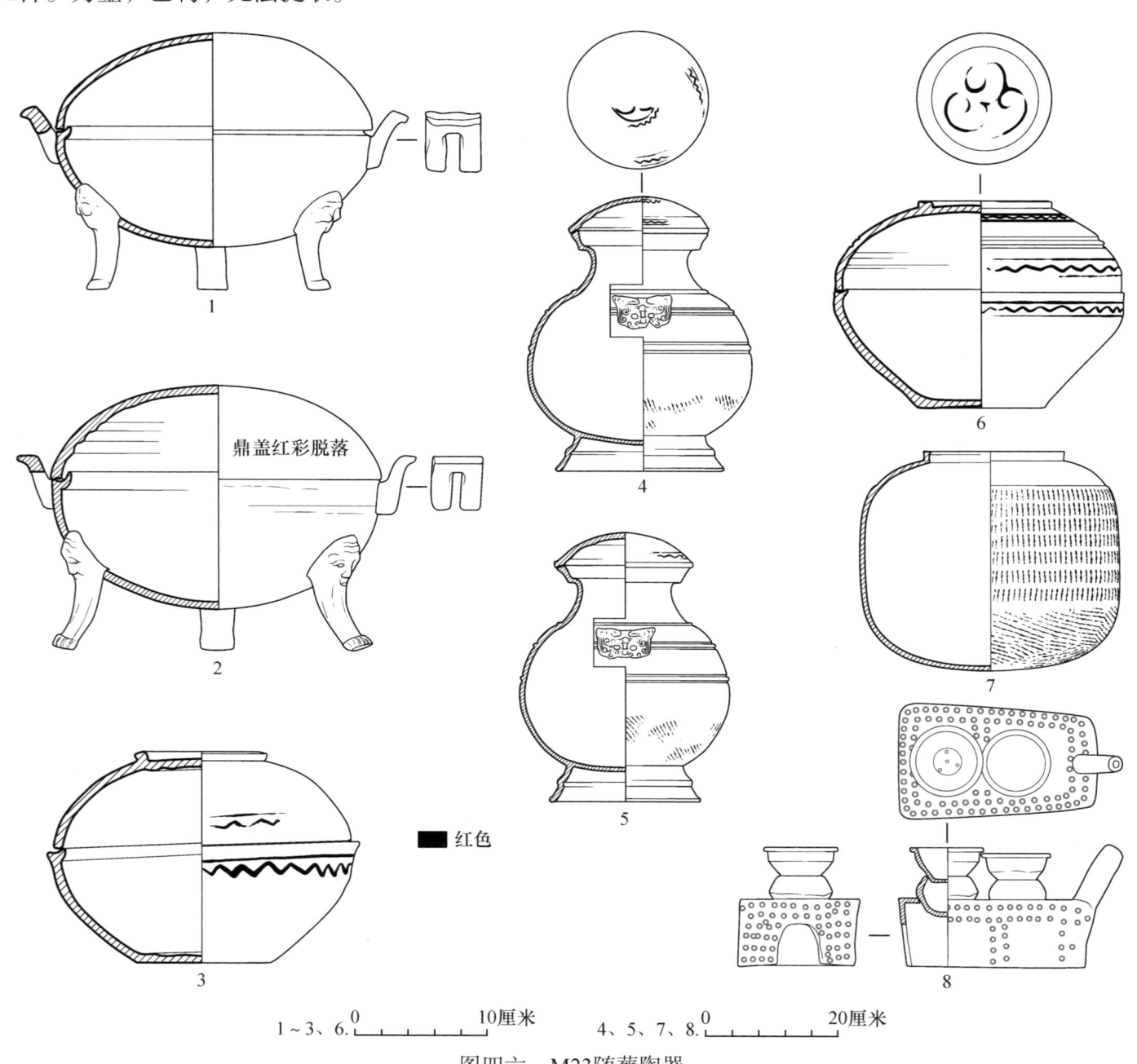

图四六　M23随葬陶器

1、2.鼎（M23：2、M23：8）　3、6.盒（M23：4、M23：6）　4、5.壶（M23：3、M23：5）　7.瓮（M23：7）　8.灶（M23：9）

十五、M24

1. 墓葬形制

M24为竖穴土坑墓，开口于表土层下，打破生土。平面形状呈长方形，西北—东南向，方向120°。墓口长2.69、宽1.72米。口大于底，墓壁略向内倾斜，深1米，底部平坦，墓底长2.43、宽1.57米。填土为深褐夹灰色、白色的花斑状五花土，块状，结构紧密，较纯净。葬具仅见椁痕，椁痕长2.19、宽1.25、残高0.28、厚0.06米。未见棺痕，人骨无存，葬式不明。随葬品位于椁内东北部，以陶器为主，器类有鼎、盒、壶、瓮、灶等（图四七；彩版八，3）。

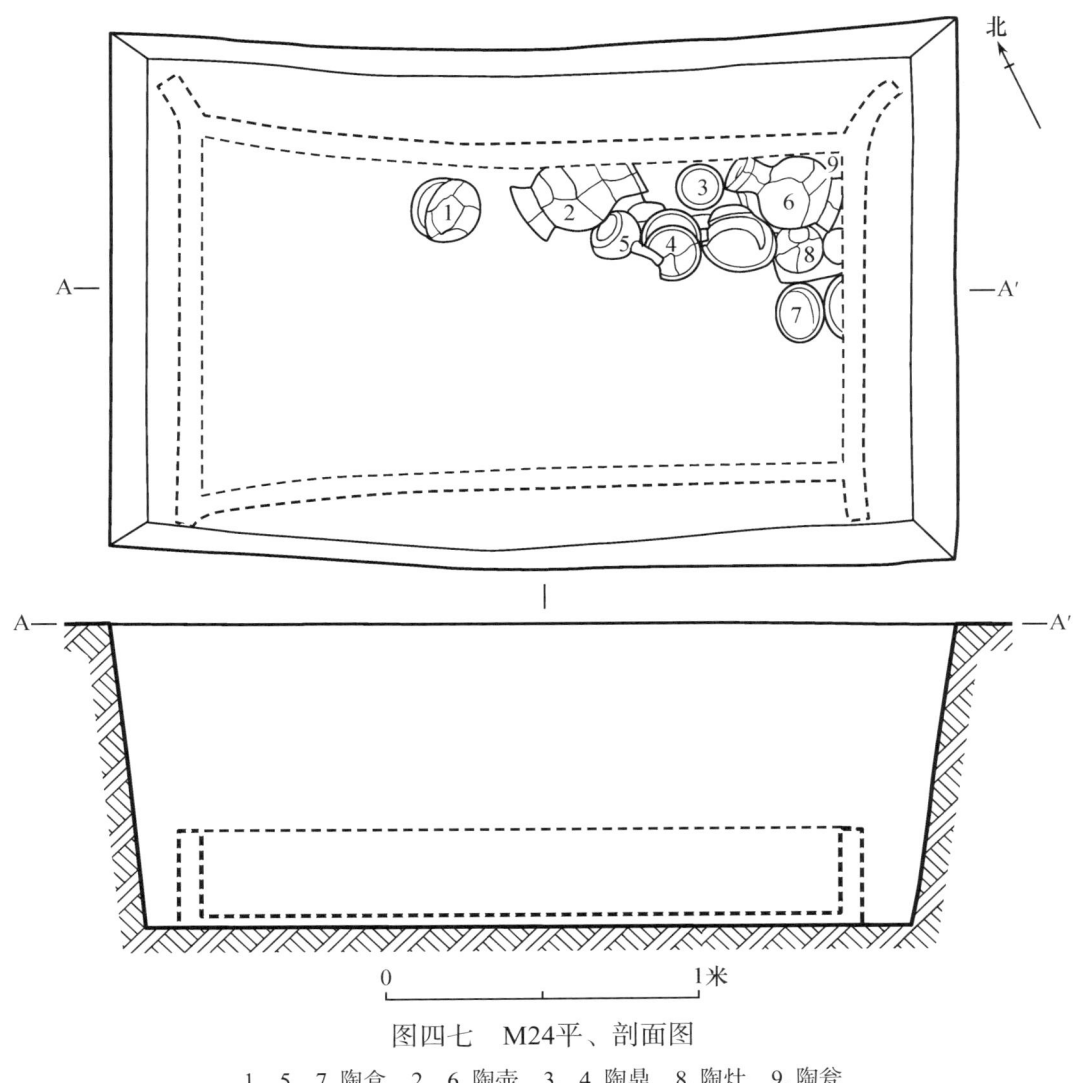

图四七　M24平、剖面图
1、5、7.陶盒　2、6.陶壶　3、4.陶鼎　8.陶灶　9.陶瓮

2. 随葬器物

陶器

已修复或挑选的标本器类有鼎、盒、壶、瓮、灶。

鼎　2件。泥质黄褐陶。轮制。盖弧顶，器身敞口，浅弧腹，圜底，蹄足较高，外撇，长方形附耳外侈，中有竖条状镂孔。器身素面，足根部有模糊的浮雕兽面纹。M24∶3，口径17.6、通盖高18.2厘米（图四八，1；图版二四，5）。M24∶4，附耳上端残。口径18.2、通高17厘米（图四八，2；图版二四，6）。

盒　3件。泥质黄褐陶。轮制。M24∶5，盖弧顶，圆形捉手，器身子口内敛，斜弧腹内收，平底内凹。素面。口径18.6、底径12.2、通高15.9厘米（图四八，3）。M24∶1，扁圆形，盖弧顶，无捉手，器身敞口，斜弧腹内收，小平底。下腹饰一道凹弦纹。口径18、底径7、通高12.54厘米（图四八，4；图版二四，7）。M24：7，扁圆形，盖弧顶，无捉手，器身敞口，斜弧腹内收，小平底。口径18.5、底径7.5、通高11.6厘米（图四八，5；图版二四，8）。

壶　1件。M24：6，泥质灰陶。盖弧顶，器身微侈口，长直颈，溜肩，圆鼓腹，腹最大径在中部，圜底，喇叭状圈足。肩有两个兽面铺首，下腹饰交错绳纹。口径14.7、足径18、通高42.2厘米（图四八，6）。

瓮　1件。M24：9，泥质灰陶。轮制。微侈口，仰折沿极短，鼓肩，斜腹较深，平底微凹。口径21.7、肩径34、底径18.1、通高24厘米（图四八，7；图版一，7）。

灶　1件。M24：8，泥质灰陶。灶平面近长梯形，前窄后宽，直壁，前端斜立圆柱形烟囱，后壁拱形灶门落地。灶面上有两个大小相当的火眼，灶具仅存2件陶釜，泥质黄褐陶，轮制，敛口，鼓腹，圜底，素面。灶壁饰绳纹。灶体长27、宽14~18、高9、通高13.12厘米（图四八，8；图版一，8）。

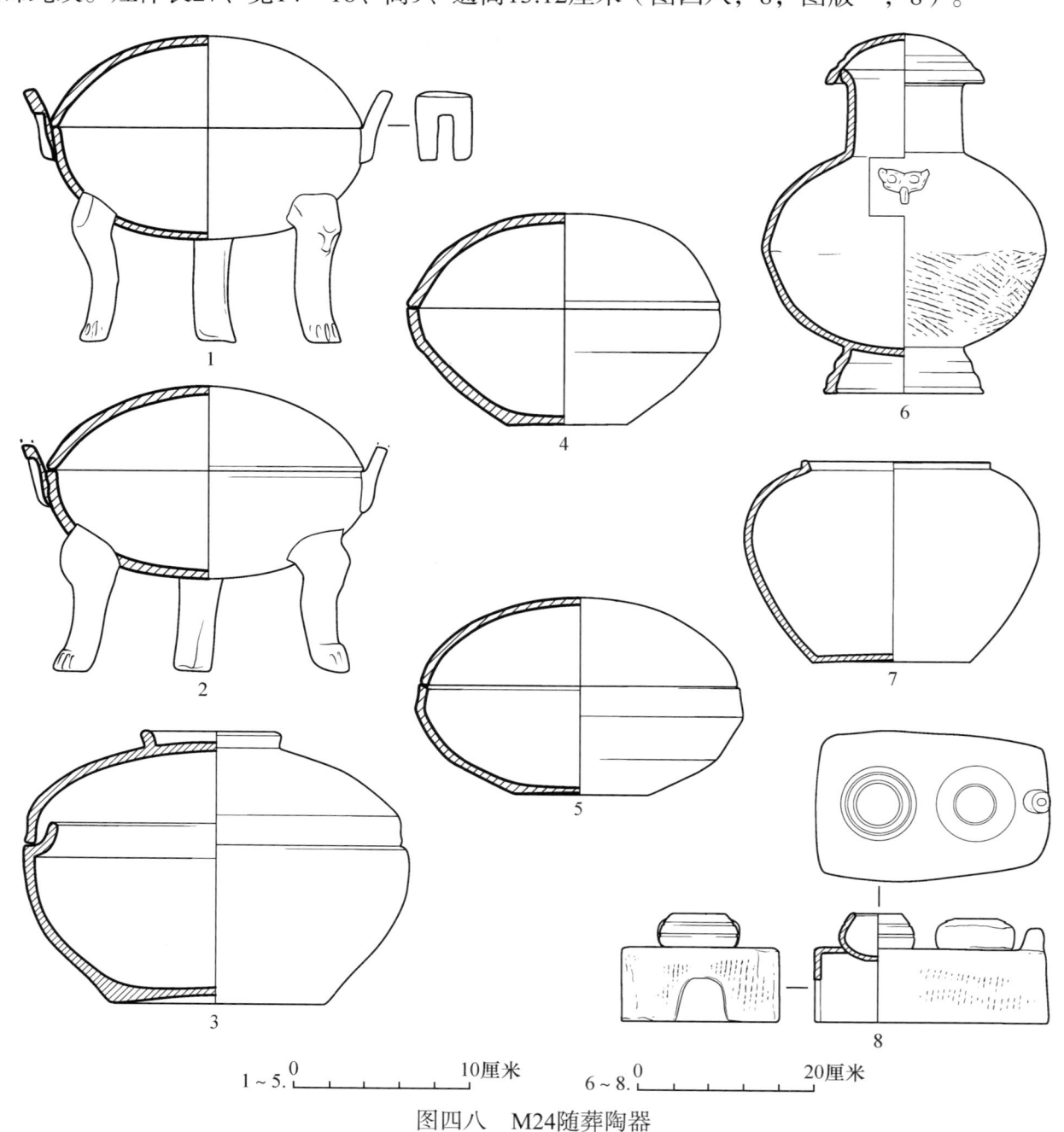

图四八　M24随葬陶器

1、2.鼎（M24：3、M24：4）　3~5.盒（M24：5、M24：1、M24：7）　6.壶（M24：6）　7.瓮（M24：9）　8.灶（M24：8）

十六、M25

1. 墓葬形制

（1）墓坑

该墓受到严重破坏，仅残存底部，打破M8。长方形土坑竖穴一椁一棺墓。西北—东南向，方向113°，墓坑略呈不规则长方形，四角呈弧形。长3.18～3.4、宽1.93～2.35、残深0.35～0.5米。坑内填五花土，并有部分扰土，土质较松软，无包含物。随葬品置于棺外椁内北部，均为陶器，器类有鼎、盒、壶、罐、瓮、灶等（图四九；彩版三，1）。

（2）葬具

保存较差，仅存底部。椁由南北墙板、东西挡板、底板和垫木构成，椁长2.75、宽1.59、残高0.29～0.45米。南北墙板尺寸一致，长2.66、厚0.1米。东西挡板宽1.72、厚0.1米，两侧均有卯口，宽0.1、深0.5米，与南北墙板相榫卯。椁底板由八块木板组成，每块木板的尺寸略有出入，长1.66～1.7、宽0.26～0.48、厚0.1米。椁底板有两根垫木，间距0.85米，尺寸一致，长3.1、宽0.16、厚0.1米；棺置于椁室南部，仅残存西半部分，残长1.9、宽0.62、残高0.3米，北墙板残长1、高0.18、厚0.1米，南墙板残长0.84、高0.22、厚0.1米。棺底板残存两块，残长1.7、宽0.32、厚0.1米。棺底板南部有一个榫眼，长0.05、宽0.03、深0.05米，与墙板相榫。

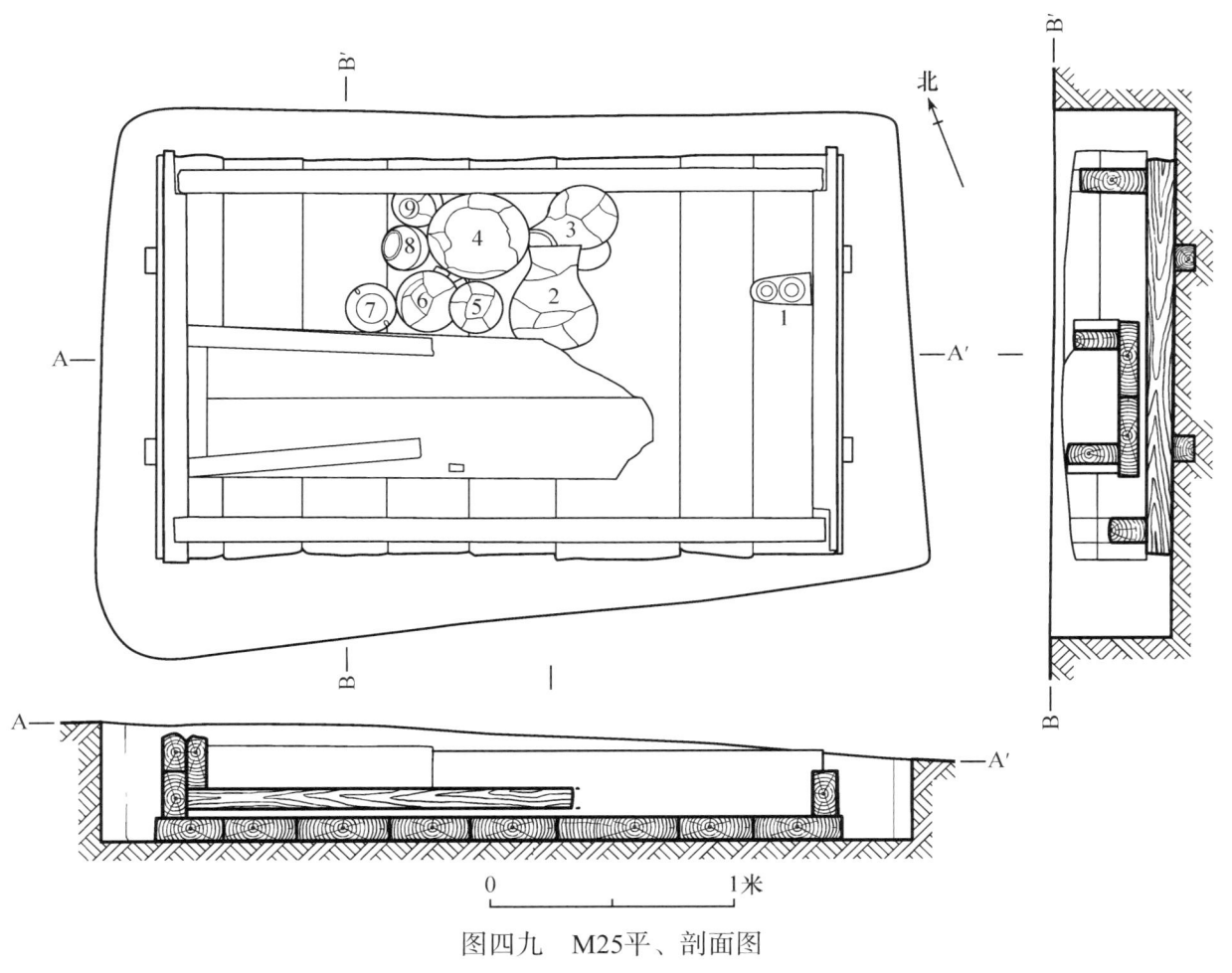

图四九　M25平、剖面图
1.陶灶　2、3.陶壶　4.陶瓮　5、6.陶鼎　7.陶罐　8、9.陶盒

2. 随葬器物

陶器

该墓受到严重破坏，大部分陶器无法修复，已修复或挑选的标本器类有鼎、盒、壶。

鼎　1件。M25：5，泥质灰陶。子口内敛，尖圆唇，方腹较宽，平底，舌足较高，外撇。长方形附耳外侈，中有竖长条形镂孔。素面。口径16.2、通耳高17.5厘米（图五〇，1）。

盒　1件。M25：8，泥质灰陶。盖弧顶，圆形捉手，器身子口内敛，尖圆唇，深弧腹内收，平底。壁残留零星黑色陶衣痕迹。口径13.5、底径10.8、通高16厘米（图五〇，2）。

壶　2件。泥质黄褐陶。盘口，斜方唇，短束颈，溜肩，腹残，圜底，喇叭状圈足。肩有两个兽面铺首，铺首下饰一周凹弦纹。M25：3，口径15、残高29.5厘米（图五〇，3）。M25：2，口径16、残高34.2厘米（图五〇，4）。

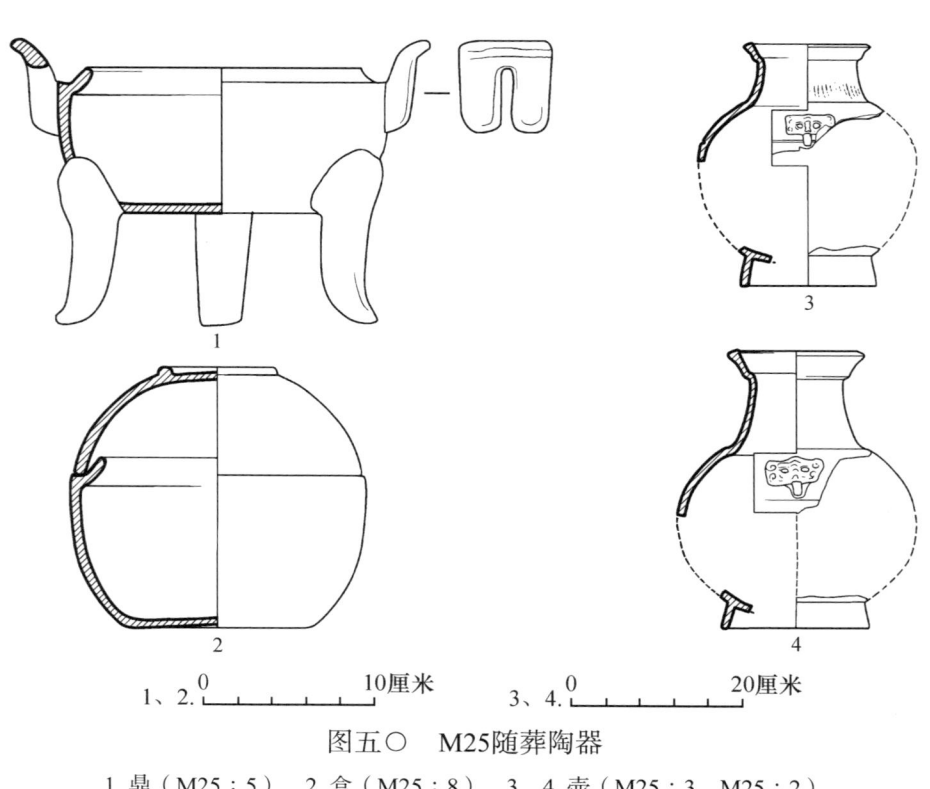

图五〇　M25随葬陶器
1. 鼎（M25：5）　2. 盒（M25：8）　3、4. 壶（M25：3、M25：2）

第二节　东汉墓葬

本次发掘的东汉墓葬位于整个发掘区的北部，此地为施工的取土场，考古队进驻之时大部分墓葬已经被破坏殆尽，仅有少数墓葬有器物残片和墓砖，据此判断其为东汉墓，共计5座。

一、M13

1. 墓葬形制

M13位于一干枯的水塘底部，土坑竖穴带墓道砖室墓，墓坑填有淤土，大部分墓砖无存。大致呈东西向分布，方向95°。墓口平面呈刀形，墓口长3.11、宽2.07～2.18米，墓壁略向内倾斜，墓口略大于墓底，墓底长3.07、宽2.02~2.05米，墓底至残存的墓口0.6米。墓道位于墓室东南方，坡度10°，残长1.64、宽1.15~1.28米。复原的砖室长2.98、宽1.96米。根据残存的墓砖判断，砖墙为单砖平砌，铺地砖的铺设方式为横铺，砖的长、宽、厚分别为0.31、0.15、0.04米。墓坑填土中有碎砖块、器物残片等。此墓受到了严重盗扰，清理出少许陶片，可辨器类有鼎、壶、仓、圈等，并有一件铜帽（图五一；图版一九，3）。

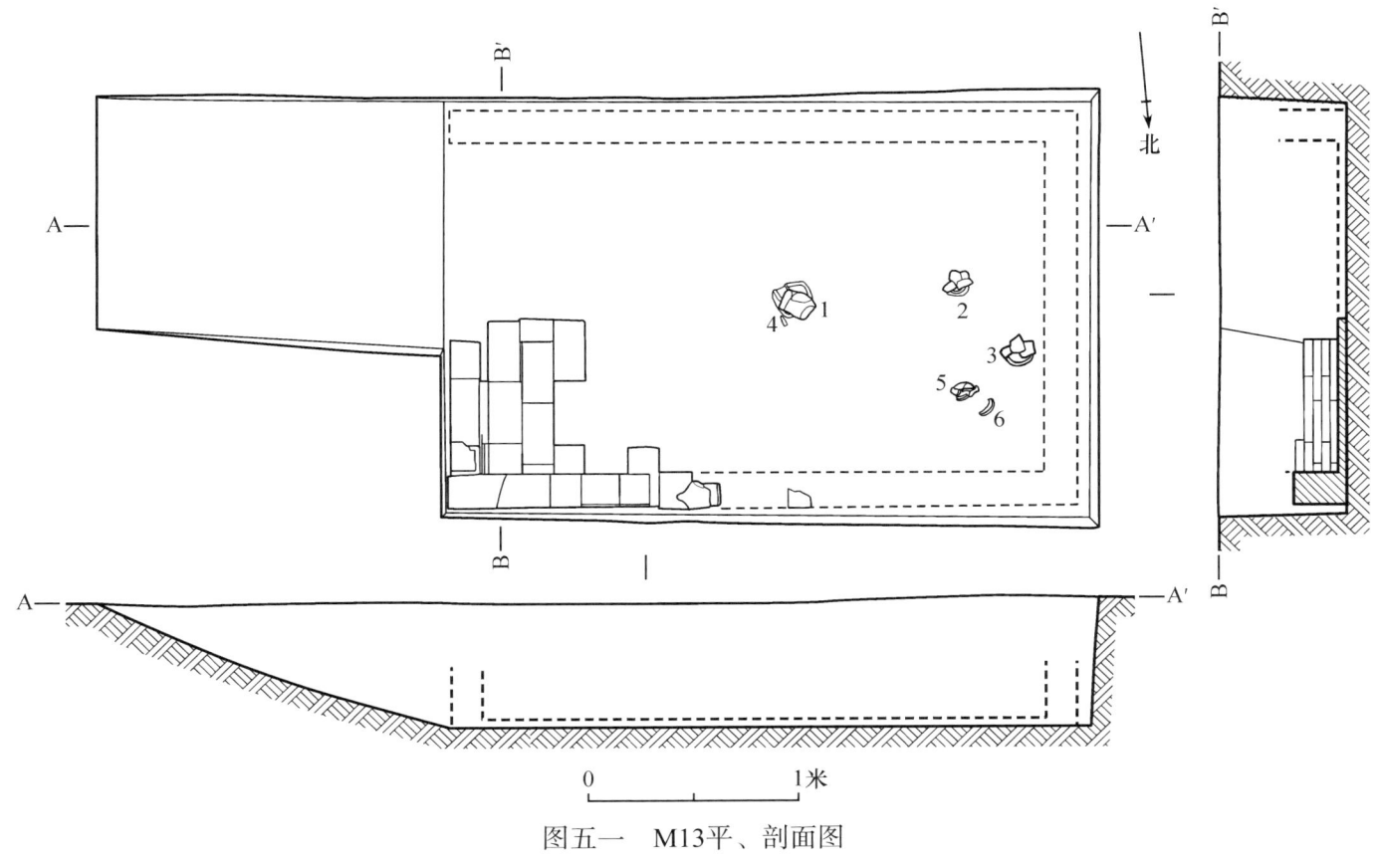

图五一　M13平、剖面图
1.陶圈　2.陶仓盖　3.陶仓　4.铜帽　5.陶鼎　6.陶壶

2. 随葬器物

（1）陶器

仅剩残片，可辨器类有鼎、壶、仓、圈。

鼎　1件。M13∶5，泥质灰陶。仅存足及口沿。子口内敛，圆唇，蹄足。素面。复原口径32.4厘米（图五二，1）。

壶　1件。M13∶6，泥质红陶。仅存盘口，尖圆唇。复原口径23.9、残高6厘米（图五二，2）。

仓盖　1件。M13∶2，泥质红陶。仅存盖沿。残高6.4厘米（图五二，3）。

仓　1件。M13∶3，泥质红陶。胎厚，火候高。仅存直腹。腹近底部有三周凹弦纹。腹径40.5、残高31.4厘米（图五二，4）。

圈　1件。M13∶1，泥质红陶。围墙近圆角方形，平底呈圆形。围墙有竖长条镂孔。底径23.5、围墙高11.2、通高14厘米（图五二，6）。

（2）铜器

仅1件铜帽。

帽　1件。M13∶4，铜质。青绿色。口大顶小，圆管状，顶部半环纽。素面。帽径1.8、高6.9厘米（图五二，5）。

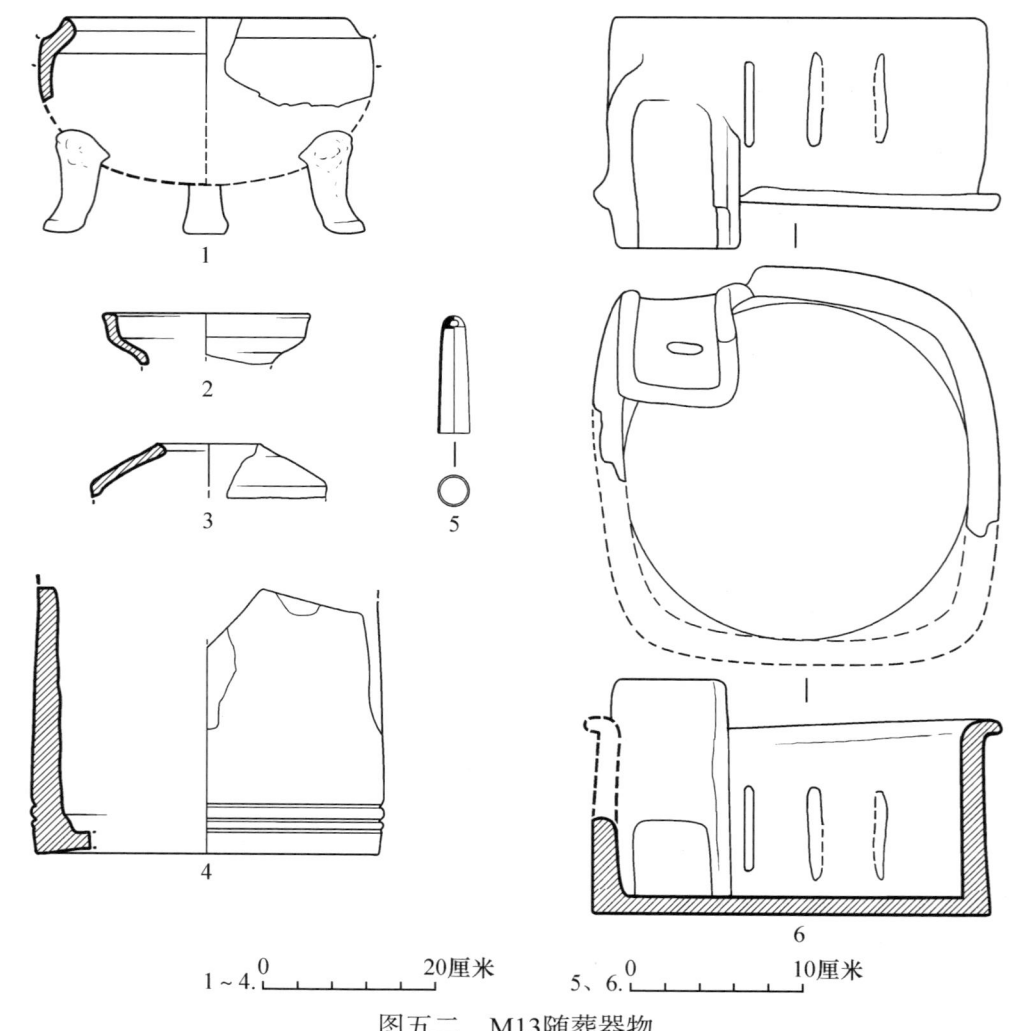

图五二 M13随葬器物

1. 陶鼎（M13：5） 2. 陶壶（M13：6） 3. 陶仓盖（M13：2） 4. 陶仓（M13：3） 5. 铜帽（M13：4） 6. 陶圈（M13：1）

二、M14

1. 墓葬形制

M14开口于表土层下，打破生土，该墓受到严重破坏，仅存墓圹。平面形状呈"凸"字形，为带墓道的土坑砖室墓。接近正南北向，方向185°。墓口北宽南窄，长3.8、宽1.81～1.9米，口大底小，墓壁略向内倾斜，残深0.75米，墓底长3.47、宽1.62～1.72米，墓道长1.03、宽1.2～1.47米，坡度为16°。该墓未发现随葬品，坑内填花土，夹杂粗绳砖块，结合墓坑形制，推测其为东汉时期墓葬（图五三）。

2. 随葬器物

无。

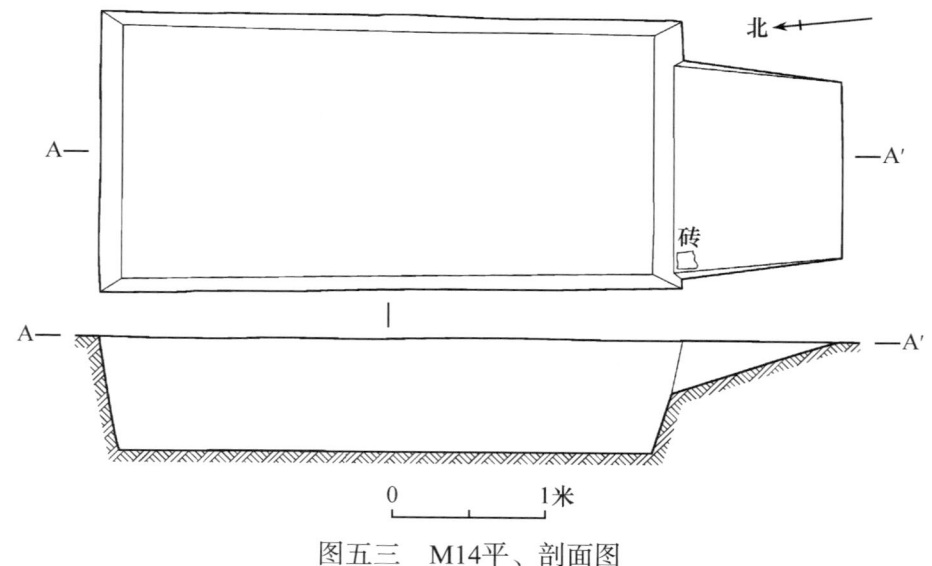

图五三 M14平、剖面图

三、M16

1. 墓葬形制

M16为土坑竖穴砖室墓，墓口平面形状呈刀形。近南北向，方向172°。砖室建造在土圹中，早年被破坏，大部分墓砖被取走，该墓由墓道、甬道和墓室三部分组成。墓道呈斜坡状，残长1、宽1.12米，坡度16°。甬道长1.47、宽1.05米，甬墙为单砖平砌。墓室残长1.59、宽1.94、高0.51米，墙砖的砌法与甬道相同，未见铺地砖。墓室内均为扰土，残留较多的砖渣及少许陶器残片，可辨器类有灶、仓、圈等，均无法复原（图五四）。

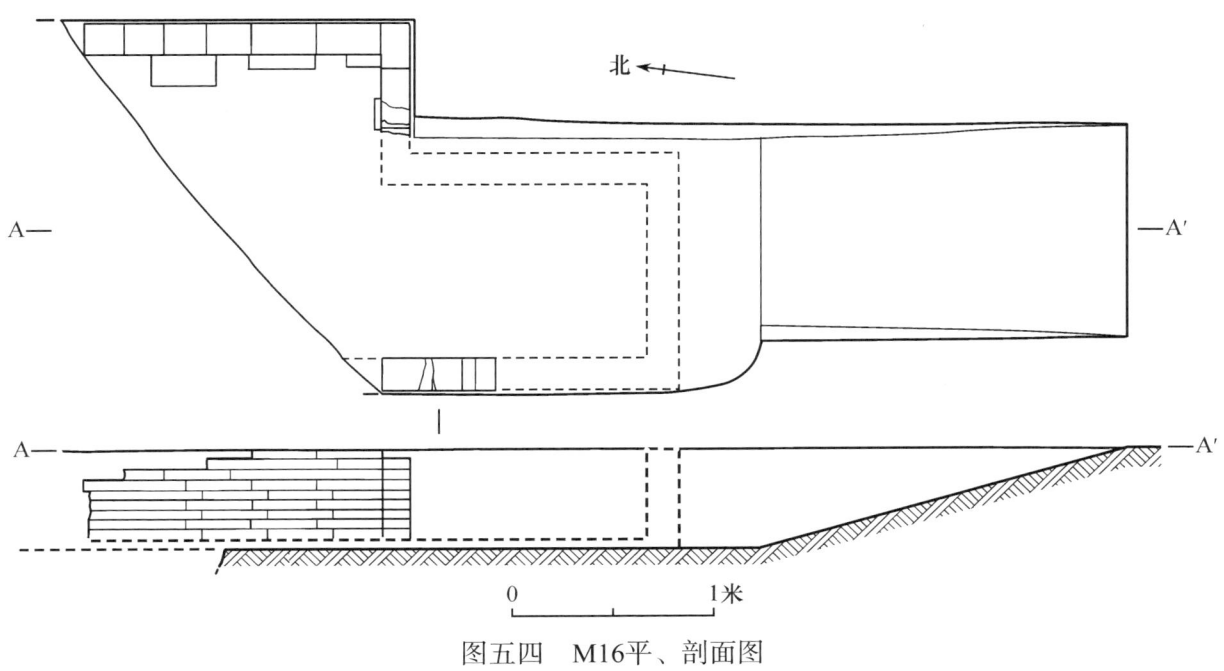

图五四　M16平、剖面图

2. 随葬器物

仅剩陶器残片，可辨器类有灶。

灶　1件。M16:1，泥质红陶。仅存半块灶面，火眼上凸，灶面边缘有一周凸棱，直壁。器表施浅黄釉，素面。残长31.5、残高9.9厘米（图五五）。

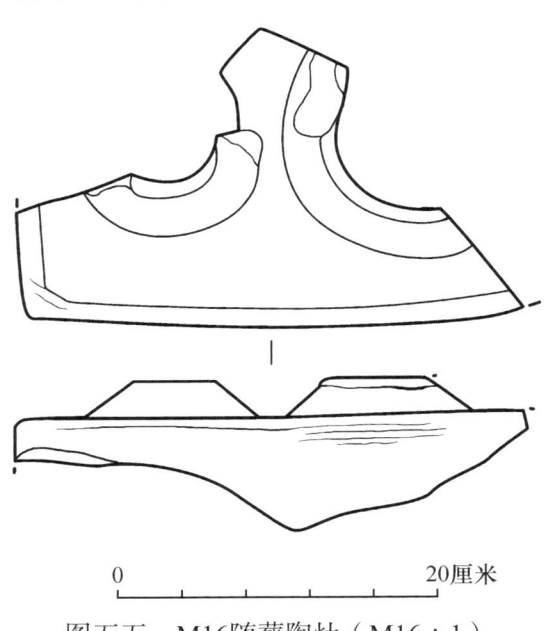

图五五　M16随葬陶灶（M16:1）

四、M17

1. 墓葬形制

M17为长方形土坑砖室墓。西北—东南向，方向143°。残存墓坑口长3.03、残宽1.24～1.4米，口大底小，墓壁略向内倾斜，残高0.35、底长2.93、残宽1.26～1.35米。该墓被破坏得十分严重，墓坑内均为扰土，残存大量灰色绳纹砖块，可知该墓年代为东汉时期（图五六）。

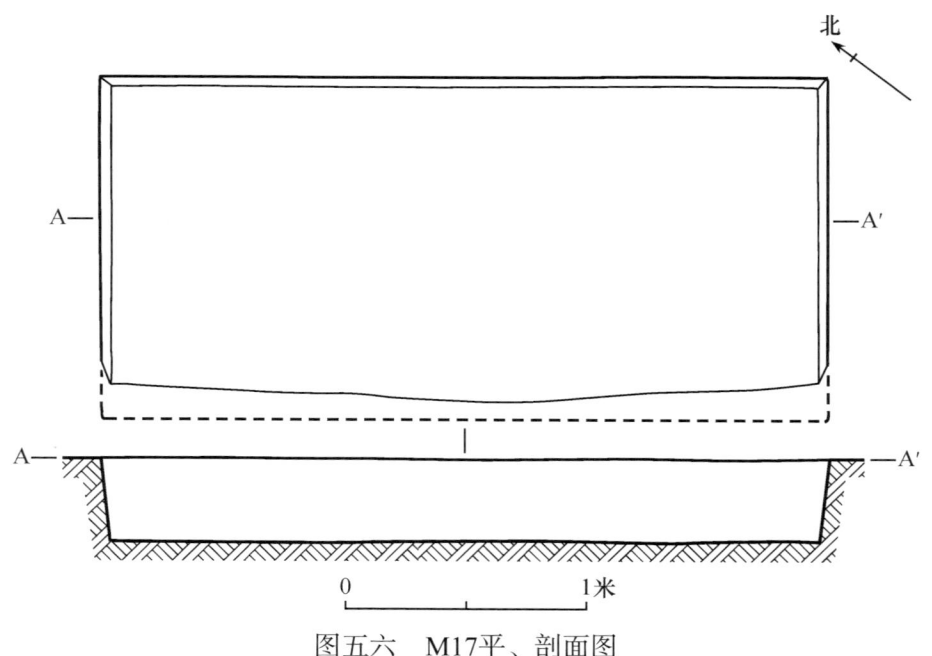

图五六　M17平、剖面图

2. 随葬器物

无。

五、M20

1. 墓葬形制

M20大部被取土破坏，仅残留东半部分。大致呈南北向，方向184°。残存部分平面形状呈长方形，竖穴土坑墓。墓口长3.03、残宽1.12～1.23米，口略大于底，坑壁向内倾斜，残深0.31米，坑底平坦，长2.94、残宽1.08～1.18米。坑内填土为小花土，土质纯净，无包含物。随葬品为陶器，置于北部和西部，仅剩残片，可辨器类有瓮（图五七）。

2. 随葬器物

陶器

仅剩1件瓮残片。

瓮　1件。M20：1，泥质灰褐胎。侈口，斜方唇，短领，鼓肩，腹残，平底微内凹。素面。口径37.2、底径34厘米（图五八）。

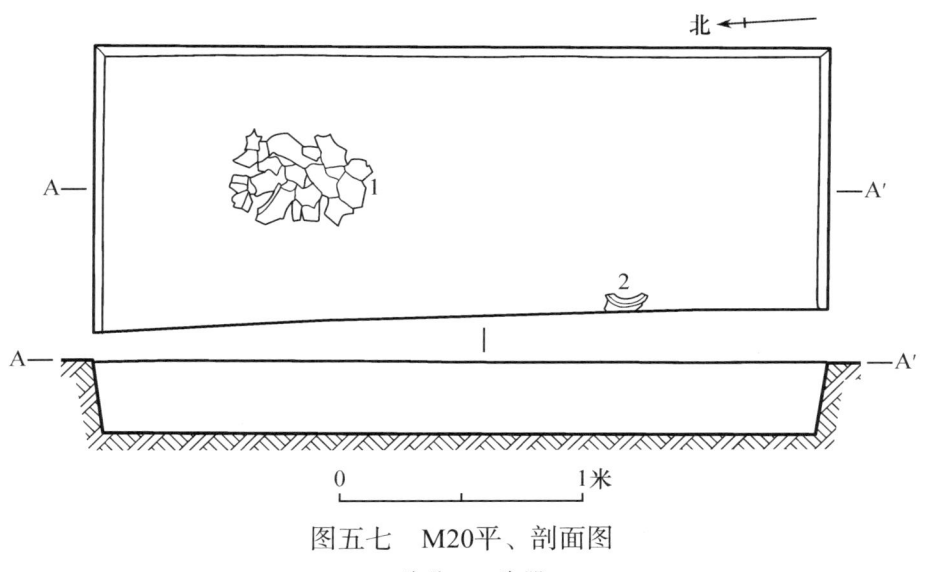

图五七　M20平、剖面图
1. 陶瓮　2. 陶器

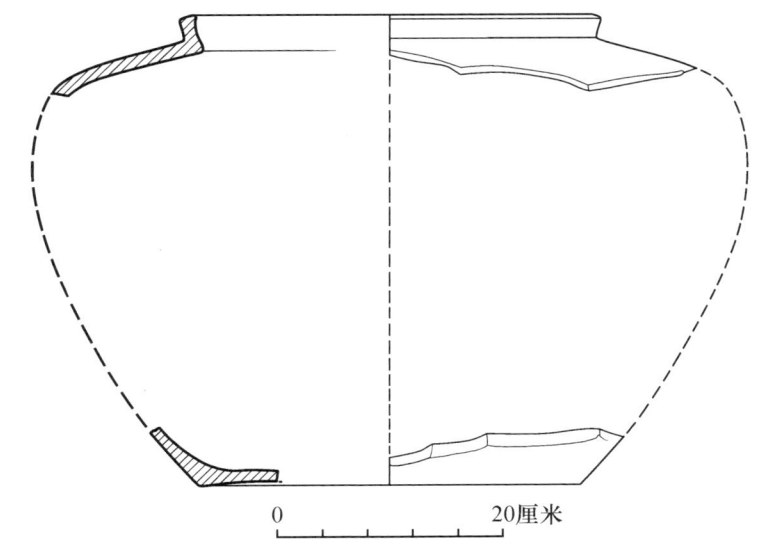

图五八　M20随葬陶瓮（M20∶1）

第四章　出　土　简　牍

M8出土了数量较多的简牍，是该墓地的重要收获之一。竹简出土时位于椁室南边箱东端，立靠在隔板上，大致呈卷状。木牍出土于椁室南边箱的竹笥内；签牌为后期室内清理时发现，一枚出自竹简中，三枚出自竹笥内。

竹简经清理，共登记566枚，包括一部分有字残片和无字残简。其中完整竹简约360枚。竹简形制较为一致，均两端平直不削角，完整简长27.8～28.2厘米，根据宽度、厚度的不同，大致可分为两类，一类宽约0.8厘米，简略薄；另一类宽约1厘米，简略厚。每支简有上、中、下三道编绳，天头、地脚各约1厘米，中间编绳大致位于简的中部。多数竹简上存留有编绳，清理时多见编绳叠压文字的情况。简文用墨抄写在竹简篾黄一面，字体为工整的隶书，厚、薄两类简的书体不同，可能为不同的抄手书写。

有字木牍呈长方形，四边平直，上下两端修平，长25.5、宽3.5厘米，一面用墨书写文字，字体为隶书。

这批简牍按照内容，可分为日书、文书、告地书和签牌四类。下面依次介绍其内容。

第一节　日　书

日书是简册原有的书题，写在第一枚简的背面。同样的例子见于睡虎地《日书》乙种、孔家坡《日书》、睡虎地M77出土《日书》以及北京大学藏汉简《日书》。整卷经过缀合、编连和复原，竹简总数为502枚，另有33枚残简无法缀合。根据简文内容，整理出78篇，其中57篇原有篇题。下面择要介绍其内容。

"建除"篇名为整理者所拟。现存竹简17枚，其内容与睡虎地秦简《日书》甲种的"秦除"、放马滩秦简《日书》甲种的"建除"、孔家坡《日书》的"建除"基本相同。《史记·日者列传》记有建除家，《淮南子·天文》对建除十二名与日辰的配置有简略的说明。本篇内容包括两部分：前一部分排出建除十二名在一年十二月中所配的日辰，后一部分说明十二建除日的宜忌。其中后半部分残缺较多，其特点是抄写九月的简有两枚，其中字迹不同的那一枚（简一〇）可能供置闰的后九月使用。

"丛辰"篇名为整理者所拟，现存竹简19枚。内容与孔家坡和睡虎地"稷（丛）辰"基本相同。此类文献一般由两部分组成，前一部分排列丛辰八名在一年十二月中所配的日辰，后一部分说明丛辰八日的宜忌。本篇残缺较多。

"星官"是整理者拟定的篇题，现存竹简28枚。内容与孔家坡《日书》的"星官"、睡虎地秦简《日书》甲种的"星"、乙种的"官"大体一致，但是保存更为完整。古代天文家把黄道（太阳和月亮所经天区）的恒星分成二十八个星座，称为二十八宿，四方各有七宿。《淮南子·天文》高诱注："东方：角、亢、氐、房、心、尾、箕；北方：斗、牛、女、虚、危、室、壁；西方：奎、娄、胃、昴、毕、觜、参；南方：井、鬼、柳、星、张、翼、轸。"本篇以二十八星宿为占，主要占卜祭祀、娶妻、生子等方面的吉凶和命运。

"徙时"是原有的篇题，共4枚简。全篇将一年十二个月分为四组，按顺时针方向讲述行徙四维及四仲的吉凶。睡虎地秦简《日书》甲种的"岁""迁徙",乙种的"嫁子刑",长沙马王堆汉墓帛书的"徙"篇等性质均与之相同,都是以"岁"为据占断吉凶。这类文献中的"岁"可能与《淮南子·天文》中被称为"大时"或"咸池"的"太岁"有关。

"八望"是原有的篇题,写在2枚简上。八望日适合取(娶)妇、嫁女、迁徙、启门,是日书中的吉日。结合"孤辰""月之大伍也""咸池之败"等限定条件来看,八望日每月只有一天,极有可能指月相而言,即满月之日。《初学记》卷一引《释名》:"望,月满之名也,日月遥相望也。"当此之时,地球运行到太阳与月亮之间,月亮和太阳的黄经相差一百八十度,太阳从西方落下,月亮正好从东方升起之时,地球上看见的月亮最圆满。

"临日"是原有的篇题,写在3枚简上。本篇首先介绍什么是临日,然后讲述临日不可有为,百事皆凶。孔家坡《日书》、睡虎地秦简《日书》甲、乙种均有相近的内容,其中甲种写有篇题"行"。《星历考源》卷四、《协纪辨方书》卷六都有"临日"一项,"临日"月份和地支的搭配与本篇大体相同。临,莅止。《礼记·曲礼下》:"临诸侯,畛于鬼神。"郑玄《注》:"以尊适卑曰临。"《左传·襄公九年》:"且要盟无质,神弗临也。"

"时"是据孔家坡《日书》拟定的篇题。本篇所记小时、大时,见于《淮南子·天文》,其云:"斗杓为小岁,正月建寅,月从左行十二辰。咸池为太岁,二〈正〉月建卯,月从右行四仲,终而复始。……大时者,咸池也;小时者,月建也。"小时正月建寅,斗柄从寅开始左旋,经卯、辰、巳、午、未、申、酉、戌、亥、子、丑,复至于寅,月从一辰。大时正月建卯,太岁(咸池)从卯开始右行,经子、酉、午,复至于卯,月徙一仲。二者均积月成岁,终而复始。被称为大时或咸池的太岁是凶神,所在方位不可徙往。

"日夜分"是整理者拟定的篇题。抄写在"时"篇下面第贰栏,内容是关于日夜长短比例的划分。不见于孔家坡《日书》,但是同样的内容见于睡虎地《日书》的"岁"篇,记在《秦楚月名对照表》的后面。

"咸池徙"是原有的篇题。本篇与"时"篇密切相关,所记为咸池行徙四仲之事。咸池自六月辛酉徙西方始,至丙午徙南方,乙卯徙东方,壬子徙北方,复至辛酉徙西方,共用时一百二十天,正合"时"篇所记"大时"行徙四仲一周,用时四月。在式图上,酉、午、卯、子正位于西、南、东、北四方。简文所记咸池在每仲的居留时间有长有短,并不完全一致。

"日廷"是原有的篇题。日廷图共有四幅,比孔家坡《日书》多出一幅。其基本格局是将干支、方位、五行、时日等按术数规则加以配置的模式,反映的是秦汉时期人们对于时空的观念。《论衡·诘术》:"日廷图甲乙有位,子丑亦有处,各有部署,列布五方,若王者营卫,常居不动。"

"反支"是整理者拟定的篇题。本篇内容主要讲解反支日的推算。孔家坡《日书》、睡虎地秦简《日书》甲种均有相近的篇目,内容略有差异。《后汉书·王符传》:"公车以反支日不受章奏。"李贤《注》所引《阴阳书》中有关于反支日的规定。本篇的内容抄写在"日廷图"之间。从布局看,当是先确定了图的位置后,再开始抄写反支。不过在抄写过程中发现脱漏了"辰朔""亥朔",于是在空白位置做补充,因此补录的两枚简字迹不同,抄写内容除"反支"外,还抄录了"解冲"。

"嫁女"是原有的篇题。本篇现存竹简16枚。讲述娶妻嫁女的择日及吉凶,孔家坡《日书》、睡虎地秦简《日书》甲种有相近的内容。

"艮山禹之离日"是整理者拟定的篇题。本篇讲述"离日"的推算及其宜忌。孔家坡《日书》和睡虎地秦简《日书》也有类似的篇目,内容近似,但是图存在差异。睡虎地《日书》的"艮山"篇以圆圈表示,总数三十个。孔家坡《日书》的"艮山"篇日字符号共三十八个。本篇则有三十九个。关于离日的推算有多种意见，当以晏昌贵说为是①。

"戎历日"是整理者拟定的篇题。周家台秦简《日书》有两个类似的篇目，其中简261所记图像与本篇相同。其使用方法可参考周家台竹简所附的说明。

"妇良日"是整理者据简文内容拟定的篇题。类似的内容见于睡虎地《日书》甲种。主要讲述娶妇嫁女的择日宜忌。

"牝牡月日""牝月牡月牡日"均为原有的篇题。内容近似，乃是讲述牝月、牡月的划分，睡虎地、放马滩秦简《日书》都有相近的内容。

"哭聚"是原有的篇题。孔家坡《日书》有相同的内容。

"穷日"是原有的篇题。又称为"禹穷日"，是将穷日之说假托于禹。本篇记载了两种穷日。第一种与孔家坡《日书》相同。第二种与传世文献记载的穷日近似。《后汉书·邓禹传》："明日癸亥，匡等以六甲穷日不出。"王先谦《集解》："六甲以甲子始，周行一匝，至癸亥止，故谓穷日。"传世文献的穷日每六旬只有癸亥这一天，而简文说"壬戌""癸亥"均为穷日，这是与传世文献的区别。另，周家台《日书》"戎历日"亦记载有穷日，与上述均不同，当另有所本。

"亡日"是原有的篇题。推测是为逃亡者选择逃亡时日，趋吉避凶所设。孔家坡《日书》有相同的内容，但是残缺较多。相似的内容见于睡虎地秦简《日书》乙种"亡日""亡者"等，但二者具体内容稍有差异。

"臽日"是原有的篇题。孔家坡《日书》、睡虎地《日书》均有相近的内容。刘信芳认为臽日的排列与五行学说有关，"正月壬臽、二月癸臽者，是因为正、二月为春季，'壬癸'于日中代表冬季，冬季已过，故壬癸为臽，臽即陷。其余可类推。值得重视的是，'三月戊臽''六月戊臽''九月己臽''十二月己臽'，戊己为中土日干，古人以中土方无定位，寄在四维，说明先秦已有土居四维的思想。三月末当春夏之交，六月末当夏秋之交，九月末当秋冬之交，十二月末当冬春之交，于方位正当四维"②。睡虎地乙种"臽日"篇时日安排与甲种同，但是书写位置与"天阁"篇相邻，刘乐贤怀疑该篇臽日可能就是地臽。《论衡·讥日》："《葬历》曰：葬避九空、地臽，及日之刚柔，月之奇耦。"

接下来一组主题与出行有关。其中"祠行良日""归行到室"是整理者拟定的篇题。孔家坡《日书》、睡虎地《日书》均有相近的内容。"占行归日"是原有的篇题。本篇主要运用五行相胜的原理来规定出行后来归的适宜之日。如甲、乙属东方木，戊、己属中央土，五行相胜木胜土，那么甲、乙之日离家出行，戊、己之日当宜来归。简文占问分为两轮，第一轮占问从甲乙到壬癸，共询问五次，每次询问后，如果不归，则在外羁留廿一日。第二轮占问从戊己到壬癸，共问了三次。每次询问后的结果分为归或不归。其中庚辛和壬癸占问的结果是不管归不归，一律增加廿一日。如果连续问三次还不返回，那么增加的上限一直到六十日。最后占问的结果就是"病若系、留、死亡"。"禹须臾所以见人日""禹须臾"是原有的篇题。须臾，《后汉书·方术列传》："其流又有风角、遁甲、七政、元气、六日七分、逢占、日者、挺专、须臾、孤虚之术。"李贤注："阴阳吉凶立成之法也。"禹须臾，是将须臾之术托名于禹。本篇讲述十二支日见人的吉凶，将各日的白昼划分为旦、晏食、日中、日昳、夕五个时段进行占断，占断的结果包括吉、凶、可三种。相同的内容见于放马滩秦简《日书》甲种和孔家坡《日书》。

"出入人""入官"是原有的篇题。类似的内容见于睡虎地秦简《日书》甲种。

---

① 晏昌贵：《对〈日书〉"艮山"图的一个简单解读》，武汉大学简帛网，2008年3月25日。
② 刘信芳：《〈日书〉四方四维与五行浅说》，《考古与文物》1993年第2期。

"裁衣"是原有的篇题。本篇讲述裁衣及冠的宜忌,睡虎地、放马滩秦简《日书》也有讲这类宜忌的文字,本篇内容与睡虎地《日书》甲种的"衣"篇较为接近。

"学"是原有的篇题。同样的内容见于孔家坡《日书》和睡虎地《日书》。本篇首先罗列各月心宿当值之日,然后说明凡心宿当值之日与"学"相关。

"畜产良日""困日""井""囷""入内""入灶"均是原有的篇题。同样的内容见于睡虎地《日书》等。主要讲述几种常见家畜马、牛、羊、鸡、犬、豕,以及困、井、囷、入内、入灶的良日和忌日。

"四废"是原有的篇题。四废日是中国古代数术中一个较为常见的忌日。《宋书·武帝纪》:"江陵平,加领南蛮校尉。将拜,值四废日,佐吏郑鲜之、褚叔度、王弘、傅亮白迁日,不许。"《协纪辨方书》卷五引《广圣历》曰:"四废者,四时衰谢之辰也,其日忌出军、征伐、造舍、迎亲、封建、拜官、纳财、开市。"又《历例》曰:"春庚申、辛酉,夏壬子、癸亥,秋甲寅、乙卯,冬丙午、丁巳。"本篇内容介绍春、夏、秋、冬四季的"帝为室日"、"剽日"、"杀日"和"四废日",这四种日子忌做与筑室有关的活动。

与居室类建筑有关的一组内容。"居室"是原有的篇题,主要内容是居室内住所安排的宜忌,以及不同方位的吉凶。"盖屋"是整理者拟定的篇题,主要讲述筑室、盖屋的禁忌。"土府"是原有的篇题,内容包括自上往下的三幅图。类似的内容见于孔家坡《日书》,但是本篇保存更为完整。"垣日"是原有的篇题,主要讲述立垣的禁忌。"置室门""门"是整理者根据内容拟定的篇题,主要讲述门的朝向、为门、徙门的宜忌及更改时间的宜忌。"置囷"是整理者根据内容拟定的篇题,内容是关于建筑仓囷的宜忌。"鼠襄室"是原有的篇题,是以老鼠在室内出现的日子来判定吉凶。襄,《书·尧典》:"怀山襄陵。"孔《传》:"襄,上也。"睡虎地《日书》甲种有"鼠襄户"篇,以每月某日见到老鼠上窗户判断吉凶。

"男女日"是整理者拟定的篇题。"问疾"是整理者拟定的篇题,主要讲述探视疾病的吉凶。

"报囚""刑罚人"与法治相关。均为原有的篇题。报囚,即判决囚犯。内容是关于判决囚犯的择日宜忌。"刑罚人"则是关于刑罚人的宜忌。

"耳鸣"是原有的篇题。古时以耳鸣为占,居延汉简和周家寨《日书》均存有"耳鸣"篇,《汉书·艺文志》杂占家有《嚏耳鸣杂占》十六卷。《太平御览》卷四五九引汉蔡邕《广连珠》:"臣闻目瞤耳鸣,近乎小戒也;狐鸣犬嗥,家人小妖也。犹忌慎动作,封镇书符,以防其祸。"[①]

"犬皋"是原有的篇题。皋,号呼、呼告,这里应该指犬吠。《周礼·春官·大祝》:"来瞽,令皋舞。"郑玄《注》:"皋,读为卒嗥呼之嗥。"一本作"臬"。孙诒让《正义》:"注云'皋读为卒嗥呼之嗥'者,《乐师》注云'皋之言号',嗥、号音义同。"本篇是用听到犬吠的时间来判断吉凶。

"死失"是原有的篇题。主要内容包括三部分:①一幅"死失图"及附图说明文字。②一段按十二地支排列,查找人死后作祟的去向及吉凶情况的文字。③一段按六十甲子顺序讲解"死失"去向及吉凶情况的文字。睡虎地秦简《日书》甲、乙两种都有与此篇插图情形近似的图。"死失"似是指一种人死后对生人作祟的死煞,简文亦称作"失"。《颜氏家训·风操》:"偏傍之书,死有归杀。子孙逃窜,莫肯在家。"王利器《集解》按:"《吹剑录》外集引唐太常博士吕才《百忌历》载《丧煞损害法》:'如巳日死者雄煞,四十七日回煞;十三四岁女雌煞,出南方第三家,煞白色,男子或姓郑、潘、孙、陈,至二十日及二十九日两次回家。故世俗相承,至期必避之。'"回煞即归煞,此六朝、唐人避煞谰言之可考见者。戴冠《濯缨亭笔记》七:"今世阴阳家以某日人死,则于某日煞回,以五行相乘,推其殃煞高上尺寸,是日,丧家当出外

[①] 参阅饶宗颐:《居延简术数耳鸣目瞤解》,《选堂集林·史林》,中华书局,1982年,第295~299页。

避之，俗云避煞。然莫知其缘起。"《协纪辨方书》也记有《殃煞出去方》，可参。

"报日"是整理者拟定的篇题。报，回报、报应。本篇讲述宁人、问疾及贺人的择日，睡虎地秦简《日书》乙种、江陵岳山秦牍及香港中文大学藏简牍《日书》都有相近的内容。

"天牢"是整理者拟定的篇题。由图和配合图的说明文字组成。天牢图画有四圈，将六十记日干支按一定规律分属五栏，每一栏称为一"曰"。文字内容包括两个部分：第一部分内容是以天牢图为工具来占验选择"系者"和"居官宦御"两个项目。其具体办法是，图中由里到外五圈干支分别对应简文"一曰"到"五曰"。这样只需知道"系者"和"居官宦御"的干支，就可以推算吉凶。第二部分内容是以天牢图为工具来占验"五兑"，五圈文字所在的干支日分别对应"举""处""奊（謑）詢""深入多取""臣代其主"五个占辞，用以推算吉凶。睡虎地《日书》甲种简8-9贰记载"月生五日曰杵，九日曰举，十二日曰见莫取，十四日奊（謑）詢，十五日曰臣代主。代主及奊（謑）詢，不可取妻"，恐与天牢图的推算有关。

"禹汤生子占"是整理者拟定的篇题。内容包含生子图和附图的说明文字。类似的内容见于睡虎地秦简、马王堆汉墓帛书《胎产书》以及孔家坡汉简、香港中文大学藏汉简及北京大学藏汉简《日书》。其中睡虎地秦简《日书》甲种有题名为"人字图"。占卜的方法是根据生子日期干支在图中小人身体部分出现的不同位置来进行占断。"育子"是整理者拟定的篇题。内容是生子后初哺、洗浴、抱负孩子的宜忌。

"五龙"是原有的篇题。主要内容讲的是某一天对应于五龙的某个部位，然后是该日适合做什么事项的占断。五龙的部位包括面、头、颈、手、腋、奎、跗、忌等八处，占断方式与"禹汤生子占"类似。推测这段简文也可能有图配套使用。五龙占法见于传世文献，如《鬼谷子·本经阴符》："盛神法五龙。"陶弘景《注》："五龙，五行之龙也。"《墨子·贵义》："子墨子北之齐，遇日者，日者曰：'帝以今日杀黑龙于北方，而先生之色黑，不可以北。'子墨子不听，遂北，至淄水，不遂而反焉。日者曰：'我谓先生不可以北。'子墨子曰：'南之人不得北，北之人不得南，其色有黑者，有白者，何故皆不遂也？且帝以甲乙杀青龙于东方，以丙丁杀赤龙于南方，以庚辛杀白龙于西方，以壬癸杀黑龙于北方，若用子之言，则是禁天下之行者也。是围心而虚天下也，子之言不可用也。'"孙诒让《墨子间诂》：此即古五龙之说，鬼谷子"盛神法五龙"，陶弘景《注》云"五龙，五行之龙也"。《水经注》引《遁甲开山图》云"五龙见教，天皇被迹"。荣氏注云："五龙治在五方，为五行神。"《说文·戊部》云"戊，中宫也，象六甲，五龙相拘绞也"，义并同。然则五龙自有中宫，但日者之言，不妨约举四方耳。

"占喜"是原有的篇题。主要内容是以六十甲子的顺序来占断各日听闻"忧""喜""兵"的结果。敦煌所存《六十甲子历》引述《伍胥法》云："闻忧不忧，闻喜有喜，闻兵不行，闻贼不来。"[1]可能与"占喜"篇存在关联。

关于农事的一组占卜。"正月朔"是原有的篇题。根据内容大致分为五个部分。其中以正月朔日的天干占断的有两种，以正月朔日的地支占断的有两种，另有以连续几年朔日相同的情况进行占断。占断的内容包括农作物的收成、战争、风雨等。另外简文中还杂抄了一条七月朔日的占断，另有一条"正月戊己"的文字，从抄写位置看，可能属于"候时"篇的内容。"五帝"是整理者拟定的篇题，讲述五帝的名号，杂入"正月朔"篇内。"候时"是原有的篇题，主要是通过风、雨、云的征象占候年岁。"候糴贵贱"是原有的篇题。主要内容是以候风之术占断谷物买卖的贵贱。"始种"是原有的篇题。本篇主要讲述农作物耕种的良日和忌日。

"日时"是原有的篇题。本篇将十天干与一日之时辰相配，将一日分为十份。《左传·昭公五年》：

---

[1] 王晶波：《敦煌占卜文献与社会生活》，甘肃教育出版社，2013年，第412页。

"日之数十，故有十时，亦当十位。"

"病日"是原有的篇题。本篇按干支日讲述与生病相关的占卜，涉及生病的部位，某色人将死，非某色人者则会痊愈以及患病的原因，其占卜原理与五行学说有关。睡虎地秦简《日书》甲种的"病"、乙种的"有疾"内容与之相似。

"孤虚"是原有的篇题。孤虚是占卜推算日辰之法：天干为日，地支为辰，日辰不全为孤虚，孤虚之日主事不成。《汉书·艺文志》记有《风后孤虚》二十卷。《史记·龟策列传》："日辰不全，故有孤虚。"《集解》："六甲孤虚法：甲子旬中无戌亥，戌亥为孤，辰巳即为虚。甲戌旬中无申酉，申酉为孤，寅卯即为虚。甲申旬中无午未，午未为孤，子丑即为虚。甲午旬中无辰巳，辰巳为孤，戌亥即为虚。甲辰旬中无寅卯，寅卯为孤，申酉即为虚。甲寅旬中无子丑，子丑为孤，午未即为虚。"所记与本篇相同。本篇又将孤虚与方位相配，孤虚所在方位亦主事不吉。

"日说"是原有的篇题。本篇讲述五子日的宜忌。《汉书·艺文志》记有《古五子》十八篇，注云："自甲子至壬子，说《易》阴阳。"《初学记》文部引刘向《别录》记《古五子》："定着十八篇，分六十四卦，着之日辰，自甲子至于壬子，凡五子，故号五子。"本篇所列五子不全。

"齐婴儿"是原有的篇题。"敬辰时"是整理者拟定的篇题。"马牛亡者"是原有的篇题。据周家台秦墓竹简361号，本篇当为追寻丢失的马牛而设。首先列出丢失马牛的支日及方位，然后以六甲旬日为据说明追寻的方位。

与祭祀相关的一组简文。"祠日"是原有的篇题，内容是关于祭祀的宜忌。"祠街"是原有的篇题，内容是关于祭祀街道的宜忌，将街道分为田、邑、里中三类。田邑为诸侯大夫的领地。《左传·宣公二年》："及成公即位，乃宦卿之适而为之田，以为公族。"杜预《注》："为公族大夫也。"《公羊传·桓公元年》："此邑也，其称田何？田多邑少称田，邑多田少称邑。"又《楚辞·大招》："田邑千畛，人阜昌只。"王逸《注》："田，野也……邑，都邑也。"里为秦汉时期基层行政制度的一环，《史记·张耳陈馀列传》："秦诏书购求两人，两人亦反用门者以令里中。""天刺"是原有的篇题。因为朔日，入月六日、七日、望，十八日、廿二日正是月相变化的四个临界时日，因此天刺日大概与月相有关。"杀日"是原有的篇题。这段文字讲述杀牲的宜忌日。睡虎地秦简《日书》甲种"帝"篇有"杀日"条，云"杀日，勿以杀六畜"。"占所为祠日"是原有的篇题。本篇讲解十二地支的避忌，睡虎地秦简《日书》甲种、孔家坡《日书》有相似的内容。在武威汉简、敦煌卷子以及后世选择通书中都有记载，一般称作"百忌日"或托名彭祖称"彭祖百忌歌"，在海外汉文献中也有流传。"血忌"是原有的篇题。本篇讲述出血的忌日。《论衡·讥日》云："假令血忌、月杀之日固凶，以杀牲设祭，必有患祸。"《协纪辨方书》卷六有"血忌"条，说法与本篇不同；卷十讲"血忌"日忌针刺，与本篇有相通之处。

"岁"是原有的篇题，是一种集中论述"岁"的数术文献，内容包括天地形成、五行、五色、五音及其相互关系，阐述了"五时""四时""四时结"等概念，并按月序讲述十二月的时令和气候。这类文献最早见于孔家坡《日书》，但是文本略有残缺，而本篇则几乎完整无缺。

"日辛"是原有的篇题。简文假托古代的日者辛立论，内容不是择日之术，而是对日书中提到的神煞或选择理论进行集中阐述，甚至还有些内容已经对择日术有了辩证的认识。此类内容在以前公布的日书中前所未见。篇中目前可见有十三个"凡"和近二十个"所谓"，均系对日书中所见的"天道""神煞"的系统总结、阐释，相当于解经之传。

第二节 文　　书

文书简数量不多，目前能够确认的只有两枚，编号分别为195和29。简文内容如下：

高里□當後輪（論）三百五十。　　195
平……□□✓　　29

"高里"下一字漫漶不清，疑为从"邑"之字。同墓所出《告地书》有"高里公乘路平"。对比可知墓主人姓名为"路平"，其生前所居之里名为"高里"，其爵为"公乘"。"轮"，疑当读为"论"，编次之意，可能即是该墓所出的《日书》的代称。"三百五十"，疑是就竹简的数量而言。据出土竹简数量而言，三百五十应是约数。简29可辨识的文字只有一个"平"字。疑为墓主本人的手书签名。总而言之，这两枚简当是该墓所出这部《日书》附属的文书记录。这类记载在出土日书简牍文献中尚属首次发现。

第三节 告　地　书

告地书写在一枚长方形木牍上，单面书写，内容如下：

元年後九月丙戌，桃侯國丞壽成、都鄉佐疵：高里公乘路平不幸，從車一乘、馬二匹、奴婢十人，各將千石米，謁告地丞下〈地下丞〉。以律令從事。

"幸"，我们原释作"有"，陈伟先生改释"幸"，"不幸"即指死[①]。"从"指随墓主下葬，从者即是"车一乘""马二匹""奴婢十人，各将千石米"。牍文"地丞下"，为收文者，依据孔家坡《告地书》等资料不难看出"地丞下"应当是"地下丞"的误写。对照墓葬出土实物，此《告地书》所记"车一乘"显然应该指随葬的2件漆车轮和1件竹木伞等，所记"马二匹"即指随葬的2件"木马"，而所记的"奴婢十人"，当是随葬的10件"木俑"，车马、奴婢名实对应的情形与孔家坡8号汉墓如出一辙。

告地书为西汉时期一种较为流行的丧葬文书，为墓主人财物移徙地下的通关文书。告地书的纪年一般认为即是墓主人的下葬年代。查张培瑜《中国先秦史历表》，"元年"逢"后九月"的只有六个年份（惠帝元年、景帝元年、景帝后元元年、武帝建元元年、元光元年和元封元年），其中"丙戌"日能容入的年份只有武帝建元元年（前140年）和元光元年（前134年）。因此该墓的下葬年代可以锁定在上述两个年份，与随州孔家坡M8的年代非常接近。

---

① 陈伟：《周家寨8号墓〈告地书〉中的"不幸"》，武汉大学简帛网，2018年11月13日。

第四节 签 牌

M8出土签牌共有4枚。皆用竹简加工而成，一端平直，一端加工成尖状，并在竹简两侧切开"V"形缺口。内容如下：

1. 大奴可　　　　　　　　（M8：77-1）
2. 大卑（婢）来人　　　　（M8：77-2）
3. 大卑（婢）益夫　　　　（M8：77-3）
4. 大奴信　　　　　　　　（M8：77-4，原80号简）

"可""来人""益夫""信"，皆为奴婢的名，可能与墓葬出土的木俑配合使用。

第五章 分期与年代

第一节 西汉墓葬的类型学分析

本次发掘的25座墓葬，出土器物登记为236件，绝大部分出自西汉时期的墓葬，东汉墓及唐墓破坏严重，出土器物大多为残片，且数量极少，无法进行类型学分析，在本章中主要对西汉墓葬出土的较为完整的器物进行类型学分析。

西汉墓葬共计16座，以铜器、陶器和漆木竹器为主，有少量铁器及其他类别器物。

一、铜　　器

铜器分为生活器、兵器和杂器几类。

1. 生活器

器类有锅、盆、鋗镂、镍壶、铛、鍪、镜、勺等。

锅　可分二式。

Ⅰ式：腹浅。标本M22∶4（图五九，1）、M3∶2。

Ⅱ式：腹深。标本M9∶14（图五九，2）、M9∶2（图五九，3）、M2∶3。

盆　根据底部形态可分二型。

A型　假圈足。

Ⅰ式：垂腹，假圈足较高。标本M22∶3（图五九，4）。

Ⅱ式：微鼓腹，假圈足较矮。标本M9∶10（图五九，5）、M9∶25（图五九，6）。

B型　平底。

Ⅰ式：腹深。标本M22∶2（图五九，7）。

Ⅱ式：腹浅。标本M9∶8（图五九，8）。

鋗镂　标本M9∶3（图六二，1）。

镍壶　标本M9∶21（图六二，2）。

铛　标本M22∶6（图六二，3）。

鍪　标本M10∶1（图六二，6）。

镜　根据镜背面的纹饰可分三型。

A型　草叶纹镜。

Aa型　铭文为"愿长相思，长毋见忘"，铭文框四内角饰"×"纹。标本M9∶16（图六〇，1）。

Ab型　铭文框四内角饰桃形纹。

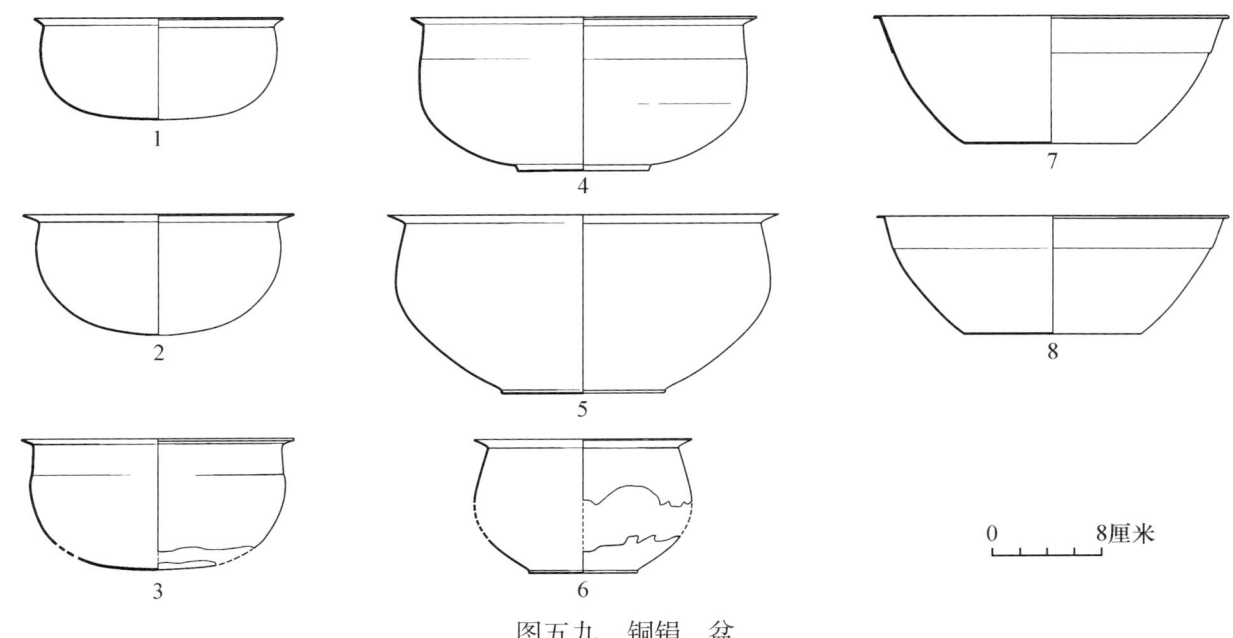

图五九　铜铑、盆

1. Ⅰ式铑（M22∶4）　2、3.Ⅱ式铑（M9∶14、M9∶2）　4. A型Ⅰ式盆（M22∶3）　5、6. A型Ⅱ式盆（M9∶10、M9∶25）
7. B型Ⅰ式盆（M22∶2）　8. B型Ⅱ式盆（M9∶8）

Ⅰ式：草叶纹为双层，铭文框四外角花叶纹无花苞。铭文为"见日之光，天下大明"。标本M22∶1（图六〇，2）。

Ⅱ式：草叶纹为双层，铭文框四外角花叶纹有花苞。铭文为"见日之光，天下大阳"。标本M2∶2（图六〇，3）。

B型　双圆形框蟠螭纹镜。标本M9∶15（图六〇，4）。

C型　素面镜。标本M9∶18（图六〇，5）。

勺　根据柄部倾斜的程度分为二型。

A型　勺身窄椭圆形，柄倾斜程度较陡。标本M22∶5（图六一，1）。

B型　勺身长椭圆形，柄倾斜程度较缓。标本M3∶6（图六一，2）。

2. 兵器

器类有剑、镦等。

剑　标本M1∶5（图六二，4）、M2∶1。

镦　标本M1∶7（图六二，5）。

3. 杂器

器类为印章。

印章　标本M9∶23（图六二，7）。

二、银　　器

银器仅登记有1件，为饰品类。

带钩　仅1件。标本M9∶1（图六二，8）。

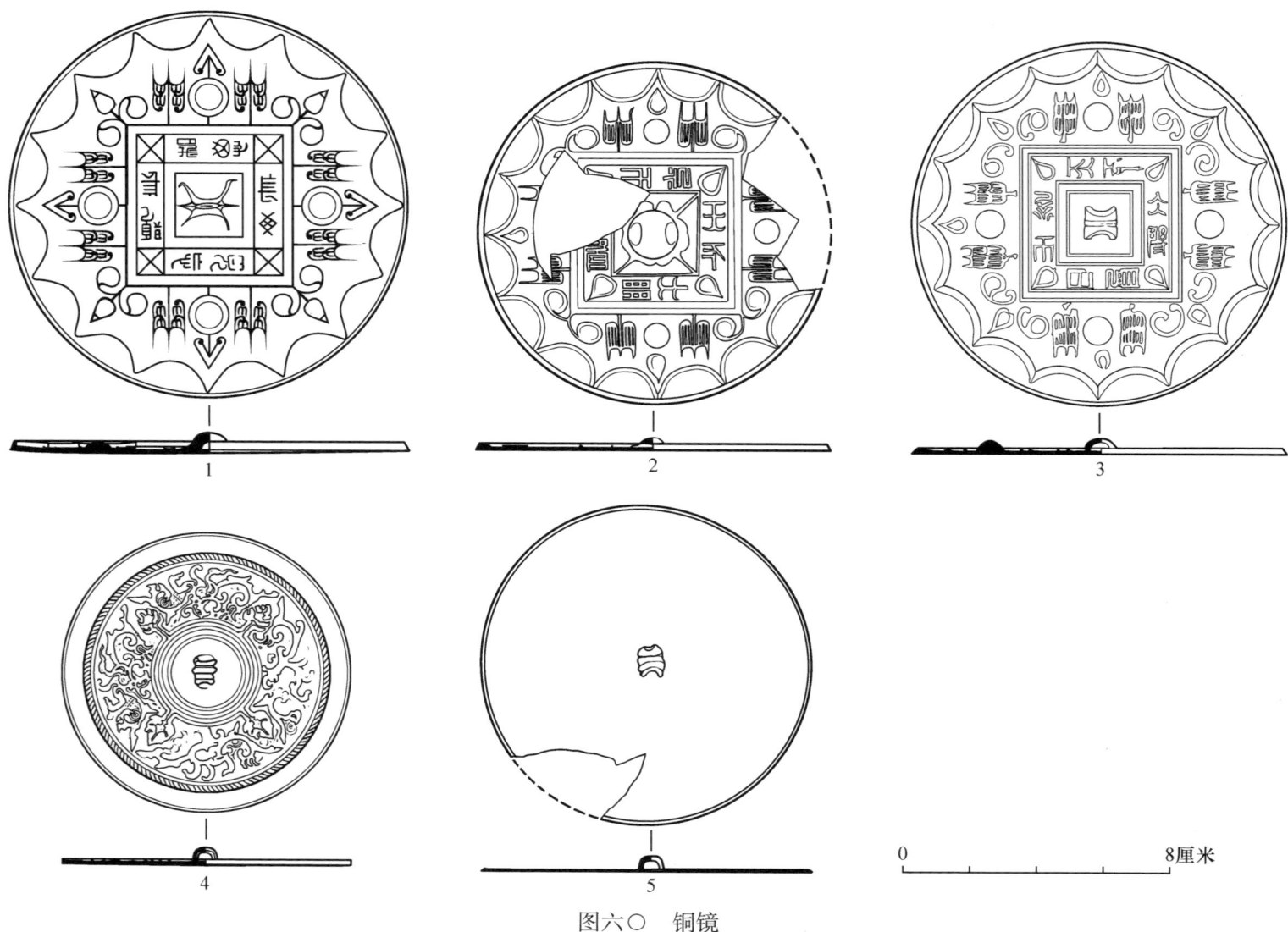

图六〇 铜镜

1. Aa型（M9：16） 2. Ab型Ⅰ式（M22：1） 3. Ab型Ⅱ式（M2：2） 4. B型（M9：15） 5. C型（M9：18）

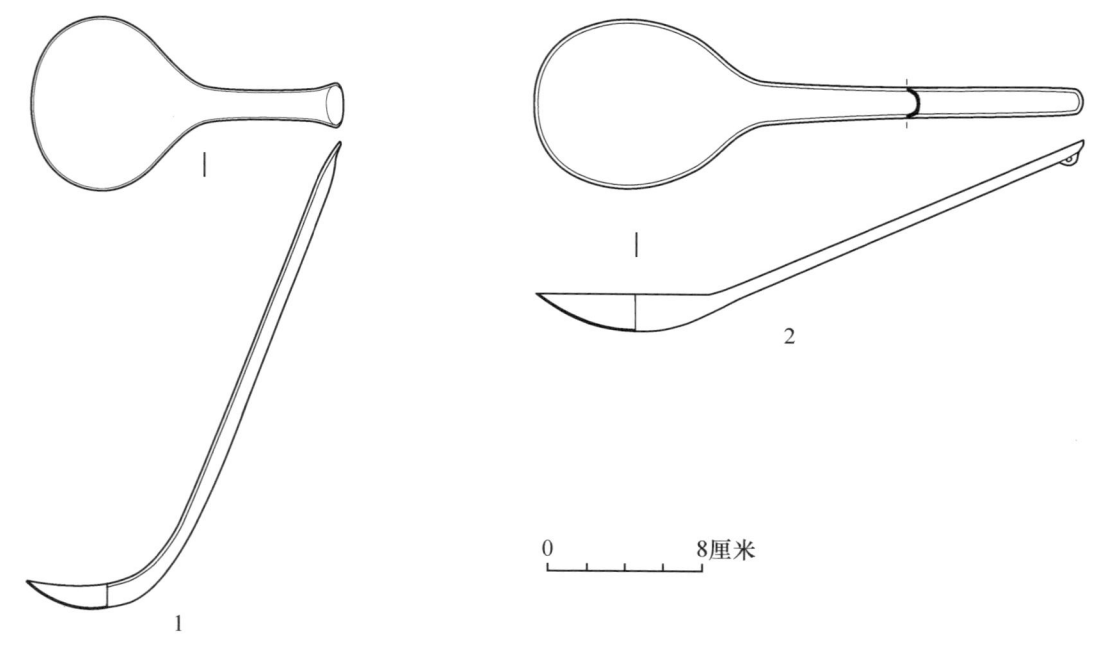

图六一 铜勺

1. A型（M22：5） 2. B型（M3：6）

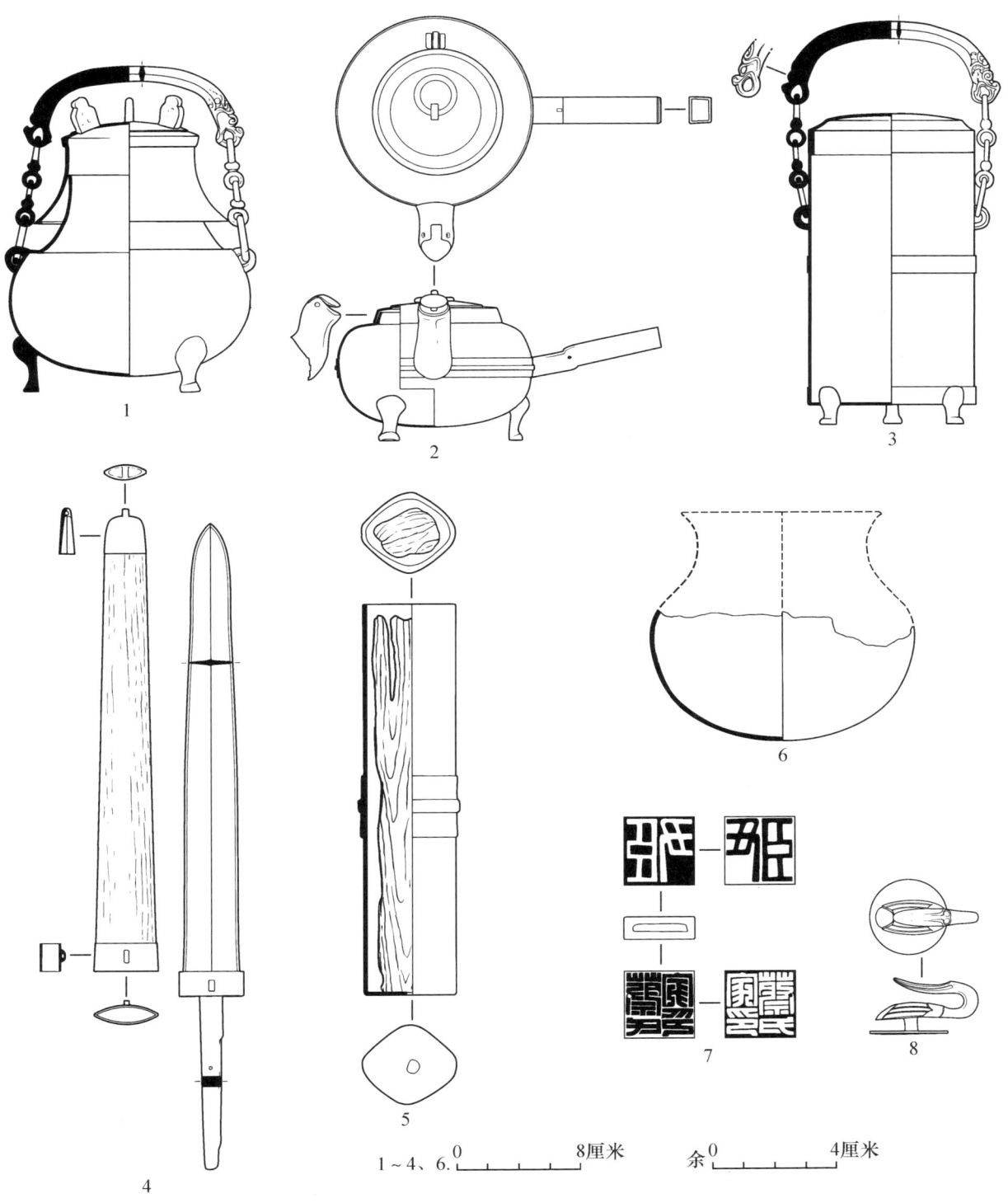

图六二　铜、银器

1. 铜鍑篓（M9∶3）　2. 铜鐎壶（M9∶21）　3. 铜鋞（M22∶6）　4. 铜剑（M1∶5）　5. 铜镈（M1∶7）　6. 铜鍪（M10∶1）
7. 铜印章（M9∶23）　8. 银带钩（M9∶1）

三、铁　　器

铁器主要为生活器和兵器两大类。

1. 生活器

仅M23∶1一件，器类为釜，仅存痕迹，无法提取。

2. 兵器

器类可分为剑和削刀两类。

剑　标本有M9∶22、M22∶7、M22∶16等。

削刀　标本M2∶12。

四、陶　　器

西汉墓葬发掘出土的陶器可分为礼器、日用器及模型明器三大类。

1. 礼器

器类有鼎、盒、壶、钫，另外M1和M10有4件器盖无法确定为鼎、盒或壶盖，不加入讨论。以泥质灰陶为主，泥质黄褐（灰黄）陶次之，并有极个别泥质黑陶。纹饰以素面为主，鼎、盒、钫类器物多在壁上残留黑色漆衣，并有彩绘，少数彩绘可辨，有卷云纹、波纹、线纹、点纹、草叶纹等，鼎的附耳上一般有长条镂孔，极少数鼎足上浮雕人面纹、云雷纹，壶的肩部一般有兽面铺首。

鼎　轮制，附耳、鼎足一般模制成坯后黏附于器身之上，多带盖。依据底部形态的差异共分二型。

A型　圜底。根据耳部形态可分二亚型。

Aa型　侈耳。

Ⅰ式：腹稍浅。标本有M8∶45（图六三，1）、M8∶44、M24∶3（图六三，2）、M24∶4等。

Ⅱ式：腹较深。标本有M22∶15（图六三，3）、M22∶14、M23∶2、M23∶8、M2∶10、M2∶9、M10∶2等。

Ⅲ式：深腹，三足内聚。标本有M11∶3（图六三，4）等。

Ab型　折耳。

Ⅰ式：腹较浅，足、耳较矮。标本有M5∶6、M5∶5（图六三，5）、M4∶1（图六三，6）等。

Ⅱ式：腹较深，足、耳变高。标本有M9∶20（图六三，7）、M9∶19等。

B型　平底。

Ⅰ式：浅腹。标本有M25∶5（图六三，8）等。

Ⅱ式：深腹。标本有M11∶5（图六三，9）等。

盒　轮制，多由身盖扣合而成。依据盖顶有无捉手分二型。

A型　盖有捉手，器身子口。根据子口深浅分二亚型。

Aa型　子口较浅。

Ⅰ式：整体略扁，腹浅，腹深与盖高基本相当，盖沿略内弧。标本有M8∶56、M8∶47（图六四，1）等。

Ⅱ式：腹稍变深，腹深明显大于盖高。标本有M3∶3（图六四，2）、M3∶1、M22∶13（图六四，3）等。

Ⅲ式：腹变深。标本有M9∶26（图六四，4）等。

Ⅳ式：腹、盖整体更深。标本有M11∶4（图六四，5）等。

Ab型　子口较深。

Ⅰ式：腹浅。标本有M24∶5（图六四，6）等。

Ⅱ式：腹稍变深，腹深明显大于盖高。标本有M25∶8（图六四，7）等。

B型　盖无捉手，无子口。

Ⅰ式：整体略扁，腹浅，腹深与盖高基本相当。标本有M24∶7（图六四，8）、M24∶1（图六四，9）等。

Ⅱ式：腹略深，盖沿外弧。标本有M6∶2（图六四，10）等。

Ⅲ式：腹较深。标本有M10∶6（图六四，11）等。

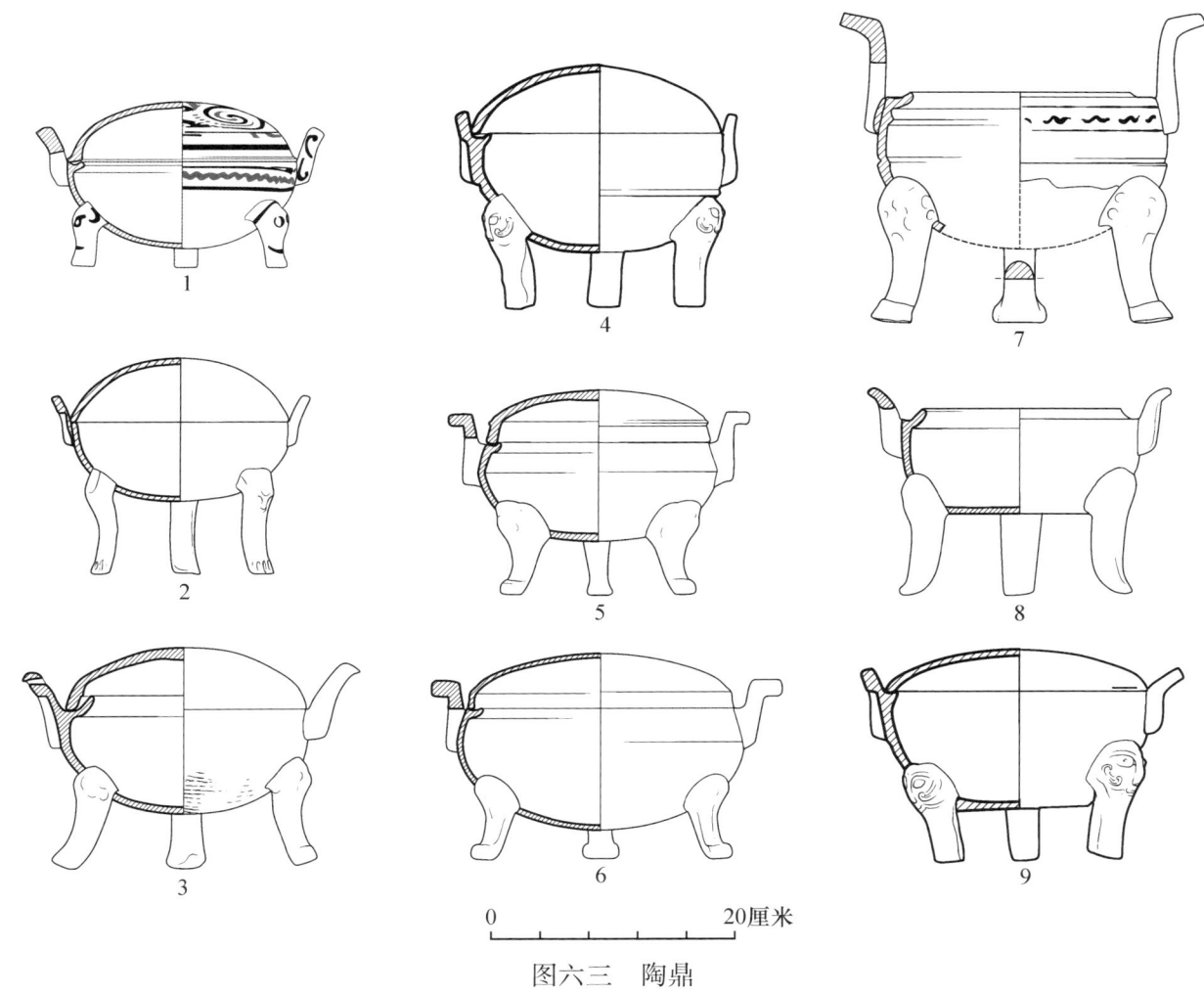

图六三 陶鼎

1、2.Aa型Ⅰ式（M8：45、M24：3） 3.Aa型Ⅱ式（M22：15） 4.Aa型Ⅲ式（M11：3） 5、6.Ab型Ⅰ式（M5：5、M4：1）
7.Ab型Ⅱ式（M9：20） 8.B型Ⅰ式（M25：5） 9.B型Ⅱ式（M11：5）

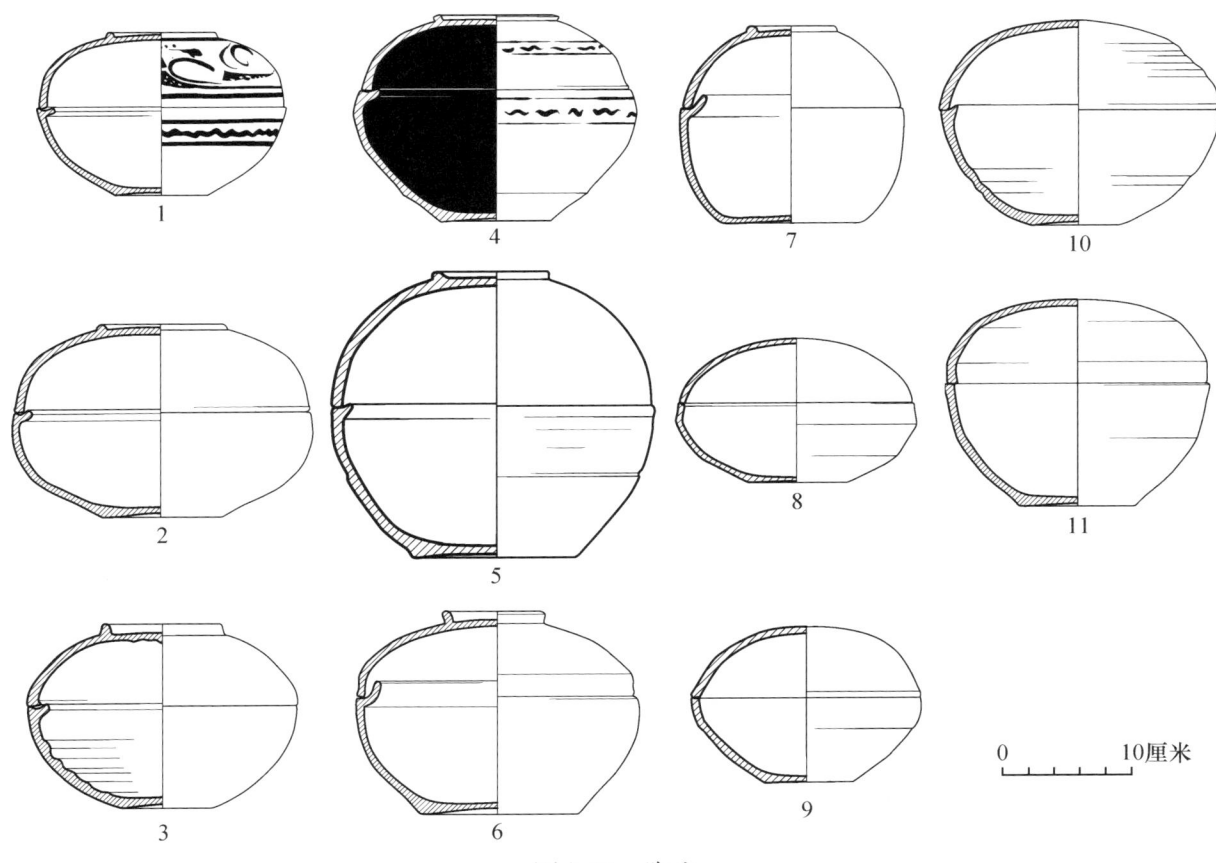

图六四 陶盒

1.Aa型Ⅰ式（M8：47） 2、3.Aa型Ⅱ式（M3：3、M22：13） 4.Aa型Ⅲ式（M9：26） 5.Aa型Ⅳ式（M11：4） 6.Ab型Ⅰ式（M24：5）
7.Ab型Ⅱ式（M25：8） 8、9.B型Ⅰ式（M24：7、M24：1） 10.B型Ⅱ式（M6：2） 11.B型Ⅲ式（M10：6）

壶　兽面铺首多模制成坯后黏附于肩部。根据口部形态分二型。

A型　盘口。

Ⅰ式：长直颈。标本有M5：1（图六五，1）等。

Ⅱ式：短束颈，垂鼓腹。标本有M23：3（图六五，2）、M3：7（图六五，3）等。

Ⅲ式：微束颈或不明显，大鼓腹。标本有M10：7（图六五，4）、M4：4（图六五，5）等。

Ⅳ式：微束颈或束颈不明显，大鼓腹不明显。标本有M11：8（图六五，6）等。

B型　侈口。

Ⅰ式：长直颈。标本有M24：6（图六五，7）等。

Ⅱ式：短束颈。标本有M22：9（图六五，8）等。

Ⅲ式：微束颈或束颈不明显。标本有M9：6（图六五，9）等。

钫　标本M8：21、M8：22。

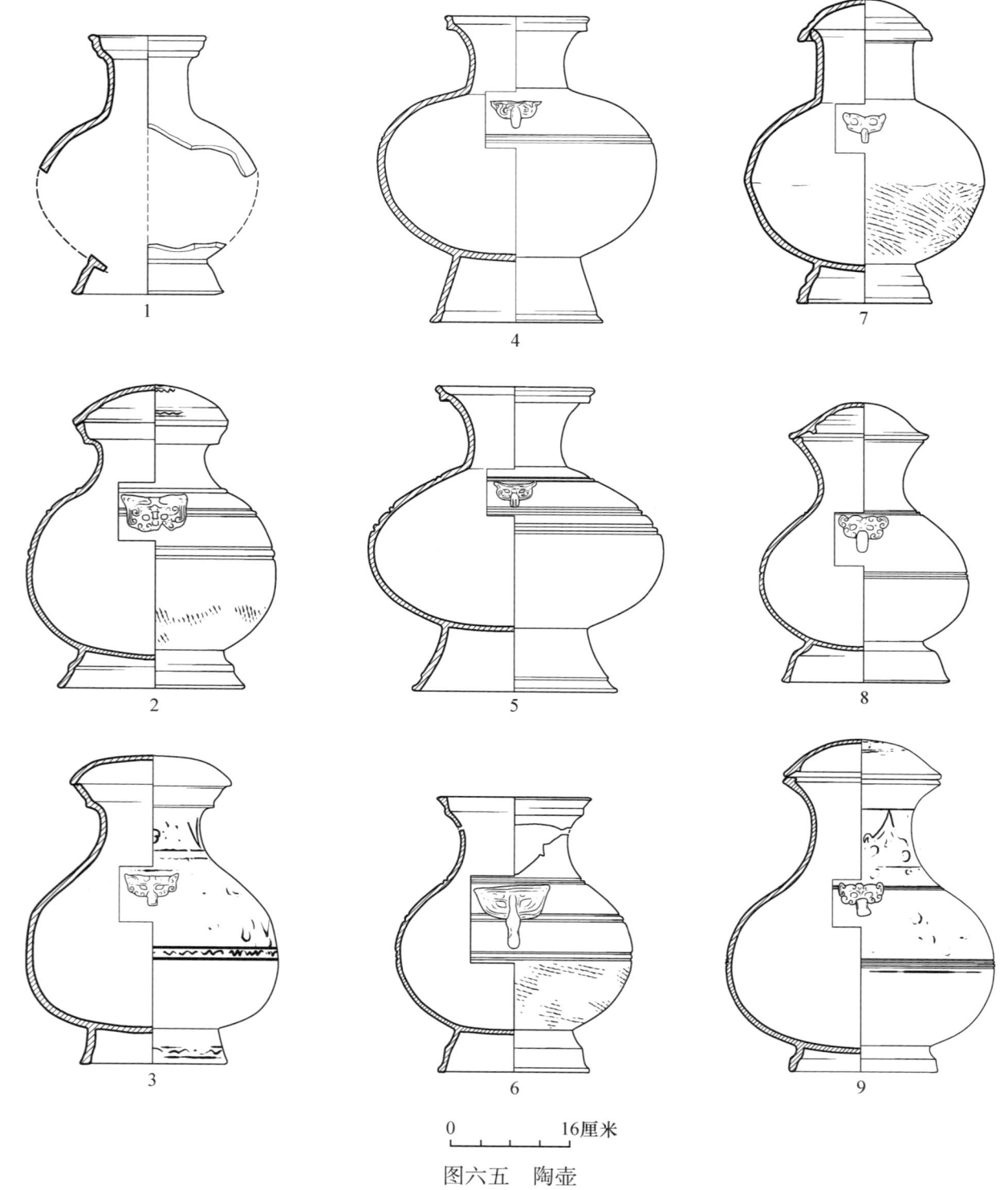

图六五　陶壶

1. A型Ⅰ式（M5：1）　2、3. A型Ⅱ式（M23：3、M3：7）　4、5. A型Ⅲ式（M10：7、M4：4）　6. A型Ⅳ式（M11：8）
7. B型Ⅰ式（M24：6）　8. B型Ⅱ式（M22：9）　9. B型Ⅲ式（M9：6）

2. 日用器

主要器类有瓮、双耳罐等。以泥质灰陶或黄褐陶为主。瓮这类器物多施黑色陶衣，有的器物上还残留红彩痕迹，另有少量器物为素面或饰绳纹。双耳罐则多见绳纹。

瓮　完整器较少。依据底部形态的差异分二型。

A型　平底。

Ⅰ式：鼓腹，腹最大径在腹部。标本有M8∶19（图六六，1）等。

Ⅱ式：鼓肩，腹最大径在肩部。标本有M24∶9（图六六，2）、M22∶8（图六六，3）等。

Ⅲ式：折肩，腹最大径在肩部。标本有M2∶6（图六六，4）、M9∶7（图六六，5）等。

Ⅳ式：鼓肩，腹最大径在肩部，腹变深。标本有M1∶1（图六六，6）、M10∶3（图六六，7）等。

B型　圜底。分二式。

Ⅰ式：弧肩，直筒状腹。标本有M23∶7（图六六，8）等。

Ⅱ式：折肩，垂腹。标本有M11∶9（图六六，9）等。

双耳罐　完整器较少。根据口沿的形态可以分为二型。

A型　侈沿，弧颈。标本有M7∶4（图六七，1）等。

B型　平折沿，高直颈。标本有M6∶4（图六七，2）等。

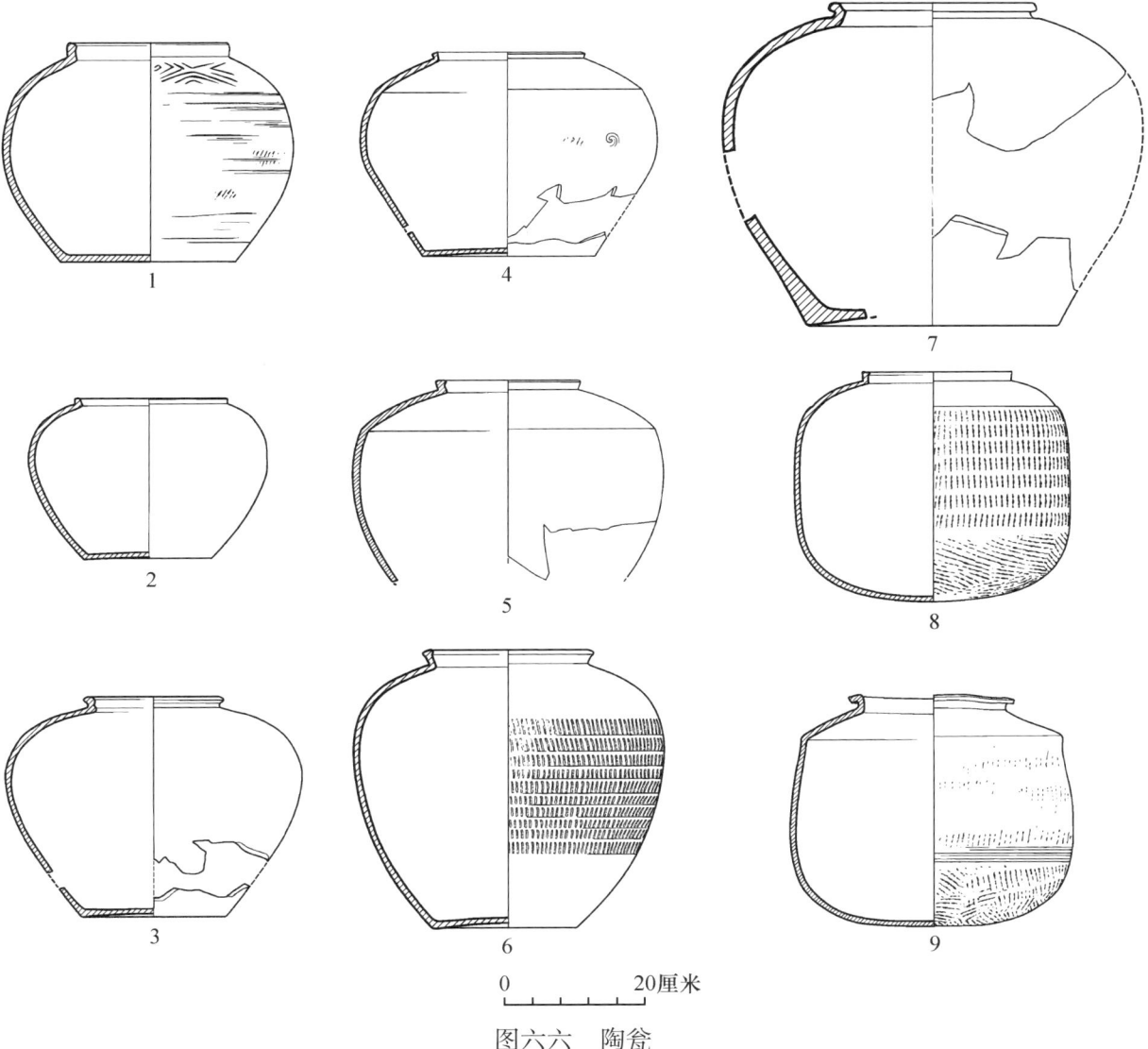

图六六　陶瓮

1. A型Ⅰ式（M8∶19）　2、3. A型Ⅱ式（M24∶9、M22∶8）　4、5. A型Ⅲ式（M2∶6、M9∶7）　6、7. A型Ⅳ式（M1∶1、M10∶3）　8. B型Ⅰ式（M23∶7）　9. B型Ⅱ式（M11∶9）

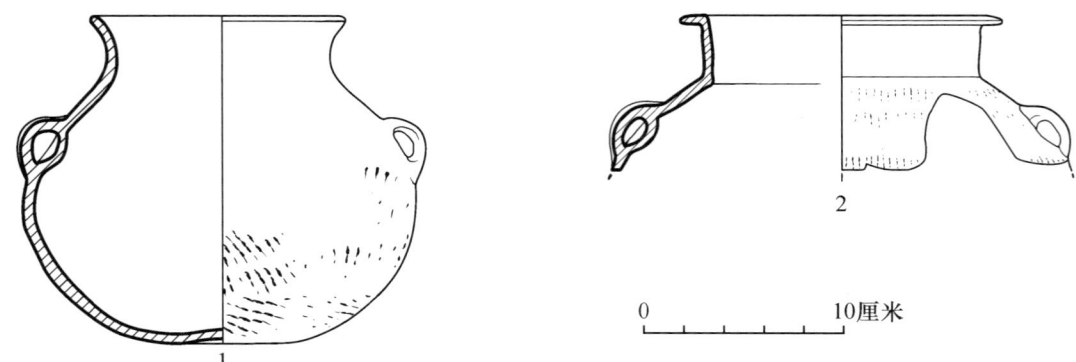

图六七　陶双耳罐
1. A型（M7∶4）　2. B型（M6∶4）

3. 模型明器

主要是灶和仓两类。以泥质灰陶为主，少量黄褐陶。灶这类器物多饰绳纹，或素面，少数器物饰戳印纹。仓仅1件，素面。

灶　依据灶体形态的差异分三型。

A型　船形。

Ⅰ式：灶体略短。标本有M8∶39（图六八，1）、M2∶8（图六八，2）、M7∶6等。

Ⅱ式：灶体狭长。标本有M3∶10（图六八，3）等。

B型　长梯形。

Ⅰ式：拱形灶门落地。标本有M5∶4（图六八，4）、M24∶8（图六八，5）、M23∶9等。

Ⅱ式：方形灶门不落地。标本有M9∶13（图六八，6）等。

C型　长方形。

Ⅰ式：灶体较短。标本有M22∶12（图六八，7）、M6∶5（图六八，8）等。

Ⅱ式：灶体较长。标本有M11∶7（图六八，9）等。

仓　标本M11∶1。

五、漆 木 器

西汉墓葬发掘出土的漆木器主要集中在M8，M9有少量出土，其余墓葬可见零星腐痕。可分为生活器、妆奁器具、娱乐器具、模型明器、文牍类、杂器六大类。

1. 生活器

器类有耳杯、勺、盘、器盖、扁壶、俎、"T"形器等。

耳杯　完整器均出土于M8，M9仅见漆皮。形态较为接近，为整木斫削挖凿而成。根据有无髹漆可分为二型。

A型　髹漆，附耳饰点、条及波折纹，内底多饰"東路"或"大蔡"二字。标本有M8∶3、M8∶20、M8∶35、M8∶38、M8∶42、M8∶2、M8∶29及M9∶29等。

B型　未髹漆，外壁烙印"⌒"状符号。标本有M8∶30、M8∶27、M8∶16、M8∶31、M8∶32、M8∶33、M8∶34等。

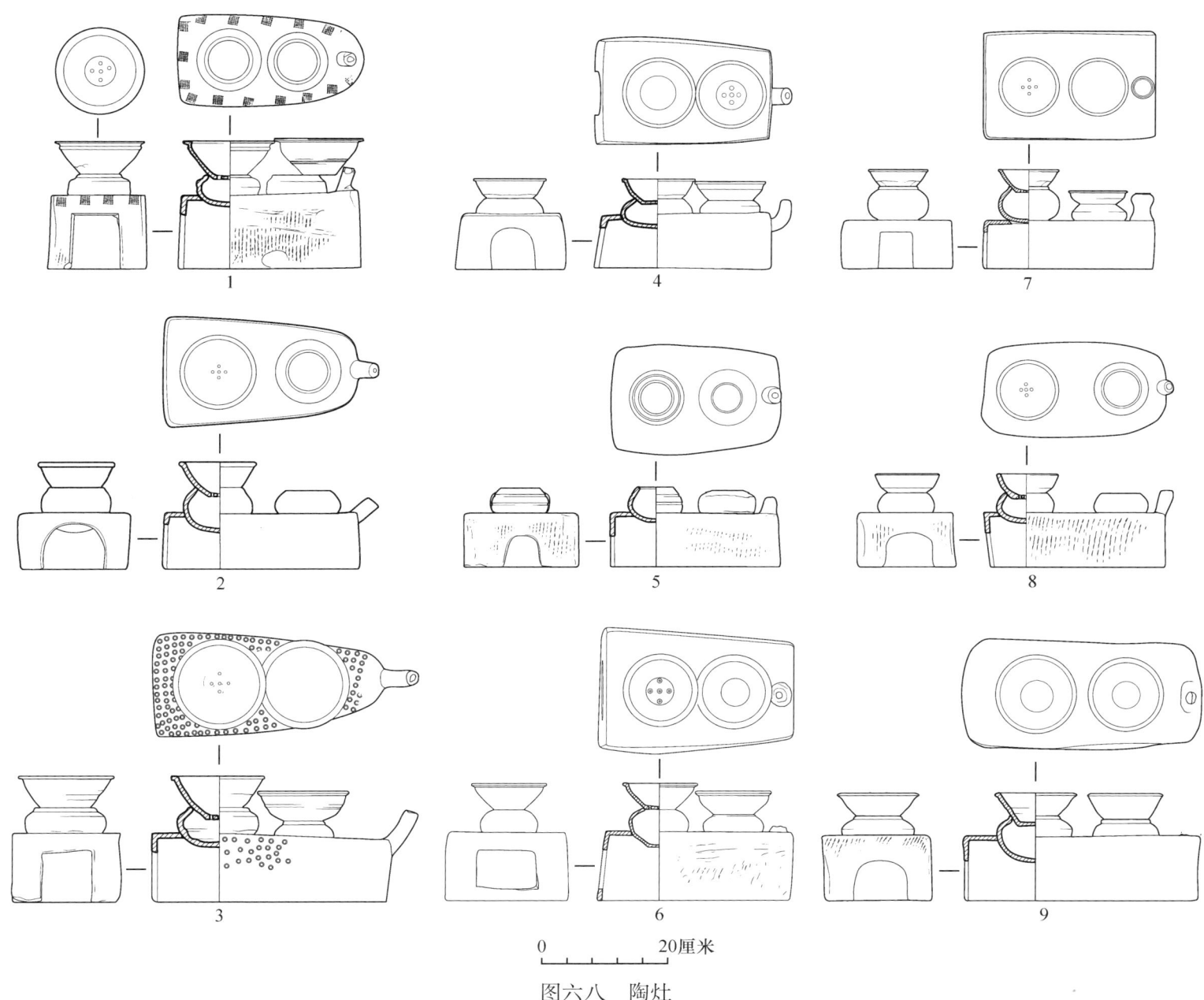

图六八 陶灶

1、2. A型Ⅰ式（M8:39、M2:8） 3. A型Ⅱ式（M3:10） 4、5. B型Ⅰ式（M5:4、M24:8） 6. B型Ⅱ式（M9:13）
7、8. C型Ⅰ式（M22:12、M6:5） 9. C型Ⅱ式（M11:7）

勺　标本M8:36、M8:37、M8:43。

盘　标本M8:26、M9:4、M9:9。

器盖　标本M8:50、M8:58。

扁壶　标本M8:1。

俎　标本M8:54。

"T"形器　标本M8:11。

2. 妆奁器具

器类有笸、梳、奁等。

笸　标本M8:40。

梳　标本M8:62。

奁　标本M8:5。

3. 娱乐器具

器类为棋盘，标本M8∶51。

4. 模型明器

器类有俑、马、车构件、伞、梯形器、弩机模型、剑、扁壶模型等。

俑　整木斫削、雕刻，手足多分制拼接而成。按形态可分二型。

A型　立俑。标本M8∶8、M8∶12、M8∶13、M8∶14、M8∶15、M8∶23、M8∶24、M8∶48、M8∶49。

B型　蹲坐俑。标本M8∶55。

马　标本M8∶9、M8∶10。

车构件　标本M8∶57。

伞　标本M8∶25。

梯形器　标本M8∶7。

弩机模型　标本M8∶64。

剑　标本M8∶53。

扁壶模型　标本M8∶46。

5. 文牍类

标本M8∶66、M8∶73、M8∶74、M8∶75。

6. 杂器

器类有璧、杆、杖、珠、梳形器、构件等。

璧　标本M8∶6。

杆　标本M9∶24。

杖　标本M8∶63。

珠　标本M8∶41、M8∶52。

梳形器　标本M8∶65。

构件　标本M8∶59。

六、竹　制　品

西汉墓葬发掘出土的竹制品全部为M8出土，可分为容器、文具文牍类、杂器三大类。

1. 容器

笥　标本M8∶17。

2. 文具文牍类

器类有笔筒、简、签牌等。

笔筒　标本M8：76。

简　标本M8：61。

签牌　标本M8：77。

3. 杂器

器类有筒形器、条、薪等。

筒形器　标本M8：28、M8：67、M8：68、M8：69、M8：70、M8：71。

条　标本M8：60。

薪　标本M8：18。

七、玉 石 器

西汉墓葬发掘出土的玉石器可分为文具和饰品两大类。

1. 文具

石砚　标本M8：72。

2. 饰品

玉璧　标本M9：17、M9：30。

八、其 他 质 地

葫芦瓢　标本M8：4。

第二节　西汉墓葬的组合与分组

本次发掘的部分器物未能修复，但能辨别出器形，还有部分器类不具备分型分式的条件，本节分析组合时酌情纳入。

一、器 物 组 合

1. 铜、铁器组合

西汉墓葬出土的铜、铁器不多，无礼器，主要是生活器和兵器，主要型式具体见表五。

表五　铜、铁器型式表

单位	铜器																	铁器		
	鉴	盆		铞	镜				勺		鋞	鈁镂	鐎壶	鐏	剑	印章	釜	剑	削刀
		A	B		A		B	C	A	B									
					a	b													
M1														√	√				
M2				II	II									√					√
M3				I					√										
M9		II	II	II	√		√	√			√	√		√			√	√	
M10	√																		
M22		I	I	I			I		√		√						√		
M23																	√		

"√"表示有此器物

由表五可以看出，西汉墓葬的铜、铁器主要出土于带墓道的墓葬中，少量器物出土于无墓道墓葬中，铜、铁器组合主要有以下两种。

第一种，生活器、兵器，器类有盆、铞、镜、勺、鋞（鈁镂、鐎壶）、剑，以M9、M22为代表。

第二种，生活器，器类有鉴、铞、勺、釜，以M3、M10、M23为代表。

2. 陶器组合

各墓陶器型式见表六。

表六　陶器型式表

单位	鼎			盒			壶		钫	瓮		双耳罐		灶			仓
	A		B	A		B	A	B		A	B	A	B	A	B	C	
	a	b		a	b												
M1										IV							
M2	II			II						III		I					
M3	II			II			II					II					
M4		I					III			II				√			
M5		I		I			I			I		I					
M6					II							√		I			
M7					II		II		II	√		I					
M8	I			I					√	I		I					
M9		II			III			III	III					II			
M10	II				III			III	IV					√			
M11	III				II	IV		IV		II					II		√
M12										IV							
M22	II			II			II		II			I					
M23	II			II			II		I			I					
M24	I			I	I		I		II			I					
M25			I	II			II III										

"√"表示有此器物

从表六来看，西汉带墓道和无墓道墓葬随葬的陶器基本一致，都含有礼器、日用器和模型明器三大类，少部分墓葬具体的器形略有差异，具体组合有以下几种。

第一种，鼎、盒、壶、瓮（有的墓葬随葬有罐）、灶，这类组合是西汉墓中最多的组合形式，有M9、M22、M23、M5等。

第二种，鼎、盒、钫、瓮、灶，仅M8一例。

第三种，鼎、盒、壶、瓮、灶、仓，仅M11一例。

3. 漆木器、竹制品组合

由于漆木器和竹制品主要出土于M8，除M9出土极少量残件外，其余墓葬均未出土，不具备讨论分组的条件。从M8出土的漆木器来看，包含了生活器、妆奁器具、娱乐器具、模型明器、文牍类、杂器六大类，涉及生活及丧葬各方面的器物，组合较全。

二、分　　组

根据类型学分析结果来看，鼎、盒、壶、瓮、灶是出土最多的器类，也是变化最为明显的器物，变化趋势也基本同步，是分组最重要的依据。

第一组，M8包含的Aa型Ⅰ式鼎，与M5包含的Ab型Ⅰ式鼎相比，除了耳部形态略有区别，其腹部均较浅，形态较为一致；M5与M8包含的Aa型Ⅰ式盒，腹部较浅，形态较为接近，与其余墓葬陶盒的形态有较为明显的差异；M5与M8包含的A型Ⅰ式瓮，腹较浅，最大径靠近中腹部，与其他墓葬的同型瓮有较大差异。M5、M8这两座墓葬出土的器物可归为第一组。

第二组，包含Aa型Ⅱ式鼎的墓葬较多，有M2、M3、M22、M23等，与第一组的Aa型Ⅰ式鼎有了较为明显的变化，腹变得较深，可归为第二组；同样的变化在Aa型Ⅱ式盒上也有体现，包含Aa型Ⅱ式盒的墓葬有M2、M3、M7、M22、M23等，M24的Ab型Ⅰ式盒，除了子口较长外，形态与Aa型Ⅱ式盒基本一致，M6包含的B型Ⅱ式盒，除了盖顶无捉手外，形态也接近Aa型Ⅱ式盒；M3、M23包含A型Ⅱ式壶，由第一组的A型Ⅰ式长颈壶变成了短束颈；M7、M22、M24包含的A型Ⅱ式瓮，腹最大径由第一组A型Ⅰ式瓮的中部上移至肩部；M3包含的A型Ⅱ式灶，明显较A型Ⅰ式灶狭长。综上所述，M2、M3、M6、M7、M22、M23、M24可归为第二组。

第三组，M9包含的Aa型Ⅲ式盒、M25包含的Ab型Ⅱ式盒、M10包含B型Ⅲ式盒腹部，明显分别比第二组的Aa型Ⅱ式盒、Ab型Ⅰ式盒、B型Ⅱ式盒要深；M9包含Ab型Ⅱ式鼎，与Ab型Ⅰ式鼎相比，也具有相同的变化趋势，因此M9、M10、M25可以单独成组；M9、M10、M25包含的A型Ⅲ式壶、B型Ⅲ式壶与第二组的A型Ⅱ式壶、B型Ⅱ式壶相比，由短束颈变成了微束颈或束颈不明显，变化趋势接近，M4包含A型Ⅲ式壶，也可归入本组；M10、M12、M1包含的A型Ⅳ式瓮，明显较A型Ⅱ式、A型Ⅲ式瓮的腹部深，M1、M12也可归入本组。综上所述，M1、M4、M9、M10、M12、M25可归为第三组。

第四组，M11包含的Aa型Ⅲ式鼎，较Aa型Ⅱ式有明显的变化，腹变深，三足内聚，B型Ⅱ式鼎相较于B型Ⅰ式鼎也有相同的变化；M11包含的Aa型Ⅳ式盒，腹及整器较Aa型Ⅲ式盒变得更高；M11包含的A型Ⅳ式壶，与A型Ⅲ式壶相比，大鼓腹已经不明显；M11包含的B型Ⅱ式瓮，由B型Ⅰ式的弧肩直筒腹变成了折肩垂腹；另外，M11还新出现了模型明器房形仓。因此，M11可单独成为第四组。

综上所述，根据器物的型式组合，可将西汉墓葬分为四组（图六九）。

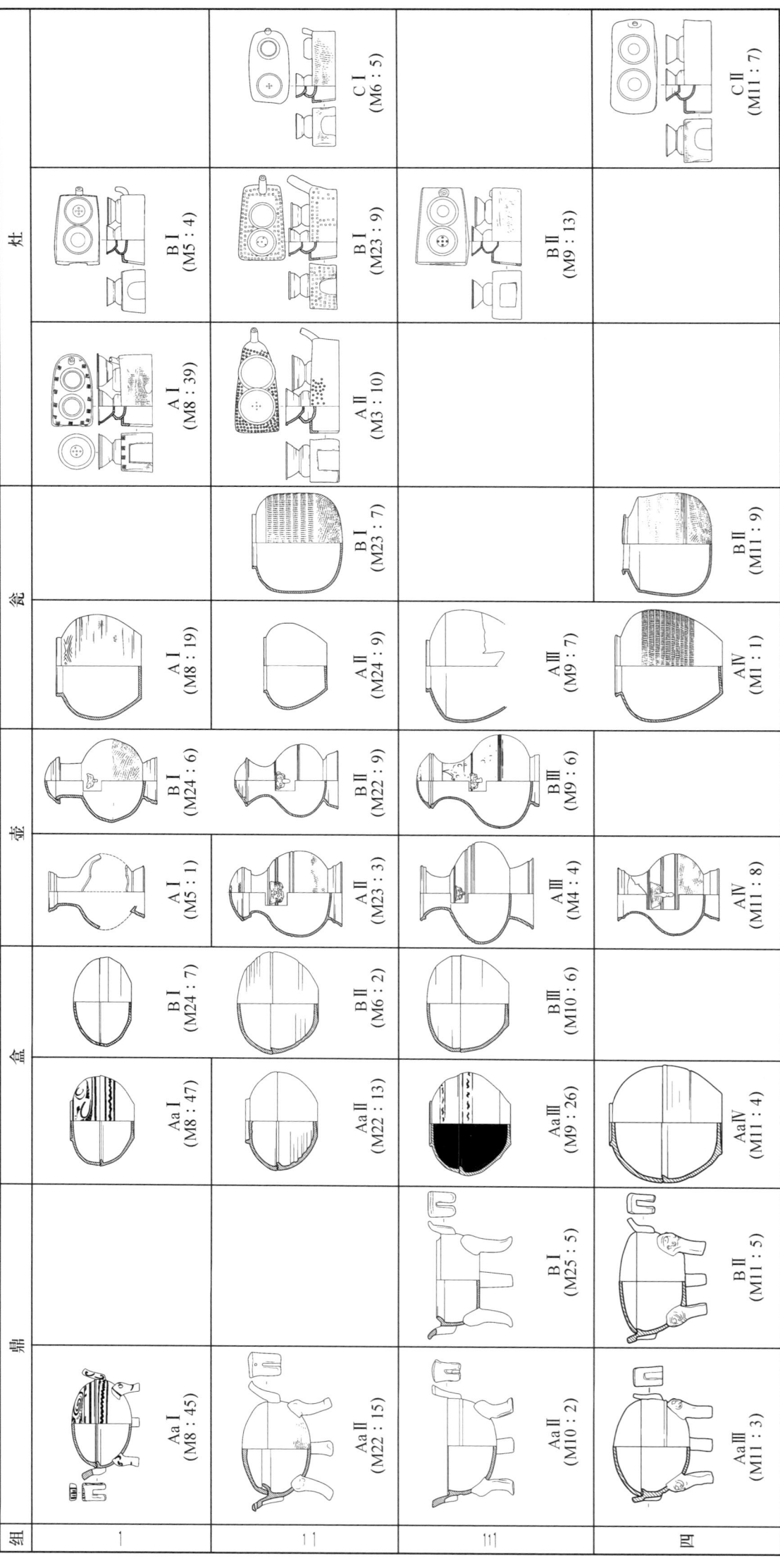

图六九　陶器分组图

第一组：M5、M8。

第二组：M2、M3、M6、M7、M22、M23、M24。

第三组：M1、M4、M9、M10、M12、M25。

第四组：M11。

由以上分组结果，可知各组包含的陶器型式如下。

第一组：包含的陶器型式有Aa型Ⅰ式、Ab型Ⅰ式鼎，Aa型Ⅰ式盒，A型Ⅰ式壶，钫，A型Ⅰ式瓮，A型Ⅰ式、B型Ⅰ式灶等。

第二组：包含的陶器型式有Aa型Ⅰ式、Aa型Ⅱ式鼎，Aa型Ⅱ式、Ab型Ⅰ式、B型Ⅰ式、B型Ⅱ式盒，A型Ⅱ式、B型Ⅰ式、B型Ⅱ式壶，A型Ⅱ式、A型Ⅲ式、B型Ⅰ式瓮，A型、B型双耳罐，A型Ⅰ式、A型Ⅱ式、B型Ⅰ式、C型Ⅰ式灶等。

第三组：包含的陶器型式有Aa型Ⅱ式、Ab型Ⅰ式、Ab型Ⅱ式、B型Ⅰ式鼎，Aa型Ⅲ式、Ab型Ⅱ式、B型Ⅲ式盒，A型Ⅱ式、A型Ⅲ式、B型Ⅲ式壶，A型Ⅱ式、A型Ⅲ式、A型Ⅳ式瓮，B型Ⅱ式灶等。

第四组：Aa型Ⅲ式、B型Ⅱ式鼎，Aa型Ⅱ式、Aa型Ⅳ式盒，A型Ⅳ式壶，B型Ⅱ式瓮，C型Ⅱ式灶，仓等。

第三节 年　　代

一、西汉墓葬的分期与年代

第一组墓葬可通过M8出土的木牍纪年直接推断。一般来说，《告地书》记载的时间就是墓主人下葬的时间，所以周家寨M8木牍《告地书》中"元年后九月丙戌"当为墓主下葬年代。该纪年无帝王年号，符合秦末至武帝太初改元之前的特征，查张培瑜《中国先秦史历表》，"元年"逢"后九月"的只有六个年份（惠帝元年、景帝元年、景帝后元元年、武帝建元元年、元光元年和元封元年），其中"丙戌"日能容入的年份只有武帝建元元年（前140年）和元光元年（前134年）。该推算与银雀山汉简《七年视日》（武帝元光元年，前134年）也相合。因此，M8下葬的年代应该为公元前140年或前134年，二者必居其一。要特别指出的是，周家寨M8所出陶器、漆器的面貌特征与相邻的孔家坡M8非常接近，后者年代为景帝后元二年（前142年）[①]，年代也相差无几。另外，周家寨M8随葬陶鼎、盒、钫、瓮、灶，为江汉地区西汉早期墓葬常见的陶器组合形式[②]，其矮体浅腹鼎、扁体盒、船形灶等与襄阳王坡墓地和老河口九里山墓地一期2段[③]、西安地区西汉墓葬第二期同类器物特征相近[④]，其年代均定在文帝至武帝前期——不晚于元狩五年（前118年），因此本组墓葬的年代整体属西汉早期后段。第一组目前仅两座墓，面貌非常接近，不排除整体都属武帝前期，而不一定晚至元狩年间。

---

① 湖北省文物考古研究所、随州市考古队：《随州孔家坡汉墓简牍》，文物出版社，2006年。
② 中国社会科学院考古研究所：《中国考古学·秦汉卷》，中国社会科学出版社，2010年。
③ 湖北省文物考古研究所、襄樊市考古队、襄阳区文物管理处：《襄阳王坡东周秦汉墓》，科学出版社，2005年；襄樊市文物考古研究所、武安铁路复线九里山考古队：《老河口九里山秦汉墓》，文物出版社，2009年。
④ 韩国河、张翔宇：《西安地区中小型西汉墓的分期与年代研究》，《考古学报》2011年第2期。

另外需要强调的是，M8木牍所指示的年代有两个可能的年份，即公元前140年和前134年。根据与位置相邻、年代略早（前142年）的孔家坡M8所出器物的类型学比较，我们发现器物具体形态有不少细微差异。如鼎底腹由平缓变圆弧，陶盒腹略深，陶钫腹略外鼓，陶灶灶面略显窄长，纹饰也不同，烟囱位置由前缘移至灶面内；漆盘的腹壁变弧鼓，耳杯已不见假圈足，漆盘和耳杯的腹部略深（图七〇）。这种变化应该不是短短两年之内即可积累的。要特别指出的是，二者所出竹简的尺寸也明显不同，孔家坡竹简一般长33.8、宽0.7～0.8厘米，而周家寨竹简长27.8～28.2、宽0.8或1厘米。结合荆州松柏M1所出平底瓮（原简报称为罐）[1]，器形（特别是圆鼓腹作风）与周家寨M8所出瓮完全一致，前者下葬年代根据所出历谱（建元至元光，前137～前133年），应在元光年二年，即公元前133年。因此我们倾向认为M8下葬年代为公元前134年。

第二组墓葬的陶器组合与第一组基本一致，从鼎、盒、壶、灶、瓮等器物特征变化来看，鼎、盒的腹部稍变深，壶鼓腹更显，新出现短束颈风格。平底瓮腹部最大径上移至肩部，鼓肩风格比较一致。灶面略显窄长。根据孔家坡M8打破M16所指示陶器演变的整体趋势（参见图七〇），并结合其他地区已有的研究成果来看，本组器物的年代应晚于第一组器物。第二组的A型Ⅱ式与B型Ⅱ式壶均为短束颈、大鼓腹，此类风格陶壶见于王坡墓地中期早段B型Ⅲ式壶（M67∶5、M72∶5）[2]，九里山墓地二期3段B型Ⅳ式壶（M132∶5）、C型Ⅰ式壶（M192∶5）[3]，整体造型也相当一致，年代为武帝后期；B型Ⅰ式圜底瓮（M23∶7）与王坡A型Ⅲ式瓮（M66∶1）相近，后者年代为西汉中期早段。总体来看，周家寨第二组西汉

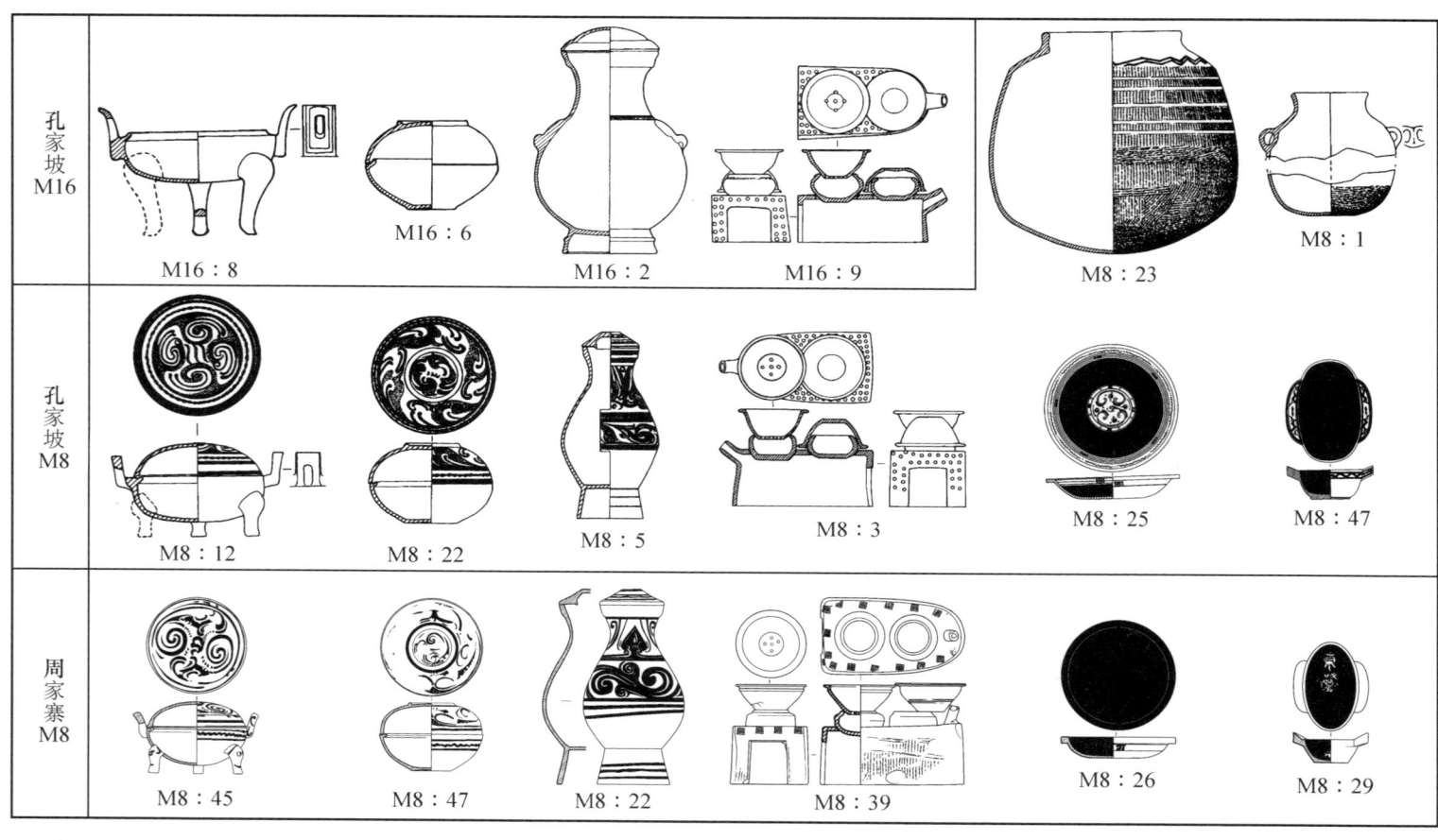

图七〇　孔家坡M16、M8与周家寨M8器物比较图

---

① 荆州博物馆：《湖北荆州纪南松柏汉墓发掘简报》，《文物》2008年第4期。
② 湖北省文物考古研究所、襄樊市考古队、襄阳区文物管理处：《襄阳王坡东周秦汉墓》，科学出版社，2005年，第262、263页。
③ 襄樊市文物考古研究所、武安铁路复线九里山考古队：《老河口九里山秦汉墓》，文物出版社，2009年，第470页。

墓葬与襄阳王坡墓地①和老河口九里山墓地的二期3段②、宜昌前坪汉墓第二组③、荆州高台汉墓④、当阳岱家山汉墓⑤等墓地的同类器接近，其年代可推定为武帝后期，西汉中期前段。

另外，本组年代特征较为明显的铜器也可作为推断本组墓葬年代的一个佐证。B型Ⅰ式铜盆（M22∶2）与宜昌前坪汉墓M101∶12盆形制类似⑥，Ⅰ式铜销（M22∶4）与满城汉墓Ⅲ式釜（1∶4330）形制类似，其年代为西汉中期⑦；本组的Ab型Ⅰ式铜镜（M22∶1）与白云翔先生所划分的A型Ⅰ式镜较为接近，这类器物主要流行于西汉前期至中期，个别器物甚至延续至西汉晚期⑧，Ab型Ⅱ式镜（M2∶2）与荆州高台墓地Ⅲ式铜镜（M25∶1）类似⑨，其年代为西汉中期前段；铜提梁锃（M22∶6）的形态与陕西扶风一号墓⑩、安徽芜湖贺家园1号墓⑪的同类器类似。从铜器对比的结果来看，第二组的年代也大致处于西汉中期。

第三组与第二组的器物整体面貌较为接近，鼎、盒这类器物的腹部明显较第二组的同类器深，并新出现了平底鼎。Ab型Ⅱ式鼎接近九里山二期4段的A型Ⅵ式鼎（M108∶3），后者的年代大致在西汉中期后段⑫；新出现的B型Ⅰ式平底鼎（M25∶5）的腹部形态，介于莲花池M2∶5鼎（西汉早期）与M3∶7鼎（西汉晚期）之间⑬，其年代应大致落在西汉中期；B型Ⅲ式盒（M10∶4、M10∶6）与九里山二期4段C型Ⅱ式盒（M101∶3）相似，后者年代为西汉中期后段；Aa型Ⅲ式盒（M9∶26）与荆州高台墓地Ⅲ式陶盒（M17∶5）类似，后者年代为西汉早期后段⑭，只是前者的腹部要略深于后者，年代也应该晚于后者；第三组的A型Ⅲ式、B型Ⅲ式陶壶束颈不明显，整体形态与襄阳王坡墓地B型Ⅲ式陶壶（如M72∶5、M154∶3、M84∶5）⑮也较为类似，说明第三组陶壶的时代与襄阳王坡墓地的二期3段较为接近，其中A型Ⅲ式壶（M10∶8、M10∶7、M4∶4）与九里山墓地二期4段B型Ⅳ式壶（M185∶3、M108∶5）也较为类似，后者年代为西汉中期后段；B型Ⅲ式壶（M9∶6）与宜昌前坪Ⅲ式壶（前33∶2）形制类似，后者年代大致在西汉中期⑯；第三组的A型Ⅲ式瓮（M9∶7、M9∶12等）流行鼓折肩风格，与王坡M156∶2⑰、九里山M108∶1⑱

---

① 湖北省文物考古研究所、襄樊市考古队、襄阳区文物管理处：《襄阳王坡东周秦汉墓》，科学出版社，2005年。
② 襄樊市文物考古研究所、武安铁路复线九里山考古队：《老河口九里山秦汉墓》，文物出版社，2009年。
③ 湖北省博物馆：《宜昌前坪战国两汉墓》，《考古学报》1976年第2期。
④ 湖北省荆州博物馆：《荆州高台秦汉墓》，科学出版社，2000年。
⑤ 湖北省宜昌博物馆：《当阳岱家山楚汉墓》，科学出版社，2006年。
⑥ 宜昌地区博物馆：《1978年宜昌前坪汉墓发掘简报》，《考古》1985年第5期。
⑦ 中国社会科学院考古研究所、河北省文物管理处：《满城汉墓发掘报告》，文物出版社，1980年，第56、337、338页。
⑧ 白云翔：《西汉时期日光大明草叶纹镜及其铸范的考察》，《考古》1999年第4期。
⑨ 湖北省荆州博物馆：《荆州高台秦汉墓》，科学出版社，2000年。
⑩ 罗西章：《陕西扶风石家一号汉墓发掘简报》，《中原文物》1985年第1期。
⑪ 安徽省文物工作队、芜湖市文化局：《芜湖市贺家园西汉墓》，《考古学报》1983年第3期。
⑫ 襄樊市文物考古研究所、武安铁路复线九里山考古队：《老河口九里山秦汉墓》，文物出版社，2009年，第413页。
⑬ 武汉大学历史学院考古系、湖北省文物局、丹江口市文体局：《湖北丹江口市莲花池墓地2009年的发掘》，《考古》2017年第5期。
⑭ 湖北省荆州博物馆：《荆州高台秦汉墓》，科学出版社，2000年，第66、237、257页。
⑮ 湖北省文物考古研究所、襄樊市考古队、襄阳区文物管理处：《襄阳王坡东周秦汉墓》，科学出版社，2005年，第262页。
⑯ 湖北省博物馆：《宜昌前坪战国两汉墓》，《考古学报》1976年第2期。
⑰ 湖北省文物考古研究所、襄樊市考古队、襄阳区文物管理处：《襄阳王坡东周秦汉墓》，科学出版社，2005年，第273页。
⑱ 襄樊市文物考古研究所、武安铁路复线九里山考古队：《老河口九里山秦汉墓》，文物出版社，2009年，第429页。

类似，特别是二者的大口、折肩作风完全一致，后二者年代在西汉中期晚段，即昭宣时期。从西汉墓葬第三组陶器体现出来的特征来看，该组墓葬的年代当在西汉中期晚段。

本组的铜器，主要集中在M9。B型Ⅱ式铜盆（M9：8）与满城汉墓Ⅳ式盆（2：4092）类似，其年代为西汉中期[①]；Ⅱ式锅（M9：2、M9：14）与王坡M156：1锅较为类似，后者年代为西汉中期后段[②]；铜鐎壶（M9：21）整体形态与荆州高台墓地B型Ⅰ式（M2：280）鐎壶类似，后者时代为西汉早期晚段[③]，但从柄来看，前者为曲柄，后者近直柄，更接近于安徽天长三角圩M1：130鐎壶[④]，年代应晚至西汉中期；铜鍑镂（M9：3）与陕县M3003：61铜鍑镂类似，后者年代为西汉中期或稍后[⑤]；Aa型铜镜（M9：16）与荆州高台墓地Ⅲ式镜（M25：1）类似，其年代为西汉中期前段[⑥]。综合M9铜器的对比结果来看，第三组的年代也已晚至西汉中期晚段。

第四组仅M11一座墓，新出房形仓，灶也明显较瘦长，该墓似略晚于第三组。M11的Aa型Ⅳ式盒（M11：4）与襄阳王坡B型Ⅳ式盒（M171：4）较为接近[⑦]；Aa型Ⅲ式鼎（M11：3）的腹部较深，三足内聚，整体形态已经接近九里山A型Ⅵ式鼎（M74：1），而九里山M74的年代已经晚至西汉晚期[⑧]，只是前者的鼎足比后者矮，其年代可能比后者略早；B型Ⅱ式鼎（M11：5）的整体形态接近莲花池ⅢM3的陶鼎（ⅢM3：7、ⅢM3：6）[⑨]，与卞营M425：5也较为相近。整体来看，M11所出的鼎、盒、壶整体形态更接近卞营M261，卞营这两座墓葬的年代均在西汉中期晚段，只是M11所出的B型Ⅱ式鼎比M261：6腹略深，年代可能略晚；M11的B型Ⅱ式圜底瓮与九里山M98：3非常相似，后者年代属西汉中期晚段；M11出土的C型Ⅱ式灶与老河口九里山墓地西汉中期晚段常见的长方形双眼灶（如M101：1，长宽比在1.9左右）相比，略显瘦长，长宽比达2.2[⑩]。相近比例的长方形双眼灶多流行于襄阳地区西汉晚期汉墓中，如襄樊高庄M7：8[⑪]，襄樊团山下营M9：15和M10：9[⑫]；同时期的九里山墓地则开始出现此类瘦长形的三眼灶（如M119：2），长宽比也在2.2左右。不过西汉晚期流行的这些瘦长形灶均已不见烟囱。由于M11所出陶灶制作不规整，呈长条形，其整体形制还是更接近九里山西汉中期晚段同类带烟囱的长方形双眼灶；M11所出仓为长方形，悬山顶，两面坡，底部立四柱足，为干栏式房形仓。此类房形仓在江汉地区目前仅见于东汉时期，北方最早也仅见于西汉晚期，如磴口纳林套海M27：21[⑬]，而且仅是矮扁足，有较大差异。不过在长江下游地区，西汉中

---

① 中国社会科学院考古研究所、河北省文物管理处：《满城汉墓发掘报告》，文物出版社，1980年，第252、337、338页。

② 湖北省文物考古研究所、襄樊市考古队、襄阳区文物管理处：《襄阳王坡东周秦汉墓》，科学出版社，2005年，第291页。

③ 湖北省荆州博物馆：《荆州高台秦汉墓》，科学出版社，2000年，第96、255~257页。

④ 安徽省文物考古研究所、天长县文物管理所：《安徽天长县三角圩战国西汉墓出土文物》，《文物》1993年第9期。

⑤ 中国社会科学院考古研究所：《陕县东周秦汉墓》，科学出版社，1994年，第181、199页。

⑥ 湖北省荆州博物馆：《荆州高台秦汉墓》，科学出版社，2000年，第110、255、257、258页。

⑦ 湖北省文物考古研究所、襄樊市考古队、襄阳区文物管理处：《襄阳王坡东周秦汉墓》，科学出版社，2005年。

⑧ 襄樊市文物考古研究所、武安铁路复线九里山考古队：《老河口九里山秦汉墓》，文物出版社，2009年。

⑨ 武汉大学历史学院考古系、湖北省文物局、丹江口市文体局：《湖北丹江口市莲花池墓地2009年的发掘》，《考古》2017年第5期。

⑩ 襄樊市文物考古研究所、武安铁路复线九里山考古队：《老河口九里山秦汉墓》，文物出版社，2009年。

⑪ 襄樊市考古队：《襄樊市高庄墓群发掘报告》，《江汉考古》1999年第4期。

⑫ 襄樊市考古队：《襄樊团山下营墓地第二次发掘》，《江汉考古》2000年第2期。

⑬ 内蒙古文物考古研究所：《内蒙古中南部汉代墓葬》，中国大百科全书出版社，1998年。

期已偶有所见。如天长三角圩M19：76①、龙游东华山M11：47，二者所出陶仓均为悬山顶、两面坡，上盖板瓦，正面中央开门或方窗，仓底下立四圆柱。东华山M11所出为釉陶，该墓出有日光镜和五铢钱，年代为西汉中期偏晚②。也与广州西汉中期汉墓所出干栏式长方形房形木仓（M2050：29）较为一致，广州汉墓分期方案中的西汉中期年代是指武帝元封元年（前110年）至元成之际（约前33年）③，两广地区房形陶仓多见于西汉晚期，如广西合浦文昌塔西汉晚期汉墓M46：27④。目前该仓在长江中游尚属孤例，M11所出陶仓与长江下游房形仓较为相似，也有一定差异，如仓体更为窄长，不排除年代可能略晚。综合来看，第四组M11的年代可推定为西汉中晚期之交。

如此，周家寨西汉墓葬的年代主要集中在西汉早期后段至西汉中期，个别墓葬可能晚至西汉中晚期之交，即武帝初期至宣元之交，年代跨度在100年左右。

二、东汉墓葬的年代

归为东汉的几座墓多为砖室结构，保存较差，随葬器极少，且几无完整器。其中仅M13和M20出土的陶器可讨论年代，其他墓根据砖室结构初步判断其年代为东汉时期。

M13为砖室结构，新出现陶仓和陶猪圈，此类明器组合在豫西南鄂西北地区始见于西汉晚期，流行于东汉时期。陶猪圈近圆形，圆形猪圈目前仅见于东汉时期，襄阳卞营墓地东汉墓中集中出有5件⑤。M13所出猪圈与丹江口市肖川何家沟东汉墓M2：9圆形猪圈⑥最为相似。与襄阳杜甫巷M2：1也多有近似之处，后者伴出五铢和布泉，年代在东汉早期⑦。因此M13年代定在东汉早期较妥。

M20出有陶瓮一件（残），鼓肩近平，此类风格流行于西汉末期至东汉早期，与丹江口牛场墓地M234：3、M211：7⑧，襄阳王坡M175：8⑨类似，后二者年代为新莽至东汉早期，此墓也可暂定在东汉早期。

三、与孔家坡墓地的年代整合

由于孔家坡墓地与周家寨墓地毗邻分布，文化面貌相同，二者应属同一大的墓群，根据出土文字材料可初步判断其主体或同属"桃侯国"的公共墓地，这里就二者西汉墓葬的年代跨度做一整体分析。

---

① 安徽省文物考古研究所、天长县文物管理所：《安徽天长县三角圩战国西汉墓出土文物》，《文物》1993年第9期。
② 朱土生：《浙江龙游县东华山汉墓》，《考古》1993年第4期。
③ 中国社会科学院考古研究所、广州市文物管理委员会、广州市博物馆：《广州汉墓》，文物出版社，1981年，第246页。
④ 广西文物保护与考古研究所：《广西合浦文昌塔汉墓》，文物出版社，2017年，第200页。
⑤ 湖北省文物考古研究所、襄阳市文物考古研究所：《襄阳卞营墓地》，文物出版社，2019年，第239页。
⑥ 湖北省博物馆、丹江口市博物馆：《丹江口市肖川战国两汉墓葬》，《江汉考古》1988年第4期。
⑦ 襄樊市博物馆：《襄樊杜甫巷东汉、唐墓》，《江汉考古》2000年第2期。
⑧ 湖北省文物局、湖北省移民局、南水北调中线水源有限责任公司：《丹江口牛场墓群》，科学出版社，2013年，第394~444页。
⑨ 湖北省文物考古研究所、襄樊市考古队、襄阳区文物管理处：《襄阳王坡东周秦汉墓》，科学出版社，2005年，第362页。

孔家坡西汉墓原报告分3组，第1组：M16；第2组：M3、M5、M8；第3组：M4、M7、M10、M12、M14（其他未确定分组）。年代分别为西汉初期、文景时期和武帝时期[①]。按周家寨分期方案，可略作补充和调整。

孔家坡墓地中，M8打破M16（和M15），结合二者鼎、盒的器物形态，M16明显略早于M8。二者鼎、盒演变趋势也相当明显，即鼎腹由浅及深，足则由高变矮；盒腹底变宽，腹底下收逐渐没有那么突出（详见图七〇）。但二者日用器和模型器组合相同，日用器均出有双耳罐和瓮（M16未修复），模型器——灶则整体非常接近，特别是纹饰，完全一致，这也表明二者年代可能相差不太远。不过明显的打破关系存在，表明二者还是有一定的时间间隔，很可能M8下葬时，M15和M16的墓上标识已不存在。当然也不排除M8作为后来者，与M16、M15并非同一家族。

孔家坡M16年代原报告定在西汉初期，但其鼎、盒、壶组合及造型特征整体与蕲春罗州城西汉墓一期2段中茅草山鼎M27：6的宽扁腹、壶M27：2的粗颈长圆腹非常相近[②]。后者年代不早于文景时期。孔家坡M16壶的颈腹造型与西汉刘执墓M3：19也比较一致，后者年代为景帝前元三年（前154年）[③]。孔家坡第1组所出灶与孔家坡第2组非常相似，壶也很相近，只是第2组鼓腹更明显，由长圆腹变成近圆腹。从整体风格来看，第1组年代略早于第2组，但明显早不过文帝时期。

如前所述，孔家坡M8与周家寨M8所出陶器与漆器形制基本相类，周家寨第1组与孔家坡第2组年代相当。

孔家坡第3组鼎、盒、壶风格与周家寨第2组基本一致，年代应相当。如孔家坡M7所出瓮，鼓折肩风格明显，也是周家寨第2组的典型特征。原未定组的孔家坡M1，其所出壶，短束颈明显，大鼓腹，是周家寨第2组的典型风格，可归在孔家坡第3组。

原未定组的孔家坡M11，所出鼎深腹呈半球形，与周家寨第3组M10：2鼎相似，结合所出的盒，年代也略晚，可单独归为一组，即孔家坡第4组，年代相当于周家寨第3组。整个周家寨墓地西汉墓与孔家坡墓地分组对应关系如表七所示：

表七　周家寨墓地与孔家坡墓地西汉墓葬分组对应表

分期			周家寨墓地		孔家坡墓地
期	段	组	典型墓例	组	典型墓例
一	1			1	M16
	2	1	M5、M8	2	M3、M5、M8
二	3	2	M2、M3、M6、M7、M22、M23、M24	3	M1、M4、M7、M10、M12、M14
	4	3	M1、M4、M9、M10、M12、M25	4	M11
	5	4	M11		

---

① 湖北省文物考古研究所、随州市考古队：《随州孔家坡汉墓简牍》，文物出版社，2006年，第32~34页。
② 黄冈市博物馆、湖北省文物考古研究所、湖北省京九铁路考古队：《罗州城与汉墓》，科学出版社，2000年，第294页。
③ 徐州博物馆：《徐州西汉宛朐侯刘执墓》，《文物》1997年第2期。

如此整个周家寨-孔家坡墓群西汉墓葬分期年代可做如下判断：

第一期1段：年代约为文帝至景帝前期。

第一期2段：年代约为景帝后期至武帝前期（前149~前118年）。

第二期3段：年代约为武帝后期（前117~前87年）。

第二期4段：年代约在昭宣时期（前86~前49年）。

第二期5段：年代约在宣元之际。

第六章 结 语

　　周家寨墓地是随州地区近年经科学发掘的一批重要汉墓，内涵丰富，特别是其中M8出土的一批简牍，学术价值重大。无独有偶，周家寨墓地与早年发掘的孔家坡墓地，二者共处一个岗地，位置相邻、年代相当、面貌相同，二者应属同一墓群，可统称孔家坡-周家寨墓群，按出土文字材料，或与西汉桃侯国的公共墓地有关。下面就整个墓群做一个初步的小结。

一

　　孔家坡-周家寨墓群发掘规模较小，目前共发掘墓葬总数仅40多座，其中西汉墓葬31座（周家寨16座、孔家坡15座）。从已有的勘探、发掘工作来看，整个墓群分布于孔家村社区和周家寨社区的西北—东南走向的岗地上，墓葬分布较密集，目前发掘材料仅是其中一小部分（详见图二）。其中周家寨墓区位置略高，靠近岗顶，其西汉墓葬多位于岗地南坡，而孔家坡墓区则位于岗地南坡的山脚，二者中间相距600米（这一区域尚未发掘），走访调查以及初步勘探显示二者之间并非空地，多有墓葬分布，二者明显是连片分布的。由于早期基本建设破坏，加上两次发掘时工作仅局限于施工范围内，勘探考古工作也非常有限，所以对整个墓群的布局特别是具体分布还不是很清楚。目前材料显示，墓群主要是西汉时期，岗地北坡有部分东汉时期墓葬，西汉墓葬主要分布于南坡。墓向以西北向（280°左右）最为集中，这与襄阳王坡汉墓以及九里山汉墓是一致的。不过孔家坡墓区可能受山坡地形影响，有部分是近南北方向，但仍以西北向为主。

　　目前发掘的西汉墓葬年代跨度为西汉早期后段到西汉中期，100年左右，即大体从文景之际至昭宣时期。

　　这批西汉墓葬文化面貌相对统一，均为土坑竖穴墓，葬具多为一棺一椁，西汉早期墓葬不见墓道与封土。其棺椁结构有一定特色，头箱多与边箱相通，并无门或隔板。随葬品一般以陶器为主，仅少量墓葬随葬漆木器、铜器，漆器以耳杯为主。陶器中仿铜陶礼器鼎、盒、壶（钫）组合最为多见，同时伴有日用陶器和模型明器，日用陶器中瓮和罐多见，模型明器主要是灶。仿铜陶礼鼎、盒、壶（或钫）贯穿始终，其中，钫与壶不共存，鼎、盒、钫组合年代集中在西汉早期。周家寨16座西汉墓中，随葬的仿铜陶礼器除M9为3套、M6为1套外，其余均为2套。这种仿铜陶礼器组合及其形制基本接近关中地区西汉早中期墓葬的陶器组合及器类，代表了典型的西汉风格，不过它们的源头多可追溯至战国晚期的秦墓中，特别是矮蹄足球腹鼎，明显是在秦式鼎的基础上发展而来。随葬模型明器的16座墓均有1件灶，另有M11出现房形仓。随葬日用陶器主要是瓮，有平底和圈底两类，除M9为2件外，其余14座墓各1件，比较特殊的是M6，不见瓮，而出有1件双耳罐（孔家坡M11也是鼎、盒、壶加双耳罐，与周家寨M6组合完全一致）。整体上，孔家坡-周家寨西汉墓葬器类组合相当单一，2套仿铜陶礼器+1灶+1瓮是最基本的固定组合。一个比较突出的现象是周家寨墓地西汉墓葬均不见铜钱随葬，孔家坡墓地也是如此。这批墓葬已基本不见秦文化因素，与随州城北西汉初期墓葬文化面貌已有明显区别，后者马蹄形灶、茧形壶等秦文化因素突出①。

墓群所反映的区域文化特征比较鲜明，整体面貌与襄阳地区汉墓最为接近，均以仿铜陶礼器组合为主，日用器流行双耳罐和圜底瓮。孔家坡-周家寨西汉墓中有7座墓随葬双耳罐，每墓1件。此类双耳罐自东周以来散布于河南南阳和湖北各地，湖南、安徽汉墓中也偶有所见。不过其中的鄂西北地区是这类双耳罐数量分布最为集中的地区，应是此类遗存的核心区域，而且出现的年代在鄂西北早至春秋中期，并沿用至整个汉代，其他地区数量较少且沿用的时间也较短。因此，此类双耳罐一般被认为是楚文化地方土著因素的遗留。绳纹圜底瓮也是如此，主要流行于鄂西北地区，在老河口九里山、襄阳王坡、房县松嘴墓地相当多见，在襄阳陈坡遗址中也出有不少。很明显，孔家坡-周家寨墓群主要受到鄂西北汉墓文化的影响，而与汉西地区汉墓有一定区别，可归为鄂西北汉墓区，这也与当时随县一带隶属南阳郡管辖是相符合的。

二

西汉的社会等级主要是通过爵秩表现的。爵位上承秦制，共二十级："一级曰公士，二曰上造，三曰簪袅，四不更，五大夫，六官大夫，七公大夫，八公乘，九五大夫，十左庶长……"据《汉书》所记，自惠帝以后，皆九级爵与吏六百石以上并称，即五大夫以上的爵级只能赐给六百石以上的官吏，所以九级以上的爵位即称为官爵。而八级以下的诸爵则可以赐给一般庶民，故八级以下诸爵可称为民爵。或认为前五等是民爵，六、七、八三等是吏爵，五大夫以上则属于官爵；从爵级的角度来说，拥有官爵的是"官"，拥有吏爵的是"吏"，有民爵和没有民爵的"民"都是"民"②。从两湖地区西汉墓葬材料来看，其丧葬活动中的棺椁制度、用器特征在一定程度上对楚文化有明显传承，但也并不完全严格遵守。要辨识孔家坡-周家寨西汉墓葬的等级，需要通过对墓葬规模、椁棺制度、随葬礼器多寡的分析，结合反映西汉政治制度的爵秩规定，再参考已判明了墓主人等级身份的西汉墓葬资料进行综合分析来确定。由于墓地在施工过程中已有较大破坏，保存墓坑深度不一，不少已近墓底，如此，墓葬开口面积已缺乏比较意义。这里统一以墓底和椁室面积为准（由于大部分椁棺大多仅存痕迹，后者仅做补充）。根据上述原则，可将孔家坡-周家寨西汉墓分为三类。

第一类墓　墓底面积在16平方米左右，椁室面积在13平方米左右，椁室内分4室（棺室、头箱、足箱和边箱），随葬陶礼器3套以上，并随葬较多铜器、漆器的墓葬。以周家寨M9为代表。

根据墓葬规模与棺椁结构，墓主地位应略高于第二类墓（乡官"啬夫"一类低级官吏）。墓主多相当于西汉县丞以下的地方官吏或经济实力与之接近的地主。M9出有"臣"字印章，墓主或为地方官吏。关于臣字印，王献唐先生有过总结③："汉印有臣字者，其言为臣某者，类似两面印""凡臣字诸印，其人必有秩衔，施于封缄，亦必对上峰而发，友朋通函，谅不需此。"赵平安先生认为这种判断基本上正确，但失之绝对，并引《汉书·高帝纪》为反例④：吕公曰"臣少好相人，相人多矣，无如季相，愿季自爱。臣有息女，愿为季箕帚妾"。颜师古注引张晏曰："古人相与语多自称臣，自卑下之道也。若今人相与语自称仆也。"不过，就此例而言，缺乏代表性，也不合常情，高祖当时尚未发迹，以吕公之地位无须自谦至此。太史公追

---

① 随州市博物馆：《湖北随州市城北西汉墓》，《文物》1989年第8期。
② 西嶋定生著，武尚清译：《中国古代帝国的形成与结构——二十等爵制研究》，中华书局，2004年，第84~103页。
③ 王献唐：《臣字印》，《五灯精舍印话》，齐鲁书社，1985年。
④ 赵平安：《秦西汉印章研究》，上海古籍出版社，2012年。

记是为尊崇高祖的皇帝地位，正如冯集梧注引《通典》："皇太子以下，率土之内，于皇帝，皆称臣。"总之，在目前缺乏可靠反证的前提下，我们认为汉代的臣字印还是能反映墓主的官吏身份的。

第二类墓 墓底面积在10平方米左右，椁室面积在5平方米左右，椁室内分3室：棺室、头箱、边箱，无门窗结构。其中头箱多分隔不完整。随葬品数量以漆木（竹）器为主，有较多陶器，多鼎、盒、壶陶礼器2套，同时有少量铜器，甚至铁器。典型墓例有孔家坡M8和周家寨M8，周家寨M22也可归入（M22墓底面积8.4平方米，椁室面积约6平方米）。

周家寨M8，墓坑底长3.97、宽2.65米，面积10.52平方米，一椁一棺，椁室设纵隔梁，分棺室、头箱和边箱三部分。椁室长2.9、宽1.6米，面积4.64平方米。随葬品77件/套。孔家坡M8，墓坑底长3.76、宽2.5米，面积9.45平方米。一椁一棺，椁室设纵梁，结构与周家寨M8完全一致。椁室长2.92、宽1.66米，面积4.85平方米。随葬品59件/套。二者具体随葬器物见表八。

表八 周家寨M8与孔家坡M8随葬器物比较表

	陶器					铜器		漆木器													
	鼎	盒	钫	灶	瓮	铜	带钩	耳杯	盘	扁壶	圆奁	剑	器盖	俑	璧	马	勺	车	几俎	珠	梳	箅
孔M8	2	2	2	1	1	1	1	13	4	1	1	1	2	6	1	3	2	1	1	1	1	1
周M8	2	2	2	1				14	1	1	1	1	2	10	1	2	3	1	1	2	1	1
备注	孔M8另出双耳罐1							孔M8另出有漆椭圆奁、卮、木矛各1件。周M8另出有木棋盘、木"T"形器、木梯形器、木杖、漆弩机模型、漆梳形器、漆扁壶模型、竹木伞、竹笥、竹笔筒、石砚和葫芦瓢等各1件，竹筒形器6件（内有竹签），竹薪若干														

周家寨M8与孔家坡M8二者年代相近（均属西汉早期后段），墓葬规模相等，椁棺结构相同，随葬品组合相类，特别是仿铜陶礼器鼎、盒、钫，漆木（竹）器也基本类同（表八）。由于这两墓均保存很好，随葬品未遭盗扰，能完整反映当时的基本原貌。特别是棺椁形制方面，均为一棺一椁，尺寸基本相同，内部结构也一致，都是设纵梁（下竖立柱和隔板）分隔椁室，形成边箱和棺室。最为奇特的是，棺头端的纵梁下无隔板分隔，棺室与边箱相通，棺室头端因摆放随葬器物自然形成类似头箱（随葬品与边箱内随葬品相连，并无空间分隔）。严格来说，并无真正的分隔明确的头箱。随葬器物方面，周家寨M8不见铜容器，但木器更为丰富，另有较多竹器。孔家坡M8不见竹器，漆器种类相对丰富，除剑外，基本为生活用器；而周家寨M8，扁壶模型、璧、弩机模型明器等较突出。周家寨随葬有竹简、笔筒、砚、棋盘、竹筒形器（带竹签）等表明墓主可能有较高文化素养。从出土《日书》来看，这两位墓主人可能都精通择日之术，掌握了大量数术知识。

从统一的棺椁结构、规模以及相当的随葬器物来看，二者身份应相当。周家寨墓主仅知其爵位为"公乘"（汉爵第八等），而孔家坡M8墓主身份则明确为"库啬夫"，"啬夫"为汉代乡官，"大乡设有秩，小乡设啬夫，总领一乡狱讼赋役一事"（《续汉书·百官志》）。按居延汉简统计材料，拥有"公乘"爵位的人所担任的各种职务包括燧长、候长、士吏、尉史、候史、令史、亭长、啬夫、戍卒、田兵、河渠卒、障卒等。啬夫、亭长以上等职务可以称之为吏，都是斗食小吏和百石小吏。戍卒、田卒等都是应征服役的兵[1]。表明拥有公乘爵位的人，尽管已经失去免役特权，但为吏者多，当兵者少，整体社会地位较高。因此，周家寨M8墓主身份应接近于孔家坡M8，也极有可能是与啬夫相当的一类小吏。

---

① 朱绍侯：《从居延汉简看汉代民爵八级的政治地位》，《南都学坛（人文社会科学学报）》2012年第4期。

第三类墓　墓底和椁室面积比第二等级略小，一椁一棺或单棺，椁室无隔梁分隔，随葬陶礼器，部分也有日用铜器。这类墓葬墓坑面积较小，葬具结构简单，随葬品数量也较少，这一系列因素都反映了墓主人的经济实力要低于第二类，应是一般平民或较富裕的庶民。从已揭露的保存较好的墓葬来看，第三类墓葬内部分化并不严重。第三类墓是墓群的主体，占墓葬总量的近90%。

出土文字材料还显示，周家寨M8墓主路平为桃侯国都乡下辖之高里人，周家寨M9墓主为蔡丑，孔家坡M8墓主是库啬夫辟，这些姓氏材料显示，三者明显属于不同家族，他们如此毗邻埋葬，则表明该墓地应是一个公共墓地。

三

周家寨M8与孔家坡M8所出告地书中均提到"桃侯国"，很可能孔家坡-周家寨墓群中的西汉墓葬主体与"桃侯国"有关，即为桃侯国的公共墓地。同时，也为讨论西汉桃侯国的历史地理提供了关键证据。

关于桃侯国，《汉书》同时载有"桃侯"和"随桃侯"。《汉书》载高祖刘邦封功臣、外戚、王子为侯者"凡百五十三人"，其中有一桃侯，系项羽枝属，"以客从"，赐姓刘，即桃安侯刘襄，其封国位于梁国境内。传四世至武帝元鼎五年（前112年）"坐酎金免"。元帝初元元年（前48年）复封广川王之子刘良为桃侯。此桃侯国属巨鹿郡，后为冀州桃县，地在今河北衡水之冀州、深州间。"随桃侯"则始见于汉武帝时期，《汉书·西南夷两越朝鲜传》："苍梧王赵光与粤王同姓，闻汉兵至，降，为随桃侯。"《汉书·功臣表》载随桃侯赵光于元鼎六年（前111年）四月受封，食三千户，旋薨，其子赵昌乐嗣封。《汉书·霍光传》载公元前74年，霍光纠集36位朝臣向皇太后上书请求废除新继帝位的昌邑王刘贺，其中就有"随桃侯臣昌乐"，排名第10位。宣帝本始元年（前73年）赵昌乐薨，其子有罪，不得代立。直至平帝元始五年（5年），赵光玄孙赵放绍复封，食千户。

关于"随桃侯"地望，《汉书》作者东汉班固、三国吴韦昭及《史记索隐》作者唐司马贞等三家认为随桃侯国属西汉南阳郡①。武家璧先生推断孔家坡牍文中的"桃侯国"应是赵氏随桃侯国的前身，可能是景帝所立的匈奴降侯，至武帝时以酎金失国，前后存在30年左右。随桃侯国与随县同属南阳郡，就是桃侯国在随县的一个有力证明。景帝时期冀州桃侯刘舍曾居相四年，同时在南方却存在一个随州桃侯，也许是为了与前者相区别，后者在文献中被称为"随桃侯"②。马孟龙先生则认为，景帝中元六年（前144年），"王国境内不置侯国"制度正式形成，"徙侯国出王国"举措开始执行，侯国统一被纳入地方行政体系。可能在这种背景下，景帝中元六年桃侯国由梁国迁往南阳郡随县，但桃侯本人可能并未就国。元鼎五年，第四代桃侯刘自为因卷入"酎金案"而国除。桃侯国废除后或并入随县，随县可能由此改称为随桃县。元鼎六年（前111年），武帝利用旧有侯国的建制，分封归附的南粤降将，把随桃县分封予赵光，这便是随桃侯国的由来③。

孔家坡M8与周家寨M8牍文中"桃侯国"的记载表明，桃侯国在景帝、武帝时期已存在于随州。按上述马孟龙先生推断，自公元前144年随桃侯国始立，以公元前111年分界，此前属刘氏桃侯，此后属赵氏桃侯。不过，公元前111年桃侯易主，在考古材料中还未发现相关线索，考古学文化面貌也看不到明显变化。如

---

① 《史记·建元以来侯者年表》列有南越四降侯，《索隐》在其随桃、安道、膫三栏中注明"（《汉书》）表在南阳"，《史记·南越列传》亦载四降侯事迹，《索隐》按："韦昭云：湘城属堵阳。随桃、安道、膫三县皆属南阳。膫，音辽也。"
② 武家璧：《"随桃侯"考》，《中国文物报》2007年8月31日第7版。
③ 马孟龙：《西汉侯国地理》，上海古籍出版社，2021年。

此，周家寨M8墓主（或卒于前134年）与孔家坡M8墓主（卒于前142年）应均与刘氏桃侯国有关，而周家寨M9墓主则应与赵氏桃侯国有关。

总之，周家寨新出《告地书》关于桃侯国的记载进一步确认汉代早期随州境内存在桃侯国的事实，可补史载之不足。从文献记载来看，"桃侯国"几经变迁，其中可能涉及迁徙、改封。因此，有关桃侯国记载的再次出现，有助于认识该地区在西汉时期的行政区划，对研究西汉侯国地理制度及其历史演变有重要意义。

四

周家寨M8所出数量丰富的简牍是本墓地发掘最重要的收获。这批简牍按照内容可分为告地书、日书、文书和签牌四类，并以日书为主体。日书是简册原有的题目，写在第一枚简的背面，共整理出78篇，其中57篇原有篇题——包括"嫁女""裁衣""居室""死失""五龙""穷日""徙时""八望""咸池徙"等。两枚文书简则是《日书》附属的文书记录，可证墓主名平。

新出日书极大地丰富了秦汉日书的内容，对研究秦汉日书文本的演变有着重要意义。周家寨M8《日书》获得了对汉代日书的大量新认识，借此可了解日书这种民间选择通书的传承流布状况，为复原中国历史上的择日体系奠定基础。其中所出批判日书的文字内容为研究古代思想史提供了重要线索。这些文献对择日吉凶有较深刻的阐述，带有思辨色彩，对择日行为表现出鲜明的批判态度，反映出朴素的唯物思想，对古代思想史研究具有重要意义。

五

周家寨墓地发掘材料进一步丰富了随州地区汉墓内涵，特别是周家寨M8出有纪年材料，时代特征鲜明，为西汉早中期墓葬年代学研究提供了典型墓例，它与孔家坡M8可以相互印证，尤为难得的是，二者身份明确，为研究当时社会结构提供了关键个案。孔家坡-周家寨墓群材料为研究汉东地区汉代埋葬制度提供了重要资料。

周家寨墓地新出简牍，保存良好，文字清晰、书法精美，而且数量较大，内容丰富，是我国近年考古出土文献的又一次重要收获。其中周家寨《日书》与孔家坡《日书》相得益彰，是名副其实的随州汉代日书双璧。通过这批简牍，我们有望从数术史、风俗史、社会史等角度窥见西汉社会的若干细节。

附 表

附表一 周家寨汉墓形制登记表

时代	墓葬编号	方向/(°)	形制	墓口 长×宽米	墓深/米	墓底尺寸 长×宽米	墓道 坡度/(°)	墓道 长×宽米	填土	葬具保存情况	椁 长×宽-高米	棺 长×宽-高米	备注
	M1	130	长方形竖穴土坑	3.85×(2.95~3.15)	1.58~1.65	3.7×(2.7~2.82)	18	4.23×(0.8~1.04)	五花土	已朽，零星痕迹	?	?	残墓复原
	M2	125	长方形竖穴土坑	3.22×2	2.96	3×(1.63~1.78)	33	5.13×(0.91~1.26)	五花黏土	残存痕迹	2.79×(1.33~1.67)-0.17	2.22×(0.65~0.8)-0.13	墓坑上部被破坏
	M3	127	长方形竖穴土坑	3.5×2.1	2.02	3.3×1.99	未发现	未发现	褐黄黏花土	残存痕迹	3.1×(1.73~1.79)-0.3	2.07×0.58-0.13	
	M4	153	长方形竖穴土坑	2.38×1.12	0.22	2.34×1.04	未发现	未发现	小花土	已朽，未见痕迹	?	?	
西汉	M5	114	长方形竖穴土坑	2.91×1.87	2.7	2.69×1.69	未发现	未发现	五花土	残存痕迹	2.3×1.29-0.18	2×0.55-0.18	曾被盗扰
	M6	117	长方形竖穴土坑	2.67×1.62	1.73	2.48×(1.33~1.52)	未发现	未发现	小花土	残存痕迹	(2.17~2.25)×(1~1.08)-0.27	2.07×(0.31~0.41)-0.26	
	M7	94	长方形竖穴土坑	2.75×1.72	0.2	2.53×1.6	未发现	未发现	五花土	残存棺底板	?	?	破坏严重
	M8	278	长方形竖穴土坑	4×3.1	1.4	底与口尺寸一致	未发现	未发现	五花土	保存较好	2.9×1.6-1	2.1×0.8-0.8	
	M9	105	长方形竖穴土坑	5.39×(3.31~3.54)	3.79	5.11×(2.98~3.24)	16	8.64×(1.29~2.54)	五花土，草木灰	残存痕迹	4.86×(2.49~2.86)-0.57	2.36×1.25-0.24	近年被盗

续表

时代	墓葬编号	方向/(°)	形制	墓口 长×宽/米	墓深/米	墓底尺寸 长×宽/米	墓道 坡度/(°)	墓道 长×宽/米	填土	葬具保存情况	椁 长×宽-高/米	棺 长×宽-高/米	备注
西汉	M10	125	长方形竖穴土坑	(2.67~2.76)×(1.89~2)	1.72	(2.5~2.61)×(1.73~1.83)	未发现	未发现	黄褐夹灰白土	残存痕迹	2.22×(1.2~1.28)-0.33	1.85×(0.59~0.64)	
	M11	123	长方形竖穴土坑	(3.13~3.22)×2.04	1.76	2.96×1.82	未发现	未发现	灰白夹黑黄土	残存痕迹	2.7×1.5-0.34	1.92×0.64-0.12	
	M12	121	长方形竖穴土坑	3.84×(2.45~2.61)	3.35	3.44×(2.06~2.13)	未发现	未发现	灰白夹黑土	已朽，未见痕迹	?	?	被严重盗扰
	M22	109	长方形竖穴土坑	3.91×2.7	2.8	3.63×(2.3~2.36)	16	(7.84~8)×(1.18~1.32)	五花土	残存痕迹	3.25×1.9-0.29	2.47×0.63	
	M23	25	长方形竖穴土坑	3.03×2.02	0.22~0.39	2.94×1.92	未发现	未发现	小花土	仅存棺痕	?	2.18×(0.56~0.67)-0.27	
	M24	120	长方形竖穴土坑	2.69×1.72	1	2.43×1.57	未发现	未发现	五花土	仅存椁痕	2.19×1.25-0.28	?	
	M25	113	长方形竖穴土坑	(3.18~3.4)×(1.93~2.35)	0.35~0.5	底与口尺寸一致	未发现	未发现	五花土	上部被破坏	2.75×1.59-(0.29~0.45)	1.9×0.62-0.3	葬莽上部破坏
东汉	M13	95	刀形竖穴砖室	3.11×(2.07~2.18)	0.6	3.07×(2.02~2.05)	10	1.64×(1.15~1.28)	淤土	未发现葬具	?	?	
	M14	185	"凸"字形竖穴砖室	3.8×(1.81~1.9)	0.75	3.47×(1.62~1.72)	16	1.03×(1.2~1.47)	花土	未发现葬具	?	?	
	M16	172	刀形竖穴砖室	1.59×1.94	0.51	底与口尺寸一致	16	1×1.12	扰土	未发现葬具	?	?	
	M17	143	长方形竖穴砖室	3.03×(1.24~1.4)	0.35	2.93×(1.26~1.35)	未发现	未发现	扰土	未发现葬具	?	?	破坏严重
	M20	184	长方形竖穴土坑	3.03×(1.12~1.23)	0.31	2.94×(1.08~1.18)	未发现	未发现	小花土	未发现葬具	?	?	破坏严重

附表二 周家寨汉墓随葬品登记表

时代	墓号	位置	随葬品组合 陶器	铜器	银器	铁器	漆木竹器	玉石器	其他	件数	分组	备注
西汉	M1	墓底东北部	鼎、罐、盖、AIV式瓿、灶	剑、镤						9	三	陶器组合不全
	M2	椁内南部、棺内	AaⅡ式鼎、AaⅡ式盒、AⅢ式壶、AaⅡ式瓿、AⅠ式灶	Ab式镜、剑、Ⅱ式镤		削刀				12	二	
	M3	椁室南部	AaⅡ式鼎、AaⅡ式盒、AⅢ式壶、瓿、AⅡ式灶	Ⅰ式镤、B型勺						10	二	
	M4	坑底南部	AbⅠ式鼎、盒、AⅢ式壶、罐、AⅡ式灶							7	三	
	M5	椁室南部	AbⅡ式鼎、AaⅡ式盒、AⅠ式壶、罐、AⅠ式瓿、BⅠ式灶							8	一	
	M6	椁室北部	鼎、BⅡ式盒、壶、B型双耳罐、BⅡ式瓿、CⅠ式灶							5	二	
	M7	墓底填土西北部	AaⅡ式盒、AⅢ式壶、A型双耳罐、AⅢ式瓿、AⅠ式灶							6	二	施工破坏严重
	M8	椁室南部、西部	AaⅠ式鼎、AaⅠ式盒、AⅢ式壶、AⅠ式瓿、AⅠ式灶	环			扁壶、扁壶模型、A、B型耳杯、盘、卮、A、B型俑、弩机模型、筐、梳、剑、梳形器、盖、马、俎、盘、勺、珠、棋"T"形器、杖、笄、伞、筒形、盘、筲、竿、片、牍、笔筒等	砚	葫芦瓢、植物种子、纺织物残留	77	一	陶器组合完整
	M9	整个椁室	AbⅡ式鼎、AaⅢ式盒、AⅢ式壶、A式壶、AⅢ式瓿、BⅢ式灶	AⅡ、BⅡ式盒、Ⅱ式镤、Aa、B、C型镜、鐎壶、钜镂、印章	带钩	剑	A型耳杯、盘、杆	璧		30	三	陶器组合基本完整，椁室东部有漆木器痕迹
	M10	椁室南部	AaⅡ式鼎、BⅡ式壶、罐、AIV式瓿、灶	錾						11	三	椁内南部有漆木器痕迹

续表

时代	墓号	位置	随葬品组合							件数	分组	备注
			陶器	铜器	银器	铁器	漆木竹器	玉石器	其他			
西汉	M11	椁室南部、东部	AaⅢ、BⅡ式鼎，AaⅡ、AaⅣ式盒，AⅣ式壶，BⅡ式瓮，CⅡ式灶，仓							9	四	陶器组合基本完整
	M12	位置不明	AⅣ式瓮							1	三	陶器组合不全，扰乱严重
	M22	椁室南部、东部，棺内	AaⅡ式鼎，AaⅠ式盒，BⅡ式壶，AⅡ式瓮，BⅠ式灶	AⅠ、BⅠ式盆，Ⅰ式铺，AbⅠ式镜，A型勺，鋞		剑				16	二	陶器组合基本完整
	M23	椁室东侧	AaⅡ式鼎，AaⅡ式盒，AⅡ式壶，BⅠ式瓮，BⅠ式灶			釜				9	二	
	M24	椁室东北部	AaⅠ式鼎，AbⅠ式盒，BⅠ式壶，AⅡ式瓮，BⅠ式灶，CⅠ式灶							9	二	
	M25	椁室北部	BⅠ式鼎，AbⅡ式盒，AⅢ式壶，罐，瓮，灶							9	三	
	M13	砖室东部	鼎，壶，仓，囷	帽						6		陶器组合不全，扰乱严重
东汉	M14		灶							0		随葬品无存
	M16	未知								1		陶器组合不全，扰乱严重
	M17									0		随葬品无存
	M20		瓮							2		陶器组合不全

附　　录

附录一　随州周家寨简牍的清理与保护

卫扬波　黄玉洪　李　玲

（湖北省文物考古研究院）

随州周家寨墓地诸多墓葬中，M8出土的遗物最为丰富，该墓发现的一批简牍尤为珍贵。M8简牍经历了长期埋葬、棺椁垮塌、施工扰动等过程，受到水位变化及埋葬环境、微生物等因素影响，材质降解严重，部分简牍断裂、杂乱分散，保存状况较差，病害严重。在对出土简牍现状评估和科学分析的基础上，湖北省文物考古研究院对这批简牍进行了科学、有效的考古发掘现场及室内的清理和保护。

一、简牍的考古发掘现场保护

1. 简牍的考古出土概况

周家寨M8是土坑竖穴墓，其葬具为单椁单棺，椁室被纵梁、隔板分隔形成西头箱和南边箱的格局，棺椁在发掘时为饱水状态。简牍发现于M8椁室南边箱东端，简牍和竹笔筒、铜环、石砚等文具原装置于同一近方形竹笥内。

M8墓坑椁室以上部分盖板由于基建施工被破坏，东段椁盖板垮塌。发掘出土时，简牍大部分立靠于椁室隔板上，成卷放置。在考古发掘现场，由于竹笥的约束，大部分简牍及文具等基本与其他遗物保持着一定距离而独立存在。但由于存放简牍、文具的竹笥降解、朽坏、破碎，大部分简牍暴露于墓葬环境中。墓葬内的填土、淤泥、腐殖物和其他污染物将竹笥部分残片和其内简牍、文具等遗物包裹、粘连。竹简编绳降解严重，失去编连和约束成册竹简的作用。简牍出土时呈近垂直放置状态，竹简由于降解、腐朽，在应力作用下断裂、分散，呈散乱堆积状。

2. 简牍的分块提取

由于简牍及文具等遗物分布杂乱，且因长期地下埋葬等因素影响，这批简牍的竹木材质色泽和强度与新鲜竹木材质相比发生了极大改变，降解严重，已基本丧失了原有的机械强度。基于简牍及文具等遗物被淤泥等污染物包裹、粘连等情况，考古发掘现场并不具备揭取和清理简牍的各项条件[①]。在考古发掘现场，为尽可能保存简牍的完整性和降低后期清理的难度，根据简牍及文具等遗物的分布情况，根据竹笥内简牍及文具

---

① 李玲，卫扬波，周理坤，等. 严仓古墓出土竹简考古现场及整理过程中的保护技术［C］//东亚文化遗产保护学会，内蒙古博物院，中国文物保护技术协会. 东亚文化遗产保护学会第二次学术研讨会论文集. 北京：科学出版社，2013：294-303.

等遗物散落、堆积情况将其划分为三块进行了打包提取。具体流程如下：

1）对简牍及文具等遗物分布区域进行拍照、绘图，对简牍及文具等遗物堆积现状等信息进行全面文字记录。

2）根据简牍及文具等遗物堆积分块尺寸裁剪合适规格光面镀锌板，将其表面喷洒去离子水备用。采用光面镀锌板紧贴椁室底板将三块遗物堆积分别进行切割提取。

3）提取后的简牍及文具等遗物堆积块立即采取保湿、防霉、避光等保护措施，采用饱水脱脂棉、环保海绵、塑料薄膜由里及表进行三层包装、密封。

4）将包装、密封处理的三块简牍及文具等遗物堆积运送到文物整理和保护工作站，立即进行室内清理和保护。

二、简牍的室内清理和保护

周家寨墓地M8简牍及文具等遗物原装置于一近方形竹笥内。由于长期埋葬等因素的影响，竹笥腐朽、破碎，成册竹简的编绳腐烂、断裂，原本成卷的竹简已解体、少量破碎残简杂乱分散，相当数量的简牍出现了变形、断裂、糟朽等严重病害。

1. 简牍及文具等遗物的揭取

出土简牍及文具等遗物由于淤泥等污染物的包裹、粘连作用，大部分竹简基本上仍然保持成册堆积的状态，未出现完全分散、杂乱等现象，仅有少量断裂、破碎严重的竹简呈无规则的散布状态。简牍及文具等遗物清理的首要任务是将其从淤泥等污染物中分层有序揭取。具体流程如下：

1）将塑料薄膜、海绵及脱脂棉等包装小心去除，将待揭取的简牍及文具等遗物堆积块置于稳定的水平台面上。

2）采用高压喷壶向简牍及文具等遗物堆积表面喷射去离子水，待其表面淤泥等污染物（图一）润胀后，用竹签、牛角刀等工具将堆积块表面的淤泥和其他杂物剔除。当靠近简牍等遗物表层时，将喷壶调节成合适的喷雾水滴粒度和速度，小心冲击附着在简牍表层的淤泥，直到简牍表层洁净，层位关系清晰（图二）。

3）从正面和四个侧面仔细观察简牍及文具等遗物之间的层位关系。采用钢直尺作为正面基线，以钢尺基线为固定点位拍摄简牍及文物等遗物正面正投影影像；选取简牍及文具等遗物层位关系清楚的侧面拍摄遗物剖面正投影影像。

图一　遗物堆积表面污染物

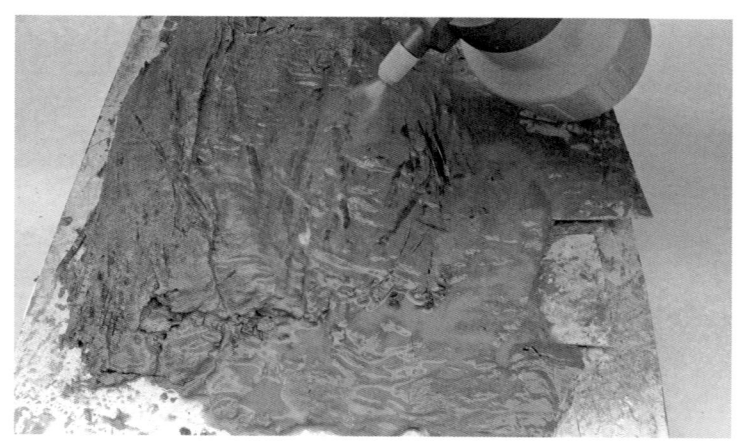

图二　遗物表面污染物的清理

4）竹简揭取时，采用喷壶向竹简夹层间的淤泥层间隙喷射去离子水，使粘连竹简的淤泥充分润胀（图三）。选用合适规格的竹刀或调刀小心插入目标竹简之间松动，待粘连竹简完全分离后，将目标竹简提取，按揭取顺序依次放入盛放去离子水的透明PP塑料盒内，按提取编号标注竹简对应的编号（图四）。揭取一层竹简后，立即将暴露出来的淤泥层清理去除，继续对下一层竹简正面进行拍摄、绘图、揭取，直到所有遗物提取完毕。

5）按简牍及文具等遗物的剖面正投影影像所示层位关系，对简牍及文具等遗物由上及下逐层揭取，以竹简、木牍及文具等遗物提取顺序进行编号，并将编号分别标注于遗物剖面正投影影像上和简牍及文具等遗物装具对应位置（图五、图六；正文图三二）。

6）在简牍及文具等遗物揭取的过程中，可同时穿插进行竹简的编号、位置、长度、完残程度、编绳信息等遗迹现象文字记录工作，确保在后期整理阶段每一枚揭取后的竹简的信息准确。

图三　竹简之间的淤泥层

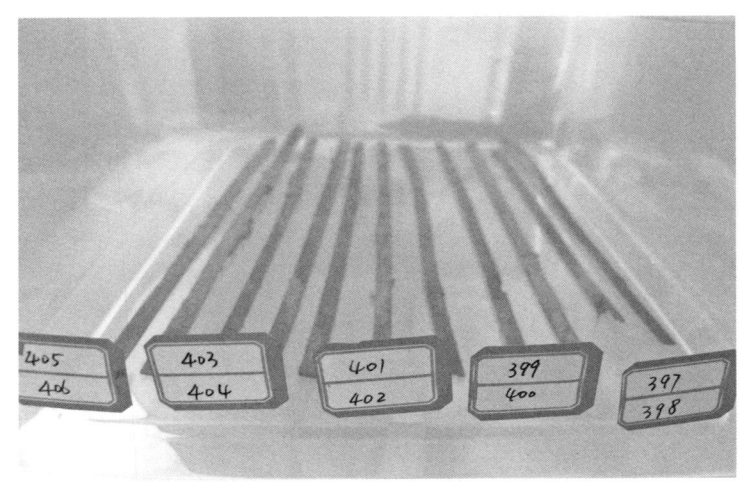
图四　表层竹简的提取和编号

图五　简牍及文具等遗物的分布和编号

图六　成册竹简的正、剖面与编号

2. 简牍的清洗

经过仔细清理和揭取，共清理出竹简566枚、有字木牍1块、竹签牌4枚及竹笔筒、铜环和石砚等文具各1件（套）。其中，清理出完整竹简约360枚，其他为残简或无字简。竹简呈面条状、质软，简牍色泽为黑褐色，其正反表面局部附着大量淤泥、腐殖物等污染物。

为了对这批简牍进行揭示和保护，需对其表面附着的淤泥、腐殖物等污染物进行及时清除。在经反复试验后，取适量表面活性剂、脱色络合试剂复配竹简清洗剂，将待清洗竹简浸入清洗剂10分钟。待竹简黑褐色稍变浅、局部墨迹可见时，左右手分持两支软质细毛笔，其一用于固定竹简位置，另一对竹简表面附着的污染物进行点刷去除（图七）。清洗时，应按先背面后正面、先空白后墨迹的顺序小心操作。如一次清洗未能达到效果，可置换去离子水后多次重复操作，直到竹简表面完全洁净。在清洗过程中可同步进行对部分编绳、墨迹、字迹等信息明晰的简牍进行信息的文字记录工作（图八）。竹简清洗完成后，应按编号顺序重新置于盛放洁净的去离子水的透明PP塑料装具中。

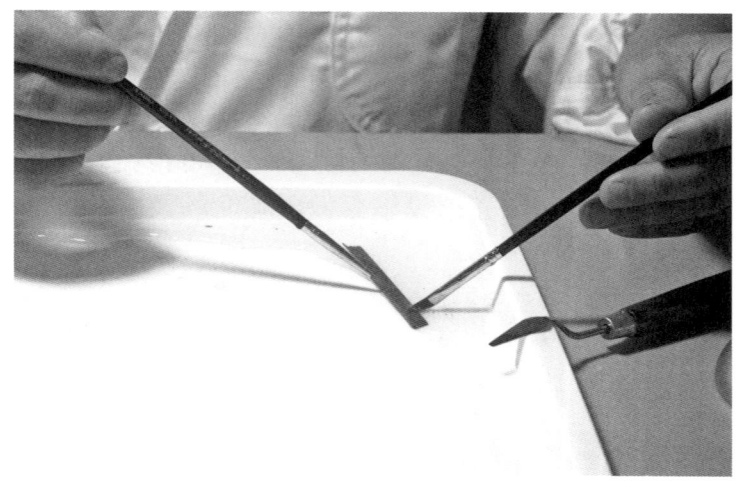

图七　竹简的清洗试验

图八　竹简的清洗与文字记录

三、简牍的脱色

周家寨墓地M8出土竹简和木牍经过清洗后测量，完整竹简通长27.8～28.2厘米。多数竹简的编绳痕迹得到了保留，每枚竹简均有三道编绳，天头、地脚各约1厘米，简中部各存在一处编绳痕迹。简牍表面洁净，整体色泽呈深褐色，其表面墨迹、字迹等重要信息仍难以识读提取，需进行脱色处理。

1. 简牍的保存现状评估

在对简牍进行脱色前，对清洗后的竹简进行了初步的检测评估工作。选取数枚小段无字的竹简残片测量其自然干燥前后重量和尺寸，竹简残片含水率300%～500%，横向收缩率35%～45%，径向收缩率12%～20%。检测结果表明，这批竹简含水率较高，竹材纤维严重降解，竹材内部结构被破坏、坍塌[1]。

为了最大限度地恢复竹简的强度和韧性，避免和减少简牍在后期脱色、信息及文字等资料提取过程中发生断裂和解体的危险，需对其进行预加固处理。丙二醇是一种与水、乙醇等可混溶，且不影响简牍后期脱色、脱水等工作的有机化合物[2]。在简牍脱色、信息提取等工作开展前，配制丙二醇等复合加固溶液，将清洗洁净后的简牍置入其中进行加固处理。

2. 简牍的脱色

竹简埋葬过程中，降解初期纤维素、半纤维素和木质素等成分均会发生降解。随着埋葬过程的深入，木质素降解速度会变慢，纤维素和半纤维素则会持续降解[3]。因此，出土竹简纤维一般纤维素和半纤维素降解更严重，木质素成分降解程度稍低，导致出土竹简显色基团含量较大[4]。研究表明，刚出土的饱水竹简，其

---

[1] 吴昊，陈子繁，魏彦飞，等.出土饱水竹简失水干缩的复形研究——以海昏侯墓葬出土竹简等为例[J].文物保护与考古科学，2016（3）：12-18；江西省文物考古研究院，江西省博物馆，荆州市文物保护中心，等.江西南昌西汉海昏侯刘贺墓出土竹简室内清理保护[J].文物，2020（6）：17-24，40.

[2] 江西省文物考古研究院，江西省博物馆，荆州市文物保护中心，等.江西南昌西汉海昏侯刘贺墓出土竹简室内清理保护[J].文物，2020（6）：17-24，40.

[3] 李梅英.糟朽丝织品文物和饱水竹木质文物劣化降解机理及化学保护研究[D].武汉：武汉大学，2014：88-100.

[4] 俞翔.南昌海昏侯墓出土植物遗存降解及变色机理研究[D].合肥：中国科学技术大学，2018：71-92.

含有的二价铁离子会迅速氧化生成三价铁离子，三价铁离子与竹简降解产物的邻苯酚结构反应，使竹简表面迅速变黑[1]；出土时间较长的竹简再次变色则是因为竹简降解产物中的酚类物质氧化成了醌类物质。

根据出土竹简显色机理和脱色机制的研究，简牍脱色的有效途径有以下两种。

1）在饱水竹简考古出土现场，即在简牍内酚类物质氧化前或者氧化程度较低时，采用草酸或者EDTA溶液将其内含的三价铁离子络合去除，使铁离子和酚类物质的作用可逆反应达到脱色作用[2]。

2）在竹简出土较长时间后，即在简牍内酚类物质深度或重度氧化后，可选取合适还原试剂将醌类物质还原成酚类物质达到脱色效果。简牍脱色常用硫代硫酸钠等作为还原剂，硫代硫酸钠对简牍中的醌类物质有非常良好的还原效果[3]。经研究表明，使用硫代硫酸钠进行脱色对纤维内部结构影响小，非常适合简牍类文物的保护要求[4]。

还原剂脱色效果往往较好，但是无法有效去除简牍中的铁离子，脱色效果难以持久。为有效地对周家寨M8简牍进行脱色，选取了硫代硫酸钠作为还原剂和EDTA作为螯合剂配合使用的方法。具体流程如下：

1）配制5%硫代硫酸钠溶液作为还原剂，于50℃保温条件下，将待处理简牍浸入还原剂反应90分钟。

2）配制1%EDTA溶液作为螯合剂，于40℃保温条件下，将脱色后的简牍浸入螯合剂反应60分钟。

简牍清洗和脱色后，完整的竹简和木牍两端平直，三道编绳痕迹清晰，色泽深黄，墨迹和字迹在红外光和可见光下均清晰可见，完全满足了红外光和可见光摄影等技术对其信息提取的需求（图九）。

图九　竹简脱色保护后

四、小　　结

周家寨墓地M8简牍出土时，被淤泥、腐殖物等污染物包裹、粘连，少量竹简断裂、杂乱分散。在考古发掘现场，通过对M8简牍及文具等遗物堆积采用分块提取技术，采取保湿、防霉等措施，安全、有效地对其进行了提取和转运至室内。在室内清理阶段，经过反复试验，选取了合适的材料与技术对简牍及文具等遗物进行了安全、高效的提取，同时在研究基础上，选择成熟的方法对出土简牍进行了清洗、脱色和固色，达到了揭示和保存其信息的目的，满足了简牍识读和信息提取的需求。

---

[1] 方北松，刘姗姗，童华，等.饱水竹简变色机理的初步研究［C］//中国文物保护技术协会.中国文物保护技术协会第四次学术年会论文集.北京：科学出版社，2007：365-371.

[2] 张金萍，奚三彩.饱水竹简变色原因的研究［J］.文物保护与考古科学，2003，15（4）：37-42.

[3] 方北松，刘姗姗，童华，等.饱水竹简变色机理的初步研究［C］//中国文物保护技术协会.中国文物保护技术协会第四次学术年会论文集.北京：科学出版社，2007：365-371.

[4] 张金萍，奚三彩.饱水竹简变色原因的研究［J］.文物保护与考古科学，2003，15（4）：37-42.

此次对这批简牍的考古发掘现场和室内清理、保护工作实践，探索了南方水坑墓葬出土饱水简牍类文物的现场提取和室内清理、保护及信息提取等方面的技术，对其在考古发掘现场和整理中发掘、清理、保护等同时推进的工作模式进行了行之有效的尝试，达到了提取和保护珍贵简牍信息的目标，提高了出土简牍后期校勘、编连过程中的准确性和工作效率，取得了良好的效果。

（原文刊发于《文物保护与考古科学》2022年第4期，略有删改）

附录二　随州周家寨汉墓M8出土木材研究

王树芝[1]　罗运兵[2]　史德勇[2]

（1. 中国社会科学院科技考古与文化遗产保护重点实验室　2. 湖北省文物考古研究院）

周家寨M8葬具为一椁一棺，随葬品丰富，以漆木器为主。在发掘过程中，湖北省文物考古研究院重点对M8采集了11个木材样品和1个木炭样品，希望通过木材的鉴定研究，来获取古代人类利用木材的信息。

一、研究方法

（一）木材样品的鉴定

从木样上取1厘米见方的小块样品，放入水中煮沸，使其软化。用刀片将小木块修成0.5厘米×0.5厘米×0.5厘米左右的正方体，在LEICA CM3050 S冷冻切片机上，按照横、径、弦三个方向分别切出厚10～25微米的切片。再经染色、脱水、封片等步骤，制成永久光学切片。在LEICA DM2500光学显微镜下观察、记载木材特征，根据《中国木材志》[1]《中国主要木材构造》[2]《木材考古学：理论、方法与实践》[3]等主要书籍对树种木材特征的描述和现代木材切片的构造特征进行树种的鉴定，然后拍照。

（二）木炭样品的鉴定

将采集的木炭样品做横向、径向和弦向三个面。先在具有反射光源、明暗场、物镜放大倍数为5倍、10倍、20倍、50倍的Nikon LV150体式显微镜下鉴定，然后将木炭样本粘在铝质样品台上，样品表面镀金，在Quanta 650扫描电子显微镜下进行拍照。

二、鉴定结果

通过观察和鉴定，从周家寨墓地M8采集的12个木材和木炭样品分别属于四个树木种类，分别是梓属（*Catalpa*）、栎属（*Quercus*）、榆属（*Ulmus*）和泡桐属（*Paulownia*），具体的鉴定结果见表一。

---

[1] 成俊卿、杨家驹、刘鹏：《中国木材志》，中国林业出版社，1992年，第1～820页。
[2] 腰希申：《中国主要木材构造》，中国林业出版社，1988年，第1～258页。
[3] 王树芝：《木材考古学：理论、方法与实践》，科学出版社，2021年，第1～481页。

表一 周家寨墓地采集的木材样品鉴定结果

样品编号	构件位置	种属
M8	棺墙板	梓属（*Catalpa*）
M8	棺挡板	梓属（*Catalpa*）
M8	棺分板	榆属（*Ulmus*）
M8	椁盖板	栎属（*Quercus*）
M8∶12	木俑颈部	泡桐属（*Paulownia*）
M8∶13	木俑腿部	泡桐属（*Paulownia*）
M8∶15	木俑腿部	泡桐属（*Paulownia*）
M8∶23	木俑腰部	泡桐属（*Paulownia*）
M8∶24	木俑腰部	泡桐属（*Paulownia*）
M8∶55	木俑底部	泡桐属（*Paulownia*）
M8∶9	木马前腿根部	泡桐属（*Paulownia*）
M8∶9	木马尾部	泡桐属（*Paulownia*）

（一）梓属（*Catalpa*）

梓属木材构造特征：从木材横切面看，生长轮明显，环孔材，早材管孔中至甚大，在肉眼下可见至略明显，连续排列成早材带，有侵填体，早材至晚材急变或略急变，晚材管孔在肉眼略见。导管在早材带横切面上为卵圆及圆形，在晚材带略具多角形，组成管孔团（图一、图四）。从径切面看，单穿孔，管间纹孔式互列，射线组织异形Ⅲ型，螺纹加厚有时见于小导管管壁上（图二、图五）。从弦切面看，木射线非叠生，单列射线甚少，多列射线通常宽2~3列细胞（图三、图六）。

（二）榆属（*Ulmus*）

榆属木材构造特征：从木材横切面看，生长轮明显，环孔材，早材管孔略大，在肉眼下明显，连续排列成早材带，宽多数1~3列管孔，早材至晚材急变，晚材管孔略小，簇集成弦向带（图七）。从径切面看，螺纹加厚仅存在于小导管管壁上，单穿孔，射线组织为同形多列，射线-导管间纹孔式类似管间纹孔式（图八）。从弦切面看，木射线非叠生，单列射线甚少，多列射线甚多（图九）。

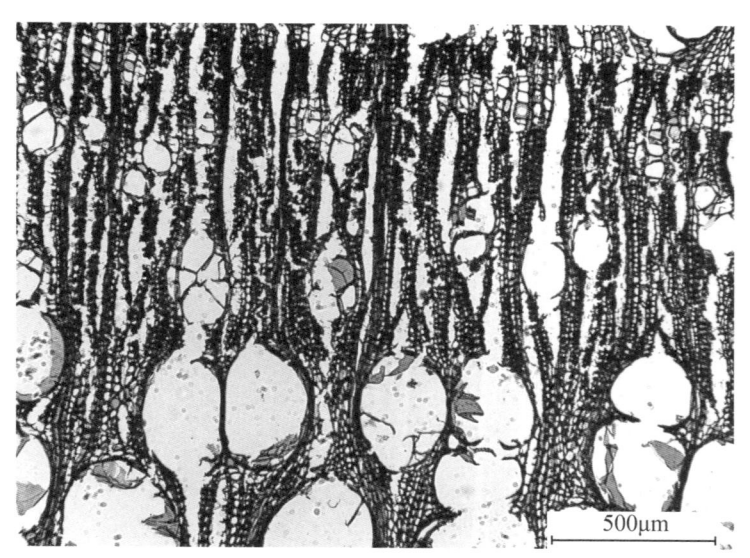

图一 棺墙板横切面

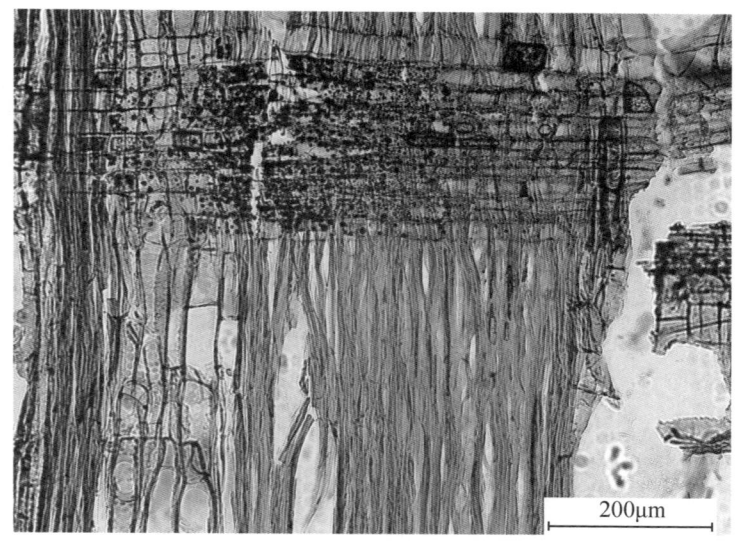

图二 棺墙板径切面

(三)栎属(*Quercus*)

栎属木材构造特征:从横切面看,生长轮明显,环孔材,早材管孔略大,在肉眼下明显,连续排列成早材带,早材带1至数列管孔,早材至晚材急变,晚材管孔在显微镜下才能看见,轴向薄壁组织量多,离管带状。木射线中至密,分宽窄两类:①窄木射线极细;②宽木射线被许多窄木射线分隔(图一〇)。从木材径切面看,单穿孔,射线-导管间纹孔式为刻痕状,同形木射线(图一一)。从木材弦切面看,木射线非叠生;窄木射线通常单列,宽木射线最宽处宽至许多细胞(图一二)。

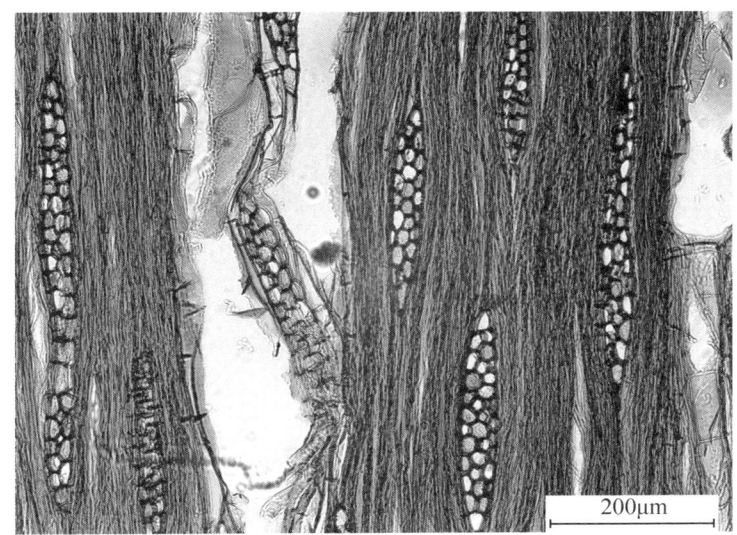

图三 棺墙板弦切面

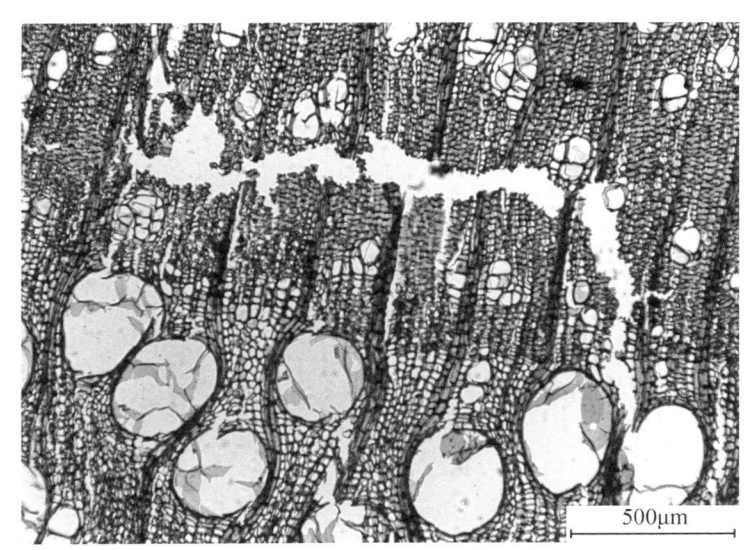

图四 棺挡板横切面

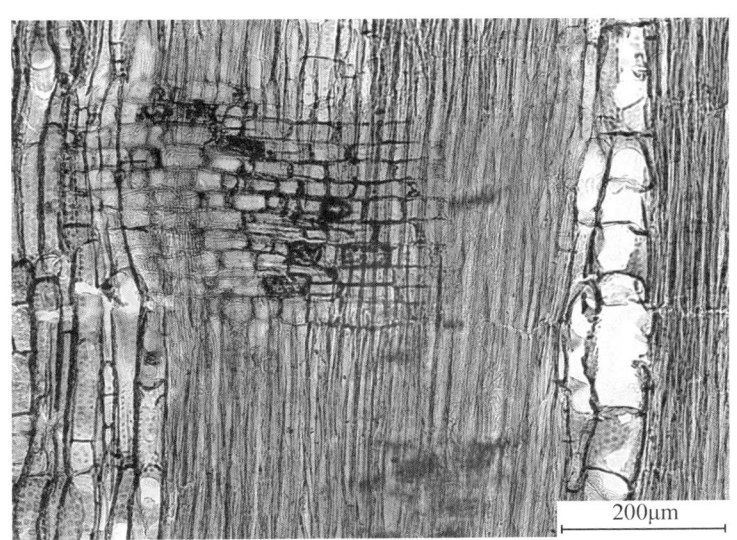

图五 棺挡板径切面

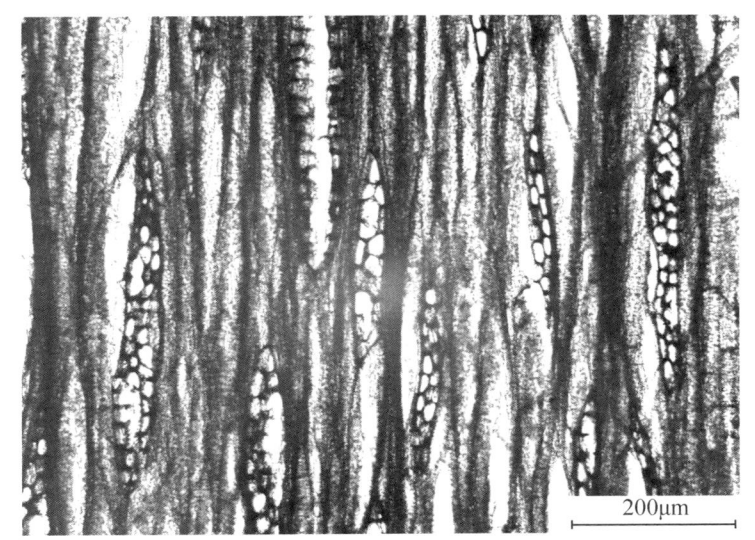

图六 棺挡板弦切面

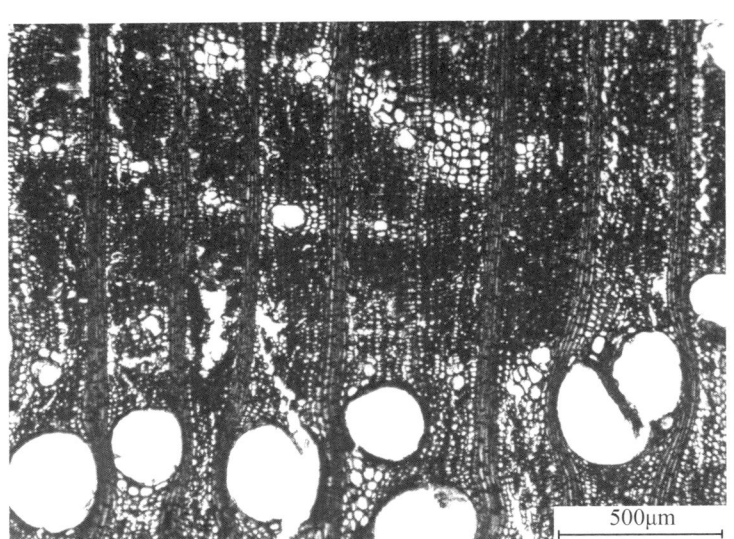

图七 棺分板横切面

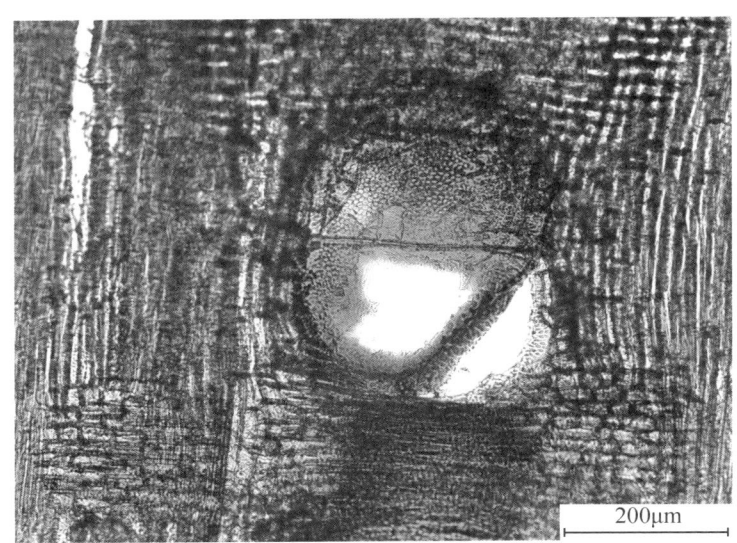

图八 棺分板径切面

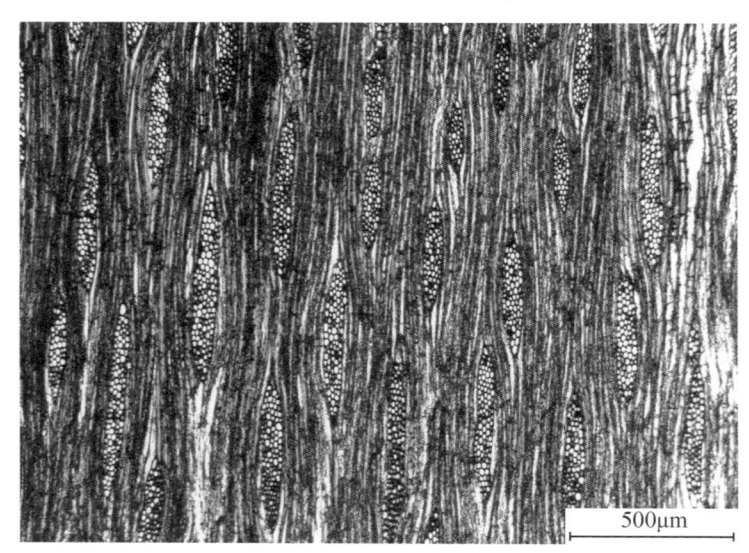

图九　棺分板弦切面

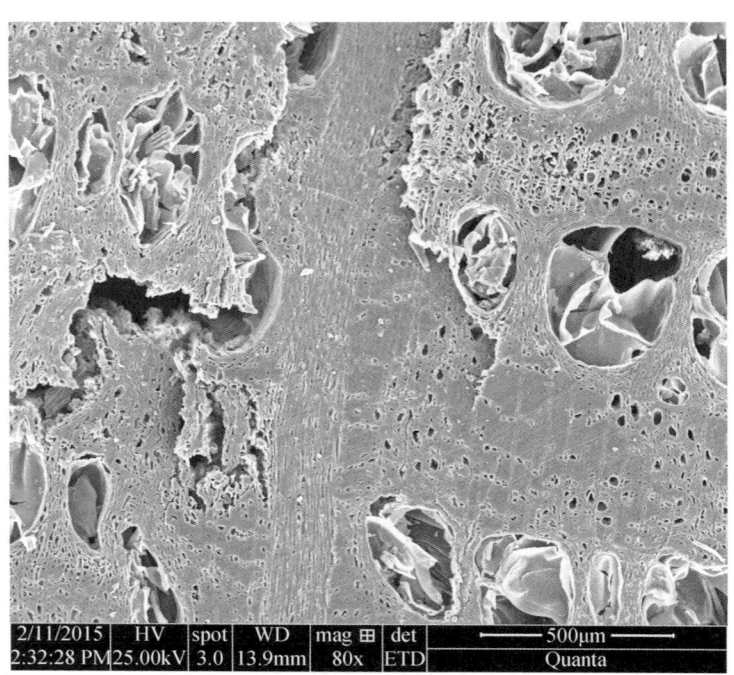

图一〇　椁盖板横切面

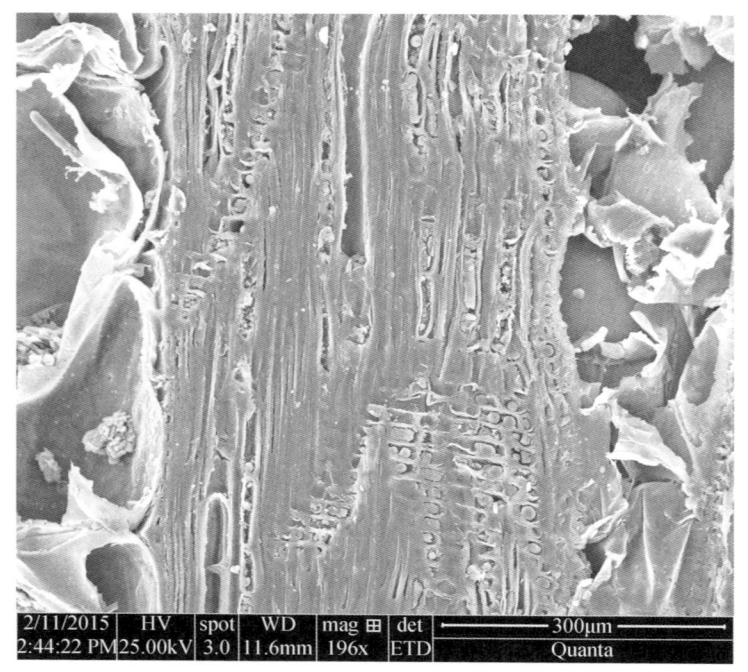

图一一　椁盖板径切面

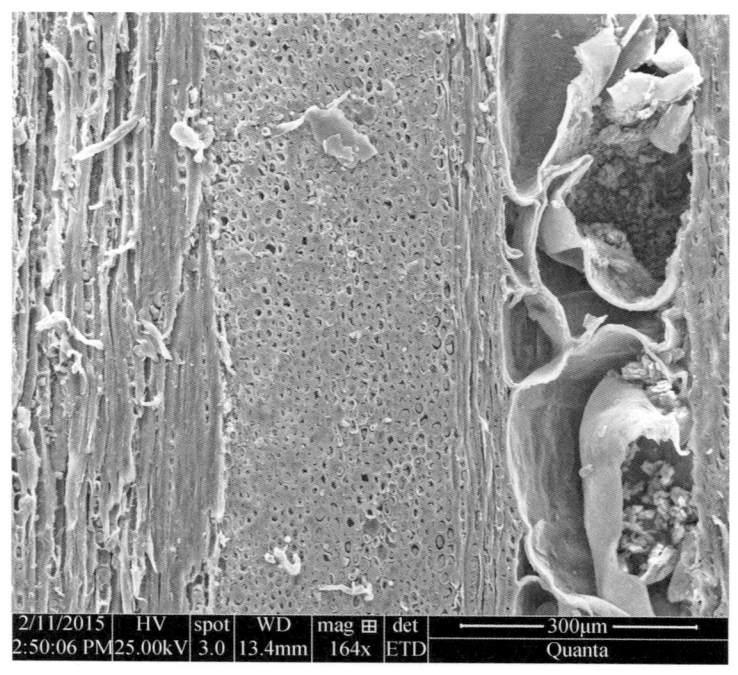

图一二　椁盖板弦切面

（四）泡桐属（*Paulownia*）

泡桐属木材构造特征：从横切面看，生长轮明显；半环孔材（宽轮）至环孔材（窄轮）；宽度不均匀。早材管孔略大至甚大，连续排列成明显早材带，宽2～3列管孔；早材至晚材急变或略急变。晚材管孔甚少至少，中至略大。导管在早材带横切面为卵圆及椭圆形，少数呈圆形，常含侵填体；在晚材带横切面为多角形，单管孔及短径列复管孔，散生，或与薄壁组织相连成短弦列或斜列。轴向薄壁组织颇多，环管束状、翼状及聚翼状，后者呈短弦带（尤在生长轮末端），宽数细胞。木射线稀至中，甚细至中（图一三、图一六、图一九、图二二、图二五、图二八、图三一、图三四）。从径切面看，螺纹加厚缺如。单穿孔。管间纹孔式互列，多角形。木纤维壁甚薄。具缘纹孔数多。射线组织同形。射线与导管间纹孔式类似管间纹孔式（图一四、图一七、图二〇、图二三、图二六、图二九、图三二、图三五）。从弦切面看，木射线非叠生；射线多列，宽2～5细胞，多数3～4细胞。单列射线极少（图一五、图一八、图二一、图二四、图二七、图三〇、图三三、图三六）。

附　录

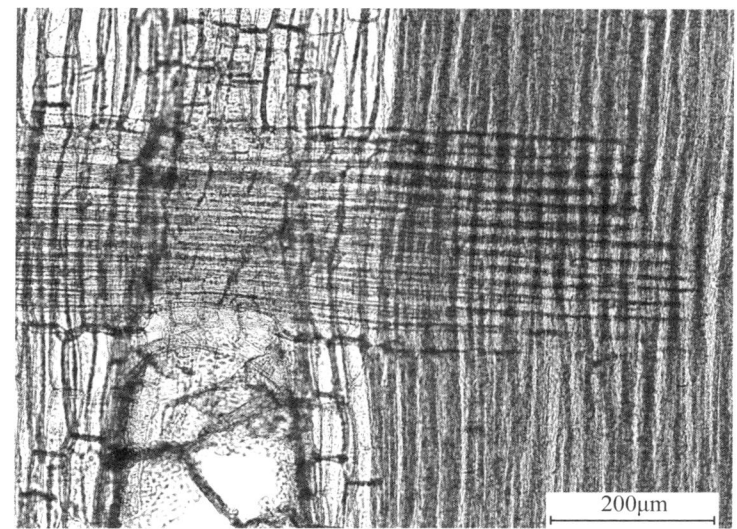

图一三　M8：12木俑颈部横切面

图一四　M8：12木俑颈部径切面

图一五　M8：12木俑颈部弦切面

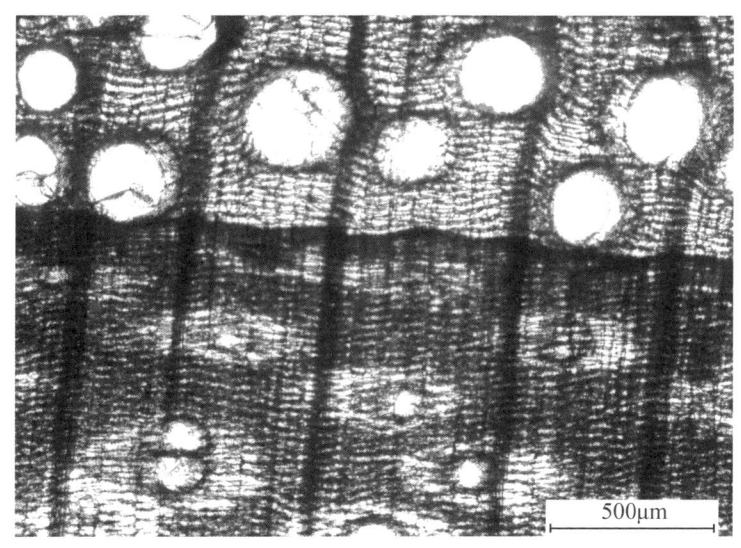

图一六　M8：13木俑腿部横切面

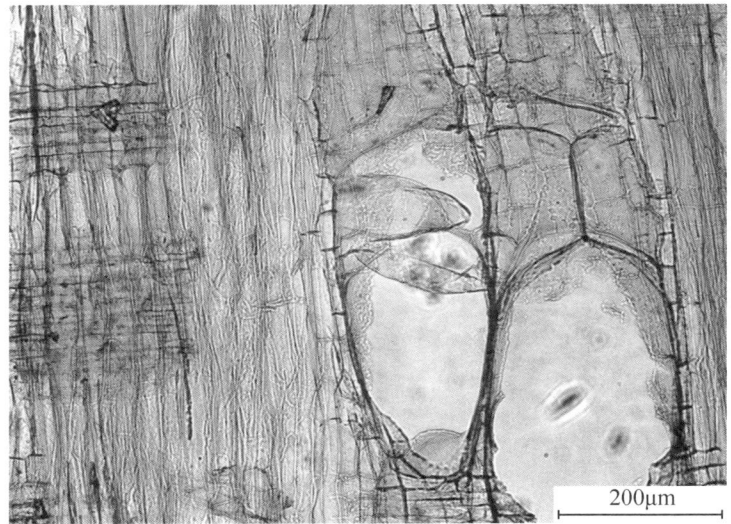

图一七　M8：13木俑腿部径切面

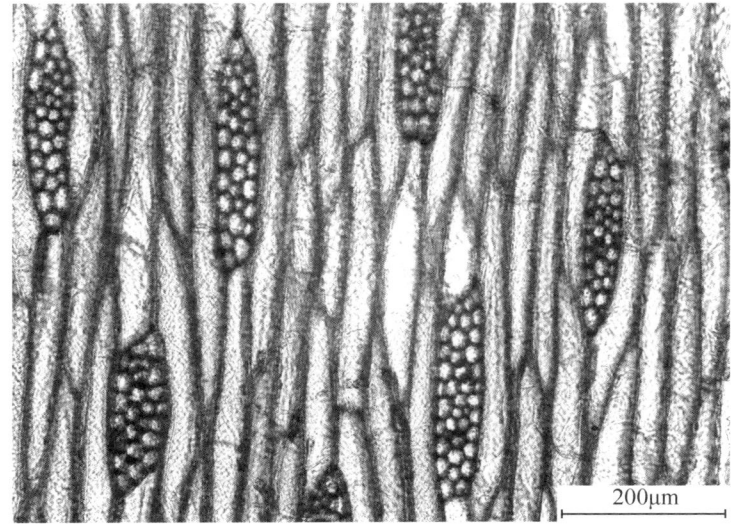

图一八　M8：13木俑腿部弦切面

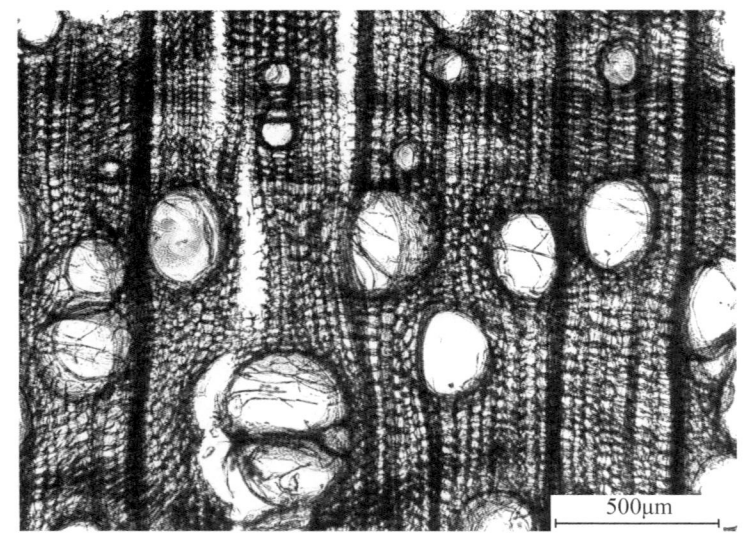
图一九　M8∶15木俑腿部横切面

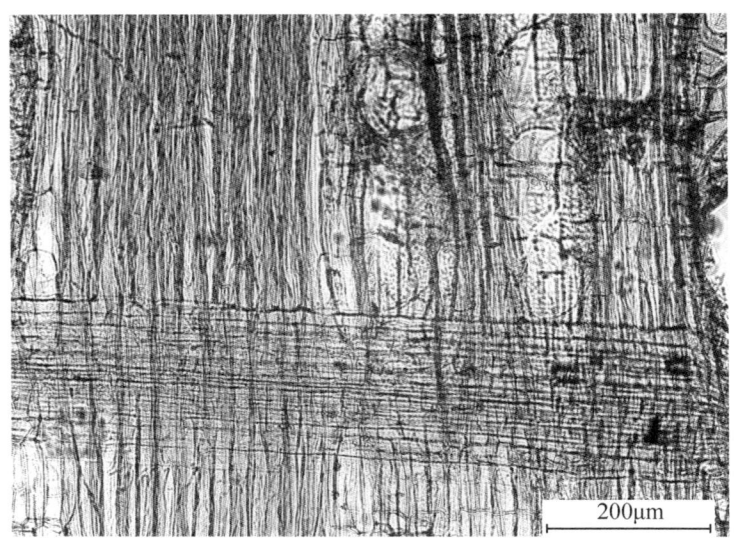
图二〇　M8∶15木俑腿部径切面

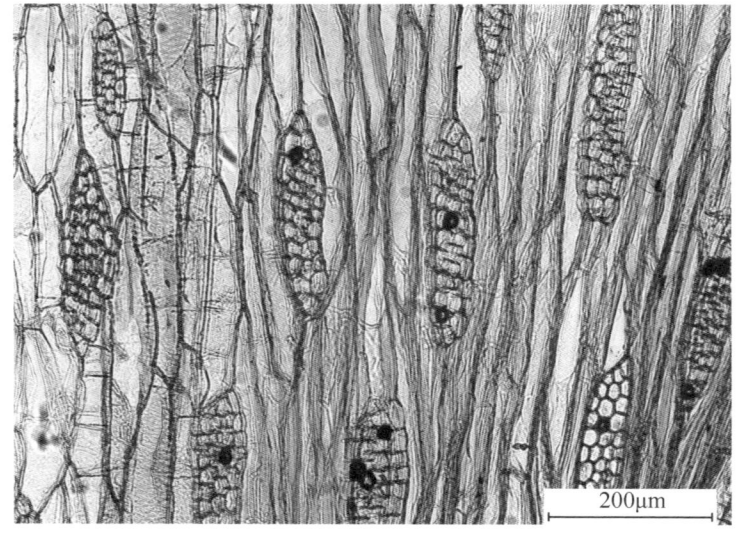
图二一　M8∶15木俑腿部弦切面

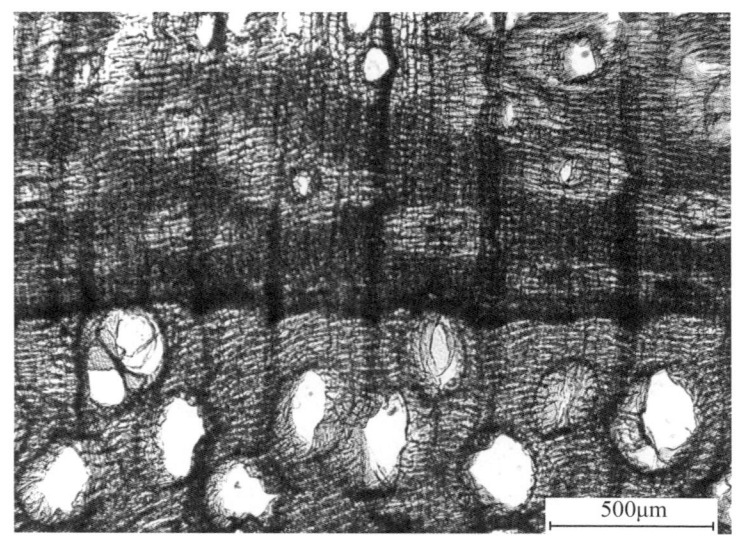
图二二　M8∶23木俑腰部横切面

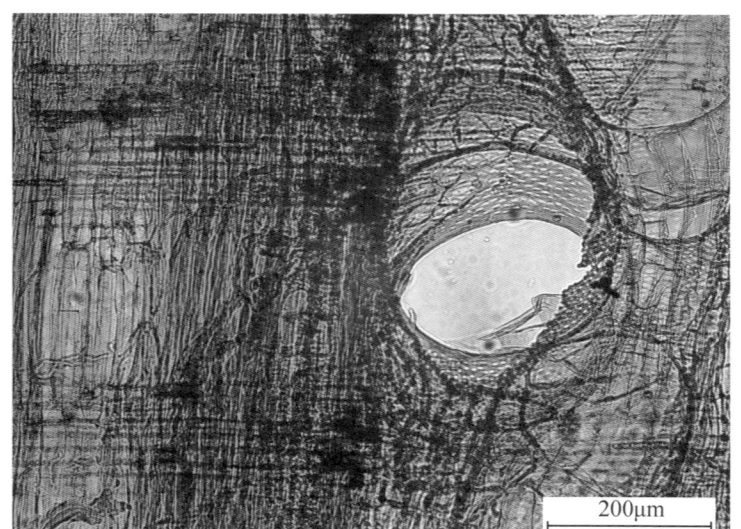
图二三　M8∶23木俑腰部径切面

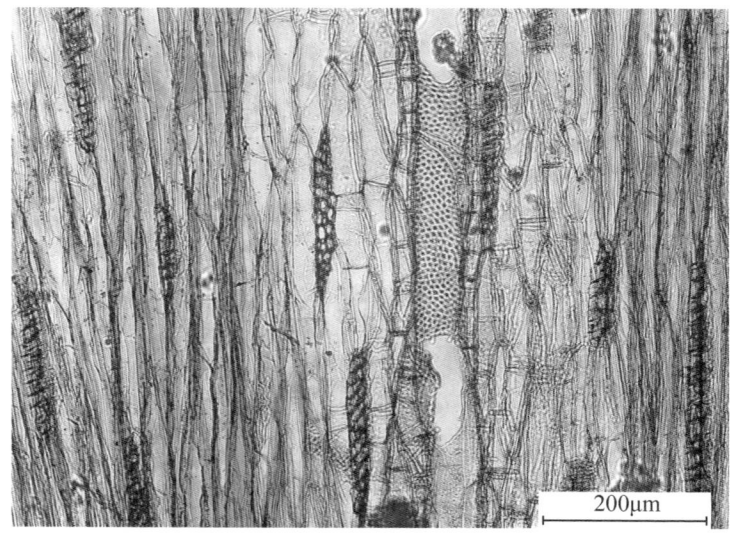
图二四　M8∶23木俑腰部弦切面

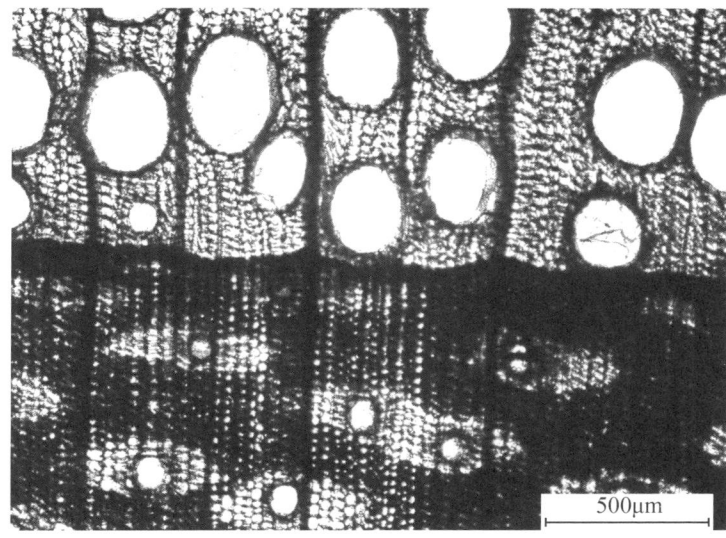
图二五　M8∶24木俑腰部横切面

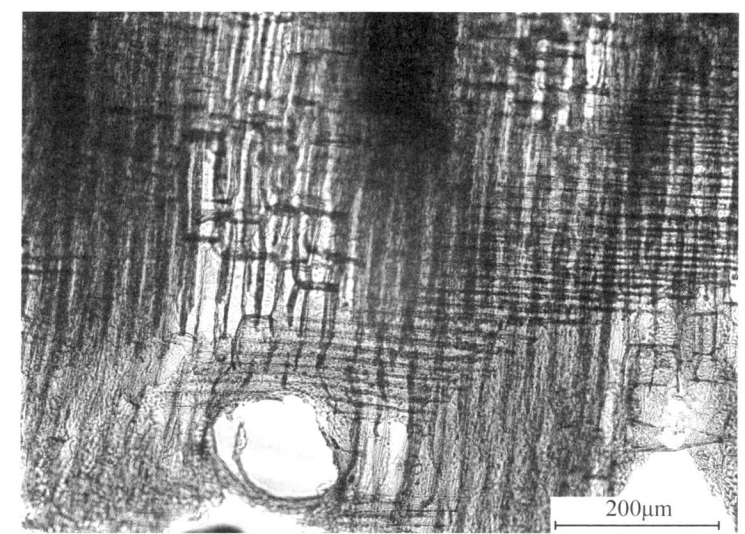
图二六　M8∶24木俑腰部径切面

图二七　M8∶24木俑腰部弦切面

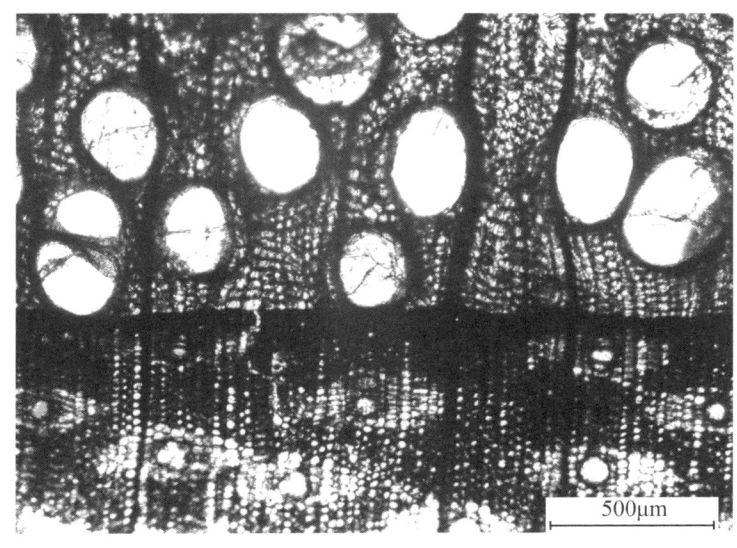
图二八　M8∶55木俑底部横切面

图二九　M8∶55木俑底部径切面

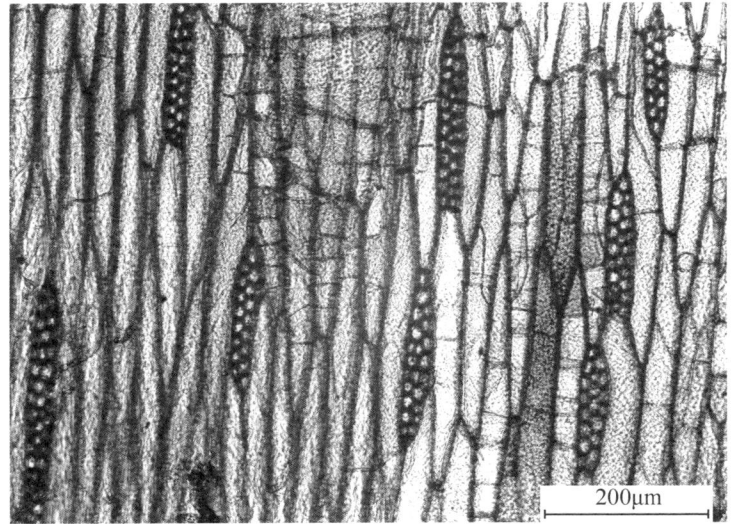
图三〇　M8∶55木俑底部弦切面

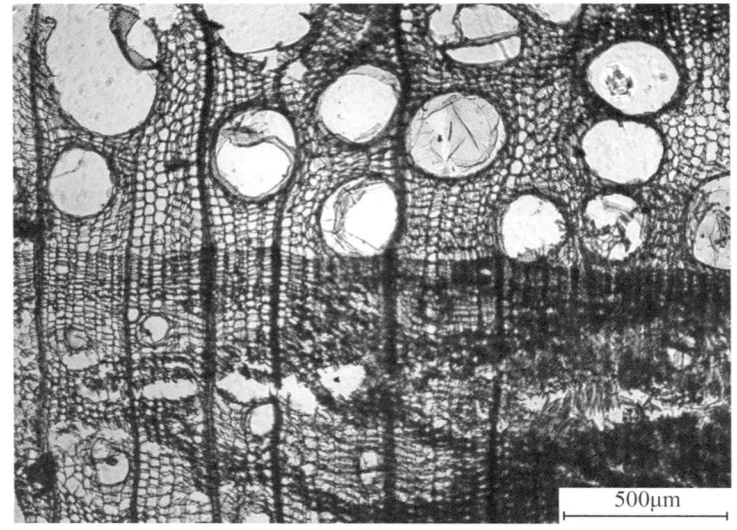

图三一　M8∶9木马前腿根部横切面

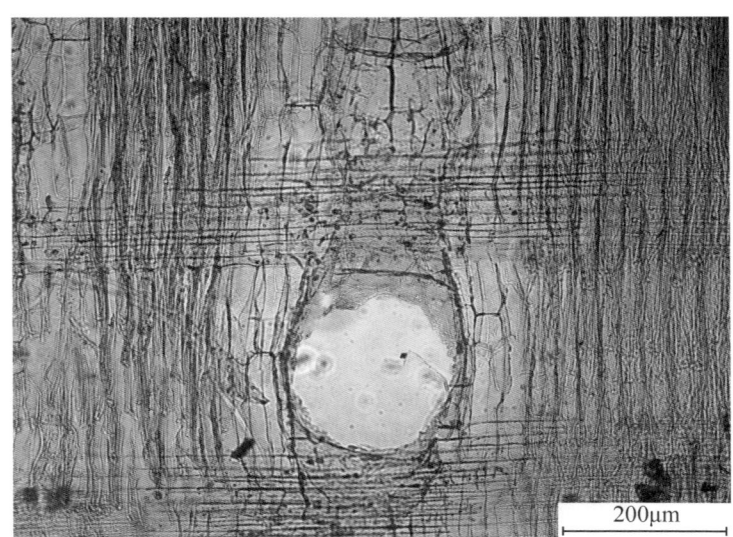

图三二　M8∶9木马前腿根部径切面

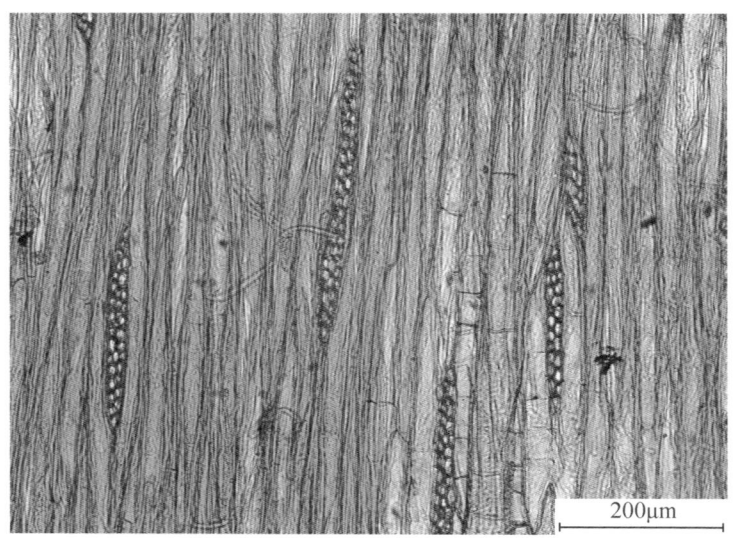

图三三　M8∶9木马前腿根部弦切面

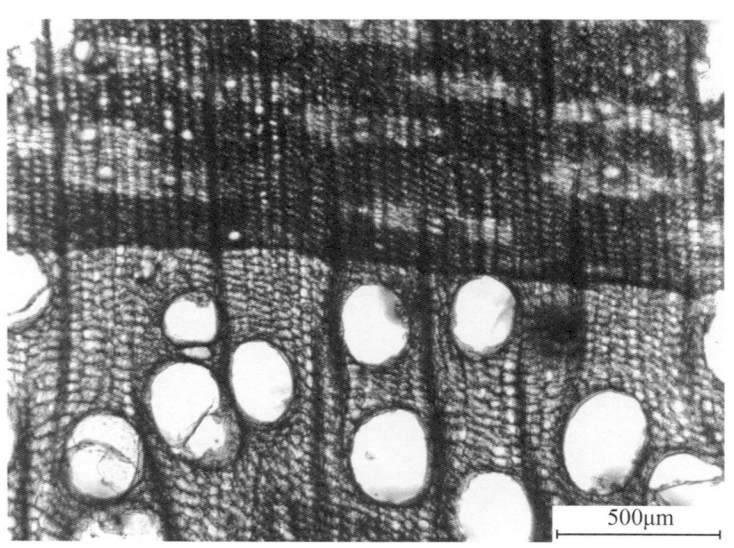

图三四　M8∶9木马尾部横切面

图三五　M8∶9木马尾部径切面

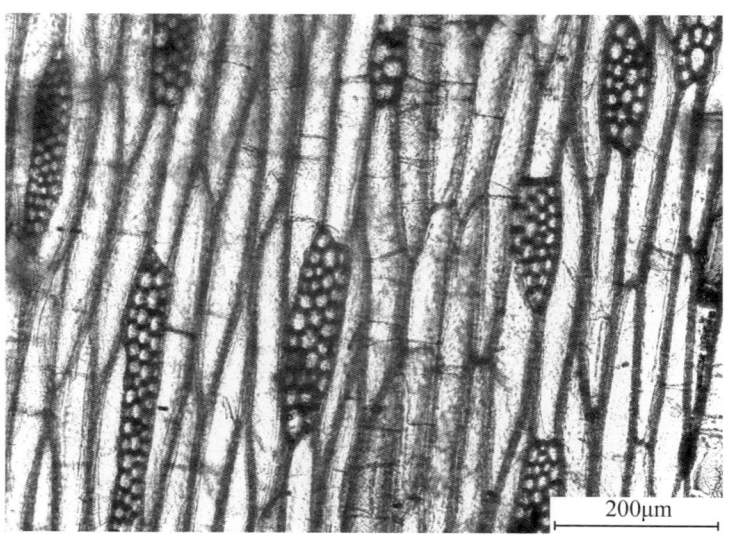

图三六　M8∶9木马尾部弦切面

三、讨　　论

（一）棺的材质和墓主人的等级

通过观察与鉴定，周家寨M8的棺用了两种木材，其中棺墙板和棺挡板用的是梓木，棺分板用的是榆木。

梓属为落叶乔木，我国分布有6种，梓树（*Catalpa ovata*）、楸树（*Catalpa bungei*）、藏楸（*Catalpa tibetica*）、黄金树（*Catalpa speciosa*）、滇楸（*Catalpa fargesii*）和灰楸（*Catalpa fargesii*）。现代植物分类学认为梓树（*Catalpa ovata*）和楸树（*Catalpa bungei*）分别属于紫葳科梓属的两个种①。但由于梓属木材特征差异微小，因此统称梓木。

梓木容易干燥，无翘曲和开裂现象，耐腐性强，抗蚁蛀，切削容易，切面光滑，纹理通直，花纹美观，是一种优良的木材，在中国古代常被选作棺木的用材。宋代著名大经学家陆佃著《埤雅·释木》载："今呼牡丹谓之花王，梓为木王，盖木莫良于梓。"②后魏贾思勰所著《齐民要术》中述说楸木（梓属）的用途时写道："车板、盘合、乐器，所在任用。以为棺材，胜于松、柏。"③西晋张华著《博物志》有记载："广州西南接交州数郡，桂林、晋兴、宁浦间人有病将死，便有飞虫大如小麦，或云有甲，尝伺病者居舍上，候人气绝，来食亡者。虽复扑杀有斗斛，而来者如风雨，前后相寻续，不可断截，肌肉都尽，惟余骨在，便去尽。贫家无相缠者，或殡殓不时，皆受此弊。有物力者，则以衣服布帛五六重裹亡者。此虫恶梓木气，即以板障防左右，并以作器，此虫便不敢近也。"④由于梓木具有耐腐、抗蚁蛀和驱虫的特点，所以古人很早就把梓木作为制造棺木的珍贵用材了。

梓木不仅是一种优质棺材，而且标志着墓主人的等级较高⑤。古代文献中有一些记载。譬如，南北朝萧统《六臣注文选》："风俗通曰：'梓宫者，礼，天子敛以梓器。'"⑥汉班固撰《汉书》载光奏言："成帝崩，未幸梓宫。"⑦南北朝范晔撰《后汉书》载："安帝崩，北乡侯立济阴王以废黜，不得上殿亲临梓宫，悲号不食，内外群僚莫不哀之。"⑧西汉时期，皇帝、皇后、诸侯王及夫人可用梓宫。如南北朝范晔撰《后汉书》："霍光薨，宣帝遣太中大夫侍，赐玉衣梓宫、便房、黄肠题凑……"⑨南北朝萧统编《文选》："秋九月朔日，敬皇后梓官，启自先茔，将祔于某陵。"⑩所有这些都说明梓木棺标志着墓主人的等级和地位。

考古发现也确确实实表明了春秋至秦汉时期地位较高的墓主人用梓木棺⑪。近几年，我们对山东定陶灵

---

① 中国科学院中国植物志编辑委员会：《中国植物志》（第六十九卷），科学出版社，1990年，第13~17页。
② （宋）陆佃撰：《埤雅》卷十四《释木》，明成化刻嘉庆重修本，第92页。
③ （南北朝）贾思勰撰：《齐民要术》（第五卷），四部丛刊景明钞本，第56页。
④ （晋）张华撰：《博物志》（卷二），清指海本，第10、11页。
⑤ 王树芝：《湖北枣阳九连墩1号楚墓棺椁木材研究》，《文物》2012年第10期，第82~88、96页。
⑥ （南北朝）萧统编，（唐）李善等注：《六臣注文选》，四部丛刊景宋本，第1857页。
⑦ （汉）班固撰：《汉书》（卷九十七下），清乾隆武英殿刻本，第1514页。
⑧ （南北朝）范晔撰：《后汉书》（卷六），百衲本景宋绍熙刻本，第91页。
⑨ （南北朝）范晔撰：《后汉书》（卷十六），百衲本景宋绍熙刻本，第225页。
⑩ （南北朝）萧统编，（唐）李善注：《文选》（卷五十八），胡刻本，第1283页。
⑪ 王树芝：《湖北枣阳九连墩1号楚墓棺椁木材研究》，《文物》2012年第10期，第82~88、96页。

圣湖西汉墓M2棺的左侧板、右侧板、前挡板、后挡板、盖板和底板进行了鉴定，都为梓属[①]。对安徽六安双墩一号汉墓的内棺前端、内棺北侧、外棺后端、外棺前端和JLM585外棺椁部5件木棺样品进行鉴定皆为梓属（$Catalpa$）[②]。对湖南省沅陵县虎溪山一号汉墓的棺进行鉴定，也为梓属[③]。

棺的另一种木材用了榆木。榆科包括榆属（$Ulmus$）、榉属（$Zelkova$）、糙叶树属（$Aphananthe$）和朴属（$Celtis$）等。多数种类材质优良，木材坚硬、细致，耐磨损，韧性强。

揭宣《璇玑遗述》一书中有记载："……如榆则取心一段为钻，柳桑取心方尺为盘，中凿眼，钻头大，旁开窦寸许。用绳力牵如车钻，则火星飞爆出窦，薄煤成火矣。"说明了榆木质比柳木质硬。在我国古代，榆木也常做棺木。譬如九连墩大型战国古墓椁室隔板10号、北室椁盖板7号、内椁北墙板、北室椁墙板10号、西室椁盖板7号、椁室隔板4号、北室椁盖板10号木样为榆科的榆属[④]。广西贵县罗泊湾一号汉墓棺板、外棺板为越南榆[⑤]。

虽然周家寨M8的整个棺不全为梓木，但在一定程度指示了其较高的地位。

（二）椁的材质

通过观察和鉴定，周家寨M8的木椁盖板用的是栎属木材。

栎属为常绿或落叶乔木，少灌木，广布全球（除非洲外），主产于北半球温带及亚热带。除沙漠冻土外，南北均产。栎属木材强度大、耐冲击、富有弹性、颇耐腐、木材硬、耐磨。在我国古代，栎属常常做椁木。譬如春秋早期黄君孟夫妇墓椁板是栎木（$Quercus$）[⑥]；山东栖霞占疃乡杏家庄战国士大夫墓，椁为柞木（栎属木材）[⑦]。安徽六安双墩一号汉墓的外藏椁盖板、题凑、题凑盖板为栎木[⑧]。

（三）木俑和马

1. 俑

古代殉葬用的偶人，一般为木质[⑨]或陶质[⑩]，也有少量的泥质[⑪]、石质[⑫]和玉质[⑬]。其内涵有三：首先，

---

① 王树芝、崔圣宽、王世宾：《山东定陶灵圣湖西汉墓M2出土木材分析与研究》，《东方考古（第11集）》，科学出版社，2014年。
② 王树芝：《安徽六安双墩一号汉墓出土木材的研究》，《六安双墩汉墓》，上海古籍出版社，待出版。
③ 湖南省文物考古研究所：《沅陵虎溪山一号汉墓》，文物出版社，2020年。
④ 王树芝：《湖北枣阳九连墩1号楚墓棺椁木材研究》，《文物》2012年第10期，第82~88、96页。
⑤ 广西壮族自治区博物馆：《广西贵县罗泊湾汉墓》，文物出版社，1988年。
⑥ 河南信阳地区文管会、光山县文管会：《春秋早期黄君孟夫妇墓发掘报告》，《考古》1984年第4期。
⑦ 烟台市文物管理委员会、栖霞县文物事业管理处：《山东栖霞县占疃乡杏家庄战国墓清理简报》，《考古》1991年第1期。
⑧ 王树芝：《安徽六安双墩一号汉墓出土木材的研究》，《六安双墩汉墓》，上海古籍出版社，待出版。
⑨ 驻马店地区文管会、泌阳县文教局：《河南泌阳秦墓》，《文物》1980年第9期；《云梦睡虎地秦墓》编写组：《云梦睡虎地秦墓》，文物出版社，1981年。
⑩ 巩发明、季兵：《绵阳市出土的汉代说唱俑》，《四川文物》1989年第2期。
⑪ 员安志：《陕西长武上孟村秦国墓葬发掘简报》，《考古与文物》1984年第3期；杜葆仁、呼林贵：《陕西铜川枣庙秦墓发掘简报》，《考古与文物》1986年第2期。
⑫ 陕西省雍城考古队：《凤翔秦公陵园钻探与试掘简报》，《文物》1983年第7期。
⑬ 邱东联：《楚墓中人殉与俑葬及其关系初探》，《江汉考古》1996年第1期。

俑必须是用于陪葬，其他非陪葬像人之物均不能称为俑；其次，俑必须像人，其他模型明器不能称为俑；最后，俑是用以替代刍灵而特指偶人的专用名词，具有一定的历史性①。

陶俑多出现在中原，木俑多出现在湖北和湖南②。俑的出现可以追溯到殷商后期，如河南安阳小屯M5出土10件玉石俑③。俑葬多出现在级别较高的墓葬中。木俑葬在东周时期较为盛行，但这时的楚墓俑制工拙稚，到西汉时期，木俑艺术造型已比战国楚墓木俑有了很大进步，能够表现所模拟人物的特点，而且姿态生动传神④。

到目前为止，木俑的研究多集中在造型特点的描述上，而对其用材上很少研究。

通过观察和鉴定，周家寨M8的俑皆为泡桐属（Paulownia）木材。泡桐属于玄参科，是阔叶材，材质优良，纹理直、结构粗，甚轻，刨面光滑，油漆后光亮性颇佳。导管内含有许多侵填体，虽然渗透性很差，但耐腐性较强。《桐谱》"器用第七"描述了桐木质地："采伐不时，而不蛀虫；渍湿所加，而不腐败；风吹日曝，而不坼裂；雨溅泥淤，而不枯藓；干濡相兼，而其质不变。"

由于泡桐属甚轻，刨面光滑，在我国古代，泡桐属木材常常用来制作俑。譬如，六安双墩一号汉墓祭器中的3件人俑皆为泡桐属（Paulownia）⑤，江苏省泗阳县大青墩汉墓出土的300多件木制人俑也多为泡桐⑥。

2. 木马

上文提到了俑的定义，俑必须像人，其他模型明器不能称为俑，所以周家寨M8出土的木马不能叫作马俑。通过对木马的观察和鉴定，周家寨M8的木马皆为泡桐属（Paulownia）木材。古代也用泡桐属木材制作马。譬如，六安双墩一号汉墓祭器中的木马也全部属于泡桐属（Paulownia）⑦。高邮山二号汉墓御马也为泡桐属（Paulownia）木材⑧。此外，古代典籍中也有记载祭器木马用泡桐制作。如《盐铁论·散不足》："古者，明器有形无实，示民不可用也。及其后，则有醯醢之藏，桐马偶人弥祭，其物不备。今厚资多藏，器用如生人。郡国繇吏，素桑樶偶车、橹、轮，匹夫无貌领，桐人衣纨绨。"⑨说明马是由桐木制作的。

总之，通过对周家寨M8棺椁、俑和马木材的鉴定和研究，我们可以了解到，在汉代古人就有丰富的木材利用经验，他们根据不同的目的选用不同的木材。该研究对于我们认识古代人类在当时社会条件下所达到的木材利用水平、丧葬习俗及指导古代木材保护和现代木材的开发利用大有裨益。

---

① 凌宇：《俑义考述》，《理论月刊》2011年第7期。
② ［日］松崎权子，陈洪译：《关于战国时期楚国的木俑与镇墓兽》，《文博》1995年第1期。
③ 北京大学历史系考古教研室商周组：《商周考古》，文物出版社，1979年。
④ 张广立：《漫话西汉木俑的造型特点》，《文物》1982年第6期。
⑤ 王树芝：《安徽六安双墩一号汉墓出土木材的研究》，《六安双墩汉墓》，上海古籍出版社，待出版。
⑥ 张金萍、陈年：《泗水国出土泡桐材性研究》，《文物保护与考古科学》2005年第4期。
⑦ 王树芝：《安徽六安双墩一号汉墓出土木材的研究》，《六安双墩汉墓》，上海古籍出版社，待出版。
⑧ 吴达期、徐永吉、邹厚本：《高邮神居山二号汉墓的木材鉴定》，《南京林业大学学报》1985年第3期。
⑨ （汉）桓宽撰，王利器校注：《盐铁论校注》，中华书局，2017年，第9页。

附录三　随州周家寨汉墓M8出土植物遗存研究

唐丽雅[1]　史德勇[2]　罗运兵[2]

（1. 西北大学文化遗产学院　2. 湖北省文物考古研究院）

一、研 究 背 景

周家寨墓地位于随州市曾都区周家寨村和孔家坡社区。本次发掘最重要的收获是M8，该墓葬密封良好又未经盗扰，形制为一棺一椁，从出土的木牍《告地书》纪年内容可知该墓葬年代为汉武帝元光元年（前134年），属于西汉早期后段的一座中小型墓葬，发掘者根据木牍内容推测墓主人为"路平"，其爵位为"公乘"。

该墓葬由于地下水内渗形成了饱水密闭的埋藏环境，不仅保存了一批简牍和精美的随葬品，还发现了一批饱水的植物遗存。这批植物遗存由发掘者进行水洗，分类和计数完毕后部分运送至西北大学文化遗产学院植物考古实验室进行鉴定。植物遗存多出自棺椁淤泥中，具体原始埋藏位置不详，尽管如此，该发现对研究墓主人下葬时节、果品品种及栽培、果品来源等问题仍有重要价值。

二、鉴 定 结 果

经鉴定，M8出土的植物遗存共9种，包括水稻（*Oryza sativa*）、板栗（*Castanea mollissima*）、枣（*Ziziphus jujuba*）、秋子梨（*Pyrus ussuriensis*）、葫芦（*Lagenaria siceraria*）、狗尾草（*Setaria viridis*）及红鳞扁莎（*Pycreus sanguinolentus*）等植物遗存，另外还有2粒特征不明显的种子未鉴定出种属，具体统计结果见表一。

表一　M8出土植物遗存的统计结果

植物遗存	水稻	板栗	枣		秋子梨		葫芦	狗尾草	红鳞扁莎	未知
类型	稻谷	坚果	枣核（大）	枣核（小）	种子	果梗	果皮（瓢）	稃壳	种子	种子
椁内淤泥	1	114	98	54	61	12	1	1	1	2
M8：19瓮	5									

下文是该墓葬出土植物遗存情况，主要对植物遗存的科属、数量、形态、尺寸等进行简要介绍。

1. 水稻（*Oryza sativa*）

水稻为禾本科（Gramineae）稻属，一年生草本。M8发现的水稻植物遗存为带有稃壳的稻谷（图一），共6粒，其中椁内淤泥中出土1粒、陶瓮中出土5粒。经测量，稻谷平均长度为6.08、平均宽度为2.16毫米，长宽比平均值为2.82。所发现的稻谷保存状况较好，稃皮清晰可见。

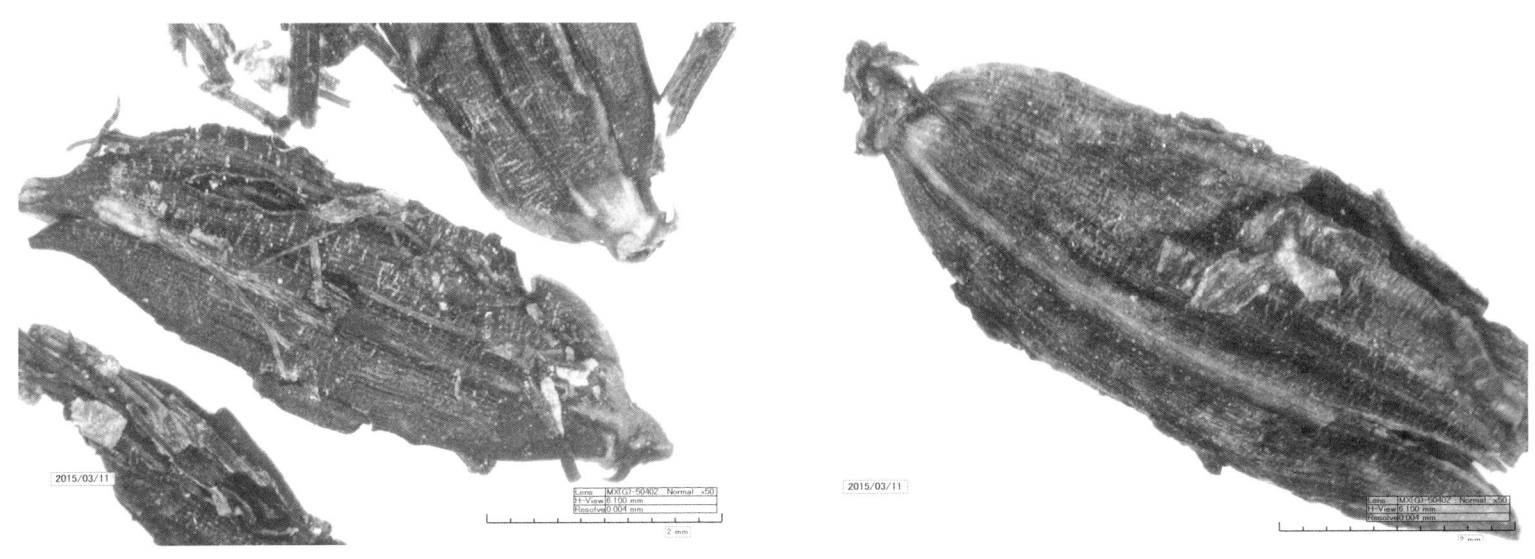

图一　稻谷稃壳

2. 板栗（*Castanea mollissima*）

板栗为壳斗科（Fagaceae）栗属，落叶乔木，其果实含糖度高，口感甘甜。M8墓葬中出土的板栗有114枚，皆比较完整，光滑的黑褐色种皮，宽楔形，表面光滑，顶端有小尖突，果疤呈矩圆形（图二）。经测量，板栗长径平均值为16.3、短径平均值为15.56、厚度平均值为11.41毫米。

图二　板栗

3. 枣（*Ziziphus jujuba*）

枣为鼠李科（Rhamnaceae）枣属，原产于我国西北、华北。M8当时随葬的应当是完整的枣，受保存环境影响，果肉已经腐烂，只剩下枣核和若干褶皱开裂、凹凸不平的红黑色枣皮（图三），其中枣核152枚，呈圆梭形，表面为高低起伏的沟棱，一侧面中间有1条纵棱。在这152枚枣核中，明显地可根据尺寸分为大、小两类，其中大枣核98枚（图四，1），平均长度为15.01、平均宽度为7.74毫米；小枣核54枚（图四，2），平均长度为10.62、平均宽度为5.91毫米。

4. 秋子梨（*Pyrus ussuriensis*）

秋子梨为蔷薇科（Rosaceae）梨属，落叶乔木。M8当时也应当随葬了完整的秋子梨，因为除发现秋子梨种子之外，椁内淤泥还出土了12枚杆状物，中间略细，上带有细小麻点，推测可能为秋子梨的果梗（图五）。共发现秋子梨种子61粒，黑褐色，倒卵形，表面有扁平的疣状凸起（图六）。经测量，秋子梨种子的平均长度为8.49、平均宽度为5.37、平均厚度为2.94毫米。

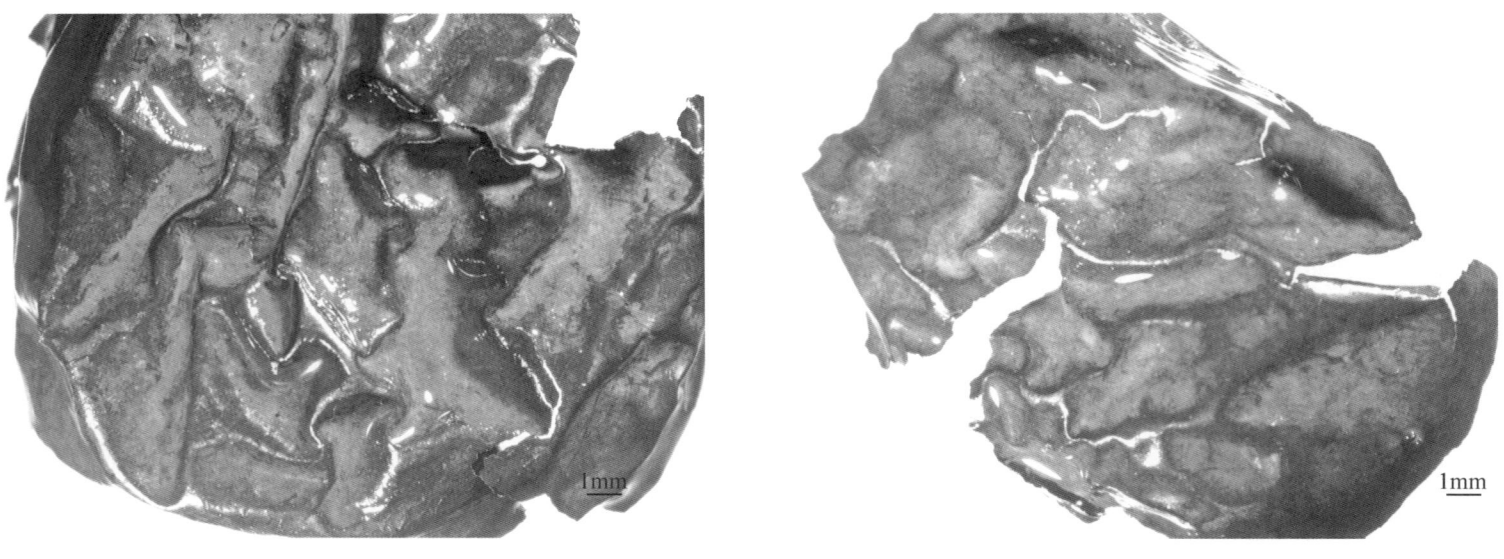

图三 枣皮

图四 枣核
1. 枣核（大） 2. 枣核（小）

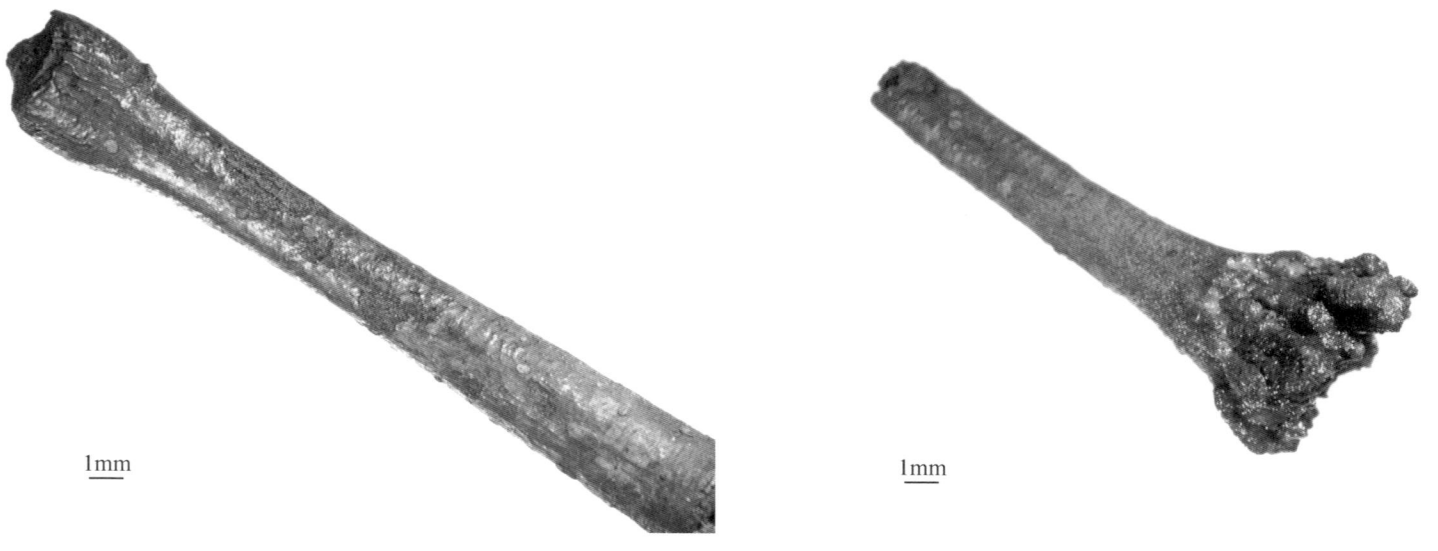

图五 秋子梨果梗（疑似）

5. 葫芦（*Lagenaria siceraria*）

葫芦为葫芦科（Cucurbitaceae）葫芦属，一年生攀缘草本植物。古称"瓠""匏"，在中国有着悠久的栽培历史，在汉代有作烛致明、制脯储藏及作为利尿消肿的药物等多种利用价值[①]。该墓葬头箱位置出土了一件葫芦瓢，即木质化的葫芦。葫芦瓢形态特征明显，表面出现龟裂，内壁纹理清晰可见，下部膨大呈球形，上部呈短柱状，底端稍平（图七）。

① 罗桂环：《葫芦考略》，《自然科学史研究》2002年第2期。

6. 杂草等

M8还出土了禾本科（Gramineae）的狗尾草（*Setaria viridis*）（图八，1）和莎草科（Cyperaceae）的红鳞扁莎（*Pycreus sanguinolentus*）（图八，2）植物种子各1粒，二者种子形态极小，均为一年生草本。狗尾草古称"莠"，主要是旱地常见的杂草，红鳞扁莎主要是稻田及低湿旱作田常见杂草。另外，未知的植物种子共2粒，表面发生皱瘪，颜色黑灰，其中一枚长约4、宽约3毫米。

图六　秋子梨种子

图七　葫芦瓢

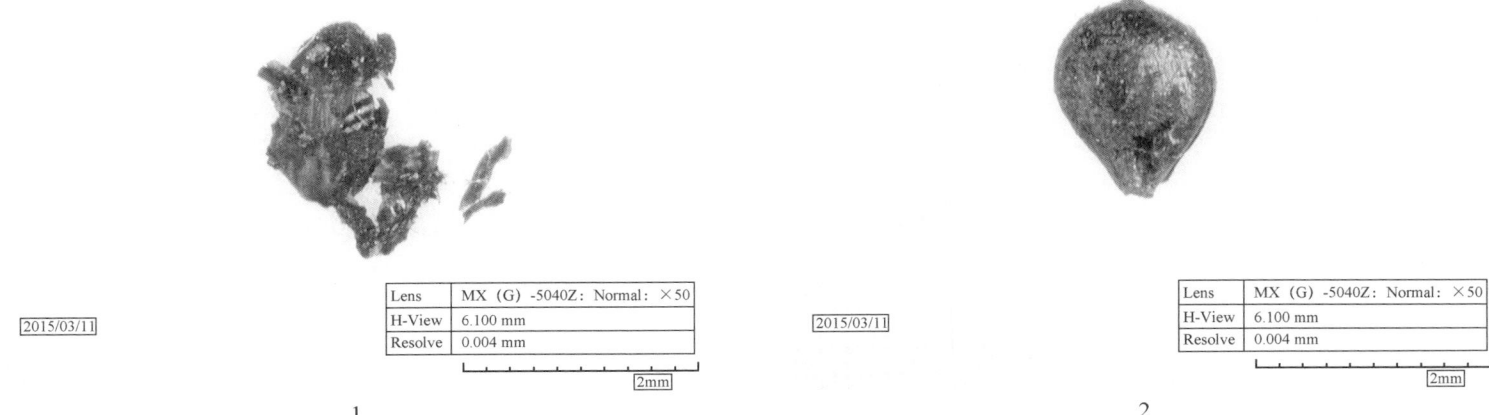

图八　狗尾草及红鳞扁莎
1. 狗尾草种子　2. 红鳞扁莎种子

三、分析与讨论

周家寨汉墓群仅M8出土植物遗存，但数量、种类较为丰富，这些出土植物遗存所蕴含的多方面信息，对我们研究墓葬本身和汉代社会生活有很大帮助，特别是对墓主人的下葬时节、果品的品种及栽培、果品来源等问题的分析很有价值。

1. 墓主人的下葬时节

分析植物遗存的花果期为我们讨论墓主人的下葬时节提供了重要信息，但需要注意的是一些植物的功能和利用方式。比如，M8出土的葫芦瓢为实用器具，可长期使用；枣的储藏性较强，可越年保存，墓葬还发现枣的果皮，在埋葬时枣可能是以干果的状态随葬的，因此这两种植物遗存不宜作为分析花果期与下葬时间关联性的材料。

其他植物遗存，如板栗、秋子梨、狗尾草、红鳞扁莎和稻谷则可以作为分析墓主人下葬时节的材料。就板栗和秋子梨来讲，板栗水分含量较高，储藏时极易失水、腐烂或发芽；而秋子梨遗存不仅发现了种子，还一并发现了果梗，这两种植物应当是时令的果品。就狗尾草和红鳞扁莎来讲，这两种杂草出土数量极少，虽然有可能是下葬时随填土落入或下葬后因雨水侵蚀裹挟带入的，其花果期应该与墓葬埋葬时间相近。

就稻谷来讲，随州地区处于桐柏、大洪山之间，属长江、淮河流域的交汇地带，水热条件适宜种稻。随州地区自新石器时代以来就不断发现稻作遗存①，西周时期的周家塝遗址、庙台子遗址和春秋时期的鸡子包遗址均有炭化稻粒出土，尤其是周家塝遗址中还发现稻谷基盘遗存②。M8出土的稻谷遗存尚未脱壳，基于家户一般储存脱壳稻米的农事行为，推测该墓葬随葬的稻谷应该是当年当地生产、应时随葬的。但需要注意当今该地区为稻麦轮作，水稻5~6月种植，9月左右收获，小麦10月中旬种植，5月中下旬收获。这种现象表明随州地区受纬度影响，其积温比北方偏高，可提前收获小麦，但其积温又比南方偏低，不适宜种植夏熟早稻。另外，文献记载双季稻种植制度交趾在东汉时期才较早施行③，历史上也主要分布于闽广地区，到清代才在长江中下游大规模发展起来④，因此，M8出土稻谷的成熟时间应该是9~10月。

结合板栗、秋子梨、狗尾草、红鳞扁莎和稻谷的成熟时间（表二），取其交集，推测墓主人的下葬时间处于9~10月。

表二　各植物遗存成熟时间

植物遗存	板栗	秋子梨	狗尾草	红鳞扁莎	稻谷
成熟时间（月）	8~10	8~10	5~10	7~12	9~10

2. 汉代果品的品种及栽培

M8出土的果品包括枣、板栗和秋子梨，且数量众多，其中枣和板栗是汉墓中常见的果品种类。《史记·货殖列传》载："今有无秩禄之奉，爵邑之入，而乐与之比者，命曰'素封'。"张守节释为："言不

---

① 刘玉堂、黄敬刚：《从考古发现看随的农业》，《农业考古》1986年第1期。
② 唐丽雅：《江汉地区新石器时代晚期至青铜时代农业生产动态的植物考古学观察》，中国社会科学院研究生院博士学位论文，2014年。
③ 韩茂莉：《中国古代农作物种植制度略论》，《中国农业通史》2000年第3期。
④ 闵宗殿：《试论清代农业的成就》，《中国农史》2015年第1期。

仕之人自有田园收养之给，其利比于封君，故曰'素封'也。"①由此可见，汉代庶民大规模种植果树，果树专营迅速发展。汉代时期果树种植和栽培技术发达，果品品种进一步丰富，果业的可观收入使汉代政府设置专职官吏"羞官""橘官"等收缴针对果业的园税②。

墓葬出土的枣核可分为大、小两类，应属枣的不同品种。在汉代，枣的栽培十分普遍，且品种多样。《尔雅音图》解释了边（要枣，子细腰）、遵（羊枣，实小而负紫黑色）、杨彻（齐枣）、洗（大枣）、煮（填枣）、皙（无实枣）、蹶泄（子味苦）、樲（酸枣）、檖（白枣）等众多枣的品种③；《西京杂记》中记载了汉代枣的七个品种，即弱枝枣、玉门枣、棠枣、青华枣、赤心枣、西王枣和樲枣④；《汉武帝内传》提及"玉门之枣"⑤；《汉书》载"上谷至辽东，地广民希……有鱼盐枣栗之饶"⑥；《史记》载"安邑千树枣"⑦；《神异经》描述北方荒中枣林长势好、耐风力强，枣果"熟赤如朱，干气不缩，气味润泽，殊于常枣"，记载"北方大枣味有殊，既可以益气，又可安神"⑧等。这说明汉代枣不仅在产地和品种上具有多样性，而且不同品种的枣在形态和味道上也都具有差异。另外，根据文献记载，汉代枣用途多样，除了作为果品外，还有药用、丧葬祭祀之用。例如，《汉书·郊祀志》载："今陛下可为馆如缑氏城，置脯枣，神人宜可致。"⑨《中藏经》治疗黄丁的病方里有"青州枣"⑩。

栗和梨树等其他果木的栽培也十分发达。关于汉代板栗的品种，有侯栗、榛栗、瑰栗、峄阳栗（峄阳都尉曹龙献，大如拳）等⑪；汉墓梨的遗存发现较少，马王堆一号墓出土过砂梨⑫，而文献记载梨的品种有"紫梨、青梨（实大）、芳梨（实小）、大谷梨、细叶梨、缥叶梨、金叶梨（出琅邪王野家，太守王唐所献）、瀚海梨（出瀚海北，耐寒不枯）、东王梨（出海中）、紫条梨"⑬ "鹅梨"⑭等，可见当时对栗、梨的栽培亦有很大发展。

3. 果品的来源

从汉代崇尚"事死如事生"的丧葬观念出发，不难推测M8出土的植物遗存应该是墓主人生前喜食的果品。

枣、板栗、秋子梨均原产于中国，从其生育环境来看，板栗和枣广布南北各地，海拔1700米以下的山区、丘陵或平原均可生长⑮⑯。随州地区北有桐柏山脉，山峰海拔1140米，南面为大洪山脉，主峰海拔1055

---

① （汉）司马迁：《史记·货殖列传》，中华书局，1982年，第3272页。
② 余华清：《略论秦汉时期的园圃业》，《历史研究》1983年第3期。
③ （晋）郭璞：《尔雅音图·尔雅卷下前·释木第十四》，北京市中国书店，1985年。
④ （晋）葛洪：《西京杂记》（卷一），中华书局，1985年，第6页。
⑤ 上海古籍出版社：《汉魏六朝笔记小说大观·汉武帝内传》，上海古籍出版社，1999年，第141页。
⑥ （汉）班固：《汉书·地理志》，中华书局，2007年，第310页。
⑦ （汉）司马迁：《史记·货殖列传》，中华书局，1982年，第3272页。
⑧ 上海古籍出版社：《汉魏六朝笔记小说大观·神异经》，上海古籍出版社，1999年，第56页。
⑨ （汉）班固：《汉书·郊祀志》，中华书局，2007年，第188页。
⑩ 李聪甫：《中藏经语译》，人民卫生出版社，1990年，第125页。
⑪ （晋）葛洪：《西京杂记》（卷一），中华书局，1985年，第6页。
⑫ 余斌霞：《长沙马王堆汉墓出土动植物标本研究综述》，《湖南省博物馆馆刊（第八辑）》，岳麓书社，2012年。
⑬ （晋）葛洪：《西京杂记》（卷一），中华书局，1985年，第6页。
⑭ 李聪甫：《中藏经语译》，人民卫生出版社，1990年，第111页。
⑮ 中国科学院中国植物志编辑委员会：《中国植物志》（第二十二卷），科学出版社，1998年。
⑯ 中国科学院中国植物志编辑委员会：《中国植物志》（第四十八卷第一分册），科学出版社，1982年，第133页。

米，山区和丘陵地带表土深厚、排水较好，符合板栗、枣生长的环境。文献记载当时湖北的云梦泽以北"有阴林巨树……楂梸樿栗，橘柚芬芳"[1]，说明江汉一带在汉代出产板栗，从"华容，云梦泽在南"[2]的记载可知汉代云梦泽在南郡的华容县以南，大致位于今湖北江陵以东、江汉之间[3]，云梦泽的北面为大洪山、桐柏-大别山，夹在两山之间的随枣走廊地区获取板栗应该十分便利。另外，目前发现板栗的汉墓众多，如西安理工大学汉墓群9号东汉墓[4]、山东临沂金雀山汉墓[5]、北京大葆台汉墓[6]、安徽六安双墩一号汉墓[7]、成都凤凰山西汉木椁墓[8]、湖北光化五座坟西汉墓群[9]、江陵凤凰山一六七号汉墓[10]等，北京老山汉墓[11]还出土板栗树木材。从这些汉墓的分布来看，板栗的发现地多集中于华北和长江中下游地区，很可能是汉代板栗生产的两个中心地区。事实上，江汉一带一直以来都是古代板栗的重要产地，当今湖北省麻城市顺河镇、河南省桐柏县仍然盛产板栗，因此该墓葬出土的板栗应当来自江汉。

根据前文所述，随州地区适宜生长枣，位于随州以南的云梦县睡虎地11号秦墓就曾出土过枣核遗存[12]。从随州地区的环境和周边的考古发现推测，随州地区在汉代很有可能也出产枣。随州处于我国鲜食枣的重要产区——鄂、豫交界地带之内[13]，当前就盛产大枣，品种有秤砣枣、枕头枣、灯笼枣、滚枣等，集中产地在安居、新街、厉山、尚市、唐镇等地。秋子梨的抗寒力很强，适于生长在海拔100～2000米寒冷而干燥的山区，仅在东北、华北和西北有栽培（如目前市场上常见的香水梨、安梨、酸梨、沙果梨、京白梨、鸭广梨等均属于本种）[14]，随州地区并非秋子梨生长的适宜地。从上述果品的生育环境来看，M8随葬的枣、板栗应该来自江汉，秋子梨很大可能是外地产品。

四、结　　语

周家寨M8墓葬的发现，补充了汉代中小型墓葬的考古资料，出土植物遗存所蕴含的多方面信息给我们认识汉代的社会生活提供了重要参考。首先，根据出土植物遗存的花果期可以推知墓主人的下葬时间应该在9～10月。其次，随葬的枣可能包括两个不同的品种，结合文献资料来看，汉代各种果品的栽培和种植已经得到很大程度的发展。最后，根据植物的生育环境分析，墓葬随葬的枣、板栗应该产自江汉本地，秋子梨很可能来自外地。

（原文刊发于《南方文物》2017年第3期，略有修改）

---

[1] （汉）司马迁：《史记·司马相如列传》，中华书局，1982年，第3004页。
[2] （汉）班固：《汉书·地理志》，中华书局，2007年，第287页。
[3] 谭其骧：《云梦与云梦泽》，《复旦学报（社会科学版）》1980年第S1期。
[4] 赵志军：《植物考古学——理论、方法和实践》，科学出版社，2010年，第226页。
[5] 临沂市博物馆：《山东临沂金雀山九座汉代墓葬》，《文物》1989年第1期。
[6] 大葆台汉墓发掘组、中国社会科学院考古研究所：《北京大葆台汉墓》，文物出版社，1989年，第62、73页。
[7] 赵志军、汪学辉：《双墩一号汉墓出土植物遗存的鉴定和分析》，《农业考古》2016年第1期。
[8] 徐鹏章：《四川成都凤凰山出土的西汉炭化水稻及有关遗物》，《农业考古》1998年第3期。
[9] 湖北省博物馆：《光化五座坟西汉墓》，《考古学报》1976年第2期。
[10] 凤凰山一六七号汉墓发掘整理小组：《江陵凤凰山一六七号汉墓发掘简报》，《文物》1976年第10期。
[11] 孔昭宸、刘长江、赵福生：《北京老山汉墓植物遗存及相关问题分析》，《中原文物》2011年第3期。
[12] 孝感地区第二期亦工亦农文物考古训练班：《湖北云梦睡虎地十一号秦墓发掘简报》，《文物》1976年第6期。
[13] 郭满玲：《我国鲜食枣品种资源及分布研究》，西北农林科技大学硕士学位论文，2004年。
[14] 中国科学院中国植物志编辑委员会：《中国植物志》（第三十六卷），科学出版社，1974年，第356页。

附录四 随州周家寨墓地金属器检测报告

焦小珂[1] 李 齐[2] 江旭东[2] 罗运兵[3]

（1.湖北省社会科学院楚文化研究所 2.湖北省博物馆 3.湖北省文物考古研究院）

周家寨墓地位于湖北随州曾都区周家寨村和孔家坡社区，其中M1、M2、M3、M8、M9、M22出土铜、盆等容器、镜等生活用品、带钩等饰品、兵器等各类金属器。湖北省博物馆文保中心对这批金属器进行科学检测分析，通过便携式X射线荧光光谱仪和X射线探伤仪的原位观察与检测，结合金相组织与合金成分分析，对这批金属器进行制作工艺分析，为研究西汉时期长江中游地区金属器物的材质、铸造工艺特征及合金技术等问题提供重要的参考资料。

一、取样及实验方法

本次检测金属器物共计29件，对14件保存较完好的器物通过拍照、便携式XRF、X射线探伤仪进行原位观察和无损检测；对15件已破损有残片的器物进行取样，对样品进行金相显微镜观察、X射线荧光光谱仪检测。样品信息详见表一。

表一 随州周家寨送检金属样品信息表

序号	名称	器物号	年代	取样部位	拍照	便携式XRF	探伤
1	铜剑	M1：5	西汉		√	√	√
2	铜剑	M2：1	西汉		√	√	√
3	铜镜	M2：2	西汉		√	√	√
4	铜锅	M2：3	西汉	腹部	√	√	√
5	铁削刀	M2：12	西汉		√	√	√
6	铜铃	M3：1-1	-		√	√	√
7	铜锅	M3：2	西汉	腹部			
8	铜勺	M3：6	西汉	勺口沿	√	√	√
9	铜环	M8：61-2	西汉		√	√	√
10	银带钩	M9：1	西汉		√	√	√
11	铜锅	M9：2	西汉	腹部			
12	铜鍑镂	M9：3	西汉		√	√	√
13	铜盆	M9：8	西汉		√		√
14	铜盆	M9：10	西汉	口沿			
15	铜锅	M9：14	西汉	腹部			
16	铜镜	M9：16	西汉		√	√	√
17	铜镜	M9：18	西汉		√	√	√
18	铜鐎壶	M9：21	西汉	口沿	√	√	√
19	铁剑	M9：22	西汉	剑柄末端	√	√	√

续表

序号	名称	器物号	年代	取样部位	拍照	便携式XRF	探伤
20	铜印章	M9：23	西汉		√	√	√
21	铜盆	M9：25	西汉	底部			
22	铜镜	M22：1	西汉	镜身	√		
23	铜盆	M22：2	西汉		√	√	√
24	铜盆	M22：3	西汉	腹部			
25	铜鐎	M22：4	西汉	腹内部	√		√
26	铜勺	M22：5	西汉	勺首	√	√	√
27	铜鋞	M22：6	西汉	腹部			
28	铁剑	M22：7	西汉	剑柄末端	√		√
29	铁剑	M22：16	西汉		√	√	√

注："-"表示年代不详，空白表示未取样或未检测。

对较完好的器物采用原位无损检查，包括：①使用美国Godlen Engineering公司的XRS-4型便携式脉冲X射线机，对金属器物主体和附件进行X射线照相，获取其X线片，光管电压370kV，主要用于揭示肉眼不可见或难以准确判断的工艺特征。②使用美国NitonXL3t 950型便携式XRF分析仪（p-XRF）对器物的合金成分进行原位无损检测，确定其材质。检测时，使用合金模式，测试时长15s，工作电压30kV，光斑尺寸3mm，选取器物待测部位较为平整、光滑、锈层较薄的区域。

对残破的15件器物进行取样，对采集的样品首先进行金相制样，即切割、镶嵌、研磨、抛光和浸蚀（浸蚀液分别为，铜器：3%的三氯化铁的盐酸酒精溶液，铁器：4%硝酸酒精水溶液，锡器：2%盐酸酒精溶液腐蚀）；随后使用德国Leica DM2700型金相显微镜（OM）对浸蚀后的样品进行显微组织观察，以获取金相图；再使用德国Bruker M4 Tornado型X射线荧光光谱仪（XRF）对样品进行化学成分测试，以获取其材质方面的信息，测定的技术条件是：激发电压为15kV，测量时间60s，每个样品选取多处区域进行检测，后取平均值。

二、检测结果及制作工艺分析

1. 铜剑、铁剑

共5件，分别为2件铜剑（M1：5、M2：1）和3件铁剑（M9：22、M22：7、M22：16）。

（1）铜剑M1：5

剑身铜质，剑鞘铜木结构，鞘口、剑格均为铜质。

从X线片（图一）可知，剑柄与剑身为一整体，与剑格部分分离，柄部铜质。剑鞘部由铜质鞘口、木质鞘身组成。鞘口、剑格各有一桥形小纽，可用绳子或"U"形扣插入两纽，起固定剑身与剑鞘的作用。

剑刃、剑格、剑柄、鞘口四部分经p-XRF检测，显示均为Cu-Sn-Pb三元合金（详见附表一、附表二，下同），可知材质为铅锡青铜。

图一　M1∶5铜剑及X线片细节图

（2）铜剑M2∶1

剑身铜质，剑鞘铜木结构，鞘口、剑格均为铜质。

由照片（图二）可知，剑身、茎部均有残存木屑，可知剑鞘鞘身为木质，推测剑柄外部有木材包裹，剑柄中部穿孔，起固定木材与剑柄的作用；鞘口与剑格间有缝隙，从X线片（图二）可看出剑柄与剑身为一体，鞘口与剑格间两端有缝隙，可知鞘口与剑格为分离两部分。

柄部铜质。剑鞘部由铜质鞘口、木质鞘身组成。位于鞘口、剑格中央的桥形小纽，可用绳子或"U"形扣插入两纽，起固定剑身与剑鞘的作用。

剑刃、剑格、剑柄三部分经p-XRF检测，显示均为Cu-Sn-Pb三元合金，可知材质为铅锡青铜。

图二　M2∶1铜剑出土照片及X线片细节图

（3）铁剑M9∶22

剑柄末端残片样品经台式XRF检测，其材质剑身为铁质，剑格为铜质。X线片（图三，1），显示铁剑刃部腐蚀严重，剑脊部有基体尚存，局部有裂痕。剑柄末端残片样品经金相检测（图四，1），显示为碳钢材质：铁素体和珠光体，亚共析钢组织。平均成分：Fe97.3wt.%，Zn2.7wt.%。

（4）铁剑M22∶7

经XRF检测，剑身为铁质。X线片（图三，2），可清晰看出通体腐蚀，越向剑锋端腐蚀越严重。铁剑剑柄末端样品经金相检测（图四，2），显示为碳钢材质：铁素体和珠光体，亚共析钢组织。平均成分：Fe99.9wt.%。

（5）铁剑M22∶16

经p-XRF检测，剑身为铁质，剑格为铜质。X线片（图三，3），可清晰看出剑格保存好；剑身遍布大量的腐蚀凹坑，剑刃部保存状况较差，整体酥脆。

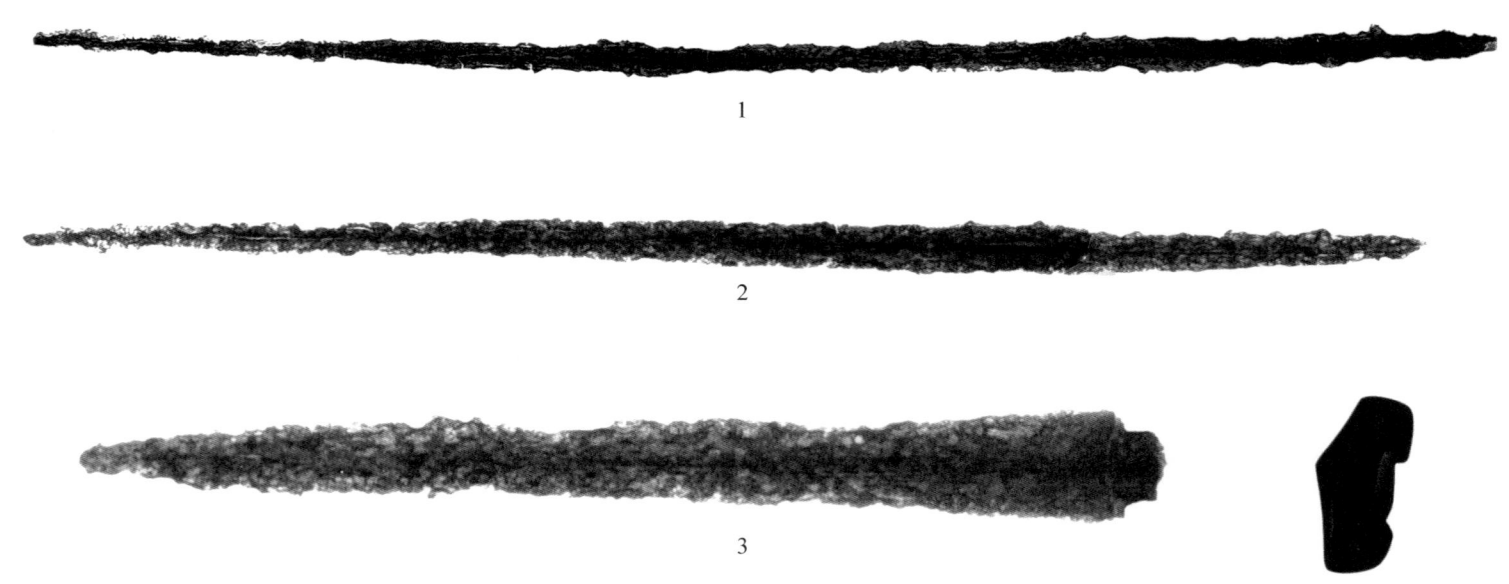

图三 铁剑X线片
1. M9∶22 2. M22∶7 3. M22∶16

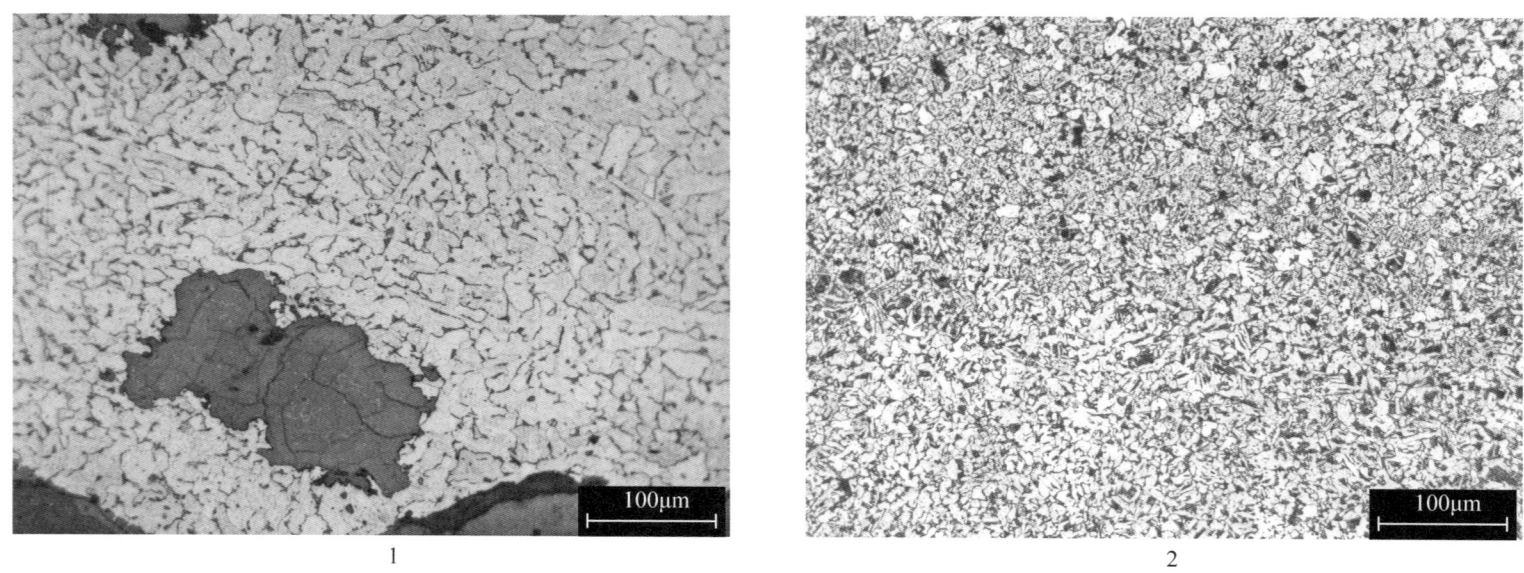

图四 铁剑金相组织图
1. M9∶22铁剑剑柄末端（200倍） 2. M22∶7铁剑剑柄末端（200倍）

2. 铜镜

共4件，分别为M2∶2、M9∶16、M9∶18、M22∶1。

（1）铜镜M2∶2

从X线片（图五，1）可清晰看到其纹饰及铭文分布，镜身有裂纹。经p-XRF检测，显示均为Cu-Sn-Pb三元合金，可知材质为铅锡青铜。

（2）铜镜M9∶16

经p-XRF检测，显示为Cu-Sn-Pb三元合金，材质为铅锡青铜。X线片（图五，2），可清晰看到其纹饰及铭文分布，镜身断裂，有裂纹。

（3）铜镜M9∶18

经p-XRF检测，显示为Cu-Sn-Pb三元合金，材质为铅锡青铜。

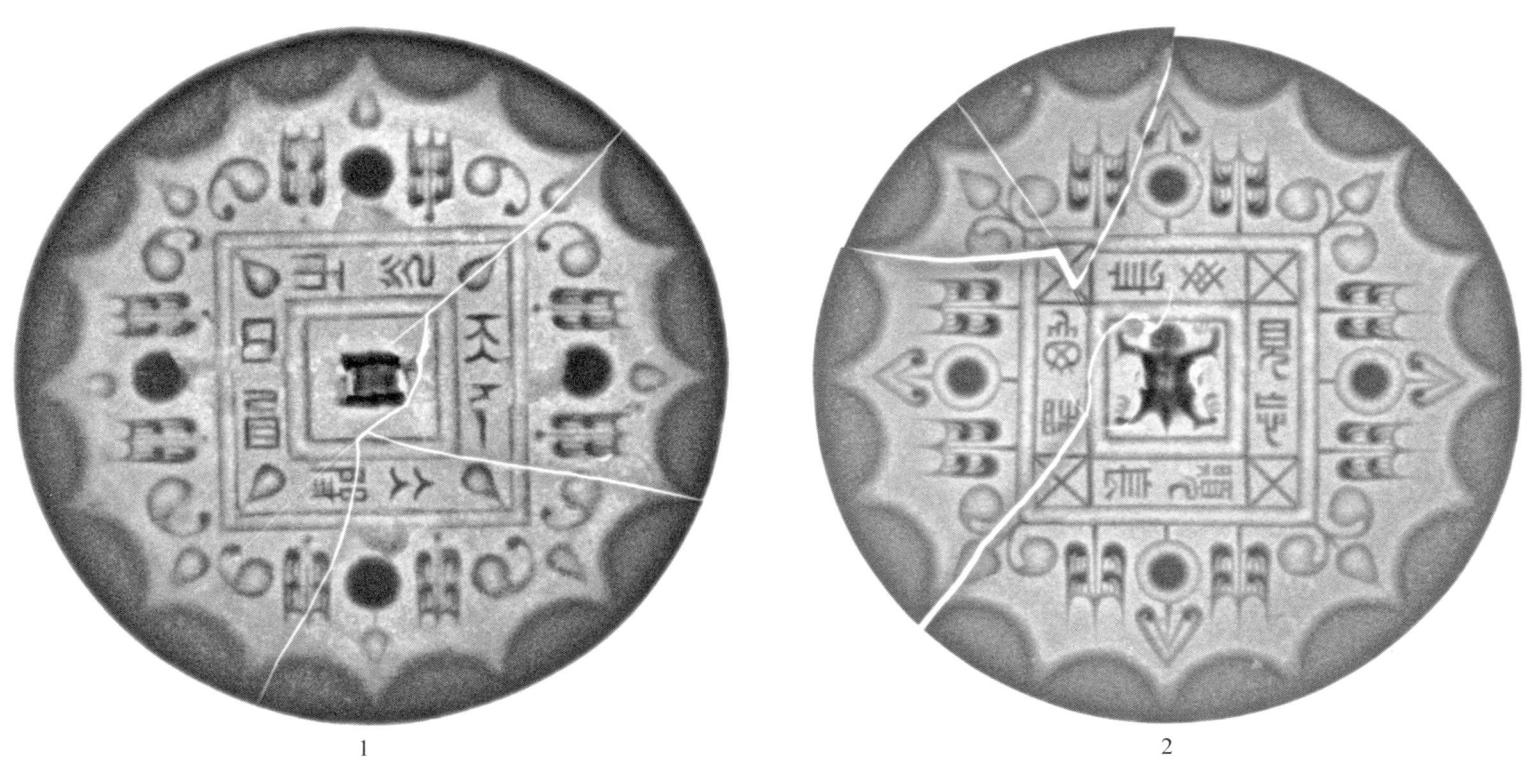

图五　铜镜X线片
1. M2∶2　2. M9∶16

（4）铜镜M22∶1

镜身残片样品经p-XRF检测，显示均为Cu-Sn-Pb三元合金，可知材质为铅锡青铜。镜身残片样品经金相检测（图六），显示出α相呈针状和两端尖锐的条状，孤立分布在连接成片的（α+δ）共析体基体上，为典型高锡铸造组织，故此铜镜应为铸造制成。

平均成分：Cu67.8wt.%，Sn21.6wt.%，Pb10.3wt.%。

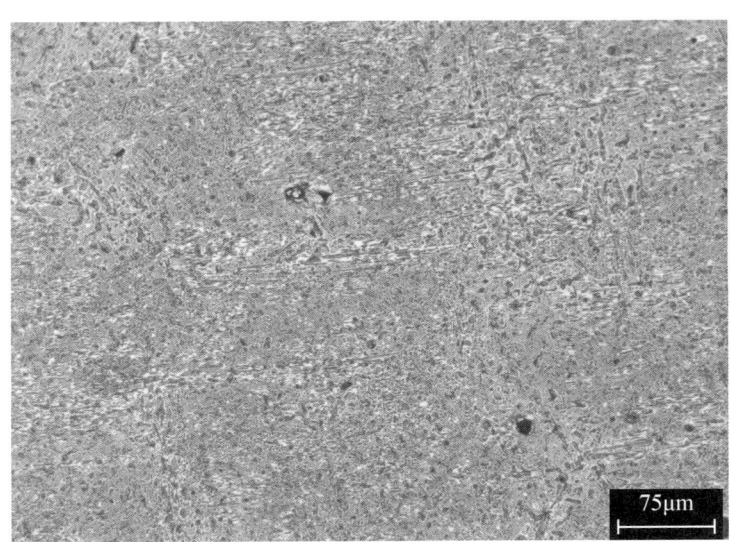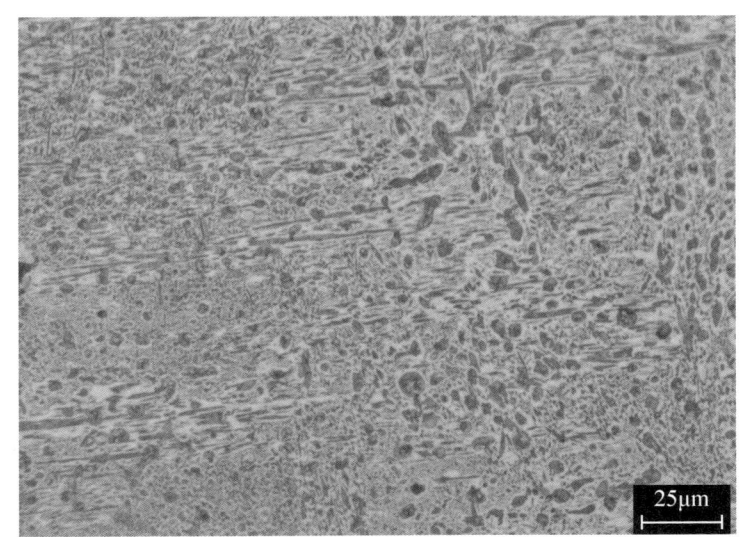

图六　M22∶1铜镜残片金相组织图（左：200倍，右：500倍）

3. 铜铠

共5件，分别为M2∶3、M3∶2、M9∶2、M9∶14、M22∶4。

（1）铜铠M2∶3

X线片（图七），可看出口沿部呈深色，说明厚度较厚，铜质保存较好。由于器身腐蚀严重，有小孔洞、暗裂纹、裂纹腐蚀现象遍布器身。

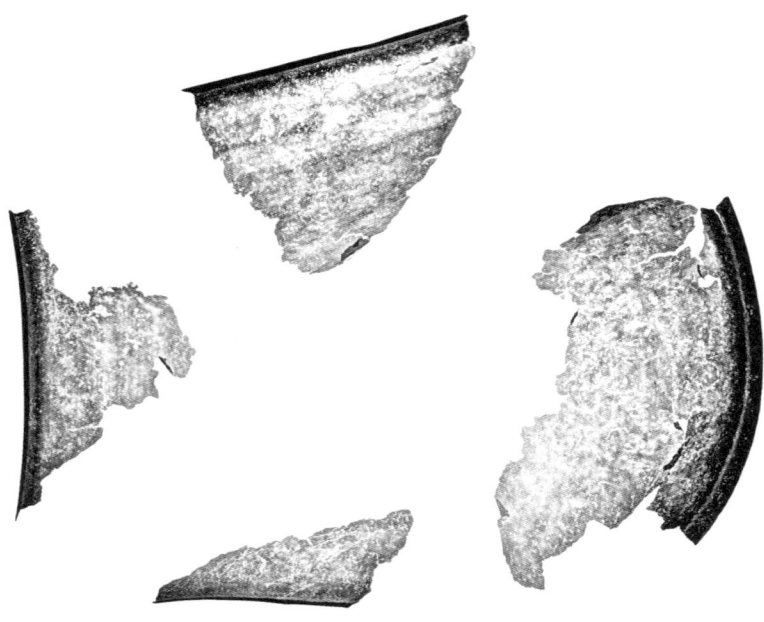

图七　M2:3铜铜X线片

腹部残片样品经台式XRF检测，显示均为Cu-Sn-Pb三元合金，可知材质为铅锡青铜。铜腹部残片样品经金相检测（图八，1），显示出铜锡α固溶体再结晶晶粒及孪晶，晶粒大小不均匀，存在少量细小δ相、细小硫化物小颗粒及变形的铅颗粒，均分散于晶界，呈热锻组织，故此铜铜应为热锻制成。

平均成分：Cu80.2wt.%，Sn15.7wt.%，Pb3.6wt.%。

（2）铜铜M3:2

因器物破损严重，无法进行拍照和探伤检测，仅对其取样。腹部残片样品经台式XRF检测，显示均为Cu-Sn-Pb三元合金，可知材质为铅锡青铜。

铜腹部残片样品经金相检测（图八，2），显示出铜锡α固溶体再结晶晶粒及孪晶，晶粒大小不均匀，存在少量细小δ相、细小硫化物小颗粒及变形的

1

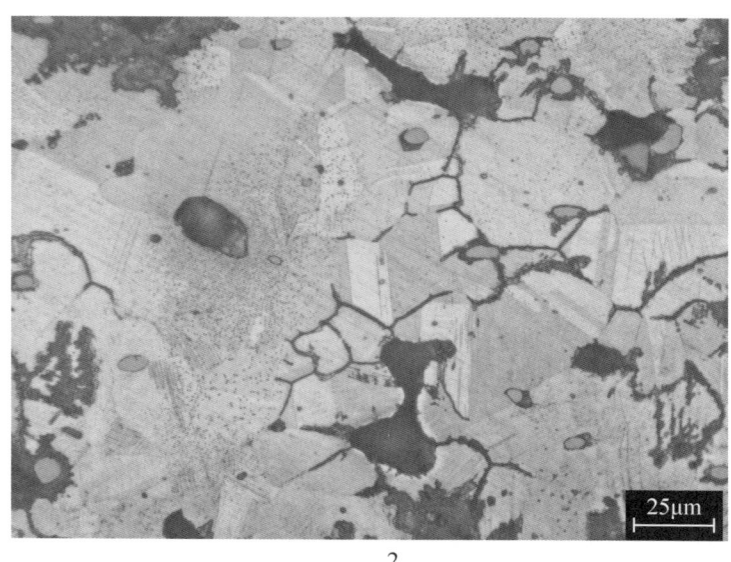

2

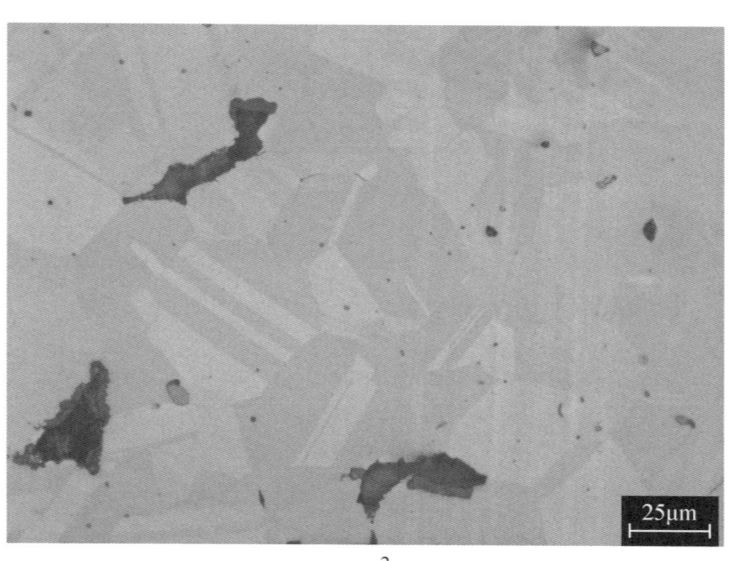

3

4

图八　铜铜金相组织图

1. M2:3残片（500倍）　2. M3:2残片（500倍）　3. M9:2残片（500倍）　4. M9:14残片（500倍）

铅颗粒，均分散于晶界，呈热锻组织，故此铜铫应为热锻制成。

平均成分：Cu82.0wt.%，Sn13.4wt.%，Pb4.4wt.%。

（3）铜铫M9∶2

腹部残片样品经台式XRF检测，显示均为Cu-Sn-Pb三元合金，材质为铅锡青铜。因器物破损严重，无法进行拍照和探伤检测，仅对其取样。铫腹部残片样品经金相检测（图八，3），显示出铜锡α固溶体再结晶晶粒及孪晶，晶粒大小不均匀，存在少量细小δ相、细小硫化物小颗粒及变形的铅颗粒，均分散于晶界，呈热锻组织，故此铜铫应为热锻制成。

平均成分：Cu78.2wt.%，Sn8.9wt.%，Pb12.6wt.%。

（4）铜铫M9∶14

腹部残片样品经台式XRF检测，显示为Cu-Sn-Pb三元合金，材质为铅锡青铜。因器物破损严重，无法进行拍照和探伤检测，仅对其取样。铫腹部残片样品经金相检测（图八，4），显示出铜锡α固溶体再结晶晶粒及孪晶，晶粒大小不均匀，有的孪晶带轻微弯曲，晶内存在滑移带，铅与硫化物夹杂物沿加工方向拉长，呈热锻冷加工组织，故此铜铫应为热锻制成。

平均成分：Cu68.6wt.%，Sn17.6wt.%，Pb11.4wt.%。

（5）铜铫M22∶4

铫腹内部残片样品经台式XRF检测，显示为Cu-Sn-Pb三元合金，为铅锡青铜，其金相组织与铜铫（M2∶3）类似，故也为热锻制成。

平均成分：Cu75.8wt.%，Sn12.3wt.%，Pb10.9wt.%。

4. 铜盆

共5件，分别为M9∶8、M9∶10、M9∶25、M22∶2、M22∶3。

（1）铜盆M9∶8

经p-XRF检测，显示为Cu-Sn-Pb三元合金，材质为铅锡合金。

X线片（图九），显示腹部变形，底部有孔洞，口沿有多处裂隙，通体腐蚀严重，通体未见垫片，推测其也为热锻制成。

（2）铜盆M9∶10

口沿残片样品经台式XRF检测，显示为Cu-Sn-Pb三元合金，材质为铅锡青铜。

因器物破损严重，无法进行拍照和探伤检测，仅对其取样。盆口沿残片样品经金相检测（图一○，1），显示出铜锡α固溶体再结晶晶粒及孪晶，晶粒大小不均匀。存在少量细小δ相、细小硫化物小颗粒及变形的铅颗粒且沿加工方向拉长，均分散于晶界，呈热锻组织，故此铜盆应为热锻制成。

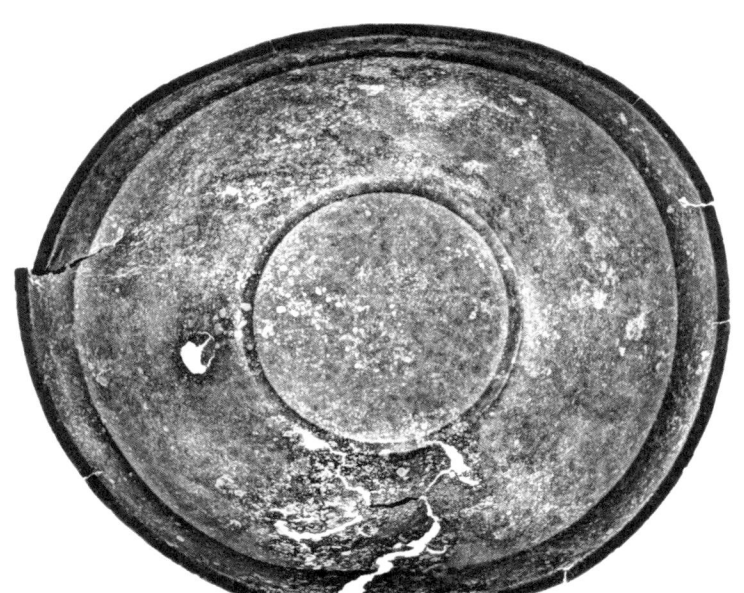

图九　M9∶8铜盆X线片

平均成分：Cu75.9wt.%，Sn13.0wt.%，Pb11.0wt.%。

（3）铜盆M9∶25

底部残片样品经台式XRF检测，显示均为Cu-Sn-Pb三元合金，可知材质为铅锡青铜。

因器物破损严重，无法进行拍照和探伤检测，仅对其取样。盆底部残片样品经金相检测（图一〇，2），显示出铜锡α固溶体再结晶晶粒及孪晶，晶粒大小不均匀，部分孪晶带有细小台阶，铅与硫化物夹杂物沿加工方向拉长。存在少量细小δ相、细小硫化物小颗粒及变形的铅颗粒，均分散于晶界，呈热锻组织，故此铜盆应为热锻制成。

平均成分：Cu83.0wt.%，Sn13.6wt.%，Pb2.8wt.%。

 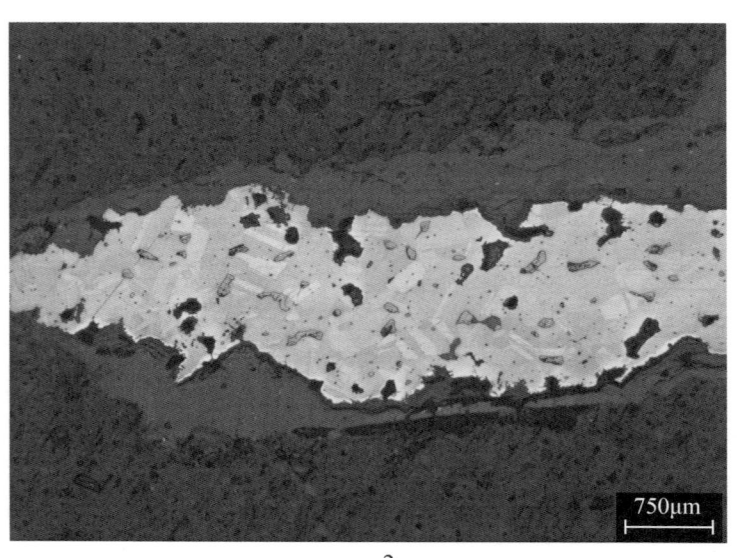

图一〇　铜盆金相组织图

1.M9∶10铜盆残片（200倍）　2.M9∶25铜盆底部残片（100倍）

（4）铜盆M22∶2

经XRF检测，显示为Cu-Sn-Pb三元合金，可知材质为铅锡青铜。

X线片（图一一），显示出器身分布大量的腐蚀凹坑，口沿部有少量的裂隙病害，通体未见垫片，推测其也为热锻制成。

（5）铜盆M22∶3

腹部残片样品经台式XRF检测，显示均为Cu-Sn-Pb三元合金，为铅锡青铜。

因器物破损严重，无法进行拍照和探伤检测，仅对其取样。盆腹部残片样品经金相检测（图一二），显示出铜锡α固溶体再结晶晶粒及孪晶，晶粒大小不均匀，存在少量细小δ相、细小硫化物小颗粒及变形的铅颗粒，均分散于晶界，呈热锻组织，故此铜盆应为热锻制成。

平均成分：Cu75.8wt.%，Sn12.1wt.%，Pb11.5wt.%。

5. 铜勺

共2件，分别为M3∶6、M22∶5。

（1）铜勺M3∶6

经台式XRF检测，显示均为Cu-Sn-Pb三元合金，可知材质为铅锡青铜。

勺口沿部样品经金相检测（图一三，1），显示出α固溶体树枝晶偏析，晶间分布网状的（α+δ）共析组织，有较多的细小铅颗粒均匀分布于α枝晶间。呈铸造组织，故此铜勺应为铸造而成。

平均成分：Cu74.3wt.%，Sn4.2wt.%，Pb21.3wt.%。

图一一　M22∶2铜盆X线片

图一二　M22∶3铜盆残片金相组织图（500倍）

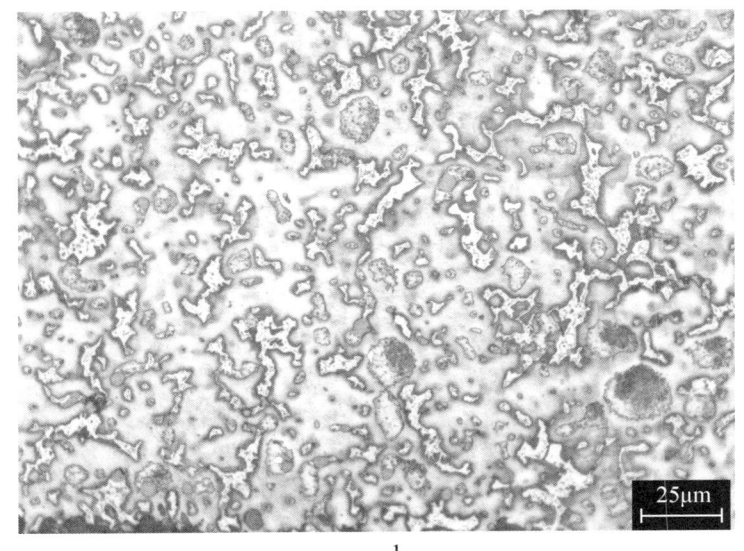

1

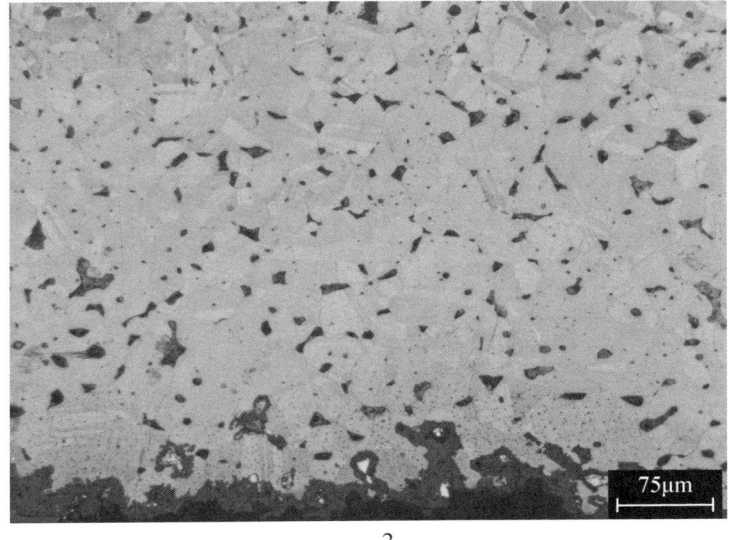

2

图一三　铜勺金相组织图

1. M3∶6口沿部残片（500倍）　2. M22∶5残片（500倍）

（2）铜勺M22∶5

经台式XRF检测，显示为Cu-Sn-Pb三元合金，可知为铅锡青铜。

勺残片样品经金相检测（图一三，2），显示出铜锡α固溶体再结晶晶粒及孪晶，晶粒大小不均匀，存在少量细小δ相、细小硫化物小颗粒及变形的铅颗粒，均分散于晶界，呈热锻组织，故此铜勺应为热锻制成。

平均成分：Cu74.8wt.%，Sn14.2wt.%，Pb9.5wt.%。

6. 铜鉌镂

共1件，编号为M9∶3。

经p-XRF检测盖顶、盖外壁、器身、足、提梁、右纽六个部位，显示均为Cu-Sn-Pb三元合金，其材质为铅锡青铜。

器盖、器身及足部（图一四）均无范缝存在。X线片（图一五），可看出器盖部分有垫片分布；器盖、器身、足部均无范缝，可推测为浑铸；足部呈暗灰色且呈色均匀，说明其为实心；足部与器壁无叠压、缝隙，推测足与器身浑铸；提链与器身连接的铜环部分采用分铸法，即预先铸成开口的铜环，将环钮与提链连接后再扣合；提链对称处有范线存在，为双合分范法制成。

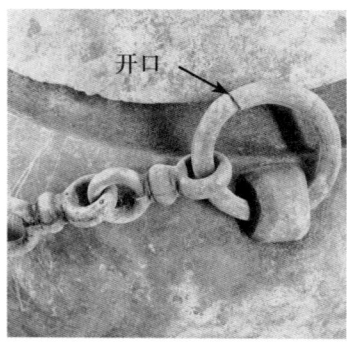
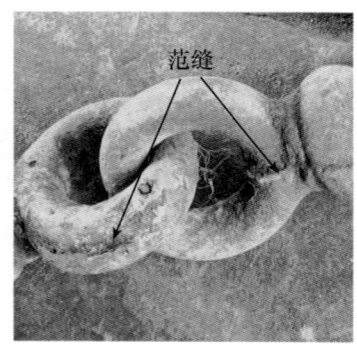

图一四　M9∶3铜䥽镂及其细节图

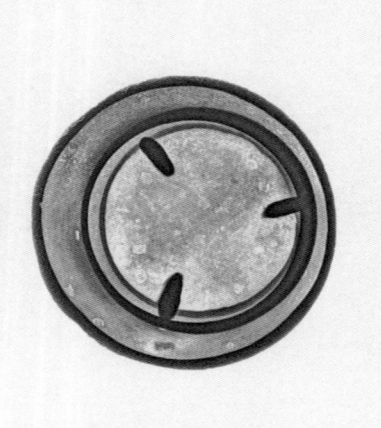
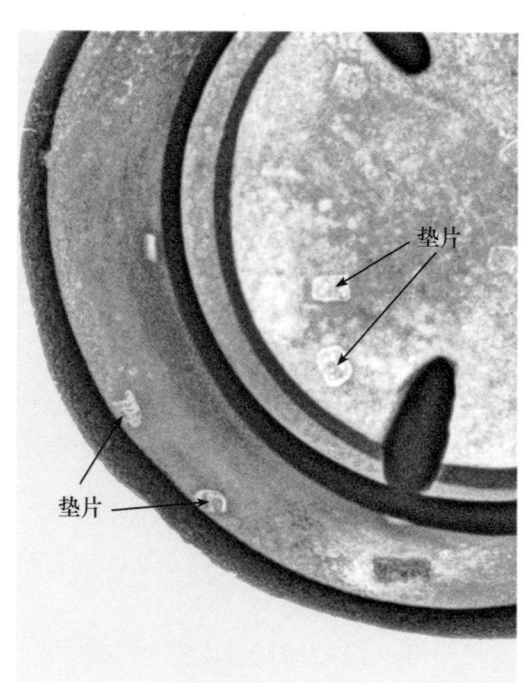

图一五　M9∶3铜䥽镂及其细节X线片

7. 铜䥽壶

共1件，编号为M9∶21。

经台式XRF检测，显示为Cu-Sn-Pb三元合金，材质为铅锡青铜。

X线片（图一六）中，壶盖、器身、柄、流、足部均未见范线；口沿残片样品经金相检测（图一七），显示出铜锡α固溶体树枝晶和连成网状的（α+δ）共析体组织，呈铸造组织，故此铜䥽壶应为铸造制成。

平均成分：Cu74.3wt.%，Sn4.2wt.%，Pb21.3wt.%。

柄为空心，柄与器壁、流与器壁、足与器底、盖顶环钮与盖连接处均无叠压、焊料痕迹，可知均为浑铸。盖顶部铜环未闭合，可推测为预先铸造好，再套环钮；口沿圈部与器身分离，盖、器身近口沿处、口沿

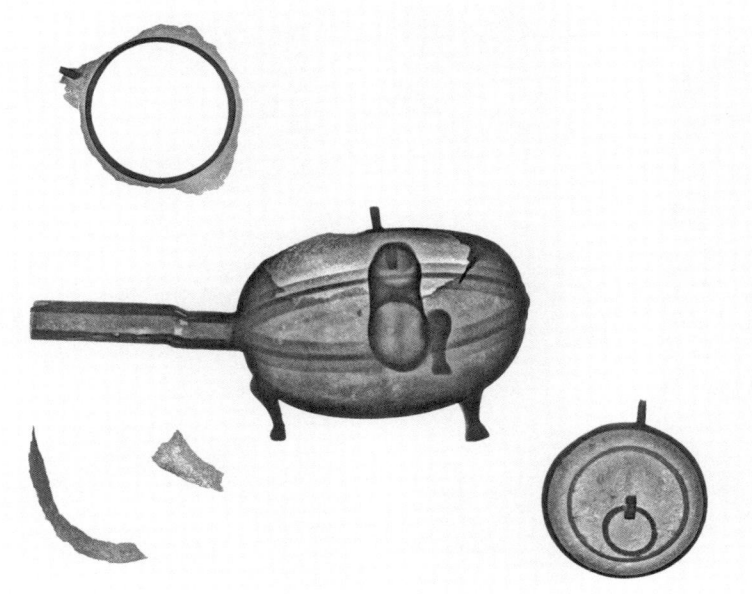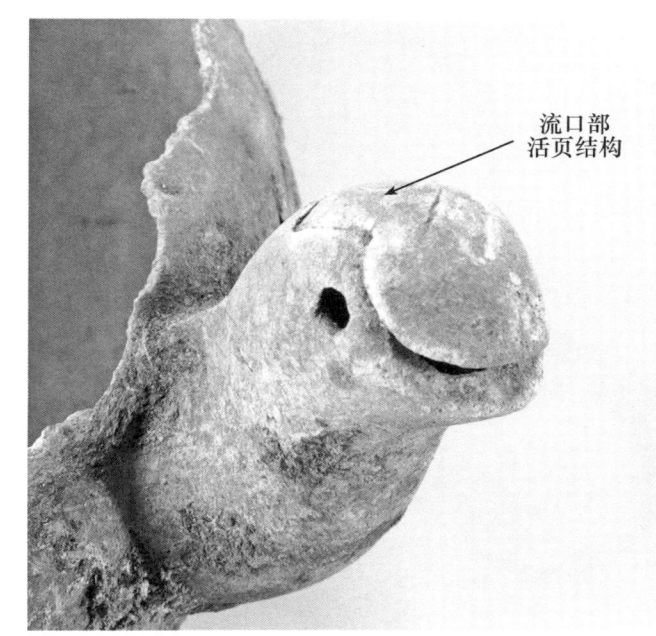

图一六　M9∶21铜鐎壶细节图及其X线片

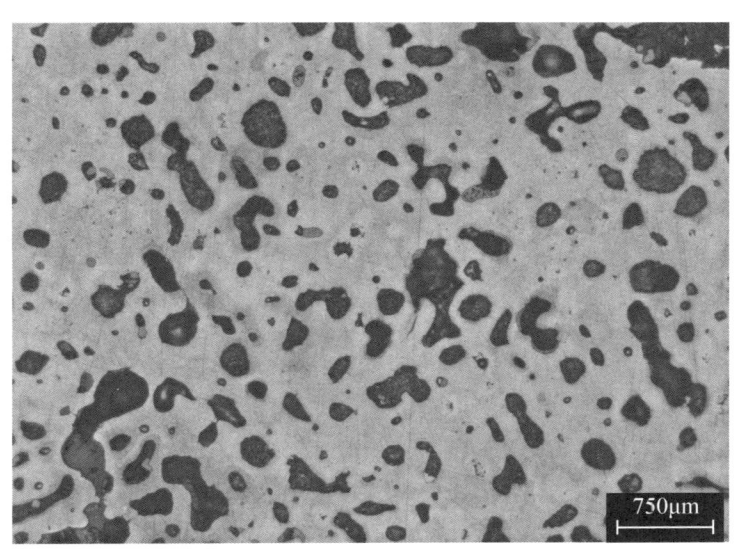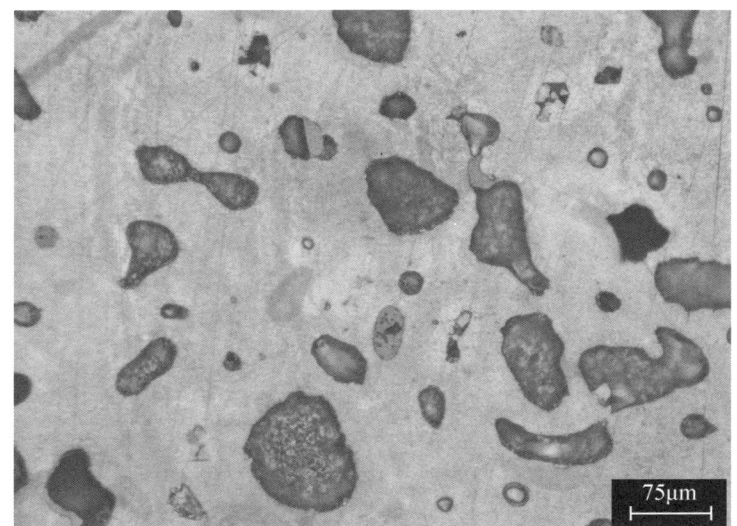

图一七　M9∶21铜鐎壶器身残片金相组织图（左：200倍，右：500倍）

部均有穿孔小挡板，盖的挡板位于中间组成活页结构，可推测盖的使用亦为活页模式；可观察出，流口部为活页结构。

8. 铜鋞

共1件，编号为M22∶6。

经台式XRF检测，显示为Cu-Sn-Pb三元合金，可知为铅锡青铜。X线片（图一八），可清晰看出器底严重变形，器身分布残缺、裂隙、断裂病害。器壁有垫片分布，应为铸造而成；足部、器身、环纽均未见范线，为浑铸工艺且足部、环纽为实心。提链与环纽连接的两只铜环未闭合，为无封口设计，一端铜环有开口且变形掉落，可知为预先铸好，后期套合于环纽；推测铜环材质为低锡青铜，低锡青铜材质柔韧性好，可变形加工，便于提链与器身的套合连接。提链的中心对称处有范线为预先二分范铸，后期串联。

铜鋞底部残片样品经金相检测（图一九），显示出铜锡α固溶体树枝晶；细小（α+δ）共析组织，数量较多，弥散分布；铅大小不等，小颗粒铅沿树枝晶分布。呈铸造组织，故此铜鋞应为铸造制成。

平均成分：Cu75.7wt.%，Sn6.1wt.%，Pb18.2wt.%。

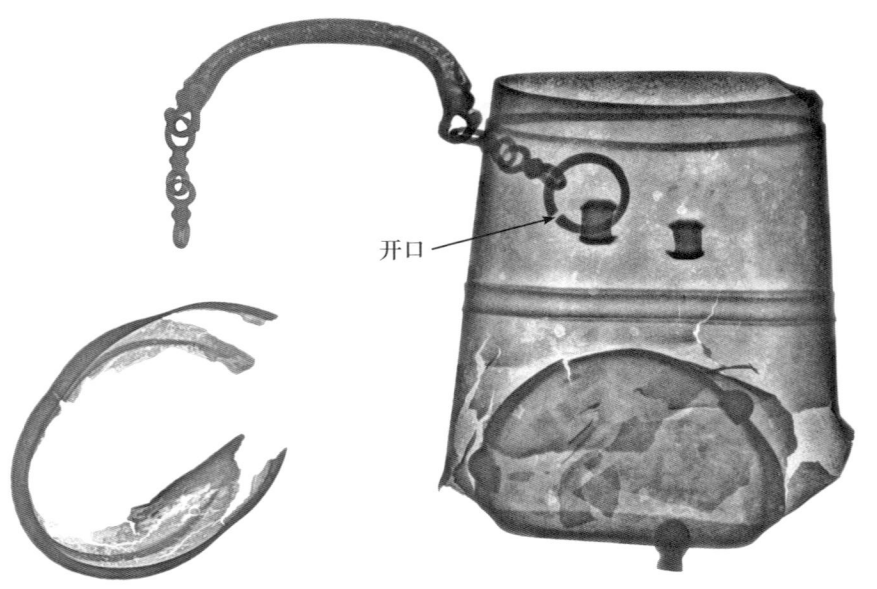
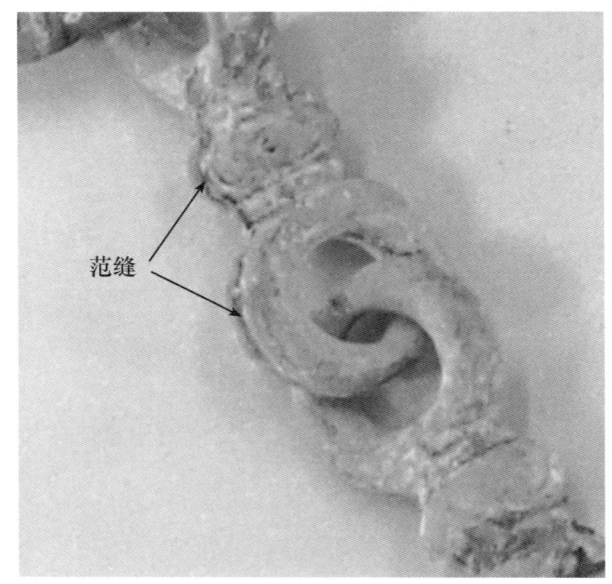

图一八　M22∶6铜鋞X线片、细节图

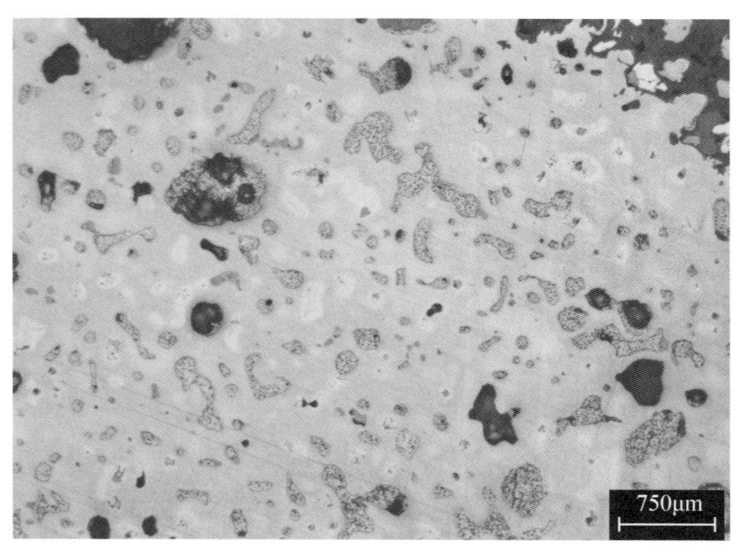
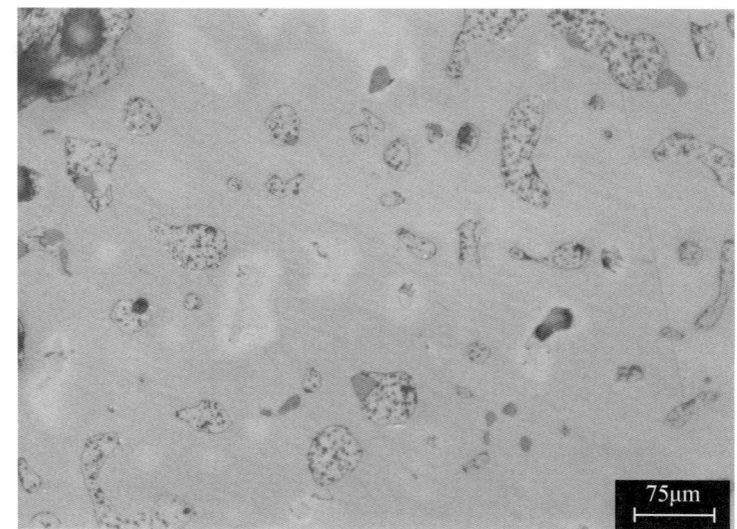

图一九　M22∶6铜鋞底部金相组织图（左：200倍，右：500倍）

9. 铁削刀

共1件，编号为M2∶12。经p-XRF检测刀刃部，显示均为铁质。

10. 铜铃

共1件，编号为M3∶1-1。经p-XRF检测，显示均为Cu-Sn-Pb三元合金，可知材质为铅锡青铜。

11. 铜环

共1件，编号为M8∶61-2。经p-XRF检测，显示为Cu-Sn-Pb三元合金，可知材质为铅锡青铜。

12. 银带钩

共1件，编号为M9∶1。经p-XRF检测，其材质为银器。

13. 铜印章

共1件，编号为M9∶23。经p-XRF检测，显示均为Cu-Sn-Pb三元合金，可知材质为铅锡青铜。X线片（图二〇），可清晰观察到两面阴刻的篆文，保存状况较好，为双面印章。

图二〇　M9∶23铜印章X线片

三、结果讨论

1. 合金成分

本次共分析金属器29件，基体铜质有24件、铁质4件、银质1件。采用便携式XRF和台式XRF进行成分分析。结果显示24件铜器均为铅锡青铜。台式XRF检测铜器样品中，含铅最高的样品是铜勺，高达23.5wt.%，其他样品含铅量在2.8wt.%~21.3wt.%。锡含量最高的样品是铜镜，高达21.6wt.%，其余锡含量范围在4.2wt.%~17.6wt.%，2件样品含锡17wt.%以上，根据Scott对高锡青铜和低锡青铜的分类[①]，这2件样品属于典型的高锡青铜。

2. 成形工艺

（1）铸造工艺

24件铜器中，对13件取样进行金相检测，金相组织显示铜勺、铜鐎壶、铜镜、铜鋞4件器物为铸造成形。除铜镜之外的3件铜器经观察与X线片分析，器身、器盖有垫片分布，无范缝，附件与器身无叠压关系、无焊料痕迹，可知均为浑铸成形；器物足部附件短小、实心铸造；实心足最大的特征为内有瘪形凹坑，足部在浇筑时产生的热胀冷缩效应形成凹坑，常见的铜器足部为空心足，空心足较实心足体积小，因此在内壁热胀冷缩效应小，对器壁内部及器物的形貌不会产生影响。铜镜的金相组织显示出α相呈针状和两端尖锐的条状，（α+δ）共析组织连成一片呈基体状，其余器物基体均为α固溶体树枝晶组织以及（α+δ）共析体组织，未见铸后受热现象。

（2）热锻工艺

金相组织显示有9件为热锻成形，器物种类有铜铏、铜勺、铜盆。这几类器物器壁较薄，器形敞口；热锻使得器壁变薄，使用起来更加轻便，在热锻过程中可使晶粒细化，组织均匀，改变微观缺陷的分布；热锻和热锻冷加工工艺不仅使此类器物成形并具有良好的机械性能。金相组织显示出1件铜铏晶粒有弯曲且存在少量滑移带，推测进行过热锻后冷加工；热锻的9件铜器均为铅锡青铜；铅含量范围在2.8wt.%~12.6wt.%，锡含量最高达17.6wt.%，是1件铅锡青铜，其他样品含锡量范围在8.9wt.%~15.7wt.%。先秦两汉热锻薄壁青铜器的合金成分可分为两大类：第一类含锡量低于18wt.%，为锡青铜或铅锡青铜，金相组织显示为α等轴晶及孪晶组织或有滑移线存在；第二类锡含量大于18wt.%，为较纯的铜锡合金，金相组织显示为针状β'相和岛状α固溶体孪晶组织[②]。R. Chadwick[③]对含锡量在5%~30%的青铜进行锻造试验后得出，铜锡合金有两个韧性锻区：含锡量18%以下的青铜在200~300℃范围内，含锡20%~30%的青铜在500~700℃范围内；前者的合金组织主要为α相，后者主要是由γ或β相组成。α、β和γ相在高温下都具有足够的塑性，可以进行热加工。在热锻过程中，铜锡合金中加铅可以起保温、延长热锻时间的作用，被挤压的微小铅颗粒弥散在组织中，可对组织起到压合、焊接及减少孔洞、纹裂等加工作用[④]。这9件青铜器的合金技术符合热锻工艺特征。

---

① Scott D A. Metallography and Microstructure of Ancient and Historic Metals [M]. Los Angeles: The Getty Conservation Institute, 1991, p. 25.

② 李洋. 炉捶之间：先秦两汉时期热锻薄壁青铜器研究［M］. 上海：上海古籍出版社，2017：155-160.

③ 孙淑云，王克智. 中国响铜器的实验研究［C］// 中国冶金史论文集（二）. 北京：《北京科技大学学报》增刊，1994.

④ 秦颍，李世彩，晏德付，等. 湖北及安徽出土东周至秦汉时期热锻青铜容器的科学分析［J］. 文物，2015（7）：89-96.

四、结　　论

随州周家寨墓地出土金属器物包括铜、铁、银器三种材质。通过对15件金属器取样进行金相组织观察和台式XRF成分分析，发现出土的铜器均为铜-锡-铅三元合金，铅含量较高，体现了西汉时期湖北地区青铜器制作技术的同一化。铜器的制作技术大部分为热锻成形，器类为敞口薄壁容器，有4件为铸造而成，且均浑铸，附件与器身之间无铸接、焊接等连接方式。出土的青铜器类中盆、铜、壶类等容器，铜镜等生活用品占多数，说明了汉代随冶铁技术的发展，青铜文化相比商周时期较衰退，青铜器制造业在汉代发生了根本性的转化：从祭祀礼器过渡到实用器。随州周家寨墓地金属器的检测分析，为研究西汉时期青铜制造业的转变及其发展提供了重要的参考资料。

附表一 随州周家寨墓地金属器p-XRF检测结果　　　　　　（单位：wt.%）

样品编号	器物号	器物名称	部位	Cu	Sn	Pb	Fe	As	Ag	材质
01	M1：5	铜剑	剑刃	90.2	5.9	2.3	1.0	0.1	0.1	铅锡青铜
			剑格	69.5	20.1	4.8	4.2	0.0	0.4	
			剑柄	70.2	13.0	8.3	6.8	0.0	0.3	
			鞘口	53.9	32.8	6.9	3.8	0.4	1.0	
02	M2：1	铜剑	剑刃	62.5	23.3	10.2	2.8	0.1	0.5	铅锡青铜
			剑柄	34.5	40.6	18.1	4.6	0.0	0.9	
			剑格	37.9	43.4	9.6	7.1	0.0	0.8	
03	M2：2	铜镜	镜身	21.0	66.1	5.6	5.6	0.7	0.4	铅锡青铜
			镜身	29.1	59.2	5.4	4.9	0.5	0.3	
04	M2：3	铜铜	器身	28.8	47.0	15.0	6.2	0.9	0.6	铅锡青铜
05	M2：12	铁削刀	刀刃	1.4	0.3	0.3	96.0	0.1	0.0	铁器
06	M3：1-1	铜铃	器身	22.3	44.2	19.0	9.9	1.6	1.6	铅锡青铜
			器身	8.1	47.8	29.1	10.4	1.7	1.6	
08	M3：6	铜勺	勺底部	52.4	27.1	14.2	4.8	0.0	0.4	铅锡青铜
			柄部	21.6	51.6	20.1	3.7	0.9	0.8	
09	M8：63-2	铜环	器身	70.5	18.9	3.9	5.9	0.0	0.4	铅锡青铜
			器身	63.3	20.4	3.6	12.1	0.0	0.2	
			漆膜	52.4	30.5	9.1	6.5	0.5	0.5	
10	M9：1	银带钩	器身	6.1	8.3	0.8	0.4	0.1	84.1	银器
			器身	18.8	7.8	0.4	0.5	0.2	69.8	
12	M9：3	铜鈷镂	盖顶	44.0	14.1	34.2	3.8	2.2	0.3	铅锡青铜
			盖外壁	34.2	18.0	39.4	4.0	2.7	0.4	
			器身	63.0	12.9	20.2	1.6	1.1	0.2	
			足	7.5	22.8	58.8	5.4	3.9	0.3	
			提梁	52.1	14.2	28.8	2.5	1.4	0.3	
			器身右纽	28.7	26.2	39.4	2.5	1.4	0.4	
16	M9：16	铜镜	器身	51.7	39.5	5.6	2.1	0.3	0.2	铅锡青铜
			器身	45.0	42.7	7.7	3.1	0.6	0.2	
17	M9：18	铜镜	器身	46.0	43.1	5.9	3.5	0.5	0.2	铅锡青铜
			器身	45.5	43.8	6.7	2.7	0.4	0.3	
18	M9：21	铜鐎壶	盖顶	59.1	15.1	23.1	0.6	1.0	0.3	铅锡青铜
			器口沿	39.0	13.0	43.3	1.4	1.9	0.2	
			器身	38.7	23.2	27.9	5.7	2.3	0.5	
19	M9：22	铁剑	剑格	27.0	61.6	2.8	7.6	0.5	0.1	铁器（剑格为铅锡青铜）
			剑刃	0.7	0.2	0.2	97.3	0.0	0.0	
20	M9：23	铜印章	器身	66.9	27.1	3.9	1.5	0.0	0.1	铅锡青铜
23	M22：2	铜盆	器底	49.1	27.5	15.8	6.1	0.5	0.4	铅锡青铜
26	M22：5	铜勺	柄部	53.6	33.7	7.8	3.0	0.7	0.3	铅锡青铜
			勺外壁	53.4	32.5	8.3	3.7	0.9	0.3	
28	M22：7	铁剑	剑刃	0.5	0.2	0.2	97.3	0.2	0.0	铁器
29	M22：16	铁剑	剑格	29.2	62.1	2.1	5.3	0.4	0.3	铁器（剑格为铅锡青铜）
			剑格	33.6	54.5	3.1	7.5	0.5	0.2	
			剑刃	0.7	0.4	0.2	97.2	0.2	0.0	

附表二　随州周家寨墓地金属器样品台式XRF检测结果　　　　　　　　　　（单位：wt.%）

器物编号	器物名称	样品编号	Fe	Cu	Zn	Sn	Pb	材质
04	铜鐎	ZJZ-#04-1	0.4	75.9		16.0	7.7	铅锡青铜
		ZJZ-#04-2	0.3	80.7		15.7	3.3	
		ZJZ-#04-3	0.4	82.4		15.8	1.3	
		ZJZ-#04-4	0.5	82.0		15.3	2.1	
		平均成分		80.2		15.7	3.6	
07	铜鐎	ZJZ-#07-1	0.1	79.9		12.2	7.6	铅锡青铜
		ZJZ-#07-2	0.1	83.5		13.6	2.6	
		ZJZ-#07-3	0.1	82.0		13.6	4.1	
		ZJZ-#07-4	0.1	82.5		14.1	3.1	
		平均成分		82.0		13.4	4.4	
08	铜勺	ZJZ-#08-1	0.4	70.2		11.3	18.0	铅锡青铜
		ZJZ-#08-2	0.1	66.8		10.1	23.0	
		ZJZ-#08-3	0.1	65.7		9.5	24.6	
		ZJZ-#08-4	0.1	62.5		9.1	28.2	
		平均成分		66.3		10.0	23.5	
11	铜鐎	ZJZ-#11-1	0.5	75.8		10.6	13.0	铅锡青铜
		ZJZ-#11-2	0.1	79.0		7.5	13.3	
		ZJZ-#11-3	0.2	79.1		8.6	12.2	
		ZJZ-#11-4	0.2	79.0		8.9	11.9	
		平均成分		78.2		8.9	12.6	
14	铜盆	ZJZ-#14-1	0.1	76.6		12.2	11.0	铅锡青铜
		ZJZ-#14-2	0.2	76.8		12.2	10.8	
		ZJZ-#14-3	0.3	74.4		14.6	10.7	
		ZJZ-#14-4	0.2	75.7		12.9	11.2	
		平均成分		75.9		13.0	11.0	
15	铜鐎	ZJZ-#15-1	1.1	70.3		17.8	9.3	铅锡青铜
		ZJZ-#15-2	1.3	69.2		17.8	10.7	
		ZJZ-#15-3	1.7	67.8		17.7	12.0	
		ZJZ-#15-4	1.4	67.0		17.0	13.7	
		平均成分		68.6		17.6	11.4	
18	铜鐎壶	ZJZ-#18-1	0.4	62.0		4.5	33.0	铅锡青铜
		ZJZ-#18-2	0.0	90.5		4.4	4.9	
		ZJZ-#18-3	0.0	69.3		4.3	26.2	
		ZJZ-#18-4	0.0	75.5		3.5	20.8	
		平均成分		74.3		4.2	21.3	
19	铁剑	ZJZ-#19-1	99.3		0.7			铁器
		ZJZ-#19-2	99.5		0.5			
		ZJZ-#19-3	97.3		2.7			
		ZJZ-#19-4	93.0		7.0			
		平均成分	97.3		2.7			

续表

器物编号	器物名称	样品编号	Fe	Cu	Zn	Sn	Pb	材质
21	铜盆	ZJZ-#21-1	1.0	79.8		13.1	5.9	铅锡青铜
		ZJZ-#21-2	0.2	84.9		13.3	1.5	
		ZJZ-#21-3	0.2	84.3		13.5	1.9	
		ZJZ-#21-4	0.1	83.2		14.7	1.9	
		平均成分		83.0		13.6	2.8	
22	铜镜	ZJZ-#22-1	0.1	67.3		22.1	10.4	铅锡青铜
		ZJZ-#22-2	0.1	68.2		21.2	10.3	
		ZJZ-#22-3	0.1	68.5		20.9	10.4	
		ZJZ-#22-4	0.4	67.4		22.1	10.0	
		平均成分		67.8		21.6	10.3	
24	铜盆	ZJZ-#24-1	0.1	73.5		12.2	14.1	铅锡青铜
		ZJZ-#24-2	0.8	78.0		12.5	8.6	
		ZJZ-#24-3	0.1	80.9		12.0	6.9	
		ZJZ-#24-4	0.8	71.0		11.8	16.2	
		平均成分		75.8		12.1	11.5	
25	铜䤷	ZJZ-#25-1	0.8	74.2		13.7	11.3	铅锡青铜
		ZJZ-#25-2	1.2	77.5		10.8	10.5	
		平均成分		75.8		12.3	10.9	
26	铜勺	ZJZ-#26-1	0.8	78.8		13.4	6.3	铅锡青铜
		ZJZ-#26-2	1.0	71.5		15.5	11.5	
		ZJZ-#26-3	1.0	71.9		15.2	11.4	
		ZJZ-#26-4	1.2	77.0		12.7	8.7	
		平均成分		74.8		14.2	9.5	
27	铜铿	ZJZ-#27-1		78.7		4.8	16.5	铅锡青铜
		ZJZ-#27-2		70.2		7.2	22.6	
		ZJZ-#27-3		84.6		6.5	8.9	
		ZJZ-#27-4		69.2		6.1	24.7	
		平均成分		75.7		6.1	18.2	
28	铁剑	ZJZ-#28-1	99.9	0.0		0.1	0.1	铁器
		ZJZ-#28-2	100.0	0.0		0.0	0.0	
		ZJZ-#28-3	100.0	0.0		0.0	0.0	
		ZJZ-#28-4	99.7	0.1		0.0	0.0	
		平均成分	99.9					

附录五 随州周家寨汉墓M8出土石砚残留墨迹的初步分析

李 洋[1,2] 王 欣[1] 张 峻[3] 江旭东[4] 罗运兵[5]

（1. 武汉大学历史学院 2. 武汉大学长江文明考古研究院 3. 杭州电子科技大学材料与环境工程学院 4. 湖北省博物馆 5. 湖北省文物考古研究院）

周家寨墓地M8出土了一套石砚[①]，由砚石和磨墨石组成，均残留墨迹，且较好地保留了石砚磨墨时的原始状态，是研究西汉早期人工墨制品的珍贵实物资料。本文拟通过体式显微镜、扫描电子显微镜（SEM）、高分辨透射电子显微镜（HRTEM）、傅里叶红外光谱仪（FTIR）、拉曼光谱仪（Raman）、X射线衍射仪（XRD）和电感耦合等离子体质谱仪（ICP-MS）等仪器对周家寨墓地M8出土石砚残留墨迹的显微形貌、晶体结构、物相组成和同位素进行观察与表征，分析其制墨原料与工艺，以期为早期人工制墨原料与工艺研究提供新的认识，并为古墨的保护和鉴定提供科学依据。

一、实验样品、方法与仪器

1. 实验样品

这套砚石和磨墨石的研磨接触面均残留墨迹，其中砚石表面残留的墨迹较多。为最大限度地保护文物原貌，实验采取了两种取样方式：一种方式即不取样，直接利用体式显微镜对砚石和磨墨石表面残留墨迹进行原位观察；另一种方式为选取砚石表面脱落或即将脱落的干燥墨层残片和粉末作为样品，样品编号为SZZJZ-M8-72-M，包括扫描电子显微镜和高分辨透射电子显微镜的观察，傅里叶红外光谱仪、拉曼光谱仪、X射线衍射仪和电感耦合等离子体质谱仪的测试。

2. 实验方法与仪器

利用体式显微镜和扫描电子显微镜分别对样品进行低倍和高倍显微形貌观察。体式显微镜为日本Olympus公司的SZX-16型体视显微镜，配备景深合成软件，对残留在砚石和磨墨石表面的墨迹表面原位进行10倍、20倍和50倍拍照观察。扫描电子显微镜为美国FEI公司的Apreo-s型场发射扫描电子显微镜，对干燥墨层粉末进行观察，工作电压20kV。

利用高分辨透射电子显微镜对样品的晶体结构和物质种类进行表征。将粉末放入无水乙醇溶液里，用超声波震荡均匀后滴在微栅上，干燥后进行高分辨透射电子显微镜观察。高分辨透射电子显微镜为日本JEOL公司的JEM-2100F高分辨场发射透射电子显微镜，工作电压40kV。

---

① 湖北省文物考古研究所、随州市曾都区考古队：《湖北随州市周家寨墓地M8发掘简报》，《考古》2017年第8期。

利用傅里叶红外光谱仪、拉曼光谱仪和X射线衍射仪对样品的物相组成进行不同角度的表征。傅里叶红外光谱仪为美国Thermo Fisher公司Nicolet iS10型傅里叶变换红外光谱仪，样品和背景扫描次数32次，分辨率4cm^{-1}，波数范围4000～400cm^{-1}。拉曼光谱仪为法国HORIBA公司的XploRA型拉曼光谱仪，激光波长为532nm，物镜倍数50倍，功率1mW，波数范围4000～100cm^{-1}，累积5次。将墨层残片研磨成粉末并压片后进行X射线衍射仪测试，X射线衍射仪为日本Rigaku公司Miniflex600型X射线衍射仪，铜靶，工作电压40kV，工作电流15mA，衍射角范围10°～80°，扫描速度0.02°/s。

利用电感耦合等离子体质谱仪对样品的含C量和含N量进行测试，并对C3和C4的比值进行测试。电感耦合等离子体质谱仪为德国ELEMENTAR公司配备有Vario元素分析仪的Isoprime100稳定同位素质谱仪。

二、实验结果与讨论

1. 显微形貌与晶体结构观察

图一是体式显微镜对砚石表面残留黑色墨迹的观察照片，可见所谓墨迹实际是一层干燥且较薄的墨块，干燥导致其出现大量龟裂。值得注意的是，黑色墨块中夹杂一定量的细小颗粒，颗粒呈多种颜色，粒径几微米到几十微米不等，疑似矿物颗粒。图二是体式显微镜对磨墨石表面残留墨迹的观察，其形貌特征与砚石表面残留墨迹基本一致。

图三是扫描电子显微镜样品SZZJZ-M8-72-M黑色墨块粉末的观察照片，照片中样品呈现出两种不同的形态，一种呈块状，直径5～10微米，一种呈片状，直径50～100纳米。

进一步利用高分辨透射电子显微镜对处理后的样品SZZJZ-M8-72-M进行观察（图四），观察到三种不同形态的物质：第一种为片状石墨，个别石墨片扭卷后呈纺锤状，直径5～10微米，推测这类物质是扫描电子显微镜观察到的块状石墨经处理后的形态，极少量石墨片为单层即石墨烯；第二种为片状无定形碳，直径50～100纳米，推测这类物质为扫描电子显微镜观察到的直径50～100纳米的片状物质；第三种为球状、椭圆状富勒烯，直径20～30纳米，可能因为其含量较少且尺寸较小，扫描电子显微镜未观察到这类物质。有学者认为墨坯在机械力的反复捶打或研磨过程中，才会使无定形碳石墨化[①]。也就是说，石墨（石墨烯）的存在说明样品所用墨料经过了反复捶打或研磨。除石墨（石墨烯）和无定形碳外，本研究还观察到一定数量富勒烯的存在，尚未见以往研究有相关报道，其产生的原因有待进一步研究。

图一 砚石表面残留墨迹体式显微镜照片

---

① 张炜、刘红兵、郭时清：《古墨的制作工艺及保存问题的探讨》，《文物保护与考古科学》1995年第1期。

图二　磨墨石表面残留墨迹体式显微镜照片

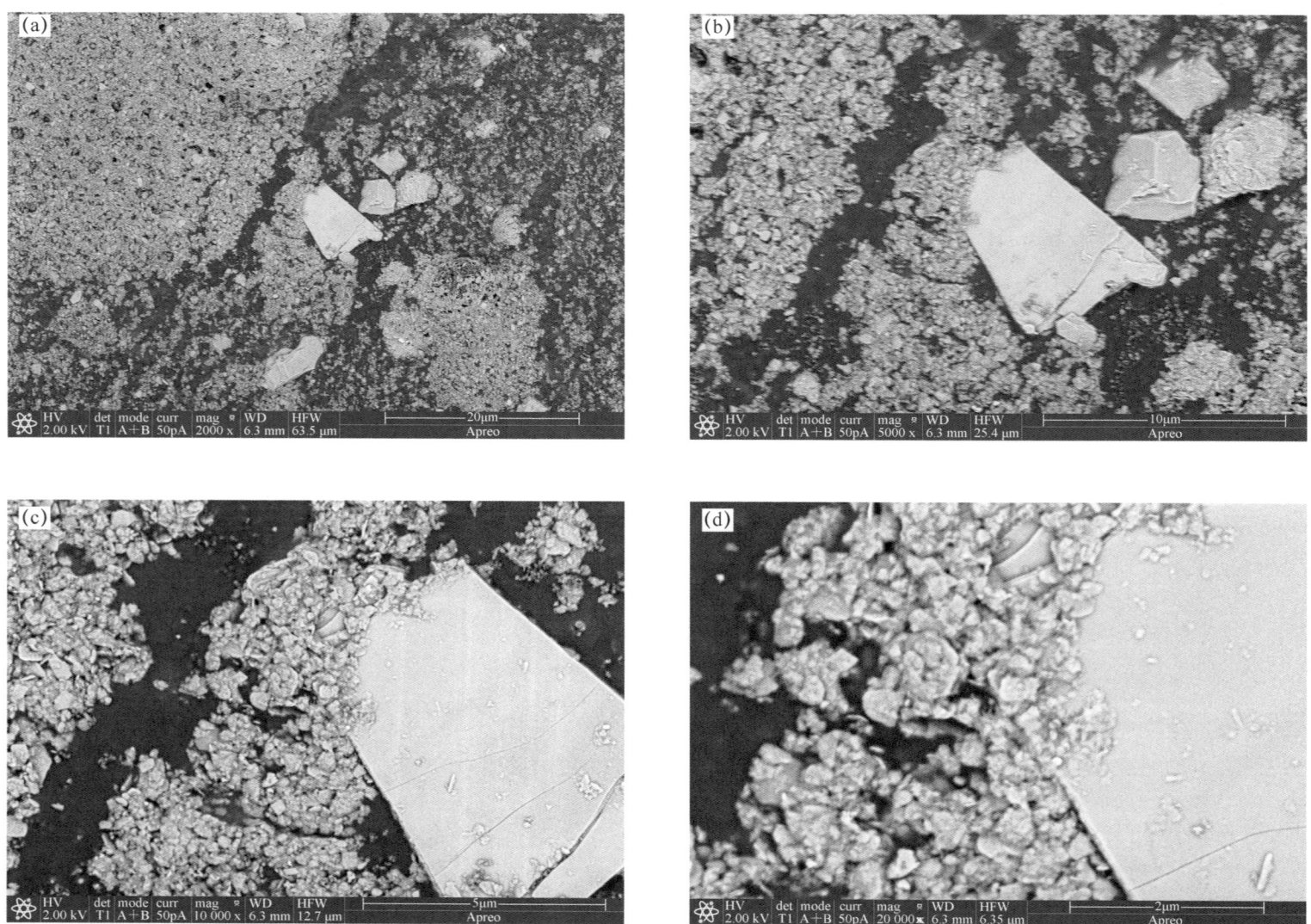

图三　样品SZZJZ-M8-72-M扫描电子显微镜照片

2. 物相组成分析

图五是FTIR光谱图，3338cm^{-1}和3288cm^{-1}处吸收峰可能是表面OH、COOH或吸附水的O—H伸缩振动；2918cm^{-1}、2847cm^{-1}附近不明显吸收带为饱和—CH$_2$—伸缩振动；1641cm^{-1}处吸收峰为C=O的伸缩振动，1539cm^{-1}处吸收峰为N—H的弯曲振动，1450cm^{-1}处吸收峰为C—N的伸缩振动，有学者认为这些位置的吸收峰属于蛋白质酰胺基（—N（H）—C=O—）的特征谱带[1]，这说明样品所用墨料可能含有动物胶；

---

① Derrick M R, Stulik D C, Landry J M. Infrared Spectroscopy in Conservation Science [M]. Los Angeles: The Getty Conservation Institute, 1999.

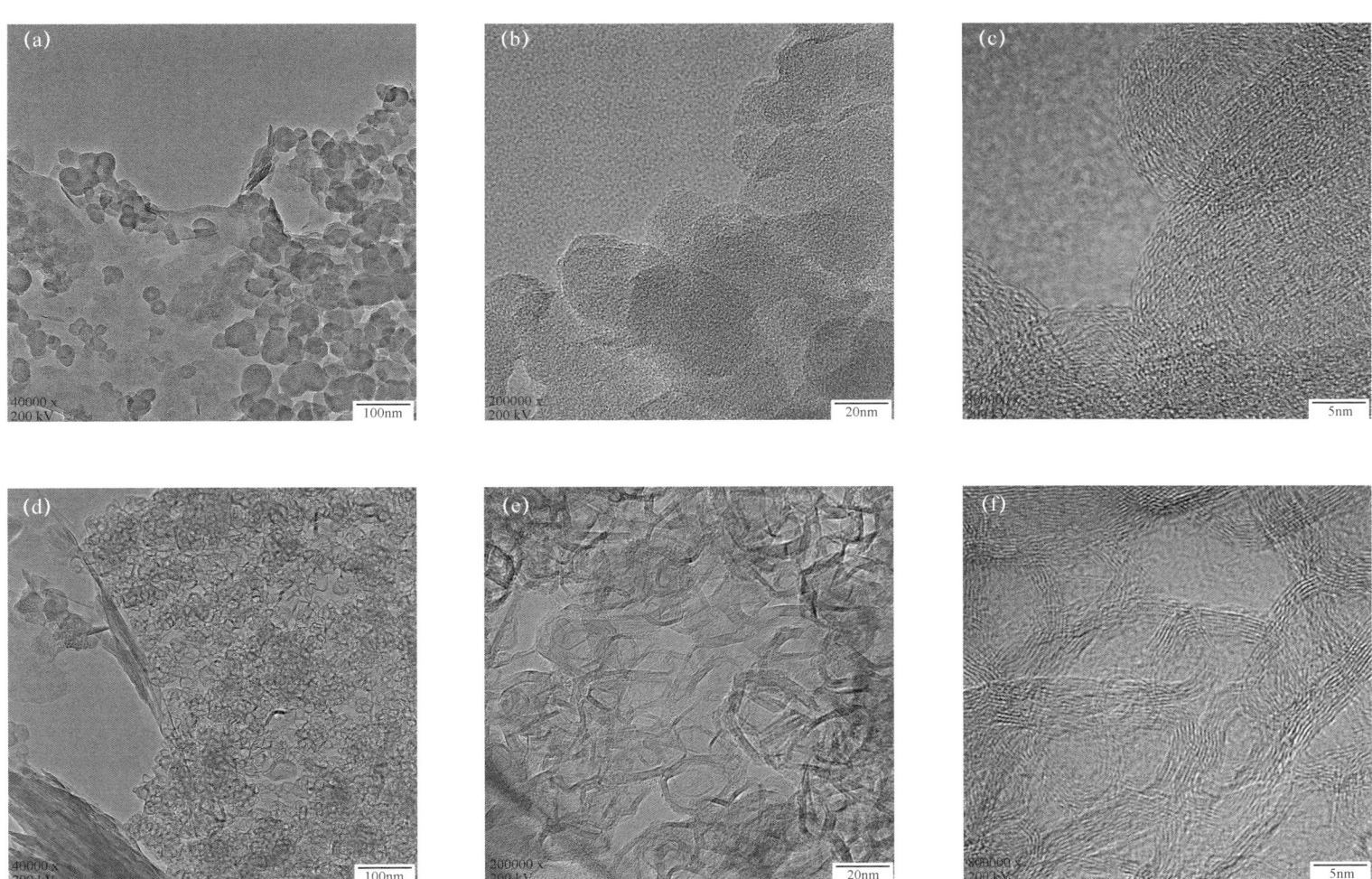

图四　样品SZZJZ-M8-72-M高分辨透射电子显微镜照片

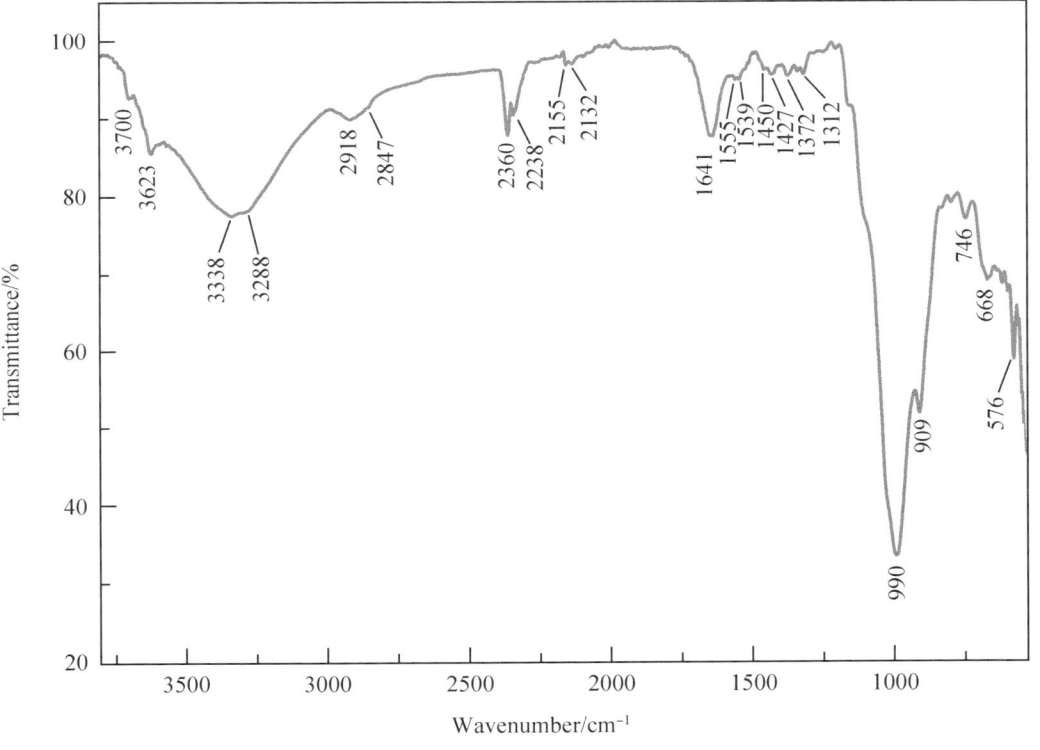

图五　样品SZZJZ-M8-72-M的FTIR光谱图

1372cm^{-1}处吸收峰为—CH_3的剪式振动；990cm^{-1}、909cm^{-1}处显著吸收峰为=C—H的伸缩振动。

图六是Raman光谱图，1360cm^{-1}处和1597cm^{-1}处被认为是无定形碳的Raman峰[①]，456cm^{-1}处被认为是石英

---

① Smith G D, Clark R J H. Raman microscopy in archaeological science [J]. Journal of Archaeological Science, 2004, 31(8); Bell I M, Clark R J H, Gibbs P J. Raman spectroscopic library of natural and synthetic pigments (pre-≈1850 AD) [J]. Spectrochimica Acta Part A: Molecular and Biomolecular Spectroscopy, 1997, 53(12).

（SiO_2）的Raman峰，188cm^{-1}、266cm^{-1}、540cm^{-1}和708cm^{-1}处可能是蒙脱石（$(Na，Ca)_{0.3}(Al，Mg)_2Si_4O_{10}(OH)_2 \cdot nH_2O$）的Raman峰。

图七是XRD谱图，显示样品除含有石墨外，还含有云母（$KAl_2(Si_3Al)O_{10}(OH)_2$）、蒙脱石（$(Na，Ca)_{0.3}(Al，Mg)_2Si_4O_{10}(OH)_2 \cdot nH_2O$）、迪开石（$Al_2Si_2O_5(OH)_4$）和石英（$SiO_2$）。

综合Raman结果和XRD结果，可以发现除无定形碳和石墨外，样品中还含有云母、蒙脱石、迪开石和石英等矿物颗粒，这与体式显微镜观察一致。通过对砚石和磨墨石石料矿物组成的初步鉴定，砚石恰好含有云母、蒙脱石、迪开石等黏土矿物，而磨墨石以石英为主，也见长石和云母。因此，推测云母、蒙脱石、迪开石等黏土矿物是在反复研磨过程中从砚石上脱落混入墨料中。巧合的是，这些黏土矿物遇水后能够增加墨料的粘连性，选择含黏土矿物的岩石作为砚石石材可能是古人有意为之。

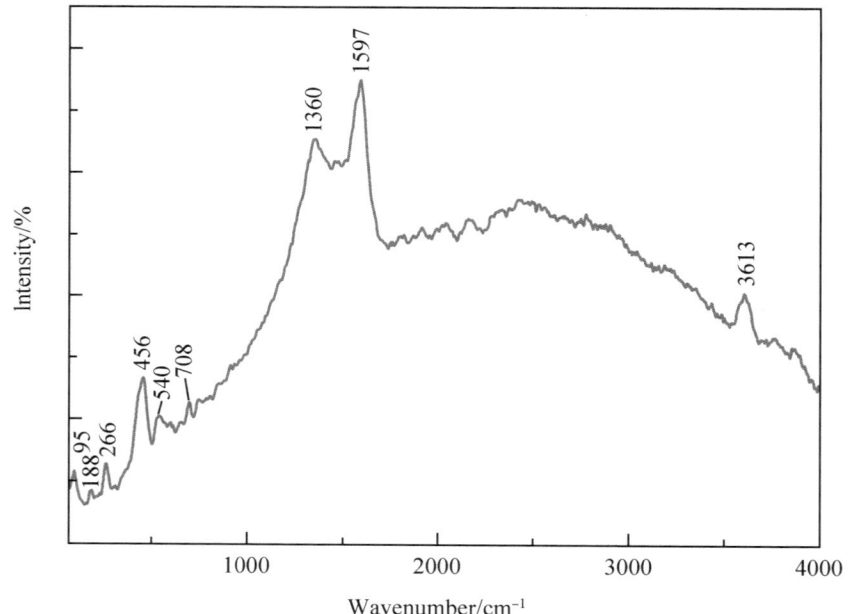

图六　样品SZZJZ-M8-72-M的Raman光谱图

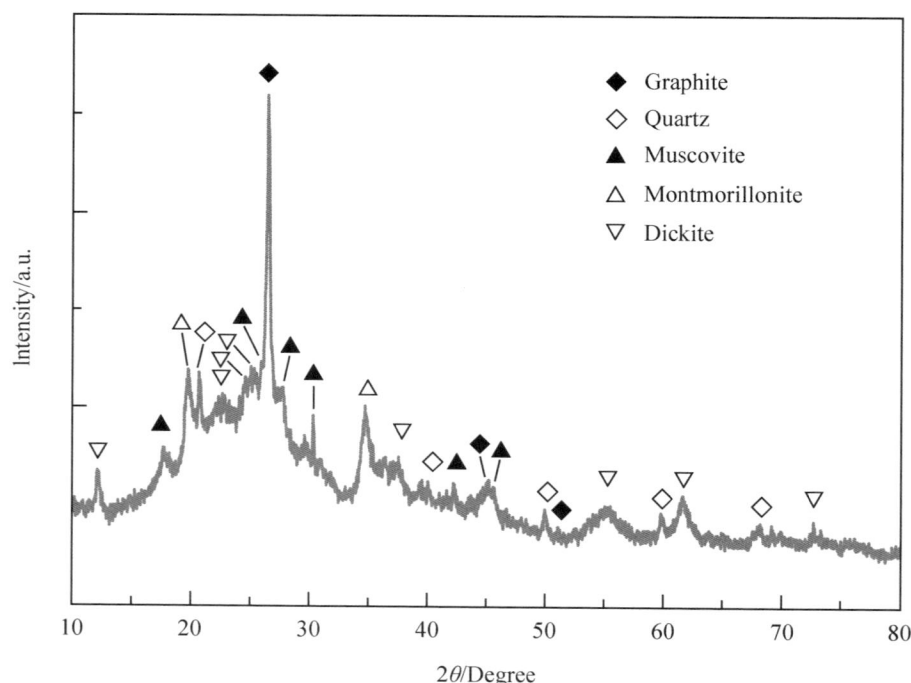

图七　样品SZZJZ-M8-72-M的XRD谱图

3. 同位素分析

碳同位素的分析结果以相对VPDB碳同位素丰度比的δ^{13}C表示，氮同位素的分析结果以相对氮气（N2，AIR）的δ^{15}N表示。实验结果见表一。

表一　样品SZZJZ-M8-72-M的δ^{13}C、δ^{15}N值

样品	δ^{13}C	δ^{15}N
SZZJZ-M8-72-M	−23.5‰	1.6‰

样品的δ^{13}C、δ^{15}N分别为−23.5‰、1.6‰。从δ^{13}C结果来看，符合C3类植物的分布范围，较低的δ^{15}N结果（接近0）推测样品中动物性来源的成分极少或没有。结合δ^{13}C、δ^{15}N结果推测样品主要成分可能来自C3类植物。

三、结　　语

经过傅里叶红外光谱仪、拉曼光谱仪、X射线衍射仪和电感耦合等离子体质谱仪等仪器的测试，并结合体式显微镜、扫描电子显微镜和高分辨透射电子显微镜的观察，认为湖北随州周家寨墓地M8出土石砚表面残留的黑色物质为古代墨迹，其碳的组成以石墨（石墨烯）和无定形碳为主，并有罕见的富勒烯，石墨（石墨烯）的存在说明样品墨料经过了反复研磨，具有较好的品质。值得注意的是，古人可能有意添加了两类物质以增强样品墨料的粘连性，一类是动物胶，以往有一些关于早期人工墨料中检测到动物胶的报道[①]，添加动物胶被认为是古人增强墨料粘连性的最有效、最常见的方法；另一类是黏土矿物，样品墨料中云母、蒙脱石、迪开石等黏土矿物可能是在古人有意识地反复研磨过程中从砚石上脱落后均匀混入墨料中。这两类增强墨料粘连性的添加物，来源于不同的工艺思维和技术路线，反映出早期人工制墨工艺的复杂性和不确定性。

[①] 管理，任萌，徐长青，等. 南昌西汉海昏侯墓出土古墨的科技分析. 南方文物，2018（2）；Ren M, Wang R F, Yang Y M. Identification of the proto-inkstone by organic residue analysis: a case study from the Changle Cemetery in China [J]. Heritage Science, 2018, 6(1); Ren M, Guan L, Wang N, et al. Investigation of the manufacture development of early Chinese ink in the Western Han dynasty [J]. Archaeometry, 2022, 64(5).

后　　记

　　本书是集体劳动成果，主编罗运兵、副主编史德勇（上册）、凡国栋（下册）。其中上册第一章史德勇、郑文、余霜，第二章史德勇、罗娟，第三章史德勇，第四章罗运兵、凡国栋、蔡丹，第五章史德勇、罗运兵，第六章罗运兵；下册凡国栋。上册附录一至五分别由卫扬波、王树芝、唐丽雅、江旭东、李洋等牵头负责完成。分工完成初稿后，由罗运兵统一修订充实定稿。线图绘制曾令斌、符德明，现场工作照片拍摄史德勇、余乐，器物照片拍摄郝勤建。

　　报告编写得到国家文物保护专项资金补助和国家社会科学基金立项支持。简牍整理小组成员原有李天虹、凡国栋、蔡丹三人，后期编写由凡国栋负责。整理完成后，曾呈请李天虹、晏昌贵审阅。简牍整理过程中曾于2018年11月召开"湖北出土简帛日书国际学术研讨会"，得到与会专家的积极支持和帮助。

　　湖北省文物考古研究所原所长陈振裕先生审阅了全稿并提出了宝贵的修改意见；在周家寨墓地发掘与整理过程中，得到了时任湖北省文物局黎朝斌局长、王风竹副局长，湖北省文物考古研究所方勤所长、孟华平副所长和曾都区文物局刘翠萍局长、曾都区考古队周立庆队长等诸位领导的大力支持，在此致以诚挚的谢意。报告出版也得到科学出版社文物考古分社王光明先生的大力支持，特致谢忱！

彩版一

1. 周家寨墓地全景

2. 勘探工作照

3. 湖北省文物局黎朝斌局长、王风竹副局长、官信处长和湖北省文物考古研究所方勤所长一行检查指导工地

勘探发掘现场

彩版二

1. 发掘现场

2. 竹简正、剖面影像及编号

3. 竹简的清洗与文字记录

发掘与整理现场

彩版三

1. M25打破M8全景

2. M8椁室

3. M8分板

M8、M25

彩版四

1. M8椁室

2. M8椁室器物（局部）

M8椁室

彩版五

1. M8出土陶礼器

2. M8出土漆耳杯

3. 漆耳杯（M8∶3）

M8出土器物

彩版六

1. 木耳杯

2. 木立俑（M8：8）

3. 木立俑（M8：24）

4. 木立俑（M8：14）

5. 木蹲坐俑（M8：55）

6. 木"T"形器（M8：11）

7. 竹笥（M8：17）

M8出土器物

彩版七

1. M8竹筒形器组合

2. 竹筒形器（M8：71）

3. 石砚（M8：72）

4. 铜镜（M2：2）

5. 铜剑（M2：1）

6. 铜鍪（M9：3）

7. 铜镜（M9：16）

8. 铜印章（M9：23）

9. 银带钩（M9：1）

M2、M8、M9出土器物

彩版八

1. M11椁室

2. M22椁室

3. M24全景

M11、M22、M24

图版一

1. 陶瓮（M1∶1）

2. 陶盖（M1∶6）

3. 陶盖（M1∶8）

4. 陶盖（M1∶9）

5. 铜镈（M1∶7）

6. 铜剑（M1∶5）

7. 陶瓮（M24∶9）

8. 陶灶（M24∶8）

M1、M24出土器物

图版二

1. M2全景

2. M2椁室

M2

图版三

1. 陶鼎（M2：10）

2. 陶鼎（M2：9）

3. 陶盒（M2：11）

4. 陶盒（M2：7）

5. 陶灶（M2：8）

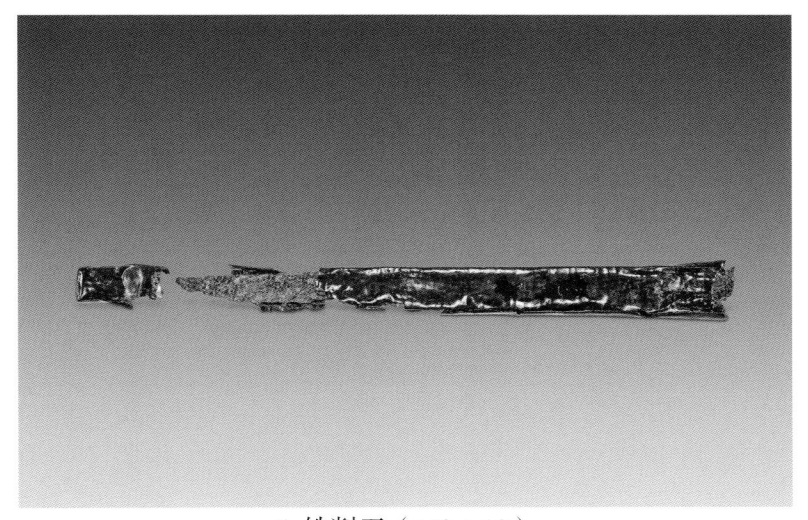

6. 铁削刀（M2：12）

7. 陶壶（M4：4）

8. 陶壶铺首（M4：4）

M2、M4出土器物

图版四

1. M3椁室

2. M3椁底板

3. M4全景

M3、M4

图版五

1. 陶鼎（M3:4）

2. 陶鼎（M3:5）

3. 陶盒（M3:3）

4. 陶盒（M3:1）

5. 陶壶（M3:7）

6. 陶灶（M3:10）

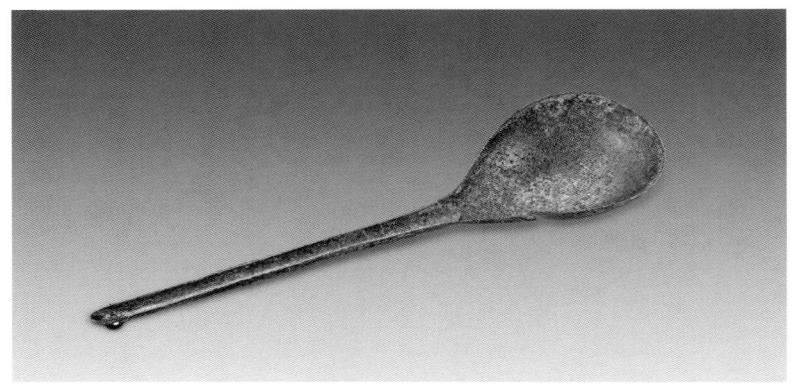
7. 铜勺（M3:6）

M3出土器物

1. M5全景

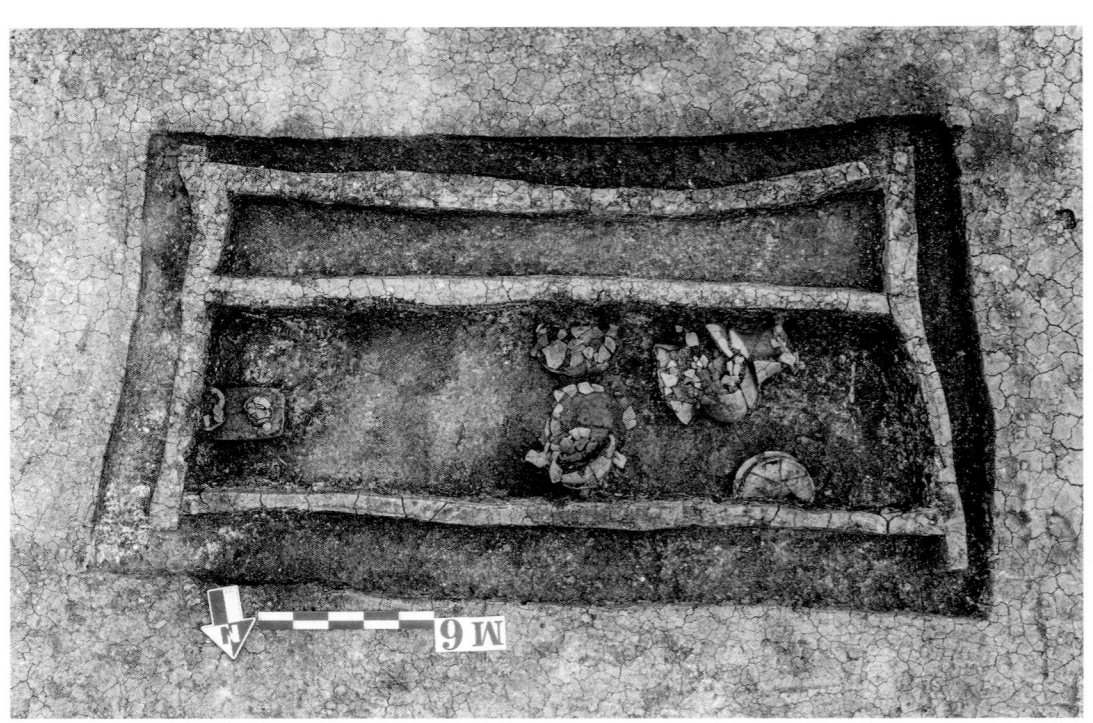

2. M6全景

3. M7全景

M5~M7

图版七

1. 灶（M5:4）

2. 盒（M6:2）

3. 灶（M6:5）

4. 盒（M7:1）

5. 盒（M7:3）

6. 双耳罐（M7:4）

7. 灶（M7:6）

M5～M7出土陶器

图版八

1. 盒（M8∶56）

2. 盒（M8∶47）

3. 鼎（M8∶45）

4. 鼎（M8∶44）

5. 钫（M8∶21）

6. 钫（M8∶22）

7. 灶（M8∶39）

8. 瓮（M8∶19）

M8出土陶器

图版九

1. M8:20

2. M8:35

3. M8:38

4. M8:42

5. M8:2

6. M8:29

M8出土漆耳杯

图版一〇

1. M8:30

2. M8:27

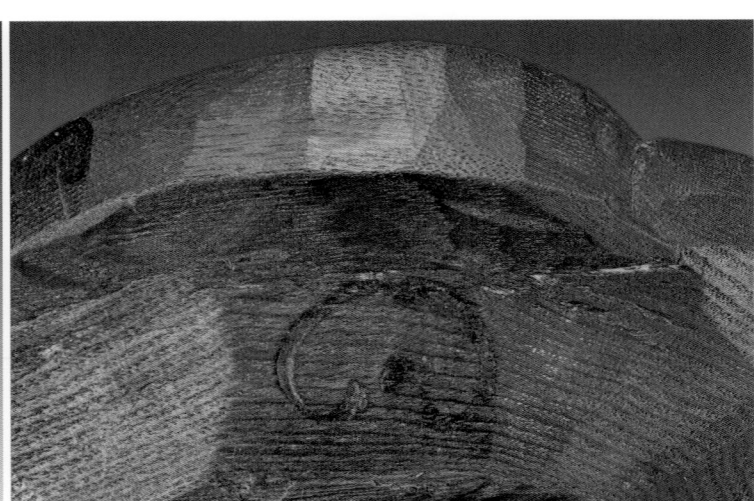
3. M8:16

4. M8:31

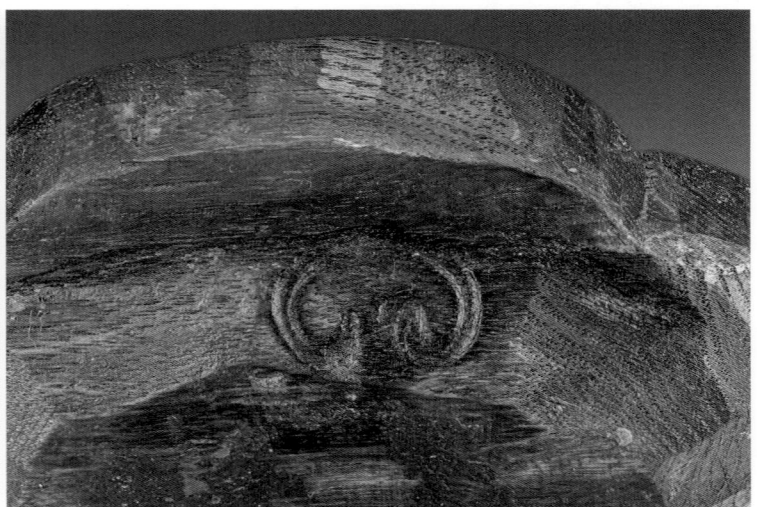
5. M8:32

M8出土木耳杯

图版一一

1. 耳杯（M8∶33）　　　　　　2. 耳杯（M8∶34）

3. 立俑（M8∶23）

4. 立俑（M8∶49）

5. 立俑（M8∶12）

6. 立俑（M8∶15）

7. 立俑（M8∶13）

8. 立俑（M8∶48）

M8出土木器

图版一二

1. 漆奁（M8:5）

2. 木俎（M8:54）

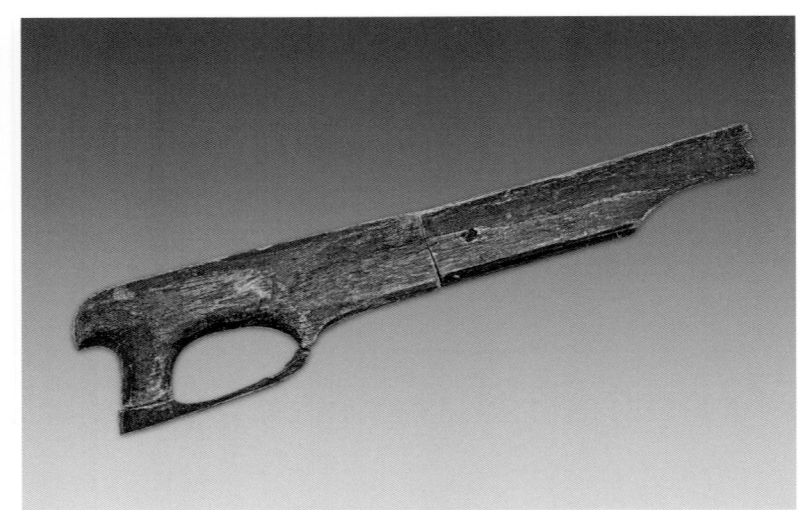

3. 漆弩机模型（M8:64）

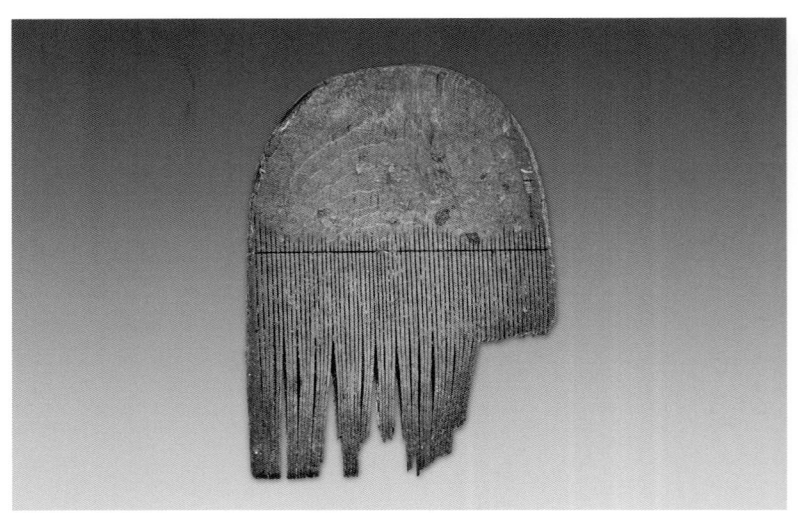

4. 木篦（M8:40）

5. 木梳（M8:62）

6. 漆扁壶（M8:1）

7. 漆梳形器（M8:65）

M8出土漆木器

图版一三

1. 漆盘（M8：26）

2. 木盖（M8：58）

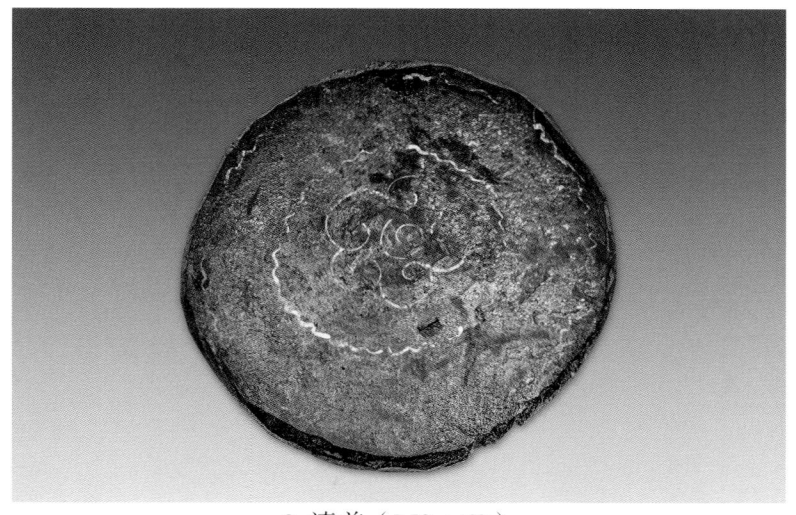
3. 漆盖（M8：50）

4. 漆璧（M8：6）

5. 漆扁壶模型（M8：46）

6. 木马（M8：9）

7. 木马（M8：10）

8. 竹木伞（M8：25）

M8出土漆木竹器

图版一四

1. 棋盘（M8∶51）

2. 勺组合

3. 勺（M8∶36）

4. 勺（M8∶37）

5. 勺（M8∶43）

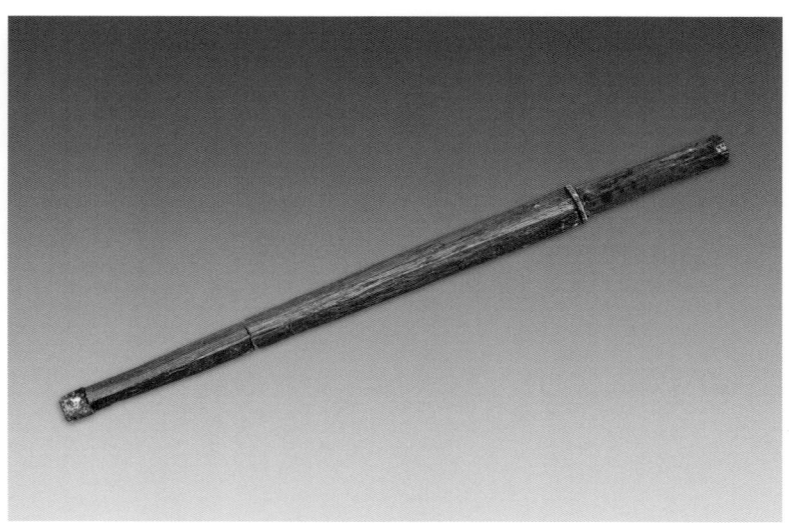

6. 剑（M8∶53）

M8出土木器

图版一五

1. 木梯形器（M8∶7）

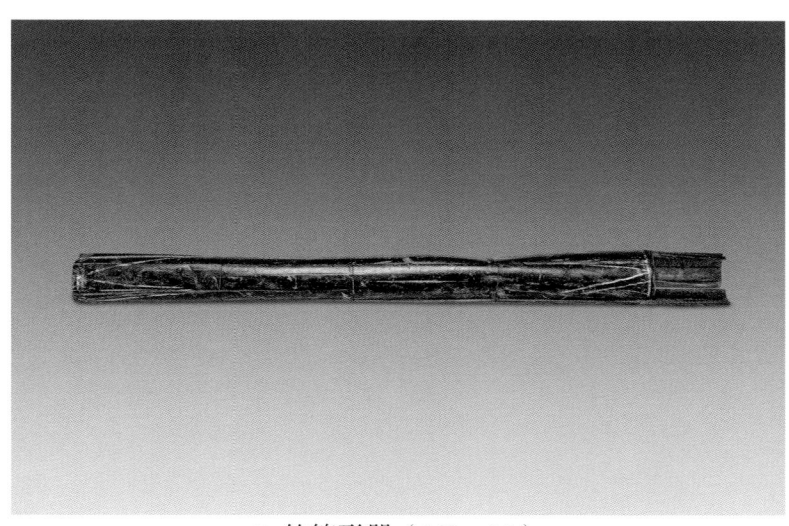

2. 竹筒形器（M8∶28）

3. 铜环（M8∶61-2）

4. 无字木牍（M8∶75）

5. 无字木牍（M8∶74）

6. 竹笔筒（M8∶76）

7. 葫芦瓢（M8∶4）

M8出土器物

图版一六

1. 枣核

2. 秋子梨种子

3. 板栗

4. 纺织物残留

M8出土遗物

图版一七

1. M9开口及盗洞

2. M9棺椁开口及积炭

3. M9椁室

M9

图版一八

1. 铜盆（M9:8）

2. 铜鐎壶（M9:21）

3. 铜镜（M9:15）

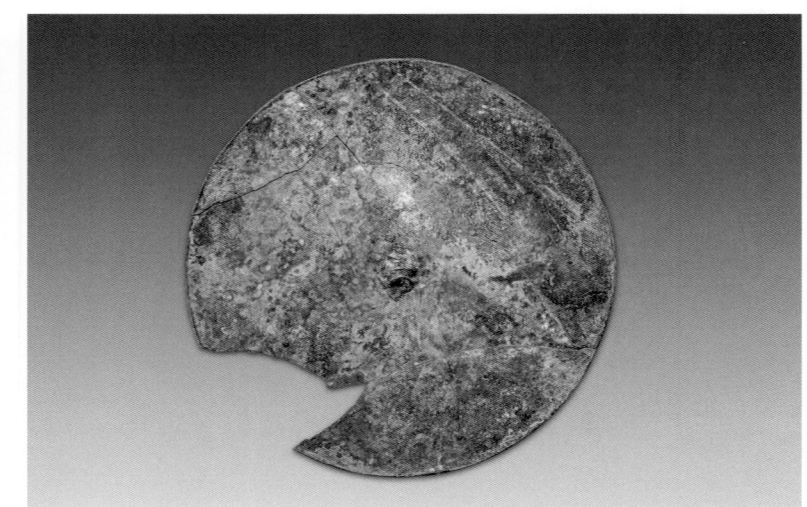
4. 铜镜（M9:18）

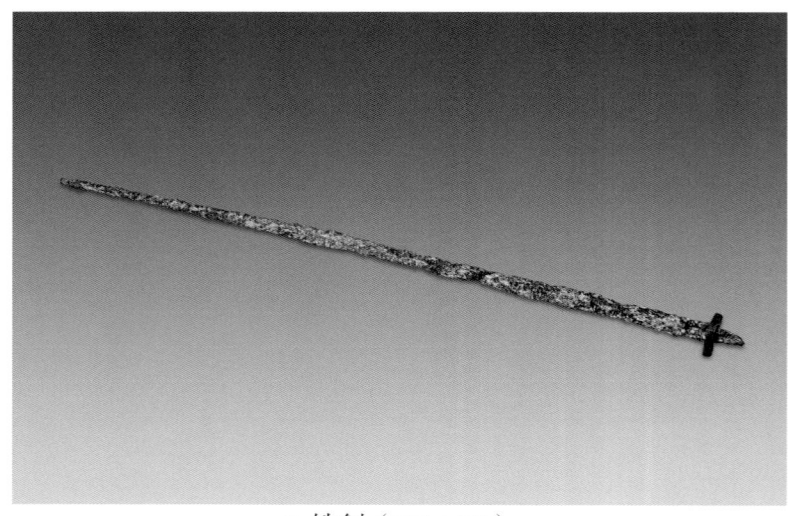
5. 铁剑（M9:22）

6. 漆盘（M9:4）

7. 漆盘（M9:9）

8. 漆耳杯（M9:29）

M9出土器物

图版一九

1. M10全景

2. M12全景

3. M13全景

M10、M12、M13

图版二〇

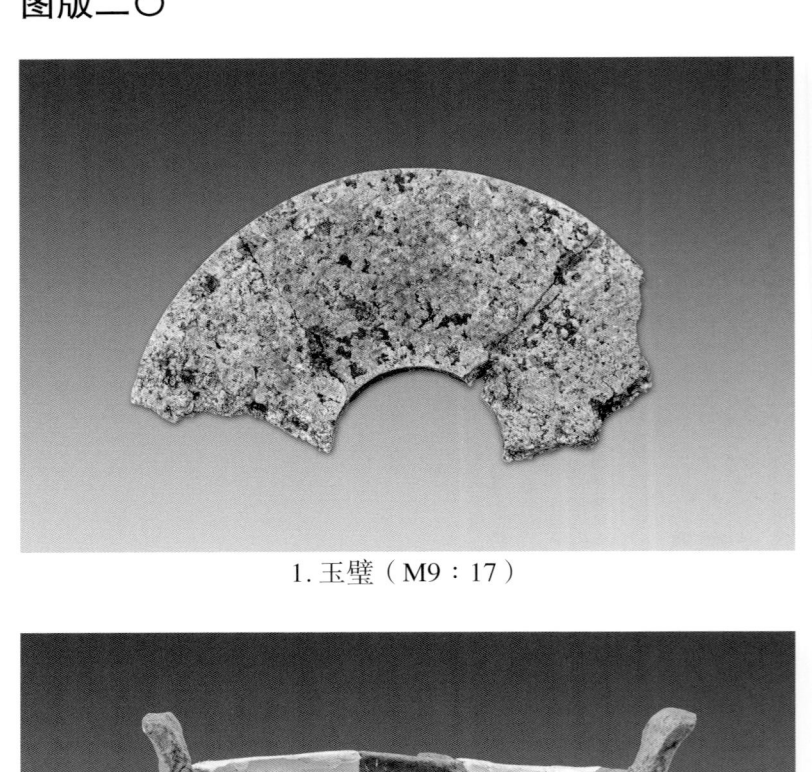
1. 玉璧（M9∶17）

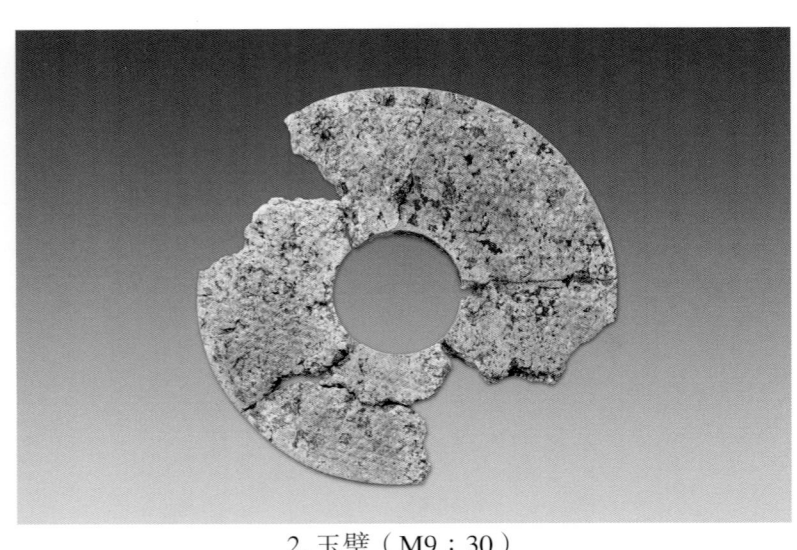
2. 玉璧（M9∶30）

3. 陶鼎（M10∶2）

4. 陶盒（M10∶6）

5. 陶壶（M10∶8）

6. 陶壶（M10∶7）

7. 陶鼎（M11∶3）

8. 陶鼎（M11∶5）

M9～M11出土器物

图版二一

1. 陶盒（M11:2）

2. 陶盒（M11:4）

3. 陶瓮（M11:9）

4. 陶仓（M11:1）

5. 陶灶（M11:7）

6. M22椁底垫木

7. 陶鼎（M22:14）

8. 陶鼎（M22:15）

M11、M22出土器物及M22椁底垫木

图版二二

1. 陶盒（M22：10）

2. 陶盒（M22：13）

3. 陶壶（M22：9）

4. 陶壶（M22：11）

5. 陶灶（M22：12）

6. 铜盆（M22：3）

7. 铜盆（M22：2）

8. 铜销（M22：4）

M22出土器物

图版二三

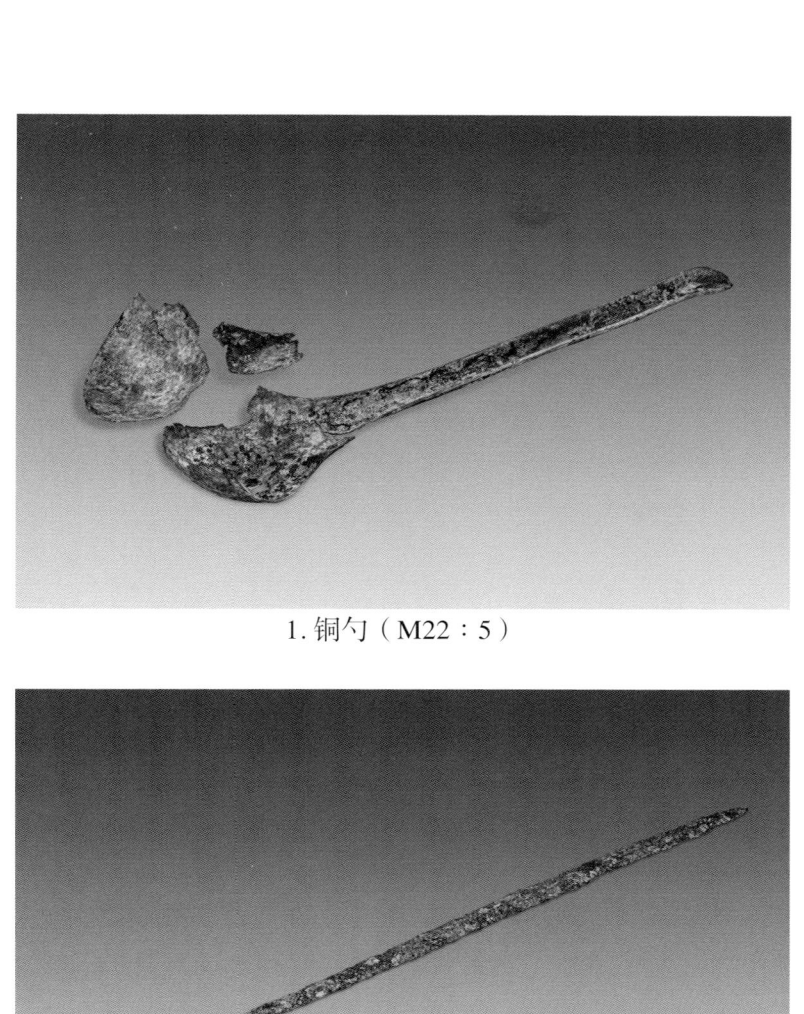

1. 铜勺（M22∶5）

2. 铜錾（M22∶6）

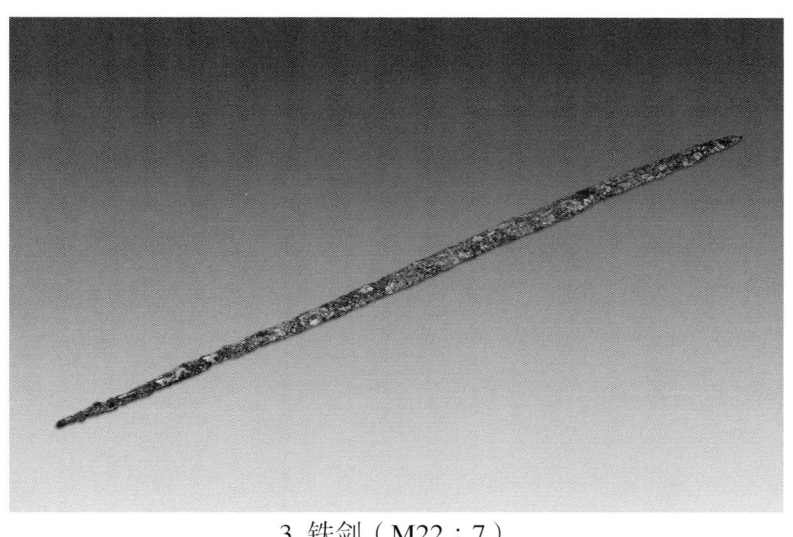

3. 铁剑（M22∶7）

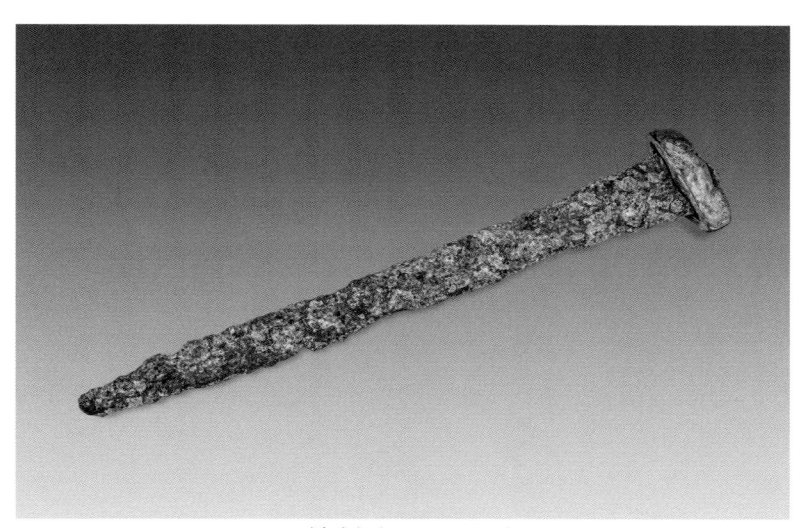

4. 铁剑（M22∶16）

5. 陶鼎（M23∶2）

6. 陶鼎（M23∶8）

7. 陶盒（M23∶4）

8. 陶盒（M23∶6）

M22、M23出土器物

图版二四

1. 壶（M23∶3）　　2. 壶（M23∶5）
3. 瓮（M23∶7）　　4. 灶（M23∶9）
5. 鼎（M24∶3）　　6. 鼎（M24∶4）
7. 盒（M24∶1）　　8. 盒（M24∶7）

M23、M24出土陶器

本書爲

2021—2035 年國家古籍工作規劃重點出版項目

簡牘高質量整理出版工程項目

國家文物保護專項資金補助項目　（編號 19—4—15—4200—076）

國家社會科學基金資助項目　（編號 17BKG029）

「十四五」國家重點出版物出版規劃項目

隨州周家寨漢墓簡牘

下冊

湖北省文物考古研究院 編著

科學出版社

内 容 簡 介

本書對湖北隨州周家寨墓地21座漢墓進行了全面報道。西漢墓葬年代跨度爲西漢早期後段到西漢中期，出土陶器整體面貌與襄陽地區漢墓最爲接近，均以仿銅陶禮器鼎、盒、壺（鈁）爲主，模型明器主要是灶，日用陶器流行雙耳罐和圜底甕。按出土文字材料，周家寨墓地應與西漢桃侯國的公共墓地有關。其中M8出土一批簡牘，保存良好，内容豐富，書法精美，學術價值重大，是我國近年考古出土文獻的又一次重要收穫。簡牘主體内容爲日書，經綴合、編連的總數爲502枚。據簡文内容分爲78篇，其中57篇爲原有篇題，涉及古人的衣食、居處、出行、婚嫁、農事、仕宦、生死、鬼神等社會生活與信仰方面的宜忌與選擇。通過這批簡牘，我們有望從術數史、風俗史、社會史等角度窺見西漢社會的若干細節。

本書可供從事考古學、秦漢史、歷史地理研究人員及簡牘研究者和美術工作者閱讀與參考。

圖書在版編目（CIP）數據

隨州周家寨漢墓簡牘：全2冊 / 湖北省文物考古研究院編著. -- 北京：科學出版社，2025.6.
ISBN 978-7-03-079039-2

Ⅰ . K877.54

中國國家版本館CIP數據核字第2024CY7822號

責任編輯：王光明 / 責任校對：鄒慧卿
責任印製：肖　興 / 封面設計：張　放

科学出版社 出版
北京東黃城根北街 16 號
郵政編碼：100717
http://www.sciencep.com
北京匯瑞嘉合文化發展有限公司印刷
科學出版社發行　各地新華書店經銷

*

2025年6月第　一　版　開本：787×1092　1/8
2025年6月第一次印刷　印張：45　插頁：16
字數：1 112 000
定價：1280.00圓（全二冊）
（如有印裝質量問題，我社負責調換）

凡 例

一　本册收録了隨州周家寨M8發掘出土的全部簡牘，圖版按簡牘影像原大印製。分圖版、釋文注釋兩部分。

二　簡牘出土時已經散亂且有殘斷，整理過程中盡可能將殘斷的簡牘綴合復原，并根據出土位置、文句銜接等情況編排次序。無法排定的暫時歸入待編連簡。

三　圖版中竹簡照片下端標出的簡號（阿拉伯數字）是竹簡清理過程中的出土號，上端標出的簡號（漢語數字）是整理後的竹簡序號，該次序號是整理者經過反復斟酌研究排定的，并不一定反映竹簡原來的編次情況。二者對應情況詳見附録《竹簡出土號與整理號對照表》。

四　釋文大致按照整理後的排序寫定，對于分欄書寫的簡文，總體上遵循自上而下的原則確定釋文的順序，并以簡號加上欄次數位注明。凡文字相接的簡文，釋文都連寫。不相接的簡文，釋文分條書寫。對因竹簡殘斷造成其間有缺字，但文字確定可相接的簡文，釋文亦連寫。

五　釋文對簡文進行了分篇和分段處理。分篇的依據有二：原有篇題的據原篇題命名；原無篇題的據同類日書的命名方式擬定篇題。分段主要依據簡文内容的不同來確定。

六　釋文不嚴格按照簡牘原來的字形排印，簡文中的異體字、假借字一般隨文注出正字和本字，外加（ ）；簡文原有錯字，一般在釋文中隨文注出正字，外加〈 〉；字形可辨，但不識的字，按原形摹寫或用照片剪貼。簡文原有脱字，如可據其他簡文和時代相近的文獻補足者，外加【 】，皆在注釋中説明。簡文的衍文一律照録，外加〖 〗，所有校改均在注釋中説明。

七　簡文筆畫不清或已經殘缺的字用□表示，一個□對應一個字，字數無法確認的用……表示，竹簡殘斷用☑表示。

八　簡文原有的重文號、合文號，在釋文中皆不保留，轉寫成文字；原有表示句讀的勾識，釋文省去；原有表示篇、章題的黑方塊和表示分條、分段的圓點，在釋文中保留。

目　録

凡例

圖版 …………………………………………………………… 一

文書 …………………………………………………………… 三

日書 …………………………………………………………… 七

簽牌 …………………………………………………………… 六三

告地書 ………………………………………………………… 六七

釋文注釋

文書 …………………………………………………………… 七三

日書 …………………………………………………………… 七七

建除 …………………………………………………………… 七九

叢辰 …………………………………………………………… 八一

星官 …………………………………………………………… 八三

徙時 …………………………… 八七

八朢（望）………………………… 八八

臨日 …………………………… 八八

時 ……………………………… 八九

日夜分 ………………………… 九〇

咸池徙 ………………………… 九一

日廷 …………………………… 九二

反支 …………………………… 九四

嫁女 …………………………… 九五

根（艮）山禹之離日 ………… 九七

戎磿日 ………………………… 九八

婦良日 ………………………… 九八

牝牡月日 ……………………… 一〇〇

牝月、牡月、牡日 …………… 一〇一

哭聚 …………………………… 一〇一

窮日 …………………………… 一〇二

亡日 …………………………… 一〇二

臽日 …………………………… 一〇三

目　录

祠行良日 …… 一〇四

歸行到室 …… 一〇四

占行歸日 …… 一〇五

禹須臾所以見人日 …… 一〇六

禹須臾 …… 一〇七

出入人 …… 一〇八

材（裁）衣 …… 一〇八

入官 …… 一〇九

學 …… 一一〇

畜産良日 …… 一一〇

困日 …… 一一一

井 …… 一一一

圂 …… 一一二

入内 …… 一一二

入竈 …… 一一二

四法（廢） …… 一一三

居室 …… 一一四

蓋屋 …… 一一五

土府 …… 一一六

垣日 …… 一一八

置室門 …… 一一九

門 …… 一二一

置囷 …… 一二二

鼠襄室 …… 一二四

男女日 …… 一二四

問疾 …… 一二五

報囚 …… 一二五

刑罰人 …… 一二六

耳鳴 …… 一二六

犬罜（皋） …… 一二七

死失 …… 一二七

報日 …… 一三〇

天牢 …… 一三一

禹湯生子占 …… 一三三

育子 …… 一三四

五龍 …… 一三五

目　录

占喜 ……………………………………………………………… 一三六

正月朔 ………………………………………………………… 一三八

五帝 …………………………………………………………… 一四二

候時 …………………………………………………………… 一四三

候糧貴賤 ……………………………………………………… 一四四

始種（種）…………………………………………………… 一四五

日時 …………………………………………………………… 一四六

病日 …………………………………………………………… 一四六

孤虚 …………………………………………………………… 一四八

日説 …………………………………………………………… 一四九

齊嬰兒 ………………………………………………………… 一五〇

敬辰時 ………………………………………………………… 一五〇

馬牛亡者 ……………………………………………………… 一五一

祠日 …………………………………………………………… 一五二

祠街 …………………………………………………………… 一五三

天刾 …………………………………………………………… 一五三

殺日 …………………………………………………………… 一五四

占所爲祠日 …………………………………………………… 一五四

七

随州周家寨漢墓簡牘（下册）

血忌 ……………… 一五五

歲 ……………………… 一五六

日辛 ……………… 一五九

待編連簡 ……………… 一六三

簽牌 ……………… 一六五

告地書 ……………… 一六九

竹簡出土號與整理號對照表 …………………… 一七二

刘园

暈
文

暑
日

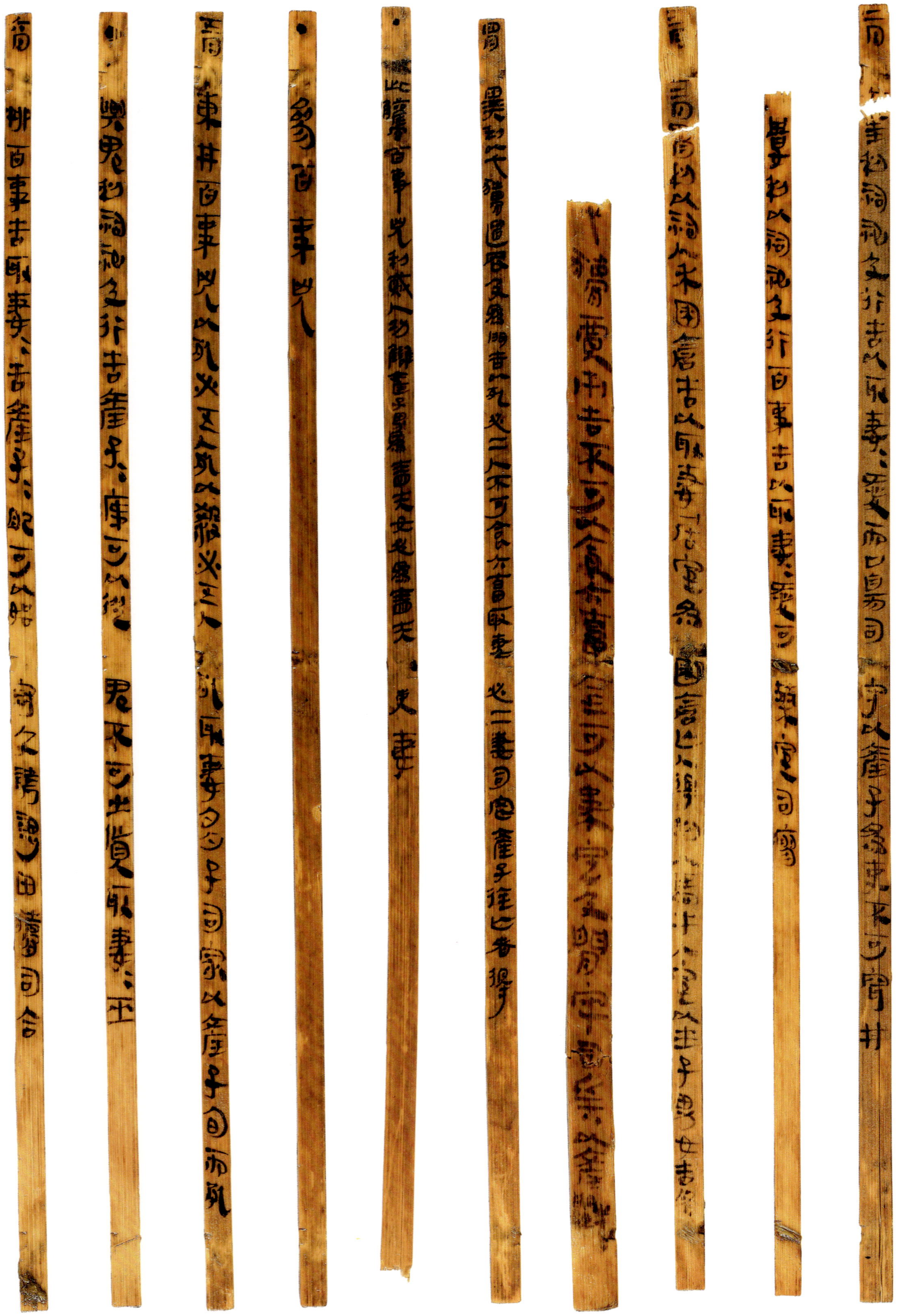

図1

图版一

睡虎地秦墓簡牘（七年）

圖版・日書

图版・日书

圖版・日書

楚居简全图（七章）

圖版・日書

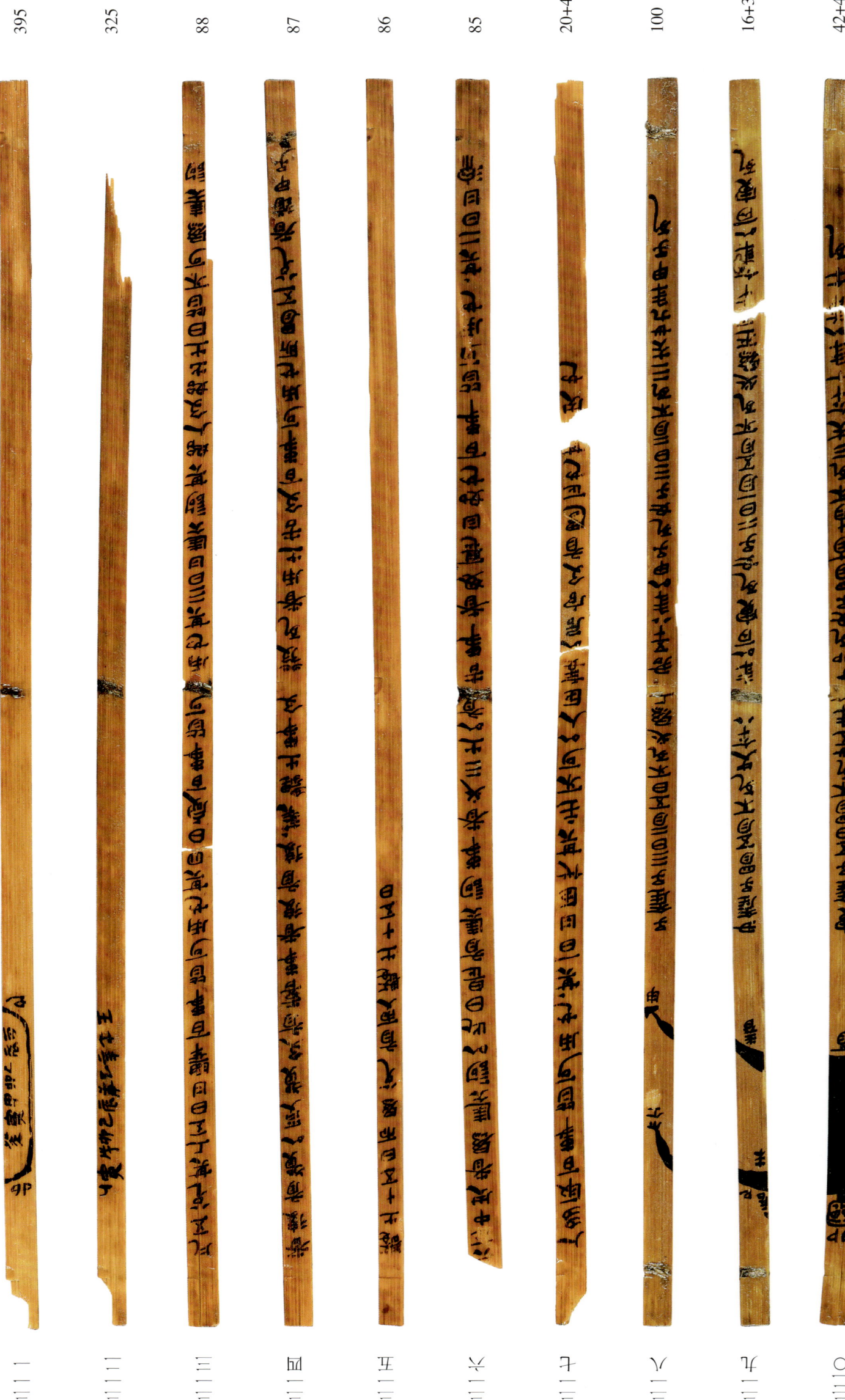

三三一 520
三三二 536
三三三 322
三三四 421
三三五 330
三三六 323
三三七 228
三三八 332
三三九 239
三四〇 337

图版
肩水金关汉简(七)

圖版・日書乙

圖版・日書

四五一 四五二 四五三 四五四 四五五 四五六 四五七 四五八 四五九 四六〇

327 113 366 538+565+C38 329+C13 5+7 4 11 3+208 77

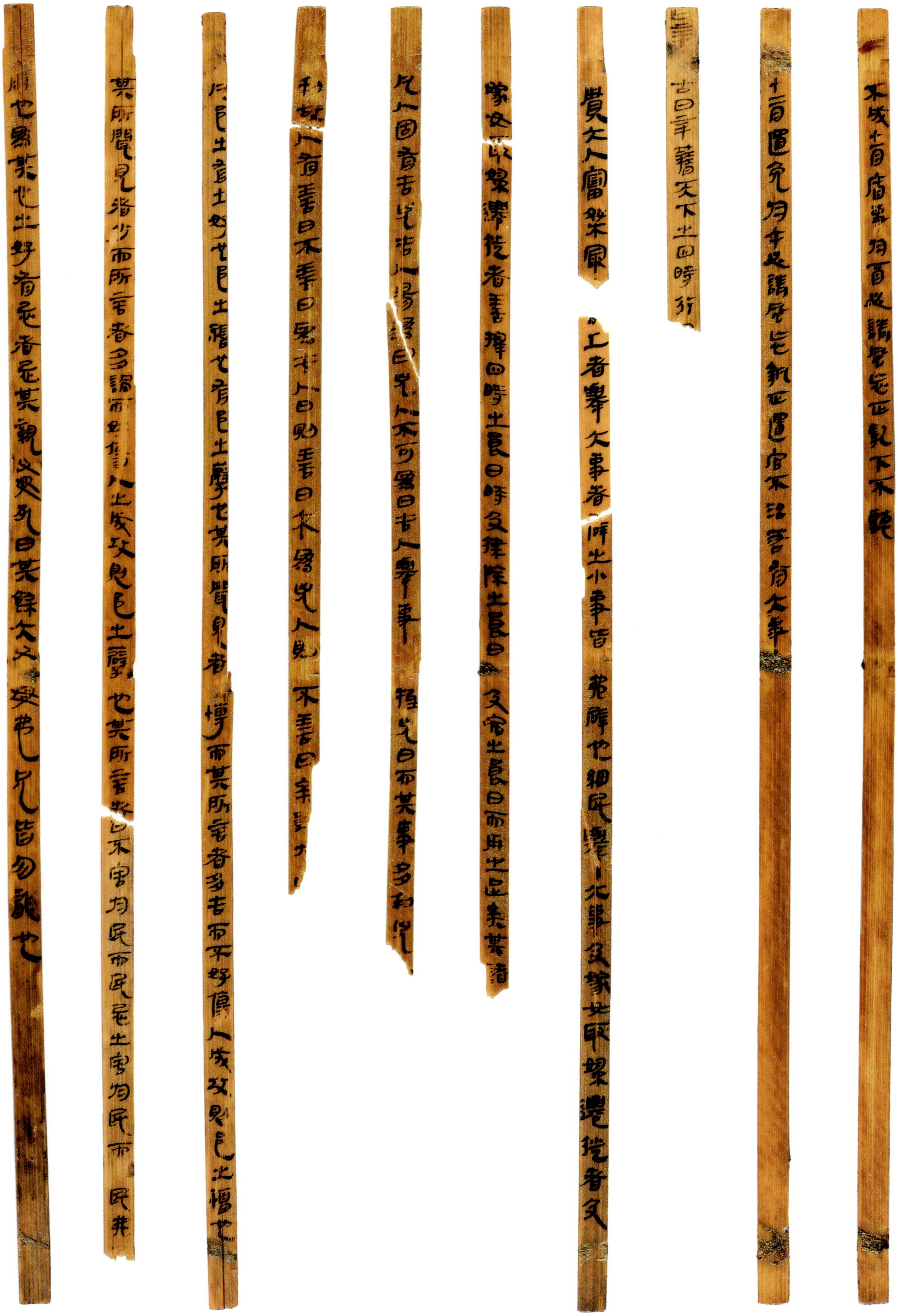

圖伍·日書

| 553+C44 | 561+C33 | 540+C43 | 486 | 125+C23 | 126 | 92 | 207+554 | 84 | 23+67 |

符傳檢楬

(一) 符傳

(二) 檢楬

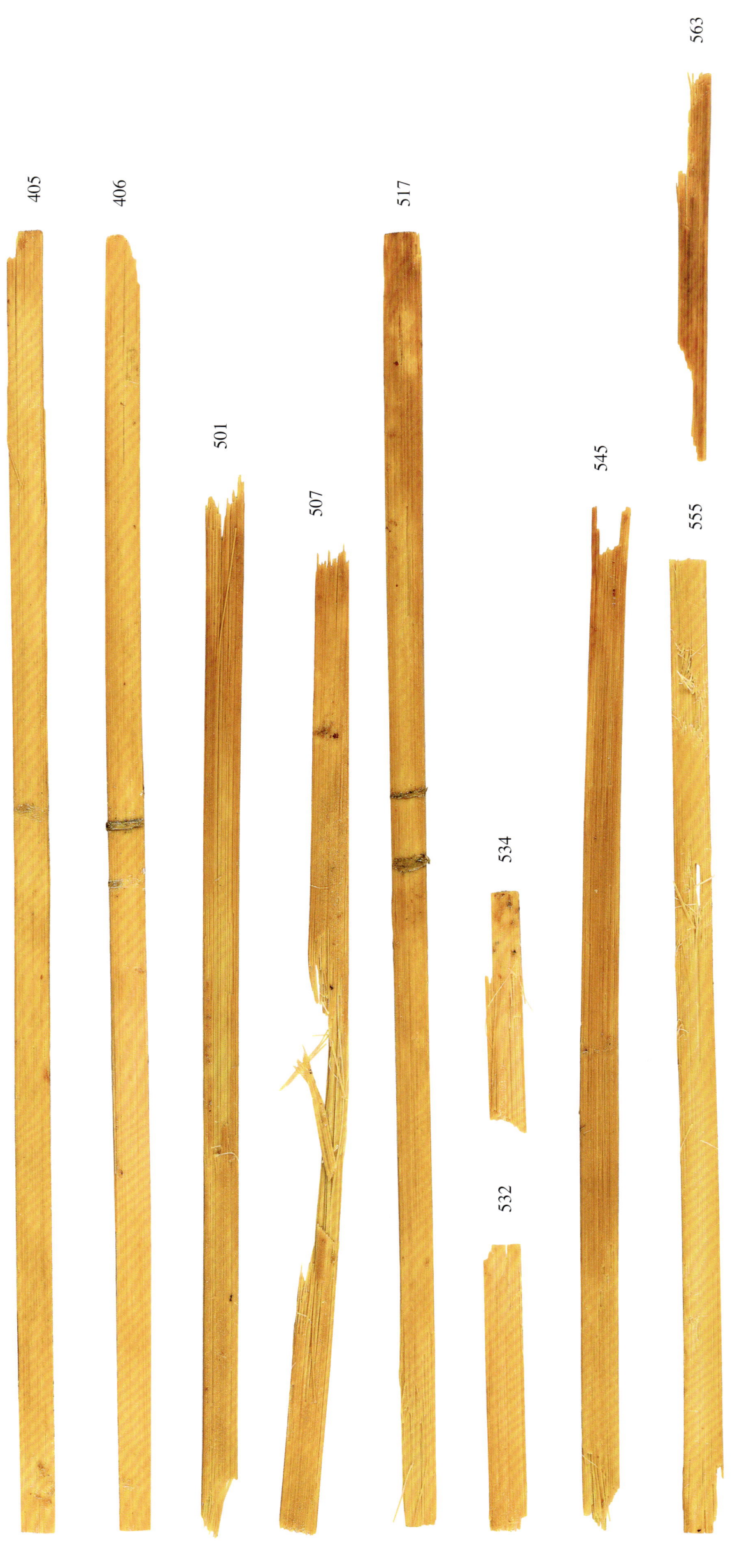

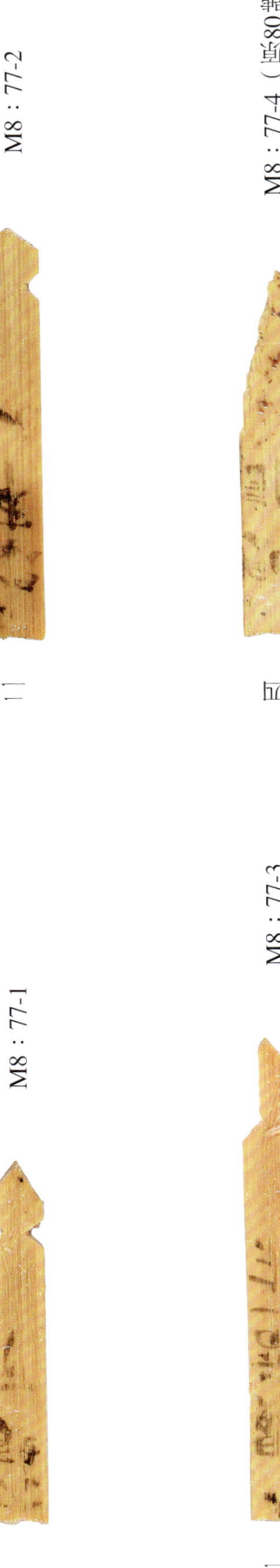

暑
研
号

背

正

迷宮入り

暈
文

一　高里□[一]當後輪（論）[二]三百五十[三]。　**195**

二　平……□□☑　**29**

注釋

[一]高里，里名。見于同墓所出告地書。『高里』下一字漫漶不清，疑爲從『邑』之字。據告地書及墓葬出土器物，墓主人名爲『路平』，其中路爲其姓，墓中出土漆耳杯的文字也朱書『東路』，平爲其名，簡二乃其手書簽名。

[二]輪，讀爲論，編次之意。《漢書·司馬遷傳》：『及如左丘明無目，孫子斷足，終不可用，退論書策以舒其憤，思垂空文以自見。』

[三]三百五十，可能指竹簡的數量。據出土竹簡數量而言，三百五十應該是約數。這兩枚簡形制與内容均與《日書》不同。或爲該墓隨葬《日書》附屬的文書記録。

暑
日

■日書[一] 一背

注釋

[一]『日書』二字書寫在一號竹簡背面，是原有的書題。同樣的例子見于雲夢睡虎地M11《日書》乙種、隨州孔家坡M8《日書》、雲夢睡虎地M77《日書》以及北京大學藏漢簡《日書》。

建除[一]

正月，建寅，除卯，盈辰，平巳，定午，執未，破申，危酉，成戌，收亥，開子，閉丑。　一

二月，建卯，除辰，盈巳，平午，定未，執申，破酉，危戌，成亥，收子，開丑，閉寅。　二

三月，建辰，除巳，盈午，平未，定申，執酉，破戌，危亥，成子，收丑，開寅，閉卯。　三

四【月，建巳，除午，】盈未，平申，定酉，執戌，破亥，危子，成丑，收寅，開卯，閉辰。　四

五月，建午，除未，盈申，平酉，定戌，執亥，破子，危丑，成寅，收卯，開辰，閉巳。　五

六月，建未，除申，盈酉，平戌，定亥，執子，破丑，危寅，成卯，收辰，開巳，閉午。　六

七月，建申，除酉，盈戌，平亥，定子，執丑，破寅，危卯，成辰，收巳，開午，閉未。　七

八月，建酉，除戌，盈亥，平子，定丑，執寅，破卯，危辰，成巳，收午，開未，閉申。　八

九月，建戌，除亥，盈子，平丑，定寅，執卯，破辰，危巳，成午，收未，開申，閉酉。　九

【九月，】建戌，除亥，盈子，平丑，定寅，執卯，破辰，危巳，成午，收未，開申，閉酉。　一〇

十月，建亥，除子，盈丑，平寅，定卯，執辰，破巳，危午，成未，收申，開酉，閉戌。　一一

十一月，建子，除丑，盈寅，平卯，定辰，執巳，破午，危未，成申，收酉，開戌，閉亥。　一二

十二月，建丑，除寅，盈卯，平辰，定巳，執午，破未，危申，成酉，收戌，開亥，閉子。　一三

建日，可以爲大嗇夫[一二]、冠帶[一三]、乘車。不可以爲小嗇夫[一四]。可以禱祠[五]，利朝不利莫（暮）。可以入人[六]。　一四

除日，奴婢亡，不得。有瘴病者[七]，死。可以除㳠（寢）[八]，治（始）徹言，君子可以啟除[九]。　一五

盈日，可以築闉牢[一〇]、囷、宮室，入六畜，爲小嗇夫。有病者，不死而難起[一一]。　一六

開日，以亡者，不得。可以請謁[一二]、言盜及事[一三]，必得。☐　一七

……

隨州周家寨漢墓簡牘（下冊）

八〇

注釋

[一] 建除，是整理者據其他出土秦漢簡牘擬定的篇題，内容包括兩部分。前一部分排出建除十二名在一年十二月中所配的日辰，後一部分説明十二建除日的宜忌。其内容與睡虎地秦簡《日書》甲種『秦除』、放馬灘秦簡《日書》甲種『建除』、孔家坡《日書》『建除』基本相同。《史記·日者列傳》記有建除家，《淮南子·天文》對建除十二名與日辰的配置有簡略的説明。本篇後半部分殘缺較多，其特點是抄寫九月的簡有兩枚，其中字跡不一樣的那一枚（簡一〇）可能供置閏的後九月使用。

[二] 嗇夫是秦漢時期縣、鄉基本行政單位主官的稱呼，大致包括縣、道嗇夫、鄉嗇夫和各種官嗇夫。睡虎地秦簡中作爲正式官名的大嗇夫指縣道的令、長而言。在非正式場合也可泛指基層官員。

[三] 冠帶，即戴帽子、束腰帶。《戰國策·楚策一》：『秦王聞而走之，冠帶不相及。』

[四] 小嗇夫，與大嗇夫相對而言，可能是指秩級比較低的鄉嗇夫或官嗇夫。

[五] 《説文》：『禱，告事求福也。』《周禮·春官·喪祝》：『掌勝國邑之社稷之祝號，以祭祀禱祠焉。』賈公彦《疏》：『禱祠謂國有故，祈請求福曰禱，得福報賽曰祠。』

[六] 人，指奴婢而言。

[七] 瘠，即癃。癃病爲年老體弱之病。《漢書·高帝紀下》：『年老癃病，勿遣。』顔師古《注》：『癃，疲病也。』

[八] 汸，讀爲寢。除寢即打掃卧室衛生。

[九] 治，讀爲始，開始。徹言，即撤除訴訟。啟除，即免除。放馬灘秦簡作『可以徹言，君子除罪』，與簡文意思接近，可參。

[一〇] 閑，讀爲閑，馬厩。《周禮·夏官·校人》：『天子十有二閑，馬六種。』《漢書·百官公卿表》『龍馬、閑駒』顔師古《注》：『閑，闌，養馬之所也。』《鹽鐵論·後刑》：『民陷于罔，從而獵之以刑，是猶開其闌牢，發以毒矢也，不盡不止。』

[一一] 起，有治癒之意。《吕氏春秋·察賢》：『今有良醫于此，治十人而起九人，所以求之萬也。』

[一二] 請謁，即請求謁告。《左傳·隱公十一年》：『無寧兹許公復奉其社稷，唯我鄭國之有請謁焉，如舊昏媾，其能降以相從也。』杜預《注》：『謁，請也。』《列子·力命》：『在家熙然有棄朕之心，在朝謂然有敖朕之色，請謁不及相，遨遊不同行。』《史記·張儀列傳》：『犀首乃謂義渠君曰：「道遠不得復過，請謁事情。」』司馬貞《索隱》：『謂欲以秦之緩急告語之也。』

[一三] 言盜及事，即言盜和言事。言盜，即舉報、起訴盜竊者。《集韻》去聲願第二十五：『言，訟也。』言事，指進諫或議論政事。《荀子·大略》：『孟子三見宣王，不言事。』《史記·平準書》：『使問曰：「家豈有冤，欲言事乎？」』

叢辰[二]

......

【·正陽】......□以雨，濟（霽）[三]。亡者，不得。·正月以朔，歲美，毋（無）兵[三]。 一八

·危陽，是【胃（謂）】不成行[四]，以爲嗇夫，必三徙官[五]，自如[六]。其後乃昌。以免，復爲[七]。有 一九 病，不死。死者，有毀[八]。

利以解事[九]。不可以殺。取（娶）妻、嫁女，不居[一〇]，死。不可以見，見人[一一]。 二〇

·徹日，是胃（謂）有小逆[一二]，毋（無）大央（殃）。利……□行水[一三]、蓋屋、歡藥、外除[一四]。亡者， 二一 不得。不可取（娶）

□朔，多雨，歲美，半入，毋（無）兵。 二二

妻、嫁女，出入人、畜產，爲嗇夫、臨官[一五]、歡食、歌樂、祠祀、見 二三 人，若以之，有小喪，毋（無）央（殃）。以產子，死，不全。取

（娶）婦、嫁女，兩寡相當[一六]。·正月以【朔】多雨， 二四 美歲而被（頗）不全[一七]。有兵。雨，日也[一八]。 二五

·介日，是胃（謂）其群不捒（拜）[一九]，以辭不合（答）。私訟必閉，有爲不果。亡者，得。利以田魚（漁）、 二六 弋獵、報讎。可以攻

軍、圍城、治（始）殺。可以取，不可以予。不可歌樂、歡食。 二七 利以祠祀外[二〇]。產子，吉。以轂（繫）[二一]，呕出。雛雨，見日。正月以

朔，旱，有歲，有小兵。 二八

·陰日，是胃（謂）作（乍）陰作（乍）陽，先辱後有慶。利以居室、入貨、見人、畜產。不 二九 可取（娶）婦、嫁女、葬貍（埋）。以

祠祀、歡食、歌樂，吉。以爲嗇夫，久，不 三〇 兔。以產子，男女爲盜。以入客[二二]，是胃（謂）奪主守。正月以朔，多

雨。 三一

【·雨，日】□也。正月以朔，多雨，歲美，毋（無）兵。 三二 □以轂（繫）

已。 三三

·結日，是胃（謂）心[二四]。利出貨、畜產。不可以取（娶）婦、嫁女、字，不復字[二五]。以轂（繫）， 三五 久，不已。毋（無）它可爲

也。凡事不終。可葬。雨，日。正月以朔，多[二六]，歲中，有兵。 三六

三四

注釋

［一］叢辰，是整理者據其他出土秦漢簡牘擬定的篇題。《史記·日者列傳》：「孝武帝時，聚會占家問之，某日可取婦乎？五行家曰可，堪輿家曰不可，建除家曰不吉，叢辰家曰大凶，曆家曰小凶，天人家曰小吉，太一家曰大吉，以狀聞。」叢辰爲眾多占家之一。出土叢辰文獻一般由兩部分組成：前一部分排列叢辰八名在一年十二月中所配的日辰，後一部分説明叢辰八日的宜忌。本篇前一部分殘缺，後一部分説明叢辰八日的宜忌，内容與孔家坡《日書》和睡虎地《稷（叢）辰》基本相同。

［二］濟，讀爲霽。雨過天晴。《説文》：「霽，雨止也。」《書·洪範》：「乃命卜筮。曰雨，曰霽。」《史記·龜策列傳》：「卜天雨霽不霽。」正月以朔即歲始。歲美，或作歲善，指收成好。

［三］這裏是用歲首的氣候來占斷收成和有無兵事。《史記·天官書》：「凡候歲美惡，謹候歲始。」《史記·龜策列傳》亦有卜「歲中禾稼敦不敦」「歲中有兵無兵」的記載。兵，指戰爭。

［四］《左傳·襄公十年》：「諸侯既有成行，必不戰矣。」成行爲準備起行，離開之意。不成行，即不能動身、出行。

［五］徙官，指官職的變動。《史記·龜策列傳》：「徙官，聞言不徙。居官，有憂。」

［六］自如，依然如故。這裏指官復原職。

［七］復爲，相當于上文的「自如」，指官復原職。

［八］毁，指居喪之人極度悲哀。《孝經·喪親》：「毁不滅性，此聖人之政也。」注：「哀毁過情，滅性而死，皆虧孝道。」

［九］解，解除，謂祭神以求消災祛禍。《淮南子·修務》：「是故禹之爲水，以身解于陽盱之河，湯旱，以身禱于桑山之林。」解事，解除之事。

［一〇］不居，不能居住、停留。漢孔融《論盛孝章書》：「歲月不居，時節如流。」

［一一］見人，與人會見。睡虎地《日書》乙種對應文字作「細喪」，即下文的「小喪」。

［一二］小逆，睡虎地《日書》孔家坡《日書》在「見人」二字下皆有重文符，此處「人」字下疑脱重文符。

［一三］行，《漢書·溝洫志》：「禹之行河水。」顏師古《注》：「行，謂通流也。」簡文「行水」疑指修建水渠之類設施。

［一四］外除，古人謂服父母之喪爲外除，服兄弟之喪爲内除。《禮記·雜記下》：「親喪外除，兄弟之喪内除。」

［一五］臨官，就任官職。

［一六］寡，喪偶。相當，相遇。兩寡相當是説兩人都會喪偶，故不宜娶婦、嫁女。

［一七］頗，讀爲頗。頗不全，這裏是少量不全的意思。

［一八］『雨，日也』意思是一邊下雨，一邊出太陽。與下文『雖雨，見日』所述的情形相同。

［一九］捋，即拜字，讀爲撥，《説文》：「撥，治也。」

［二〇］外，疑爲上文「外除」的省文。一説讀爲襘，《周禮·女祝》：「掌以時招襘禳之事，以除疾殃。」注：「除災害曰襘。」

［二一］毄，读爲繫，拘囚、拘禁。《禮記·月令》：「決小罪，出輕繫。」《史記·越王勾踐世家》：「湯繫夏臺，文王囚羑里。」

［二二］客，睡虎地《日書》甲種作「寄者」。指那些失去生活來源，依附投靠他人以謀生的人。

[二三] 古代以天干地支依次相配計算時日，六十次循環一周，是爲六十甲子。六十甲子中可有甲子、甲戌、甲申、甲午、甲辰、甲寅，是爲六甲。「六甲相逆」指六甲的地支子、戌、申、午、辰、寅的方位完全相反。十二支中子與午、戌與辰、申與寅在方位上恰好完全相反，即所謂「六甲相逆」。

[二四] 此處恐有脫文。

[二五] 字，生育之意。《易·屯》：「女子貞不字，十年乃字。」李鼎祚《集解》引虞翻曰：「字，妊娠也。」王引之《經義述聞·周易上》：《廣雅》曰：「字，生也。」《易》曰：「女子貞不字。」然則不生謂之不字。必不孕而後不生，故不字亦兼不孕言之。」《墨子·節用上》：「後聖王之法十年，若純三年而字，子生可以二三年矣。」孫詒讓《間詁》引《說文·子部》：「字，乳也。」王充《論衡·氣壽》：「婦人疏字者子活，數乳者子死。」「不復字」的意思是不能再次生育孩子。

[二六] 孔家坡《日書》作「多雨」。

星官[一]

八月：角，利祠及行，吉。不可以蓋屋。取（娶）妻、妻妬[二]，司路[三]。以產子，爲吏。　三七　亢（六）[四]，不可祠、爲門。以產子，男女吉。可取（娶）妻、居室、賈市、祭祀、樹木、興兵、垣門。子有疾，頸（瘂）[五]。　三八　【九月】：氐，利祠祀、行，出入貨。百事吉。不可取（娶）妻、嫁女。　三九　【房，利】取（娶）妻、嫁【女】、材（裁）衣常（裳）、車馬，出入貨及祠，吉。可爲室。以產子，富。　四〇　【十月：心，】☒不可祠祀、行，兇（凶）。利以行水、除渠。取（娶）妻，妻悍。司分[六]。以產【子】，人愛之。不可殺辠（辜）[七]，可以學[八]。　四一　·尾，百事兇（凶）。以祠祀，必有敗。不可取（娶）妻。司亡[九]。以產子，必貧。不可殺辠（辜）。　四二　☒箕，不可祠祀，百事兇（凶）。取（娶）妻，妻多舌[十]。司棄。以產子，貧富半。　四三　【十一月：斗，】☒利祠及行，賈市吉。取（娶）妻，爲巫。司鬼[十一]。以產子，不盈三歲死。可以功（攻）伐，入奴婢、馬牛。　四四　【牽牛，】☒利以祠、行。不可以殺牛。毄（繫）者，繹（釋）[十二]。入牛，到老[十三]。亡人，得。以生子，男女吉。可出種（種），入婦婢。　四五　十二月：婺女[十四]，利祠祀、賈市，吉。以產子，三月死，毋（無）辰（娠）[十五]。司命[十六]。以產者，不盈五歲死。不可取（娶）婦、嫁女。雖它大吉，勿用。　四六　·虛，百事兇（凶）。以結者，易（易）繹（釋），亡者，不得。取（娶）妻，妻不到。司危[十七]。以產，毋（無）它同產。不可取（娶）妻、嫁女。雖它大吉，勿用。　四七　危，百事兇（凶）。以產子，老爲人治（笞）[十八]。司晨[十九]。以產子，數詣風雨。大

兇（凶）。　四八

正月：營宮[二〇]，利祠。不可爲室及入之。以取（娶）妻，不寧。司定[二一]。以產子，爲大吏。　四九

【東壁】[二二]，囗百事凶。可以小祠祀、禱。不可行。亡人，不得。不可取（娶）妻、入財。生子，不吉。男必盜，女必娼。不可垣。　五〇

二月：奎，利祠祀及行，吉。以取（娶）妻，妻愛而口臭[二三]。司守[二四]。以產子，爲吏。不可穿井。　五一

囗妻，利祠祀及行，百事吉。以取（娶）妻，妻愛。可築室。司瘵[二五]。　五二

三月：【三月】胃[二六]，利以祠、入禾、困倉，吉。以取（娶）妻，居室。爲困倉。亡人，得。利入馬牛、入室。以生子，男女吉。布[二七]。　五三

【昴，利】囗弋獵，賈市，吉。不可以食六畜產。可以爲室及閈（閑）牢。司兵[二八]。以產，斷（斲）。　五四

四月：畢，利以弋獵、置罔（網）及爲門，吉。以死，必二人。不可食六畜。取（娶）妻，必二妻。司空（空）[二九]。產子，疷[三〇]。亡者，得。　五五

·此（觜）巂，百事兇（凶）。以死，必五人死。以殺，必五人死。取（娶）妻，多子。司家[三一]。以產子，子瘠。　五六

·參，百事兇（凶）。利貸人、攻讎。產子，男爲嗇夫。女必爲嗇夫吏妻。　五七

五月：東井，百事兇（凶）。以死，必五人死。取（娶）妻，妻吉。以產子，旬而死。　五八

·與（輿）鬼，利祠祀及行，吉。產子，子瘇。可以從鬼[三二]。不可出貨。取（娶）妻，妻巫。　五九

·七星，百事兇（凶）。利垣。產子，子瘇。　六〇

六月：柳，百事吉。取（娶）妻，妻吉。產子，子肥。司合[三三]。可以始冠及請謁、田獵。　六一

【翼，利】行。不可葬貍（埋）。　六二

【七月】囗吉。毋（無）所不利。取（娶）妻，吉。司邑[三四]。以產子，爲邑桀（傑）。　六三

張，百事囗吉。取（娶）妻，妻棄。司佩[三五]。以生子，爲巫。軫，利以乘車馬、衣常（裳）。取（娶）妻，吉。可以築室。司家[三六]。不可以取（娶）婦、嫁女。雖它大吉，勿用。以產子，必駕[三七]。可以入貨。　六四

注釋

[一] 星官，是整理者據其他日書擬定的篇題。古代天文家把黃道（太陽和月亮所經天區）的恒星分成二十八個星座，稱爲二十八宿，四方各有七宿。《淮南子·天文》高誘注：『東方：角、亢、氐、房、心、尾、箕；北方：斗、牛、女、虛、危、室、壁；西方：奎、婁、胃、昴、畢、觜、參；南方：井、鬼、柳、星、張、翼、軫。』本篇以二十八星宿爲占，内容與孔家坡《日書》『星官』、睡虎地秦簡《日書》甲種的『星』、乙種的『官』大體一致，主要占卜祭祀、娶妻、生子等方面的吉凶和命運。

[二] 妬，嫉妒。

[三] 司路，《開元占經》卷六十引《春秋緯》曰：「角二星，天關也」；其間，天門也」；其內，天庭也」；故黃道經其中，日月五星之所行也。」與司路的執掌相合。

[四] 阮，讀爲六。二十八宿之亢宿。

[五] 頸，讀爲痙。指一種肩項強直的病症。《素問·至真要大論》：「諸痙項强，皆屬于濕。」張隱庵《集注》引高世栻曰：「痙，手足搐搦也。」《靈樞經·熱病》：「熱病不可刺者有九……九曰：熱而痙者死。」馬王堆帛書《五十二病方》「傷痙」云：「痙者，傷，風入傷，身信（伸）而不能詘。」亢宿的占辭與頸發生關聯可能是因爲「亢」的本義就是指人的喉嚨。《史記·劉敬叔孫通列傳》：「夫與人鬭，不搤其亢，拊其背，未能全其勝也。」裴駰《集解》引張晏曰：「亢，喉嚨也。」《漢書·張耳陳餘傳》：「高曰：「所以不死，白張王不反耳。今王已出，吾責塞矣。且人臣有纂弒之名，豈有面目復事上哉！」乃仰絕亢而死。」顏師古《注》：「蘇林曰：「亢，頸大脈也，俗所謂胡脈也。」亢者，總謂頸耳。」《爾雅》云：「亢，鳥嚨。」即喉嚨也。」

[六] 司分，《開元占經》卷六十引《石氏》曰：「心爲天相。……心爲大丞相」，又引《爾雅》曰：「大火，謂之大辰，房心尾也。主天下之賞罰。」此或與司分有關。

[七] 犛，從生牟聲，疑讀作犖。指赤色的牛、羊、猪等祭祀用牲。《書·洛誥》：「文王騂牛一、武王騂牛一。」《論語·雍》：「犂牛之子騂且角，雖欲勿用，山川其舍諸？」《禮記·郊特牲》：「牲用騂，尚赤色也。」

[八] 孔家坡《日書》作「學史」。

[九] 司亡，《開元占經》卷六十引《石氏》曰：「尾、箕主后宮妃后府」，簡文云尾「司亡」、箕「司棄」，則尾、箕的職掌可能與妻室的亡、棄有關。

[一〇] 多舌，多口舌，喜歡搬弄是非，多嘴多舌的意思。

[一一] 司鬼，《開元占經》卷六十一引《聖洽符》曰：「南斗者，天子之廟，主紀天子壽命之期。」又引《甘氏》曰：「南斗，天子壽命之期也。故曰將有天下之事，占于南斗也。」此皆與司鬼相關。

[一二] 睡虎地《日書》甲、乙種此處皆作「結者，不擇」。這裏的「繫」與「結」應該是相同的意思，表示被繩子拴住的牛。繹，讀爲釋，即釋放。

[一三] 到老，睡虎地《日書》甲、乙種皆作「老」。大意似乎是說牛從一而終，不易主。

[一四] 媭女，合文。

[一五] 「毋辰」亦見于《嫁女》篇簡一〇九壹。辰，讀爲娠，懷孕。《左傳·哀公元年》：「后緡方娠，逃出自竇，歸于有仍，生少康焉。」杜預《注》：「娠，懷身也。」《漢書·高帝紀上》：「已而有娠，遂產高祖。」婺女這條簡文前後兩次講到「產子」，與別的不同。其中「以產子，三月死，毋辰」講的應該是孩子的母親在三月死，因此無法懷孕生子。「以產者，不盈五歲死」講述的是孩子出生不滿五歲而死。

[一六] 司命，《開元占經》卷六十一引《聖洽符》：「須女者，主婺婦嫁女也。」娶婦嫁女與生命的繁衍有關，故簡文云婺女的職掌爲司命。

[一七] 司危，《開元占經》卷六十一引《黃帝》……「虛二星，主墳墓塚宰之官。」又引《甘氏》：「虛主喪事。」

[一八] 治，讀爲笞，鞭打。

[一九] 司晨，《開元占經》卷六十一引《黃帝》占曰：「危，主廟堂，上視危星，以主室。危星主柱，主蓋屋以成帝宮，以教天下；其星明，則天下安寧。」

[二〇] 營宮，二字下有合文符，即營室，二十八宿之一。

[二一] 司定，《爾雅·釋天》：「營室謂之定。」《注》：「定，正也。」

[二二] 可补『東壁』。

[二三] 愛，吝嗇。《孟子・梁惠王上》：『百姓皆以王爲愛也，臣固知王之不忍也。』趙岐注：『愛，嗇也。』口臭，口中污穢難聞之氣息。趙曄《吳越春秋・勾踐入臣外傳》：『越王從嘗糞惡之後，遂病口臭。』

[二四] 司守，《開元占經》卷六十二引《佐助期》曰：『奎，主武庫兵。』

[二五] 司瘵，《開元占經》卷六十一引《黃帝》……『（婁），一名天府，郊太牢也。』又引《孝經章句》：『婁，市也』；巫咸曰：『婁爲天獄。』太牢、天獄皆與殺伐有關。古代經常在集市上處決犯人，『市』亦與殺戮有關。

[二六] 『三月』重出，衍文。

[二七] 布，公布、宣告。《周禮・夏官・訓方氏》：『正歲則布而訓四方。』鄭玄《注》：『布告以教天下，使知世所善惡。』

[二八] 司兵，《開元占經》卷六十二引《西官候》：『昴，一名武，……主兵、主喪。』

[二九] 宎，《集韻・上聲・蕩韻》：『宎、宎，空也。』司空，《國語・周語中》注：『掌道路者。』《開元占經》卷六十二引郗萌曰：『畢主山河。』又引《春秋緯》：『畢爲邊界天街，主守備外國。』

[三〇] 疧，『疧』之俗字，《釋名・釋天》：『眚，疧也，如病者疧瘦。』疧與下文的『肥』相應。

[三一] 司家，《開元占經》卷六十三引《懸象説》：『井，女主之象也。』又引《石氏贊》：『東井八星，主水衡。井者象法，水法水平定，執性不淫，故主衡。』古稱夫或妻爲家，則此『司家』可能是説井宿所掌系家内之事。

[三二] 從鬼，睡虎地《日書》甲種作『送鬼』。

[三三] 司合，《開元占經》引《石氏贊》曰：『柳，主上食，和味滋，故置天稷以祭祀。』

[三四] 司邑，《開元占經》引《石氏贊》曰：『張，主賞與，星動者，有賞與之事。』

[三五] 司佩，《開元占經》引《石氏贊》曰：『翼，天樂府也，主輔。』

[三六] 司家，這裏的家指朝廷、帝王。《吕氏春秋・貴卒》注：『公家，公之朝也。』《後漢書・馬融列傳》注：『三家，三皇也。』《開元占經》卷六十三引巫咸曰：『軫，天子政朝也。』又引《黃帝》：『軫者，以候王者壽命。』此條與東井所主相同，恐抄寫有誤。

[三七] 駕，疑讀爲嘉。《爾雅・釋詁》：『善也。』

徙時[一]

正月五月九月，西北啟光[二]，正北【吉昌[三]，東】北反（返）鄉[四]，正東死亡，東南斷（鬭），正南別離，西南執辱[五]，正西卻逐[六]。

二月六月十月，東北啟光，正東吉昌，東南反（返）鄉，正南死亡，西南斷（鬭），正西別離，西北執辱，正北卻逐〈逐〉。　六六

三月七月十一月，東南啟光，正南吉昌，西南反（返）鄉，正西死亡，西北斷（鬭），正北別離，東北執辱，正東卻逐〈逐〉。　六七

四月八月十二月，西南啟光，正西吉昌，西北反（返）鄉，正北死亡，東北斷（鬭），正東別離，東南執辱，正南卻逐〈逐〉。　六八

注釋

[一]『徙時』寫在六五號簡首端，是原有的篇題。全篇將一年十二個月分爲四組，按順時針方嚮講述行徙四維及四仲的吉凶。睡虎地秦簡《日書》甲種的『歲』遷徙，乙種的『嫁子刑』，長沙馬王堆漢墓帛書的『徙』篇等性質均與之相同，都是以『歲』爲據占斷吉凶。這類文獻中的『歲』可能與《淮南子·天文》中被稱爲『大時』或『咸池』的『太歲』有關。

[二]《説文》：『啟，開也。』光，明也。啟光，猶言開明也。

[三]吉昌，即吉祥。如《易林·恒之富》：『逃時歷時，所之吉昌。』睡虎地《日書》乙種『嫁子刑』作『吉富』。

[四]反，讀爲返。返鄉，即返回故鄉。《楚辭·哀郢》：『鳥飛返故鄉兮，狐死必首丘。』

[五]執辱，《史記·楚世家》載楚成王三十三年，『宋襄公欲爲盟會，召楚。楚王怒曰：「召我，我將好往襲辱之。」遂行，至盂，遂執辱宋公，已而歸之。』可見執辱即執而辱之，拘捕起來欺辱的意思。《漢書·五行志》記載劉向、劉歆父子對于《春秋》成公十六年『正月，雨，木冰』的解釋。劉歆以爲上陽施不下通，下陰施不上達，故雨，而木爲之冰，氛氣寒；劉向以爲冰者陰之盛而水滯者也，木者少陽，貴臣卿大夫之象也。又記載某人之説云『時晉執季孫行父，又執公，此執辱之異』。這裏用執辱解釋『木冰』的現象，取意于木困于冰，已經是典型的數于用語了。

[六]卻，即『却』，意與『逐』相當。《漢書·爰盎傳》：『及坐，郎署長布席，盎引却慎夫人坐。』顏師古《注》：『却謂退而卑之也。』卻逐，睡虎地秦簡《日書》乙種『嫁子刑』作『郤逐』。

八望（望）[一]

命日八望（望），是胃（謂）孤辰[二]，月之大伍也[三]，咸池之敗也[四]。取（娶）婦、嫁女、遷徙、啟門，北南西東，必聽是時。春秋冬夏之

日雖吉，而不見 六九 是時，其事必不久，有不成。 七〇

注釋

[一]『八望（望）』寫在六九號簡首端，是原有的篇題。八望日適合取（娶）婦、嫁女、遷徙、啟門，是日書中的吉日。結合『孤辰』『月之大伍也』『咸池之敗』等限定條件來

看，八望日每月只有一天，極有可能指月相而言，即滿月之日。《初學記》卷一引《釋名》：『望，月滿之名也，日月遙相望也。』當此之時，地球運行到太陽與月亮之間，月亮和太

陽的黃經相差一百八十度，太陽從西方落下，月亮正好從東方升起之時，地球上看見的月亮最圓滿。

[二]孤辰，又名空亡，六甲之中無天干相配的地支爲孤辰。如甲子旬中無戌、亥，則戌、亥爲孤辰。

[三]伍，讀作悟，《説文》：『逆也。』有相逢之意思。望日之時，日月在空中遙遙相望，故曰『月之大悟』。

[四]咸池即太歲，是凶神。據『咸池徙』篇記載：『建所當爲衝日，卒衝前爲剽，後爲敗。』因此『咸池之敗』可能是指『八望』這一天是太歲所當之日的後一日。

臨日[一]

上旬正月午[二]，二月亥，三月申，四月丑，五月戌，六月卯，七月子，八月巳，九月寅，十月未，十一月辰，十二月酉，七一 帝以此日開臨

下[三]，降央（殃）。不可遠行、歡食、歡樂（藥）、聚眾、畜產，凡百事皆兇（凶）。以有爲也，不出歲，其央（殃）小大必至[四]；以有爲也，

遇雨，命曰央（殃）蚤（早）至[五]，七二 □不出三月，必有死亡之志[六]。·凡舉事，苟毋直（值）臨日，它雖不吉，毋（無）大害。以產子，

不環（縣）死[七]，必被（被）刑若亡[八]。 七三

注釋

[一]『臨日』寫在七一號簡首端，是原有的篇題。臨，蒞止。《禮記·曲禮下》：『臨諸侯，畛于鬼神。』鄭玄《注》：『以尊適卑曰臨。』《左傳·襄公九年》：『且要盟無質，神弗臨也。』本篇首先介紹什麼是臨日，然後講述臨日不可有爲，百事皆凶。孔家坡《日書》，睡虎地秦簡《日書》甲、乙種均有相近的内容，其中甲種寫有篇題『行』。《星曆考源》卷四、《協紀辨方書》卷六都有『臨日』一項，『臨日』月份和地支的搭配與本篇大體相同。

[二]孔家坡《日書》作『正月上旬午』，下文各月承前省略了『上旬』。

[三]帝，睡虎地《日書》甲、乙均作『赤帝』。赤帝爲五色帝之一，南方之神。睡虎地《日書》作『下民』。

[四]臨日這一天百事皆凶。如果臨日這一天做了事，不出一年必有大大小小的灾禍降臨。

[五]命，命名。蚤，讀爲早，提前。如果臨日這一天做事又碰到下雨，就叫作灾禍提前到來。

[六]志，《禮記·檀弓上》：『孔子之喪，公西赤爲志焉。』注：『志謂章識。』《集解》：『喪之有飾，所以表識人之爵行，故謂之志。』睡虎地《日書》甲種『行』篇作『必有死亡之志至』。

[七]環，讀爲縣。縣死，猶經死，即上吊而死。《公羊傳·昭公十三年》：『靈王經而死。』徐彦《疏》：『經者，謂懸繯而死也。』《說文》：『繯，經也。』段玉裁《注》：『縛殺者，以束縛殺之也。凡縣死者曰繯，亦曰雉經。』《國語·晉語》：『申生乃雉經于新城之廟。』韋昭《注》：『雉經，頭搶而縣死也。』睡虎地《日書》乙種簡72記載：『西北鄉者被刑。』《漢書·五行志》：『民多被刑，或形貌醜惡。』

[八]柀，讀爲被，蒙受、遭受之意。被刑即遭受刑罰。

時[一]

☐正月，小時居寅，大時居卯，不可東徙。 七四壹

【二月，小時居卯，大時居子，不可東、北徙。】

三月，小時居辰，大時居酉，不可東徙。 七五壹

四月，小時大時并居南方，不可南徙。 七六壹

五月，小時居南方，大時居東方，不可東徙。 七七壹

六月，小時在未，大時在子。 七八壹

七月，小時、大時并居西方，不可西徙。　七九壹

八月，小時居酉，大時居午，不可西、南徙。　八〇壹

【九月，小時居戌，】☒大時居卯，不可東、西徙。　八一壹

十月，小時、大時并居亥，不可北徙。　八二壹

十一月，小時居子，大時居酉，不可西、北徙。　八三壹

十二月，小時居丑，大時居午，不可北、南徙。　八四壹

注釋

［一］時，是據孔家坡《日書》擬定的篇題。本篇所記小時、大時，見于《淮南子·天文》，其云：『斗杓爲小歲，正月建寅，月從左行十二辰。咸池爲太歲，二〈正〉月建卯，月從右行四仲，終而復始。……大時者，咸池也；小時者，月建也。』小時正月建寅，斗柄從寅開始左旋，經卯、辰、巳、午、未、申、酉、戌、亥、子、丑，復至于寅，月徙一辰。大時正月建卯，太歲（咸池）從卯開始右行，經子、酉、午，復至于卯，月徙一仲。二者均積月成歲，終而復始。被稱爲大時或咸池的太歲是凶神，所在方位不可徙往。

日夜分 ［一］

日七夜九　七四貳

【日八夜八】

日九夜七　七五貳

日十夜六　七六貳

日十一夜五　七七貳

日十夜六　七八貳

日九夜七　七九貳

注釋

[一]『日夜分』是整理者擬定的篇題。抄寫在『時』篇下面第貳欄，內容是關于日夜長短比例的劃分。不見于孔家坡《日書》，但是同樣的內容見于睡虎地《日書》的『歲』篇，記在《秦楚月名對照表》的後面。

日夜各八　八〇貳

日七夜九　八一貳

日六夜十　八二貳

日五夜十一　八三貳

日六夜十　八四貳

咸池徙 [一]

夏六月，咸池以辛酉徙西方，居四旬五日，以丙午徙南方；【居】九日，以乙卯徙東方；居　八五壹　五旬七日，以壬子徙北方；居九日，以辛酉復居西【方】。其徙必以風雨爲庶（遮）[二]。正月建寅左行，建所　八六壹　當爲衝日 [三]，卒衝前爲剗 [四]、後爲敗 [五]，是日 [六] 毋可有爲也。　八七壹

注釋

[一] 咸池徙，寫在八五簡頭端，是原有的篇題。本篇與『時』篇密切相關，所記爲咸池行徙四仲之事。咸池自六月辛酉徙西方始，至丙午徙南方，乙卯徙東方，壬子徙北方，復至辛酉徙西方，共用時一百二十天，正合『時』篇所記『大時』行徙四仲一周，用時四月。在式圖上，西、午、卯、子正位于西、南、東、北四方。簡文所記咸池在每仲的居留時間有長有短，并不完全一致。

[二] 庶，讀爲遮，掩蓋、掩護。這句話的意思是咸池移徙之日必以風雨爲掩護。

[三]『衝』是數術概念，相克相忌爲『衝』。俗亦作『冲』。《左傳·襄公二十八年》：『周楚惡之。』杜預《注》：『歲星所在，其國有福，失次于北，禍衝在南。』孔穎達

《疏》：『子午之位，南北相衝，淫于玄枵，衝當鶉火。』建所當爲衝日，意思就是北斗所指之日爲衝日。

[四] 卒，終止。勮，孔家坡《日書》作『飄』。《說文》：『飄，回風也。』《詩·小雅·何人斯》：『彼何人斯，其爲飄風，胡不自北，胡不自南。』卒衝前爲勮，意思是在『衝』終止之前的階段爲『勮』。

[五]『衝』終止之後的階段爲『敗』。

[六] 是日，指衝日。

日廷[一]

南方[二]

圖一

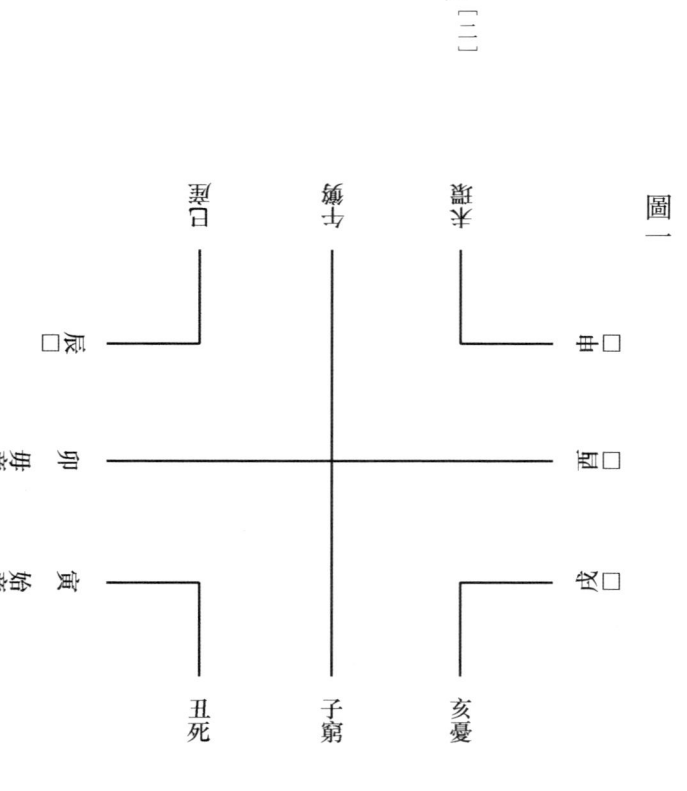
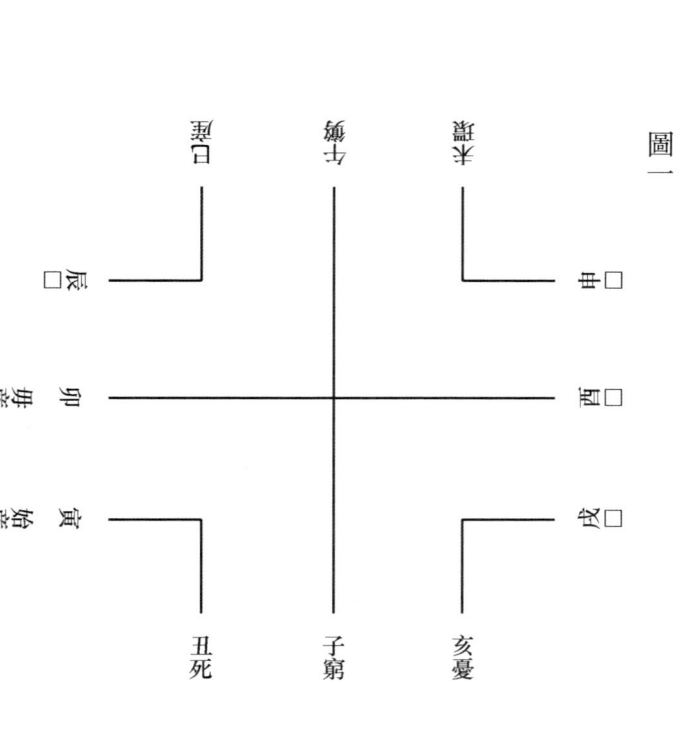

子，窮；丑，死；寅，始產；卯，毋產；辰，□；巳，產；午，鶩；未，環；申，□；西，□；戌，□；亥，憂。　（簡號略）

注釋

[一]『日廷』寫在九三號簡的首端，是原有的篇題。《論衡·詰術》：『日廷圖甲乙有位，子丑亦有處，各有部署，列布五方，若王者營衛，常居不動。』日廷圖共有四幅，比孔家坡《日書》多出一幅。其基本格局是將干支、方位、五行、時日等按數術規則加以配置的模式，反映的是秦漢時期人們對于時空的觀念。

[二]『南方』寫在九二號簡的首端，位置與『日廷』相同，可能與『日廷』連讀作爲篇題。但也有可能是提示四幅日廷圖的南方位置所在。

圖二[一]

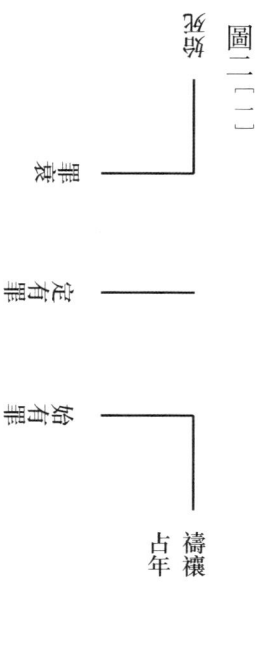

禱禳[二]，占年[三]，始有罪，定有罪，罪衰，始死，……（簡號略）

注釋

[一] 此圖不完整。因爲本篇字跡前後不一致，可能在使用過程中替換過損壞的竹簡，從而導致此圖不全。

[二] 禱禳，祈禱鬼神求福除灾。柳宗元《時令論下》：『語怪而威之，所以熾其昏邪淫惑而爲禱禳厭勝鬼怪之事，以大亂于人也。』蘇轍《祭靈惠汪公文》：『自夏及秋，中間禱禳，神不厭瀆，卒保康乂。』

[三] 占年，占卜年成的豐歉。柳宗元《柳州峒氓》：『鵝毛禦臘縫山罽，雞骨占年拜水神。』

圖三

北斗出行
直前者死
直後者不死
·以此與日色少長相參，相中乃可用也。

北斗出行[二] 八九叁，直（值）前者死，九〇叁 直（值）後者不死[三]。 九一叁

·以此與日色少長相參[三]，相中乃可用也[四]。 九二叁

子，十一月；丑，十二月；寅，正月；卯，二月；辰，三月；巳，四月；午，五月；未，六月；申，七月；酉，八月；戌，九月；亥，十月。 （簡號略）

注釋

[一] 『北斗出行』，孔家坡《日書》作『斗擊』。這段文字位于式圖的中央，應是與圖配合使用的説明文字。

[二] 《淮南子·天文》：『合于歲前則死亡，合于歲後則無殃。』與簡文『直前者死，直後者不死』意近。

[三] 日色少長，指時辰的變化。孔家坡《日書》『擊』篇講述一年十二個月中，每月十二支日斗所擊的時段。黃儒宣認爲可以和此圖配合使用，可從①。相參，相配。《國語·越語下》：『夫人事必將與天地相參，然後乃可以成功。』

[四] 中，《禮記·月令》：『律中大蔟。』注：『中，猶應也。』相中，相合。

① 黃儒宣：《〈日書〉圖像研究》，中西書局，2013年。

圖四[一]

子，水，壯；丑，金，死；寅，火，産；卯，木，長；長〈辰〉[三]，水，死；巳，金，死。辰〈亥〉[四]，木，産。（簡號略）

【午，火，長】；未，木，死；申，水，産；申〈酉〉[三]，金，長；戌，火，死。

注釋

[一]《淮南子·天文》有與圖四類似的插圖。《淮南子·天文》：『天地以設，分而爲陰陽。陽生于陰，陰生于陽。陰陽相錯，四維乃通。或死或生，萬物乃成。……天有四時以制十二月，……天有十二月以制三百六十日，……故舉事而不順天者，逆其生者也。』簡文中的『産』『長』『死』分別相當于《淮南子·天文》的『生』『壯』『老』。

[二]長，當是『辰』字之誤寫。

[三]申，當是『酉』字之誤寫。

[四]辰，當是『亥』字之誤寫。

反支[一]

亥朔，子〈巳〉、亥反支；巳解衝[三]。八八貳 子朔，巳、亥反支。

八九貳 丑朔，午、子反支。 九〇貳 寅朔，午、子反支。 九一貳

卯朔，未、丑反支。 九二貳 辰朔，未、丑反支；丑解衝[三]。 九九貳 巳朔，申、寅反支。 九三貳 午朔，申、寅反支。 九四貳 未朔，酉、

卯反支。 九五貳 申朔，酉、卯反支。 九六貳 酉朔，戌、辰反支。 九七貳 戌朔，戌、辰反支。 九八貳

□出百，一入百出[四]。求反支日，先道朔日始數[五]。其雌也，從 九九壹 【亥始】數，右行；雄也，從戌始數，左行[六]。前禺（遇）其日

者爲反支[七]，後一〇〇 禺（遇）其日者爲解衝[八]。前自得，爲有事；後自得者，事已[九]。 一〇一

注釋

[一]「反支」是整理者根據内容擬定的篇題。本篇内容主要講解反支日的推算。孔家坡《日書》、睡虎地秦簡《日書》甲種均有相近的篇目，内容略有差異。《後漢書·王符列傳》：「公車以反支日不受章奏。」李賢《注》所引《陰陽書》中有關于反支日的規定。本篇的内容抄寫在『日廷圖』之間。從布局看，當是先確定了圖的位置後，再開始抄寫反支。不過在抄寫過程中發現脱漏了『辰朔』『亥朔』，于是在空白位置做補充，因此補録的兩枚簡字跡與其他内容不一致。

[二]「亥朔，子〈巳〉、亥反支，巳解衝」這句話的字跡與其他内容不一致。其中「子」爲「巳」之誤。「解衝」參見注釋[八]。

[三]「辰朔，未、丑反支，丑解衝」這句話位置在簡九九貳，與其他内容筆跡不同，位置也不在一處，可能是抄寫者發現抄脱這句話後，在空白的位置補充。

[四]孔家坡《日書》對應的内容作「入一出百，出一入百」。

[五]朔日，即農曆每月初一日。《書·太甲中》：「惟三祀，十有二月朔，伊尹以冕服奉嗣王歸于亳。」

[六]簡文意思是説雌右行，從亥始數；雄左行，從戌始數。其雌雄和運行方嚮與《淮南子》記載相合，但是起點不完全一致。《淮南子·天文》：「北斗之神有雌雄，十一月始建于子，月徙一辰，雄左行，雌右行，五月合午謀刑，十一月合子謀德。」

[七]禺，讀爲遇。左行、右行必然在某日相遇，反支日在相遇日前一日的爲前遇。

[八]反支日在相遇日後一日的稱之爲解衝。

[九]反支日有事，解衝日無事。與《淮南子·天文》『合于歲前則死亡，合于歲後則無殃』的記載類似。

嫁女[一]

入月二旬三日，命胃（謂）危，不可合男女[二]。 一〇二

入月旬一、七日及庚【辰】[三]、辛巳，不可取（娶）婦、嫁女。 一〇三壹

子取（娶）妻，有憂。·酉嫁，三更夫。 一〇四壹

囗【建】婦日也[四]，以之，不字[五]，夫恐死。 一〇五壹

壬申、癸酉，百事不吉，不可取（娶）妻。 一〇六壹

【庚】寅【取（娶）】妻，妻不可取（娶）妻[六]。 一〇七壹

壬辰、癸巳出婦，其夫【不】出三歲死。 一〇八壹

甲午旬[七]，嫁女，毋（無）辰（娠）[八]。　一〇九壹

戊申、己酉以取（娶）妻，妻不【出】三歲棄、亡。　一一〇壹

癸丑、戊午、己未以取（娶）妻，妻死，不棄。　一一一壹

甲寅旬，此胃（謂）星辰季也[九]，不可嫁，毋（無）子。　一一二壹

戊戌、己亥不可以嫁人，始産日。　一一三壹

春三月戌，【夏三月丑】，秋三月辰，冬三月未，求妻[一〇]，妻入必許之[一一]。丙午、寅利求人。己未之人室[一二]，必得女爲妻。　一一四

戊己毋取（娶）妻，取（娶）妻妻厭姑公[一三]。入妻，有家。　一一五

丙申、丁酉，天地相去也；庚申、辛酉，漢河相去也；壬申、癸酉，辰參相去也[一四]；凡是日，不取（娶）妻、嫁女及言事。　一一六

酉，天地別；癸酉，河漢別；乙酉，犬狼別。辛酉，雞雉別[一五]。　□　一一七

注釋

[一]『嫁女』寫在簡一〇二頭端，是原有的篇題。本篇講述娶妻嫁女的擇日及吉凶，孔家坡《日書》、睡虎地秦簡《日書》甲種有相近的內容。

[二]合男女，指男女婚嫁。《禮記·禮運》：『用水、火、金、木、飲食必時，合男女、頒爵位必當年、德，用民必順。』馬王堆帛書《天下至道談》：『是以聖人合男女必有則。』

[三]辰，據孔家坡《日書》簡173補。

[四]簡文此處殘斷，斷口下第一字疑爲『建』，孔家坡《日書》對應簡文作：『笮夫之建，笮婦之日也。』

[五]不字，參『叢辰』篇注釋[二五]。

[六]不居，參『叢辰』篇注釋[一〇]。

[七]甲午旬，古人把六十甲子按天干甲的出現分爲六組，每組十天，稱爲某甲。六十甲子共有六甲。古人又以十日爲一旬，旬與六甲相配，則六十甲子共得到六個以甲命名的旬。甲午之旬具體包括甲午、乙未、丙申、丁酉、戊戌、己亥、庚子、辛丑、壬寅、癸卯十日。

[八]毋辰，參『星官』篇注釋[一五]。

[九]季，《説文》：『少偁也。從子，從稚省，稚亦聲。』幼而未成熟，故不宜婚嫁。

[一〇]求，選擇。

[一一]許，《説文》『許，聽也』。

往也。』之，往，至，意思是到別人家裏去。

[一二] 之，往、至，《詩·廊風·載馳》：『百爾所思，不如我所之。』《漢書·高后紀》：『足下不急之國守藩，乃爲上將將兵留此，爲諸大臣所疑。』顏師古《注》：『之，

[一三] 厭，《史記·高祖本紀》索隱引《廣雅》：『鎮也。』姑公，指丈夫的父母。《說文》：『姑，夫母也。』《爾雅·釋親》：『稱夫之母曰姑。』焦贛《易林·家人之

漸》：『居比鄰里，姑公悅喜。』

[一四] 漢，指漢水。河，指黃河。漢、河絕不相屬。辰參，孔家坡《日書》作『參辰』，傳世文獻中也叫作參商，星名。參、辰二星，分處東、西方，出沒各不相見。揚雄《法言·學行》：『吾不睹參辰之相比也，是以君子貴遷善。』又《左傳·昭公元年》：『昔高辛氏有二子，伯曰閼伯，季曰實沈。居于曠林，不相能也。日尋干戈，以相征討。后帝不臧，遷閼伯于商丘，主辰，商人是因，故辰爲商星。遷實沈于大夏，主參，唐人是因，以服事夏商。』這裏列舉的『天地』『漢河』『辰參』等三項都是處于對立位置的事項。

[一五] 別，離也。這兩枚簡文中的日子在古文獻中又稱『五離日』，指甲申、乙酉、丙申、丁酉、戊申、己酉、庚申、辛酉、壬申、癸酉，如《醫心方》卷三引《蝦蟆經》作：

『凡五離日：戊申、己酉，天地離；壬申、癸酉，鬼神離；甲申、乙酉，人民離；丙申、丁酉，江河離；庚申、辛酉，禽獸離。』簡文中的犬狼指獸，雞雉指禽。

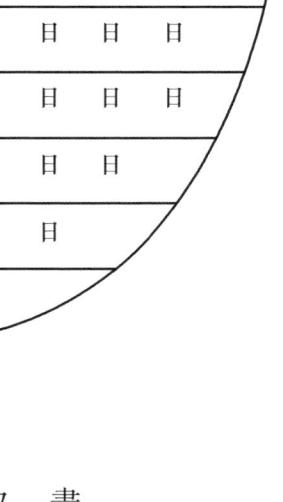

根（艮）山禹之離日[一]

是謂根（艮）山禹之離日也[二]。數之從上右方　一〇四叄　數朔初日[三]，日及字（支）各居一日[四]，盡，復道　一〇五叄　上右方數[五]。日與字（支）夾根（艮）山[六]，是胃（謂）離日，一〇六叄　離日不可取（娶）妻、嫁女及入人、畜產、貨，一〇七叄　可分翼（異）[七]。一〇八叄

注釋

[一]『根（艮）山禹之離日』是整理者擬定的篇題。本篇講述『離日』的推算及其宜忌。孔家坡《日書》和睡虎地秦簡《日書》也有類似的篇目，内容近似，但是圖存在差異。睡虎地《日書》『艮山』篇以圓圈表示，總數三十個。孔家坡《日書》『艮山』篇日字符號共三十八個。本篇則有三十九個。關于離日的推算有多種意見，當以晏昌貴說爲是①。

[二] 艮山離日來源于《周易》的『艮卦』，該卦的特性是靜止不動，相背不見，與艮山圖表達的思想相合。離日冠以大禹的名號是數術中常見的現象，在傳說裏，禹是長期離家、出行在外的典型，因此除了『離日』外，『須臾行日』也冠以禹的名號。

① 晏昌貴：《對〈日書〉『艮山』圖的一個簡單解讀》，武漢大學簡帛網，2008年3月25日。

[三] 上右方，即圖右上角的日字，爲計算離日的起點。『朔初日』，睡虎地秦簡『艮山』篇作『朔之初』。孔家坡《日書》作『朔初』，疑『日』字下脱重文符。朔初日，應指月之朔初。

[四] 日，指天干。《左傳·昭公五年》：『日之數十。』杜預《注》：『甲至癸。』字，讀爲支，指地支。《淮南子·天文》：『數從甲子始，子母相求』。錢塘《補注》：『子爲辰，母爲日。』

[五] 盡，指每一輪計算的終點。計算到左下角位置後重新從上右方開始，周而復始。

[六] 睡虎地『艮山』篇作『刾』，李學勤認爲『刾』爲『夾』字之誤。夾，夾持，即從兩旁相夾。《後漢書·王襲列》：『實有折枝之易，而無挾山之難。』挾、夾，一字分化。

[七] 分異，分家。《史記·商君列傳》：『民有二男以上不分異者，倍其賦。』

戎曆日[一]　目三目三目三目　二一〇叁

注釋

[一]『戎曆日』是整理者據周家臺秦簡《日書》擬定的篇題。周家臺《日書》有兩種不同形式的『戎曆日』，其中簡261所記圖像與本篇相同。周家臺所附說明文字爲：『數從朔日始，日徹、周、窮、窮、周、徹、徹、周、窮、窮、周、日值窮，得，值周，復還之。值徹，不得，已。入月，數朔日以到六日，背之。七日以到十二日，左之。十三日以到十八日，向之。十九日以到廿四日，右之。廿五日以到卅日，復背之。以此見人及戰鬬，皆可。』

婦良日[一]

婦良日，甲辰、丙寅、辛丑、乙卯。入月十六日及四日徹日[三]，己巳，男子客，利主人，庚午、辰日及丙戌、丁未，不可取（娶）妻。　一一八

壬子、鑫門、羿、剛、丙午，史說亡[三]，皆不可取（娶）妻。·五亥不可取（娶）妻[四]。☐　一一九

甲寅之旬，西王母日也[五]。不可取（娶）妻，妻毋（無）子。·甲寅、乙卯，黃帝次[六]，帝遇小禾以死[七]，戀（鸞）鳥以亡[八]，不成。　一二〇

午旬[九]，織女牽牛日也[一0]。不可取（娶）妻，毋（無）辰（娠），棄。□ 一二一

凡取（娶）婦嫁女，甲子會乙丑、丙子會丁丑、壬子會癸丑[一一]，吉。□ 一二二

壬申會癸酉，天辰（震）高山[一二]，以取（娶）妻，□ 一二三

庚辰會辛巳，大恆以取（娶）大罩（澤）織女[一三]。不可取（娶）妻。 一二四壹

戊申會己酉，何（河）尌（鼓）取（娶）織女[一四]，不果。以取（娶）妻，不出二年死。□ 一二五

戊午會己未，禹以取（娶）荼山女[一五]，不成。取（娶）妻，妻不死，必棄。□ 一二六

壬辰會癸巳，妃婦以出其夫[一六]。以取（娶）妻，不出三年，夫死。 一二七

正月七日，六月六日[一七]□ 一二四貳

注釋

[一]『婦良日』是整理者據簡文内容擬定的篇題。類似的内容見于睡虎地《日書》甲種。主要講述娶婦嫁女的擇日宜忌。

[二]四日徵日，疑爲『歲』篇所記載的『四時徵日』。

[三]邊門、羿，皆傳説中古代善射者。《荀子·王霸》：『羿、邊門者，善服射者也。』楊倞注：『邊門即邊蒙，學射于羿。』《吕氏春秋·具備》：『今有羿、邊蒙、繁弱于此，而無弦，則必不能中也。』《史記·龜策列傳》：『羿名善射，不如雄渠、邊門。』剛，疑爲剛日。干支紀日中，逢甲、丙、戊、庚、壬的奇數爲剛日。《禮記·曲禮上》：『外事以剛日，内事以柔日。』孔穎達《疏》：『剛日，奇日也。』史説，疑即文獻中記載的商王武丁時名臣傅説。《韓詩外傳》卷七：『傅説負土而版築，以爲大夫，其遇武丁也。』

[四]五亥，即乙亥、丁亥、己亥、辛亥、癸亥。干支紀日法天干地支循環相配，每一個輪回中亥日有五個，故稱之爲五亥。同理，也存在五子、五丑等説法，具體可參見『日説』篇。

[五]西王母乃中國古代神話中的女仙人。孔家坡《日書》作『西大母』。《山海經·西山經》：『西王母，其狀如人，豹尾虎齒而善嘯。』《穆天子傳》卷三：『乙丑，天子觴西王母于瑶池之上，西王母爲天子謡。』《楚辭·離騷》：『夕歸次于窮石兮，朝濯髮乎洧盤。』

[六]次，即留宿、停留之意。

[七]小禾，待考。

[八]鸞，讀爲鸞鳥。鸞鳥爲傳説中的神鳥、瑞鳥。《山海經·西山經》：『女牀之山……有鳥焉，其狀如翟而五采文，名曰鸞鳥，見則天下安寧。』《楚辭·九章·涉江》：『鸞鳥鳳皇，日以遠兮；燕雀烏鵲，巢堂壇兮。』王逸《注》：『鸞、鳳，俊鳥也。有聖君則來，無德則去，以興賢臣難進易退也。』

[九]午旬，即甲午旬。『甲』字承前省略。

［一〇］織女牽牛日，可能和古代民間廣泛流傳的牛郎織女的故事有關。睡虎地《日書》記載：「戊申、己酉，牽牛以取（娶）織女而不果」，而本篇下文則記載：「戊申會己酉，何彗取織女，不果。」將「牽牛」換成了「何彗」，與本篇説法有別。

［一一］會，合也。

［一二］辰，讀爲震，震动。《詩·魯頌·閟宮》：「不虧不崩，不震不騰。」毛《傳》：「震，動也。」睡虎地《日書》簡147「壬申會癸酉，天以壞高山」，簡7背「壬申、癸西，天以震高山」。皆可參。

［一三］大恆，疑指恒山。大罜，讀爲大澤，指大湖沼、大藪澤。《左傳·襄公二十一年》：「深山大澤，實生龍蛇。」大恆娶大澤女的故事未見于傳世文獻，待考。睡虎地《日書》簡5背作「庚辰、辛巳，敝毛之士以取妻，不死，棄」，與本篇記載不同。

［一四］何彗，即河鼓。《史記·天官書》：其北河鼓。河鼓大星，上將，左右，左右將。婺女，……其北織女。《索隱》引《爾雅》：「河鼓謂之牽牛。」孫炎……「河鼓之旗十二星，在牽牛北，故或名河鼓爲牽牛也。」

［一五］茶山，古書多作塗山，《説文》作「盦」，睡虎地《日書》作「梌山」。《書·益稷》：「娶于塗山，辛、壬、癸、甲。」《正義》曰：河鼓三星在牽牛北，……自昔傳牽牛織女七月七日相見，此星也。

［一六］妌婦，睡虎地《日書》寫作「橐」，劉樂賢先生曾推測是「橐」字之誤，讀爲「妌」。誠爲卓識①。

［一七］簡文内容殘缺不全，從抄寫位置看，可能與本篇無關。

牝牡月日［一］

十二月、正月、二月、六月、七月、八月，爲牡月。　　一二八

三月、四月、五月、九月、十月、十一月，爲牝月。　　一二九

注釋

［一］「牝牡月日」寫在一二八、一二九簡上端，是原有的篇題。本篇講述牝月、牡月的劃分，睡虎地、放馬灘秦簡《日書》都有相近的内容。

---

① 劉樂賢：《睡虎地秦簡日書研究》，文津出版社，1994年，第206頁。

牝月、牡月、牡日[一]

十二月、正月、二月、六月、七月、八月，爲牡月，牡月得牝日，吉。

乙、丁、己、辛、癸、丑、辰、申、午、未、亥，牝日，牝日得牡月，之〈吉〉。 一三〇

甲、丙、戊〈戊〉、庚、壬、子、寅、卯、巳、【酉】、戌，牡日，牡日得牝月，吉。 一三一

甲辰、丙寅，天下始爲牝牡。 一三二貳

三月、四月、五月、九月、十月、十一月，爲牝月，牝月得牡日，吉。 一三三壹

戊戌、己亥，女子始生日也。 一三三貳

牡月牝日取（娶）妻，毋（無）子。牝月牡日取（娶）妻，凶。牝日牡月取（娶）妻，吉。□ 一三四

凡牝月牡日，牝月牡日取（娶）妻，妻皆吉。 一三五壹

凡牡月【牝】日，牝月牡日，皆兇（凶）。 一三六壹

甲子、寅，丙申、辰，戊午、申，庚午、辰，壬戌、子，爲牡日，牡日以死及葬，必復之。 一三七

乙巳、乙丑，丁酉、卯，己未、己亥，辛巳、辛丑，癸亥、癸未，爲牝日，牝日以死及葬，必復之。 一三八

注釋

[一]『牝月、牡月、牡日』寫在一三〇、一三一、一三二簡上端，是原有的篇題。其中一三〇簡端寫『牝月』，一三一簡端爲『牡月』，一三二簡端爲『牡日』。本篇講述牝月、牡月、牝日、牡日的劃分，以及跟牝牡有關時日的宜忌。

哭聚[一]

入月二旬，齒（蚩）尤死日也[二]，不可哭臨[三]、聚眾、合卒。 一三五貳

六月下癸、七月三癸、八月上癸[四]，不可以築，不出三歲，必有五喪。 一三六貳

注釋

[一]『哭聚』是原有的篇題。孔家坡《日書》有相同的内容。

[二]蚩尤，中國古代神話傳説中的人物。相傳爲九黎之君，炎帝後裔，炎帝被黄帝打敗後，因『作五兵』被尊爲戰神。《山海經·大荒北經》載：『蚩尤作兵伐黄帝，黄帝使應龍攻之冀州之野。應龍畜水。蚩尤請風伯雨師，縱大風雨。黄帝乃下天女曰魃，雨止，遂殺蚩尤。』在上博楚簡《融師有成氏》中也有『蚩尤作兵』的記載。

[三]哭臨，喪禮之一種儀式，指人死後集衆舉哀或至靈前弔祭。《史記·孝文本紀》：『毋發民男女哭臨宫殿。宫殿中當臨者，皆以旦夕各十五舉聲，禮畢罷，非旦夕臨時，禁毋得擅哭。』《後漢書·禮儀志下》：『登遐，皇后詔三公典喪事……百官哭臨殿下。』《三國志·魏志·孫禮傳》：『禮爲死事者設祀哭臨，哀號發心。』

[四]下癸，下旬的癸日。上癸，上旬的癸日。三癸，指一月三旬的癸日。

窮日[一]

禹窮日，入月二日、七日、九日、旬三日、旬八日、二旬二日、二旬五日，不可行。 一三九

窮日，十二月三旬壬戌、癸亥。凡日六旬窮日也，不可出入。出入，紤（近）没（殁）必宿[二]，遠没（殁）不復，是胃（謂）歸死。 一四〇

注釋

[一]『窮日』寫在一三九號簡上端，是原有的篇題。窮日又稱爲『禹窮日』，是將窮日之説假托于禹。本篇記載了兩種窮日。第一種與孔家坡《日書》相同。第二種與傳世文獻記載的窮日近似。《後漢書·鄧禹列傳》：『明日癸亥，匡等以六甲窮日不出。』王先謙《集解》：『六甲以甲子始，周行一匝，至癸亥止，故謂窮日。』傳世文獻的窮日每六旬只有癸亥這一天，而簡文説『壬戌』『癸亥』均爲窮日，這是與傳世文獻的區別。另，周家臺《日書》『戎曆日』亦記載有窮日，與上述均不同，當另有所本。

[二]紤，讀爲近。没，讀爲殁，即死。《説文》：『終也。』宿，隔夜。《漢書·韓信傳》：『師不宿飽。』近殁必宿，意思是在近處的死亡必然會隔一天出現。

亡日[一]

正月七日、二月旬四、三月二旬一日、四月八日、五月旬六日、六月二旬四日、七月九日，凡此日亡，不得。 一四一

八月旬八、九月二旬七日、十月旬、十一月二旬，以此日亡，必得。不得，必死。

子、卯、午、酉亡者，自夜半到日中，丁者[三]不得，老弱【得】。自日中到夜半，丁者得，老弱不得。 一四三

辰、丑、戌、未亡者，自夜半到日中，丁者得，老弱不得。自日中到夜半，丁者、老弱皆得。 一四四

申、巳、寅、亥亡者，自夜半到日中，丁者、老弱皆得。自日中到夜半，丁者、老弱皆得。·癸亥亡[三]，死。 一四五

一四二

注釋

[一]「亡日」寫在一四一號簡上端，是原有的篇題。推測是爲逃亡者選擇逃亡時日，趨吉避凶所設。孔家坡《日書》有相同的内容，但是殘缺較多。相似的内容見于睡虎地秦簡《日書》乙種「亡日」「亡者」等，但二者具體内容稍有差異。

[二]丁者，《史記·律書》：「丁者，言萬物之丁壯也。」本篇丁者與老弱相對而言，指能夠擔任賦役的成年人。

[三]癸亥爲窮日，故不得逃亡。

刍日 [一]

正月壬、二月癸、三月戊、四月甲、五月乙、六月戊、七月丙、八月丁、九月 一四六壹 己、十月庚、十一月辛、十二月己，皆刍日也。不可行。 一四七壹

注釋

[一]「刍日」寫在一四六號簡頭端，是原有的篇題。孔家坡《日書》、睡虎地《日書》均有相近的内容。劉信芳認爲刍日的排列與五行學説有關，「正月壬刍、二月癸刍者，是因爲正、二月爲春季，「壬癸」于日中代表冬季，冬季已過，故壬癸爲刍，刍即陷。其餘可類推。值得重視的是，「三月戊刍」「六月戊刍」「九月己刍」「十二月己刍」，戊己爲中土日干，古人以中土方無定位，寄在四維，説明先秦已有土居四維的思想。三月末當春夏之交，六月末當夏秋之交，九月末當秋冬之交，十二月末當冬春之交，于方于正當四維」①。睡虎地乙種「刍日」篇時日安排與甲種同，但是書寫位置與「天閤」篇相鄰，劉樂賢懷疑該篇刍日可能就是地刍。《論衡·譏日》：「《葬曆》曰：葬避九空、地刍，及日之剛柔、月之奇耦。」

① 劉信芳：《〈日書〉四方四維與五行淺説》，《考古與文物》1993年第2期。

祠行良日[一]

【祠行良日，庚申是天昌，不出】

三年必有大得也。　一四八壹

注釋

[一]『祠行良日』是整理者據內容擬定的篇題。『三年必有大得』之前的缺文，據睡虎地《日書》簡79正貳補。結合本篇日書第貳欄內容後面也缺少『見人，必得志』等內容來看，此處應該缺少一枚簡。

歸行到室[一]

七月之行，歸毋以癸到室。　一四九壹

壬寅、壬戌、癸亥，不可從遠行歸，必死。　一五〇壹

·戊申、戌、丙申，在行不可歸，在室不可行。是胃（謂）歸死行亡。　一五一壹

·春三月乙丑，夏三月丙辰，秋三月辛未，冬三月壬戌，不可　一五二壹　遠行。　一五三壹

·千里外毋以丙丁到，五百里外毋以壬戌、癸亥到室。　一五四壹

千里之行，毋以丙辰、丁亥、壬戌、癸亥行及歸。　一五五壹

丙申、丁亥、戊申、戊戌，六旬之籠也[二]，以到室，有客。　一五六壹

注釋

[一]『歸行到室』是整理者據內容擬定的篇題。孔家坡《日書》、睡虎地《日書》均有相近的內容。

[三]龍，義同忌。《淮南子·要略》：『操舍開塞，各有龍忌。』睡虎地秦簡《日書》甲種的『禾行日』，乙種稱『五穀龍日』。『六旬之龍也』，孔家坡《日書》作『六日、句

二、龍日也』，應以本篇爲是，孔家坡《日書》乃誤抄。

占行歸日[一]

甲乙行，戊己來[二]，不來，復到甲【乙】，不來廿一日。丙丁行，庚辛來，

一五七壹　不來，復到丙丁，不來廿一日。戊己行，壬癸來，不來復到壬癸，不來廿一日。

一五八壹　戊己，不來廿一日。庚辛行，甲乙來，不來，復到庚辛，不來廿一日。

一五九　戊己行，壬癸來，不來，復到戊己；來，加之廿一日。·庚辛行，甲乙來，不來，【復

到】☐　一六〇　壬癸，來不來，加之廿一日。·盡期不來，加之之六十日。三加之不來。占曰：病若觳（繫）、留、死亡。凡耳鳴[三]，子聞事，丑

有事，有客。卯有【喜】☐　一六一

注釋

[一]『占行歸日』寫在一五七簡頭端，是原有的篇題。本篇主要運用五行相勝的原理來規定出行後來歸的適宜之日。如甲、乙屬東方木，戊、己屬中央土，五行相勝木勝土，那麼甲、乙之日離家出行，戊、己之日當宜來歸。簡文占問分爲兩輪，第一輪占問從甲乙到壬癸，共詢問五次，每次詢問後，如果不歸，則在外羈留廿一日。第二輪占問從戊己到壬癸，共問了三次。每次詢問後的結果分爲歸或不歸。其中庚辛和壬癸占問的結果是不管歸不歸，一律增加廿一日。如果連續問三次還不返回，那麼增加的上限一直到六十日。最後占問的結果就是『病若繫、留、死亡』。

[二]《玉篇》：『來，歸也。』

[三]耳鳴，古時以耳鳴爲占。居延漢簡和周家寨《日書》均存有『耳鳴』篇，《漢書·藝文志》雜占家有《嚏耳鳴雜占》十六卷。《太平御覽》卷四五九引漢蔡邕《廣連珠》：『臣聞目瞤耳鳴，近乎小戒也，狐鳴犬嗥，家人小妖也。』猶忌慎動作，封鎮書符，以防其禍。』①耳鳴與占行歸日抄録在一起，二者是否存在關聯，有待探討。

---

① 參閱饒宗頤：《居延簡術數耳鳴目瞤解》，《選堂集林·史林》，中華書局，1982年，第295～299頁。

禹須臾所以見人日[一]

正月甲午，三月乙酉，四月丙子，六月丁丑，七月甲子、庚子、十月壬午、十二月癸巳，以　一四七貳　【見人，必得志[二]。】

子旦吉，晏食凶[三]，日中、日失（昳）[四]、夕吉。　一四八貳

丑旦凶，晏食吉，日中凶，日失（昳）吉、夕凶。　一四九貳

寅旦凶，晏食吉，日中凶，日失（昳）、夕吉。　一五〇貳

卯旦凶，晏食吉，日中、日失（昳）吉、夕凶。　一五一貳

辰旦凶，晏食吉，日中、日失（昳）凶、夕吉。　一五二貳

巳旦凶，晏食吉，日中、失（昳）凶、夕可。　一五三貳

【午旦凶，晏食凶，日中、失（昳）凶、夕凶。】

未旦吉，晏食可，日中凶，日失（昳）吉、夕凶。　一五四貳

申旦吉，晏食凶，日中、日失（昳）吉、夕凶。　一五五貳

酉旦吉，晏食凶，日中、日失（昳）吉、夕凶。　一五六貳

戌旦、晏食凶，日中、日失（昳）吉、夕凶。　一五七貳

亥旦可，晏食凶，日中日失（昳）凶、夕可。　一五八貳

注釋

[一]『禹須臾所以見人日』寫在一四六號簡第貳欄，是原有的篇題。須臾，《後漢書·方術列傳》注：『陰陽吉凶立成之法也。』禹須臾，是將須臾之術托名于禹。本篇講述十二支日見人的吉凶，將各日的白晝劃分爲旦、晏食、日中、日昳、夕五個時段進行占斷，占斷的結果包括吉、凶、可三種。相同的內容見于放馬灘秦簡《日書》甲種和孔家坡《日書》。

[二]『見人，必得志』，據孔家坡《日書》補。此處缺少一枚竹簡，參『祠行良日』注釋[一]。

[三]『晏』，放馬灘秦簡寫作『安』，安、晏二字古通。晏有晚義，與朝相對而言，晏食爲上午的一個時段。

[四]『失』讀爲『昳』，《説文》：『昳，日昃也。』睡虎地《日書》甲種『吏』篇作『日虒』，同于文獻中的『日施』『日下稷』，皆爲日斜之意。

禹須臾[一]

甲子、乙丑夕行，九喜。　一六一壹　戊戌、己亥日失（昳）行，七喜。　一六一貳　戊寅、己卯平旦行，五喜。　一六一叁　壬申、癸酉夕行，九喜。　一六二肆

丙午、丁未日失（昳）行，七喜。　一六三壹　戊寅、己卯[二]平旦行，五喜。　一六三貳　庚辰、辛巳夕行，九喜。　一六三叁　甲寅、乙卯平旦行，五喜。　一六三肆

丙戌、丁亥日中行，五喜。　一六四壹　戊子、己丑莫（暮）食、夕行，三喜。　一六四貳　壬戌、癸亥日中行，五喜。　一六四叁　甲午、乙未日夕行，九喜。　一六四肆

丙申、丁酉莫（暮）食行，九喜。　一六五壹　戊辰、己巳日失（昳）行，七喜。　一六五貳　壬寅、癸卯日夕行，九喜。　一六五叁　甲辰、乙巳莫（暮）食行，三喜。　一六五肆

庚子、辛丑平旦行，二喜。　一六六壹　甲戌、乙亥莫（暮）食行，三喜。　一六六貳　戊申、己酉平旦行，二喜。　一六六叁　壬午、癸未日失（昳）行，七喜。　一六六肆

丙子、丁丑日中行，五喜。　一六七壹　庚戌、辛亥日夕行，九喜。　一六七貳　壬子、癸丑平旦行，七喜。　一六七叁　甲申、乙酉日中行，五喜。　一六七肆

戊午、己未莫（暮）食行，三喜。　一六八壹　庚申、辛酉日失（昳）行，七喜　一六八貳　壬辰、癸巳日中行，五喜　一六八叁　丙寅、丁卯莫（暮）食行，三喜。　一六八肆

丙寅〈辰〉[三]、丁巳平旦行，二喜　一六九壹　庚寅、辛卯日失（昳）行，七喜　一六九貳　☐二喜[四]　一六九叁　禹須臾。　一六九肆

注釋

[一] 『禹須臾』寫在簡一六九第肆欄，位于整篇的末尾，是原有的篇題，字跡與其餘内容不同。類似的内容見于睡虎地秦簡《日書》甲種。

[二] 戊寅、己卯重出，當是抄重。

[三] 『丙寅』重出，當是『丙辰』之誤。

[四] 缺文可能爲『庚午、辛未』。

出入人[一]

入月五日之辛，月不盡五日之丁[二]，以入奴婢，必代主。甲寅、癸丑、壬辰、辛酉、辛卯，不可入婦婢，入之必代主有 一七〇 室。辛巳、辛酉、辛卯，以入寄者，必代主人當室。甲、丙、戊、庚、壬可出入人。

注釋

[一]『出入人』寫在簡一七〇頭端，是原有的篇題。

[二]不盡，猶不足。這句話是說月初五天的辛日，月尾五天的丁日。 一七一

材（裁）衣[一]

良日：丁丑、丁巳、己巳、癸酉、乙亥、乙未、乙酉、乙丑、己卯、辛亥、辛丑、乙巳。·忌日：戊戌、壬戌、癸亥、己丑、丙申、丁亥、戊申、己未、壬申。入 一七二 月旬七，毋以材（裁）衣常（裳）及冠，必燔亡[二]。八月、九月癸丑、寅、申、亥，不可材（裁）衣常（裳），以之 一七三 十月丁酉以材（裁）衣，終身衣絲。·入七月七日丁酉以材（裁）衣，必衣絲。入月旬七日，不可材（裁）衣，不燔乃亡[三]。月不盡五日以材（裁）衣，衣之死。 一七四

注釋

[一]『材（裁）衣』寫在簡一七二頭端，是原有的篇題。本篇講述裁衣及冠的宜忌，睡虎地、放馬灘秦簡《日書》也有講這類宜忌的文字，本篇內容與睡虎地《日書》甲種的『衣』篇較爲接近。

[二]燔亡，讀爲播亡，意爲流亡。《晏子春秋·雜下十二》：『君之內隸，臣之父兄，若有離散，在于野鄙，此臣之罪也；君之外隸，臣之所職，若有播亡，在于四方，此臣之罪也。』

『遷也。』不燔乃亡，意思是如果不流離失所就一定會死亡，武威漢簡『日忌』篇6號簡載『申毋財（裁）衣，不煩（播）必亡』，可參①。

[三] 燔，讀爲播，遷徙、流亡之義。《尚書·大誥》：『于伐殷通播臣。』孔穎達《正義》：『「播」謂播蕩逃亡之意。』《後漢書·獻帝紀》：『身播國屯。』李賢《注》：

入官[一]

入官：寅、巳、子、丑，吉。申，不計，徙[三]。亥，易〈易〉去[三]。戊，行。卯，兊（凶）。午、辰、未入官，辱。酉，有罪。入官毋以十月戊午，十一月亥、巳，十二月子、亥，正月甲、乙、庚 一七五 辛、酉、戌、丑，二月甲、乙、辛、戌、亥、癸、庚寅、申，三月戌、甲、乙、卯、戌、未，四月辰、乙，五月丙、丁、亥、乙未、巳，六月申、戌、壬、癸、午，七月甲、乙、丙、未、 一七六 酉，八月甲、乙、甲戌、申、寅，九月酉、丑，八月四日、七日、十六日、十八日、廿六日，不可入官，不死，必瘁[四]。·戊子、庚子，不可入官。辰，不可 一七七 以爲畜夫，必以獄事免。 一七八

一八〇

入官以朔日數，直（值）立者吉，直（值）償者兊（凶）[五]。正月、五月、九月子，三〈二〉月、六月、十月卯，三月、七月、十一月午，四月、八月、十二月酉，不可入官。入官，有罪。入室，室滅。 一七九壹 一七九貳

凡入官之日，戊、巳、寅皆可用，其當執政之時，入官㝡（最）吉。 一八一

注釋

[一] 『入官』寫在簡一七五頭端，是原有的篇題。

[二] 計，上計。睡虎地秦簡甲種《日書》作『不計去』，乙種《日書》作『不計而徙』。意思相近，指未到上計之時而調職。

[三] 睡虎地秦簡乙種《日書》『入官』篇作『傷』，『傷』『易』都應是『易』的訛字。言以亥日入官易離職而去。

[四] 瘁，參見『建除』篇注釋[七]。

———
① 王强：《孔家坡〈日書〉漢墓簡牘校釋》，吉林大學碩士學位論文，2014年。

［五］債，有倒仆之意，意爲橫置。《莊子・天運》：『一死一生，一債一起，所常無窮。』債、立，乃相對而言。簡文指圖中的豎畫和橫畫，意思是在圖中，從每月朔日開始數，逢豎畫的日子吉，逢橫畫的日子凶。

學［一］

十月朔心，十一月廿六日心，十二月廿四日心，正月廿一日，二月十九日，三月十七日，四月十五日，五月十二日，六月十日，七月八日，八月　一八一

五日，九月三日心。　一八二

凡月心，利初學書［三］，不可祠及殺。　一八三

注釋

［一］『學』寫在簡一八二頭端，是原有的篇題。同樣的內容見于孔家坡《日書》和睡虎地《日書》。本篇首先羅列各月心宿當值之日，然後說明凡心宿當值之日與『學』相關。

［三］『學書』，孔家坡《日書》作『學史』。據張家山漢簡《二年律令・史律》，『學史』即『學書』，也就是學習文字。

畜產良日［一］

馬良日：己丑，己未，甲申，庚申，壬申，乙亥，丑，己酉，亥，庚辰，辛卯，戊戌，己巳，乙巳，酉，壬辰。忌：庚戌，戊寅，甲寅，丙辰，丁未、巳，戊午。　一八四

牛良日：寅午，庚午，戊午，丙辰、寅。·忌：戊戌，己未、丑，庚戌，乙卯。　一八五

羊良日：辛未、巳，庚寅、午、辰，癸未，甲申、辰，辛卯。·忌：壬辰、戌，癸亥，丙午，乙巳、未，戊戌。　一八六

雞良日：甲辰，乙巳，丙午，乙未。·忌：辛巳，辛未，庚寅。　一八七

犬良日：丁丑、未，己巳、亥，丙辰。·忌：丙午，乙巳，壬辰，癸未、巳。　一八八

象（豕）良日：壬戌、辰，癸未，丁巳，可以出入象（豕）。·忌：丁丑、未，丙辰、寅，丁亥［二］。　一八九

注釋

[二]『畜産良日』寫在簡一八四頭端，是原有的篇題。同樣的内容見于睡虎地《日書》等。主要講述幾種常見家畜馬、牛、羊、雞、犬、豕的良日和忌日。

[三]該簡字跡與其餘内容不同。

困日[一]

困良日：甲午，乙未，乙巳。·壬辰，己巳，子，利溉困、室（室）穴，鼠弗居[二]。·忌：己丑、癸丑。申利爲困。 一九〇

注釋

[一]『困日』寫在簡一九〇頭端，是原有的篇題。同樣的内容見于孔家坡《日書》和睡虎地《日書》等。主要講述與困相關的良日和忌日。

[二]周家臺《日書》：『以壬辰，己巳，卯，溉困埊穴，鼠弗穿。』可參。簡文『子』或爲『卯』之誤。

井[一]

井良日：辛巳，辛丑。·忌日：五卯，五亥，丁酉，乙巳。·井居西南，不吉。井居南，吉。井居當室後，不吉。當户，男瘁死[三]。當牖 一九一

，女瘁死。毋以井土塞故井，毋以涂内中[四]。 一九二貳

注釋

[一]『井』寫在簡一九一頭端，是原有的篇題。同樣的内容見于孔家坡《日書》等。主要講述與井相關的良日和忌日。

[二]瘁，參見『建除』篇注釋[七]。

[三]牖，窗户。《書·顧命》：『牖間南嚮，敷重篾席。』孔穎達《疏》：『牖，謂窗也。』

[四]内中，指室内。

囷[一]

以癸爲屏、囷[二]，大富。　一九二壹

屏囷良日：戊寅、辰、申、戌。·己丑、癸丑不可屏囷。以己，長者死；癸，小者死。　一九三

注釋

[一]「囷」寫在簡一九二頭端，是原有的篇題。同樣的内容見于孔家坡《日書》和睡虎地《日書》等。主要講述與屏囷相關的良日和忌日。

[二]屏，《集韻·徑韻》：「偋厠。」囷，《玉篇》：「豕所居也。」屏、囷，指厠所和猪圈。

入内[一]

入内良日：丁巳、未、甲申、午、未、丑、巳、丙申、戊申、五酉、辰、丑，收日[二]。·忌：戊寅、辛、壬、癸。☒　一九四

注釋

[一]「入内」寫在簡一九四頭端，是原有的篇題。

[二]收日，即「建除」篇之收日。

入竈[一]

秋八月丑、亥，入竈；春三月酉、未，出竈；丁酉、丙戌，爲竈；乙丑、未、酉、卯，癸丑，祀竈，吉。·其忌：辛、壬。☒　一九五

注釋

[一]『入竈』寫在簡一九五頭端，是原有的篇題。內容包括入竈、出竈、爲竈、祀竈四種行爲的宜忌。

四法（廢）[一]

春三月，帝爲室申，剷卯，殺辰，四法（廢）庚、辛；　一九六壹　夏三月，帝爲室亥，剷子，殺丑，四法（廢）丙、丁。　一九七壹　秋三月，

帝爲室巳，剷酉，殺戌，四法（廢）甲、乙；　一九六貳　冬三月，帝爲室寅，剷午，殺未，四法（廢）壬、癸；　一九七貳　此不可築室。入內

□□，大人死。築右序，長子若長婦死；築左序，中子若中婦死[三]；築外垣，孫子死。築外辟（壁），牛　一九八　羊死。帝殺日、四法（廢），毋

可以有爲也[四]。　一九九

注釋

[一]『四法（廢）』寫在簡一九六頭端，是原有的篇題。法，讀爲廢。四廢日是中國古代數術中一個較爲常見的忌日。《宋書·武帝紀》：『江陵平，加領南蠻校尉。將拜，值四廢日，佐吏鄭鮮之、褚叔度、王弘、傅亮白遷日，不許。』《協紀辨方書》卷五記載：『《廣聖曆》曰：四廢者，四時衰謝之辰也，其日忌出軍、征伐、造舍、迎親、封建、拜官、納財、開市。《曆例》曰春庚申、辛酉，夏壬子、癸亥，秋甲寅、乙卯，冬丙午、丁巳。』本篇內容介紹春、夏、秋、冬四季的『帝爲室日』、『剷日』、『殺日』和『四廢日』，這四種日子忌做與築室有關的活動。

[二]内，指内室、臥室。睡虎地《日書》甲種『帝』篇作『大内』。

[三]序，指堂的東、西厢房。《禮記·喪服大記》：『大夫殯以幬，欑置于西序。』孔穎達《疏》：『欑置于西序者，屋堂西頭壁也。』《書·顧命》：『西序東嚮。』孔《傳》：『東西厢謂之序。』睡虎地《日書》甲種『帝』篇作『筑右圩，長子婦死；筑左圩，中子婦死。』圩，即序，從施謝捷釋①。

[四]『帝殺日』和『帝四廢日』，不適合做事。

① 施謝捷：《簡帛文字考釋札記》，《簡帛研究（第三輯）》，廣西教育出版社，1998年。

居室[一]

家人宫東南不可以爲婦室[二]，居者毋（無）後。·宫西方亦如此，此它（地）之所不全也[三]。婦室東北，吉，婦室過祠所[四]，不吉，婦 二〇〇 斲（斷）。傅東門有井[五]，必工人居[六]。宇取（最）高者，貴而貧；取（最）下者，富多疾[七]。依西北之北，絕後；依東北之北，【之】富安；依東 二〇一 北【之】東，富以衍。依東南，利富桑[八]。室下有池室，毋（無）疾。二〇二 故宇東益得爵，南益有子，西益死，北益有咎[九]。室道過之，不吉[一〇]。二〇三 室倍社，不吉[一一]。路周室，不吉[一二]。立木臨室，不吉[一三]。居里四隅，不吉[一四]。小宫大門，貧。大宫小門，婦人善室宫[一五]。 二〇四

穿户旁道中劈外，名曰撤（啟）光[一六]。 二〇五

聚弓矢户門外，名曰入貨財。 二〇六

注釋

[一]「居室」寫在簡二〇〇頭端，是原有的篇題。類似的內容見于睡虎地《日書》「相宅」篇。主要內容是居室內住所安排的宜忌，以及不同方位的吉凶。

[二]宫，古代對房屋、居室的通稱。《易·困》：「入于其宫，不見其妻，不祥也。」《左傳·僖公二十八年》：「〔晉侯〕令無入僖負羈之宫而免其族，報施也。」這句話的意思是住宅的東南不可作爲婦女的卧室。

[三]它，讀爲地。據「歲」篇「天不足西方，天柱乃折。地不足東方，地維乃絕」，因此這裏說「此它（地）之所不全也」。

[四]祠所，家中祭祀之所。

[五]傅，迫近、靠近。《孫臏兵法·十問》：「或傅而佯北，而示之懼。」《史記·蘇秦列傳》：「秦之攻韓魏也，無有名山大川之限，稍蠶食之，傅國都而止。」

[六]工人，指從事各種技藝的勞動者。《荀子·儒效》：「設規矩，陳繩墨，便備用，君子不如工人。」

[七]宇，居。睡虎地秦簡作「凡宇最邦之高，貴貧。宇最邦之下，富而瘞」。

[八]西北之北，意思是西北偏北，相當于下文的「益」。睡虎地秦簡作「宇多于西北之北，絕後。宇多于東北之北，安。宇多東北，出逐。宇多于東南，富，女子爲正」。

[九]益，多于，偏于。東益即偏東之意。這句話是說房屋偏東得爵位，偏南得子嗣，偏西有死亡之事，偏北有災禍。

[一〇]道路穿過的房屋不吉。

[一一] 倍，讀爲背。社，疑指里社，是里中祭祀土地神的处所。《史記·封禪書》：『民里社，各自財以祠。』蔡邕《獨斷》：『大夫不得特立社，與民族居，百姓已上則共一社，今之里社是也。』這句話是説背靠里社的房屋不吉。

[一二] 周，環繞。睡虎地秦簡作『道周環宇，不吉』。意思是道路環繞房屋不吉。

[一三] 立木，睡虎地秦簡《日書》作『祠木』，指社木。《説文》：『《周禮》二十五家爲社，各樹其土所宜木。』由于社木要立祠祭祀，所以稱爲祠木。

[一四] 陬，角落。《史記·絳侯周勃世家》：『後吳奔壁東南陬，太尉使備西北。』裴駰《集解》引如淳曰：『陬，隅也。』

[一五] 睡虎地秦簡《日書》作『大宮小門，女子喜宮鬭』。

[一六] 旁道，即邊道。《漢書·鮑宣傳》：『官屬以令行馳道中。』顏師古《注》引如淳曰：『令諸使有制得行馳道中者，行旁道，無得行中央三丈也。』夢，讀爲徹，通也。這句話的意思是把門户開在邊道中通徹外面，被稱之爲『啟光』。

蓋屋[一]

正月、二月甲乙，午，三月甲乙，申，五月、六月丙丁、戌，七月、八月庚辛、子，九月乙亥、庚辛、寅，十月寅、壬癸，十二月乙亥、壬癸、辰，不可築室，築室六人死。·更内、 二〇七 徙止（址）毋西，西北不居。·四月、七星[三]，不可以徙室，兇（凶）。·戊己，五戌、春未[三]，壬、癸、庚午、申、己酉、戊己，丙戌，不可築室，築室不死必亡。宮中水毋西西出[四]，家 二〇八 多疾。■酉秋亥、丑入室、内，弗居。·戊戌可除内中。 二〇九

春毋築東鄉（嚮）室，夏毋築南鄉（嚮）室，秋毋築西鄉（嚮）室，冬毋築北鄉（嚮）室，爲之或死之。■築室良日：春丁丑、辛，夏乙巳，秋乙丑、巳、未、丁丑、未， 二一〇 冬丁巳、亥、酉及乙丑、丁酉、丑、辛，築室，吉。·毋以門爲户，出者少，毋出。宮中不樹，門外㨄其桃[五]。

春毋内（入）土以壇宮室及以築室，大主弗居[六]。 二一一

二一二

春三月卯，冬巳及五申、酉、乙巳、丁巳，不可垺（涂）室，咸死之。 二一三

注釋

[一]簡二〇七頭端可見文字殘畫，當是篇題。『蓋屋』是整理者據簡文内容所擬。類似的内容見于孔家坡《日書》和睡虎地《日書》。内容主要講述築室、蓋屋的禁忌。

[二]四月，據孔家坡《日書》，當作『胃』，形近致誤。胃、七星爲星宿名。

[三]據孔家坡《日書》，『戊己』，五戌，『春未』下接簡二〇九的『▋』之後的内容『酉秋亥丑入室内，弗居。戊戌』。此處恐是抄寫者發現錯誤後，在下一枚簡作出補救。

[四]睡虎地《日書》『相宅』篇相關文字寫作『水竇西出，貧，有女子言。水竇北出，毋藏貨。水竇南出，利家』。

[五]捼，即拜字。讀爲拔。《詩·召南·甘棠》：『勿翦勿拜，召伯所説。』鄭玄《箋》：『拜之言拔也。』

[六]壇，讀爲墠，清掃場地。《公羊傳·宣公十八年》：『歸父使于晉，還自晉，至檉，聞君薨家遣，墠帷，哭君成踊。』何休《注》：『掃地曰墠。』大主，即大人，指房子的成年主人。

土府 [一]

圖二 [四]

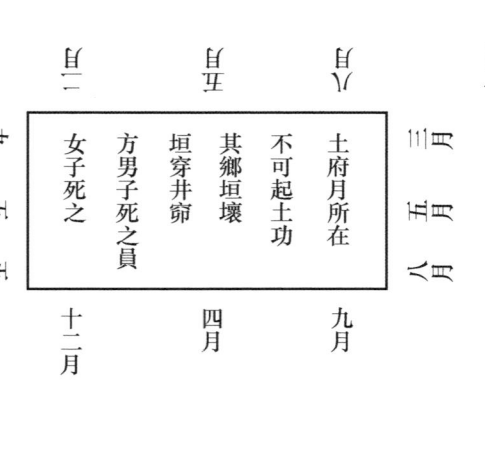

□明土禁月所在 —— 四月
爲室屋死垣二
版出財三版弗居 —— 八月
四版賤人死之六
版母死之七版父 —— 十月
死之金禁出月
所在兑 —— 十二月

（外圍月份：三月、五月、八月、九月、五月、正月）

南方 [二]

圖一 [三]

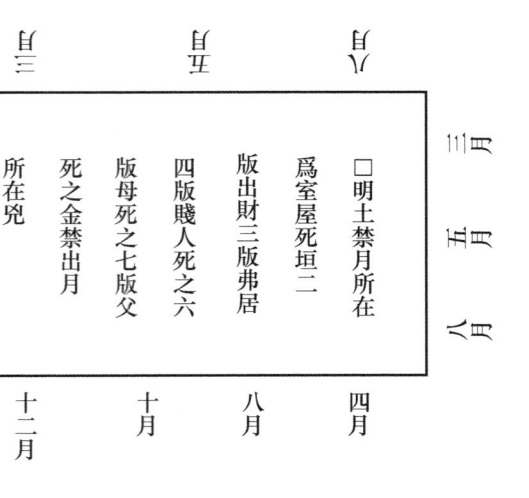

土府月所在 —— 九月
不可起土功
其鄉垣壞 —— 四月
垣穿井宭
方男子死之員
女子死之 —— 十二月

（外圍月份：三月、五月、八月、九月、五月、正月）

土府月所在[五]， 二一五壹 不可起土功[六]。 二一六壹 其鄉（鄕）不可垣[七]、壞 二一七壹 垣。穿井、窬[八]， 二一八壹 方[九]，男子死之；員（圓）， 二一九壹 女子死之。 二二〇壹

□明，土禁月所在[一〇]， 二一五貳 爲室屋，死。垣，二 二一六貳 版[一二]，出財；三版，弗居； 二一七貳 四版，賤人死之；六版，母死之， 二一八貳 七版，父 二一九貳 死之，金禁出月 二二〇貳 所在[一三]，兇（凶）。 二二一貳

圖三[一三]

三月毋垣申　七月毋垣酉　十一月毋垣戌　四月毋垣亥　八月毋垣子　十二月毋垣丑

九月毋垣辰　五月毋垣卯　正月毋垣寅

垣戌 垣酉 垣申

·土忌正月二月丁庚壬癸三月四月甲乙丙五月六月乙
丙丁辛七月八月丁庚辛九月十月丙庚辛
癸十一月十二月甲辛及甲申辰乙酉丑巳
丁巳戊己庚午申壬癸酉未亥子虛至東辟
不可操土功立垣·入月旬及五月六月十一月先望＝日＝後
一日不可操土功立垣
三月辛亥申冬三月春三月乙亥辰夏三月巳丁亥秋
甲乙朔庚辛土忌·丙丁朔壬癸土忌·戊己朔甲乙土
忌·庚辛朔丙丁土忌·壬癸朔戊己土忌

垣亥 垣子 垣丑

【正月毋垣寅，五月毋垣卯，九月毋垣辰】，三〈二〉月毋垣巳，六月毋垣午，七月毋垣未，三月毋垣申，七月毋垣酉，十一月毋垣戌，四月毋垣亥，八月毋垣子，十二月毋垣丑。（簡號略）

·土忌：正月、二月丁、庚、壬、癸，三月、四月甲、乙、丙，五月、六月乙、 二二四叄 丙、丁、辛、七月、八月丙、丁、庚、九月、十月丙、庚、辛、 二二五叄 癸、十一月、十二月甲、辛及甲申、辰，乙、酉、丑、巳、 二二六叄 丁巳、戊己、庚午、申、壬申、癸酉、未、亥、子、虛至東辟（壁）， 二二七叄 不可操土功、立垣。·入月旬及五月、六月、十一月先望日、望日後 二二八叄 一日[一四]，不可操土功。春三月未、亥、辰，夏三月巳、丁、亥，秋 二二九 三月未、癸亥、申，冬三月朔，不可起土功及垣 二三〇叄 甲乙朔，庚辛土忌。·丙丁朔，壬癸土忌。·戊己朔，甲乙土 二三一叄 忌。·庚辛朔，丙丁土忌。·壬癸朔，戊己土忌。

注釋

[一]『土府』寫在簡二一六、二一七頭端，是原有的篇題。類似的內容見于孔家坡《日書》。內容包括自上往下的三幅圖。

[二]『南方』寫在簡二一八、二一九頭端，位置與『土府』相同，可能與『土府』連讀作爲篇題。但也有可能是提示三幅圖的南方位置所在。

[三]圖框外所列十二月，依東、南、西、北四嚮各分配有三月，這是說明框內文字中所説的『土府』在一年十二個月的每月所處的辰位，不過圖表所列月名與孔家坡《日書》不同，顯然存在抄寫錯誤的情況。

[四]圖框外所列十二月，依東、南、西、北四向各分配有三月（北邊配置有四個月），這是說明框內文字中所説的『□明土禁』在一年十二個月的每月所處的辰位，不過圖表所列月名與孔家坡《日書》不同，顯然存在抄寫錯誤的情況。

[五]古代稱水、火、金、木、土和穀物爲六府。《書·大禹謨》：『六府三事允治。』孔穎達《疏》：『府者，藏財之處；六者，貨財所聚，故稱六府。』《左傳·文公七年》：『水、火、金、木、土、穀，謂之六府。』因此土府應爲六府之一，爲掌管土之府。

[六]土功，指治水、築城、建造宮殿等工程。《書·皋陶謨》：『啟呱呱而泣，予弗子，惟荒度土功。』孔《傳》：『聞啟泣聲，不暇子名之，以大治度水土之功故。』《呂氏春秋·季夏》：『不可以興土功，不可以合諸侯，不可以起兵動衆，無舉大事。』高誘《注》：『土功，築臺穿池。』

[七]垣，起垣。

[八]窌，《説文》：『窖也。』段《注》：『《呂覽》「穿竇窌」，《月令》《淮南》皆作「窖」。』穿井、窌，即指掘地挖洞之事。

[九]『方』及下文『圓』是說明『穿井、窌』開洞的形狀。

[一〇]土禁，不能动土的禁忌。

[一一]版，《詩·小雅·鴻雁》：『之子于垣，百堵皆作。』毛《傳》：『一丈爲版，五版爲堵。』

[一二]金禁，《釋名》：『五行者，五氣也，于其方各施行也。金，禁也，其氣剛嚴能禁制也。』

[一三]圖框外所列十二月，依東、南、西、北四嚮各分配有三月，其中東方殘缺，後面顯然有缺簡。

[一四]先望日，即先望日一日，月圓的前一天。

垣日 [一]

帝毀丘之日，正月辰，二月癸、卯[二]，三月寅，四月酉，五月子，六月亥，七月戌，八月丑，十月未，十一月午，十二月巳，不可壞垣、垣、觺（徹）屋，更故器[三]。　二二三

冬三月毋垣北方，春三月毋垣東方，夏三月毋垣南方，秋三月毋垣西方，毋以卯垣東聚[四]。 二二四

土攻。逆之倍囗 二二五

注釋

[一]『垣』寫在簡二二三頭端，是原有的篇題。類似的內容見于孔家坡《日書》和睡虎地《日書》。內容主要講述立垣的禁忌。

[二]孔家坡《日書》作『二月卯』。

[三]『垣』下有重文符號。更，更換。故器，即舊器物。

[四]聚，讀作陬。《史記·絳侯周勃世家》：『後吳奔壁東南陬，太尉使備西北。』裴駰《集解》引如淳曰：『陬，隅也。』

置室門[一]

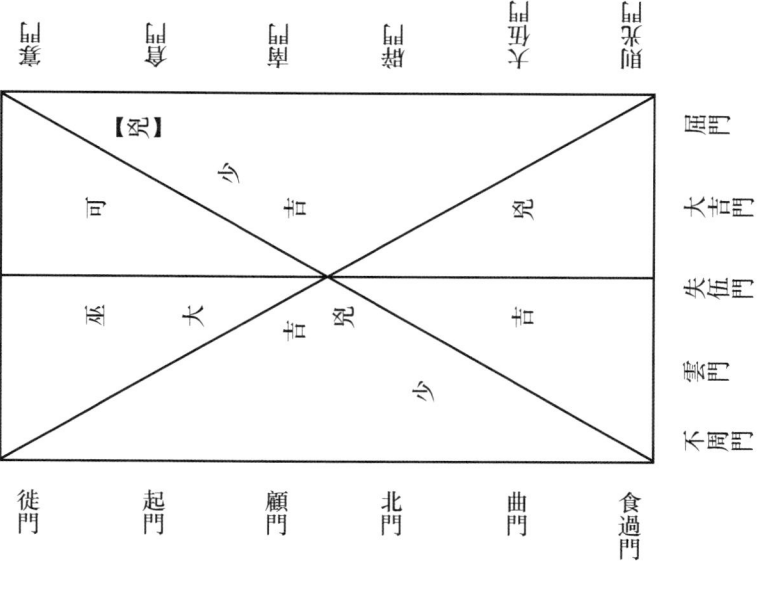

二二六貳

食過門：利唯賈市[三]，亦以爲邦門[三]，數出喪，家門乃多羔[四]。反是[五]，主必劇（劇）[六]。 二二七貳

曲門：産子多女而毋（無）與居，五歲而更，前富後貧。

北門：必衣（依）邦之言〈倍〉[七]，築日必有喪。過之而安，毋（無）有不吉，毋（無）有以壬午築，吉。 二二八貳

顧門：歡（就）之[八]。三歲中日入一布[九]，三歲弗更，日出一布，爲闕[一〇]。 二二九貳

起門：八歲始富。男子喜工[一一]，十六年必蓋之。 二三〇貳

徒門：婁（數）虛[一二]。必并人家，若築之，弗道出入。 二三一貳

刑門：必富。不爲典，乃爲佐史[一三]。十二歲弗更，不辱乃刑[一四]，外毀孫，內毁子[一五]。 二三二貳

獲門：其主必臨邦[一六]，潰[一七]。八年而【更】，左井右困，廥北鄉（嚮）[一八]。 二三三貳

東門：是胃（謂）邦君門。賤人居之，死。 二三四貳

貨門：所利唯賈市，反入貨，大吉。十一年而更。 二三五貳

膏（高）門：宜豕。五歲弗更，其主爲巫，有夭。 二三六貳

寡門：不寡。日泥與（興）[一九]，與（興）毋（無）所定處。弗更，必再寡。兌（凶）。 二三七貳

倉門：富門。困門西南北鄉（嚮），廥勿絕縣肉，絕縣肉必或經死焉[二〇]。 二三八貳

南門：將軍門，吉。聚眾、使邦[二一]。八歲而虛[二二]。 二三九貳

辟門：歡（就）之蓋。廿歲其主必富，僕屬吉[二三]。 二四〇貳

大伍門：宜車馬、宗族、弟兄、婦女，吉。八歲而更。 二四一貳

則光門：必昌。好歌舞，必柂（施）衣常（裳）[二四]。十六歲弗更，不爲巫，乃狂[二五]。築吉。 二四二貳

居〈屈〉門[二六]：必昌以當。婦女媦族人婦女[二七]，是胃（謂）鬼責門[二八]。三歲弗更，必爲巫。爨以當之。 二四三貳

大吉門：宜車馬，必嗇夫。貨數入數虛。必爲巫。十三歲而更。 二四四貳

失伍門：唯（雖）爲嗇夫，法（廢）。有爵者，耐。使人必賤[二九]，唯（雖）人盡出，三日言必大至[三〇]，兌（凶）。 二四五貳

雲門：其主必富，三世貧。宜六畜，利毋（無）爵者。 二四六貳

不周門：其主必富，臨端[三一]。八十歲弗更，必休[三二]。 二四七貳

注釋

[一]『置室門』是整理者根據內容擬定的篇題。類似的內容見于孔家坡《日書》和睡虎地《日書》。內容主要講述門的朝嚮及更改時間的宜忌。

[二]賈市，买卖，交易。《管子·七臣七主》：『主好本，則民好墾草萊；主好貨，則人賈市。』《史記·大宛列傳》：『其兵弱，畏戰，善賈市。』

[三]邦門，城門。《儀禮·既夕禮》：『至于邦門。』鄭玄《注》：『邦門，城門也。』

[四]恙，禍患。

[五]反是，與此相反。

［六］屝，疑爲『屨』之異體。《廣雅·釋詁四》：『屨，傷也。』

［七］言，疑爲『倍』之訛字。倍，讀爲背，北面。

［八］《説文·欠部》：『歇，歇歇也，從欠竈聲。嗽，俗歇，從口從就。』讀作就。睡虎地秦簡《秦律十八種》六七號簡作『成之』，意思一致。

［九］布，《漢書·食貨志》：『是爲布貨十品。』注：『布亦錢耳。』睡虎地秦簡《秦律十八種》六七號簡云：『錢十一當一布。』日入一布，意爲每天收入一布。

［一〇］闕，減少。《漢書·谷永傳》：『闕更減賦，盡休力役。』《注》：『闕，亦謂減削也。』

［一一］工，各種從事技藝行業的總稱。《論語·衛靈公》：『工欲善其事，必先利其器。』放馬灘作『男子若木攻（功）』，可參。

［一二］婁，讀爲數，屢次。《孫子·行軍》：『屢賞者窘也；數罰者困也。』睡虎地作『數富數虛』。

［一三］典，即里典、里正。佐史，書佐和曹史的統稱。《漢書·百官公卿表上》：『百石以下有斗食，佐史之秩，是爲少吏。』顏師古《注》引《漢官名秩簿》：『佐史，月俸八斛也。』

［一四］不辱乃刑，睡虎地作『不耐乃刑』。

［一五］外毀孫，内毀子，意思就是説家内家外皆對子孫後代有傷害。

［一六］邦，國也。臨邦，即莅國，治理國事。《晏子春秋·問上二九》：『景公問晏子曰：「臨國莅民，所患何也？」』《史記·秦始皇本紀》：『秦聖臨國，始定刑名，顯陳舊章。《晏子春秋·諫下二》：『明君莅國立政，不損禄，不益刑。』王符《潛夫論·務本》：『故明君莅國，必崇本抑末。』

［一七］瀆，疑讀爲黷，貪求之意。《左傳·昭公十三年》：『晉有羊舌鮒者，瀆貨無厭。』楊伯峻《注》：『朱駿聲《説文通訓定聲》云：「瀆又爲黷。」黷貨謂貪求財物污辱其身。』劉向《列女傳·柳下惠妻》：『柳下惠處魯三黜而不去，憂民救亂，妻曰：「無乃瀆乎？」』

［一八］睡虎地作『左井右困，困北綯廥』。

［一九］泥，放馬灘簡乙作『寡門，不寡，日濡興』。泥，濡意近。與，讀爲興，《詩·大雅·綿》：『百堵皆興。』鄭《注》：『興，起。』

［二〇］絶，斷絶義。經，《荀子·仲尼》：『救經而引其足也。』《注》：『經，縊也。』經死，指人上吊而死。睡虎地秦簡《封診式》63號簡云：『里人上伍丙經死其室。』簡文的意思是：須恒懸肉于困廥，不可斷絶，一旦斷絶懸肉，則將有人經死于此。

［二一］使邦，孔家坡《日書》作『使國』。

［二二］虛，空也。《史記·平準書》：『于是天子遣使者虛郡國倉廥以賑貧民。』孔家坡《日書》作『八歲如虛』。

［二三］僕屬，指家室之臣屬。

［二四］柂，讀作施，《禮記·祭統》：『勤大命，施于烝彝鼎。』《注》：『施，猶著也。』施衣裳，謂衣有佩着。

［二五］狂，瘋癲。

［二六］該門占辭的書寫位置較其他簡高，突破了編繩，從第壹欄的中部寫起。可能是占語文字較多的緣故。居，『屈』之訛寫。

［二七］媔，嫉妒。《廣韻·遇韻》：『媔，妬媔也。女子妬男子。』

［二八］責，索取。

[二九]使人，奴僕之屬。

[三〇]言，議論。

[三一]臨，《左傳·昭公六年》：『臨之以敬，涖之以彊。』《疏》：『臨、涖一也。臨謂位居其上，俯臨其下。涖謂有所施爲，臨撫其事。』『端』系原抄本涉秦始皇『正』之諱而改，『臨正』即『臨政』，意爲治理政務。

[三二]休，辭官。

門 [一]

☑　二三九壹

☑　二四〇壹

☑　二四一壹

☑□困　二四三壹

夏三月、八月、十二月，可以爲西門 [三]，以戊午、丙戌、壬申、午，甲申、辰，庚辰。　二四二壹

【北】門勿東徙，東門毋北徙，南門毋西徙，西門毋　二四四壹　南徙。大徙之，大毁；小徙之，小毁。·凡五五不可耳門 [三]。　二四五壹

門良日：甲戌、甲申、甲辰可以爲門及祠之。　二四六壹

門龍：戊、辛、乙、庚、丁、丑。　二四七壹

【筑】南門以壬申、午、辰、甲，【筑北門以】戊寅、丙寅、甲辰、甲寅☑　二四八壹

之歲毋敢以筑正室，其餘☑　二四九壹

□（徹？）爲敗，可以傅門扇 [四]。　二五〇壹　不數。　二五〇貳

☑與父母居，可爲門。　二五一壹　不數。　二五一貳

注釋

[一]『門』是整理者根據內容擬定的篇題。類似的內容見于孔家坡《日書》。內容主要講述爲門、徙門的宜忌，門良日、忌日。

[二]孔家坡《日書》作『四月、八月、十二月，可以爲西門』。

[三]耳門，爲正門兩側的小門。『耳』前脫一『爲』字。一說『耳』爲『穿』字之訛①。日書中多以亥日穿門，如睡虎地《日書》甲種『門』篇『入月七日及冬未、春戌、夏丑、秋辰，是胃四敫，不可初穿門，爲戶牖……』《日書》乙種『壞垣』篇『毋以丑穿門戶』。

[四]傅，安上、加上。《史記·韓信盧綰列傳》：『護軍中尉陳平言上曰：「胡者全兵，請令彊弩傅兩矢外嚮，徐行出圍。」』《漢書·韓王信傳》：『請令彊弩傅兩矢外鄉。』顏師古《注》：『每一弩而加兩矢外鄉，以禦敵也。』門扇即門，《墨子·備城門》：『門扇薄植，皆鑿半尺。』傅門扇即將門框安上門扇。孔家坡《日書》『星官』篇記載：『【七月翼】……可以傅門牖。』可參。

置困[一]

凡置困，以軫盛，以胃蓋，以畢毋（無）鳥鼠[二]。　二五二

困居南方可北益，不可南益。南益不盈[三]，不祭相去。·困不可東益，東益不盈，不祭相去。　二五三

以子日取四街土以垉（涂）困足，鼠小大皆下。　二五四

甲子、壬子、甲丑，利室（窐）穴[四]，鼠死毋（無）失。入七月七日，毋室（窐）穴，室（窐）穴死。　二五五

注釋

[一]『置困』是整理者根據內容擬定的篇題。

[二]軫、胃、畢，皆星宿名，參『星官』篇。盛，把穀物放入糧倉。《詩·召南·采蘋》：『于以盛之，維筐及筥。』

[三]不盈，不滿。《易·坎》：『水流而不盈，行險而不失其信。』《詩·周南·卷耳》：『采采卷耳，不盈頃筐。』

[四]室，讀爲窐，堵塞之意。《詩·豳風·七月》：『穹窒熏鼠，塞嚮墐戶。』毛《傳》：『窒，塞也。』窐穴即堵塞鼠穴。周家臺《日書》簡371記載『以壬辰、己巳、卯溉困垤穴，鼠弗穿』，可參。

① 王強：《孔家坡〈日書〉漢墓簡牘校釋》，吉林大學碩士學位論文，2014年。

鼠襄室[一]

鼠委戶中土[二]，名曰『閉』，有得倍室[三]。 二五六

襄委戶中，名曰『其家必虛』。入月一日、二日，吉。三日，不吉[四]。 二五七

注釋

[一]『鼠襄室』寫在簡二五六頭端，是原有的種題。襄，《書·堯典》：『懷山襄陵。』孔《傳》：『襄，上也。』睡虎地《日書》甲種有『鼠襄戶』篇，以每月某日見到老鼠上窗戶判斷吉凶。本篇與此類似，是以老鼠在室內出現的日子來判斷吉凶。

[二]委，彎曲、屈曲。劉向《說苑·正諫》：『螳蜋委身曲附欲取蟬，而不知黃雀在其傍也。』這句話意思是說鼠屈身藏于室內的土中。

[三]倍，讀爲背，北方。

[四]睡虎地《日書》『鼠襄戶』篇作『入月一日二日吉，三日不吉，四日五日吉，六日不吉……』。

男女日[一]

男女日：壬午、壬戌、戊戌、丁未，不可出入人。 二五八壹

丙申，就同產居[二]，數斷（鬭）。 二五九壹

庚午、辛未、壬申、癸，以買席[三]，人死。 二六〇壹

注釋

[一]『男女日』是整理者根據簡文內容擬定的篇題。

[二]同產，同母所生者。《墨子·號令》：『歸敵者，父母妻子同產皆車裂。』《漢書·循吏傳》：『坐同產有罪劾免。』顏師古《注》：『同產，謂兄弟也。』

[三]席，坐臥鋪墊用具。由竹篾、葦篾或草編織成的平片狀物。《詩·邶風·柏舟》：『我心匪席，不可卷也。』

問疾[一]

凡問疾[二]，入見户外有五器[三]，不出三日死。見壹見貳，不死。 二六一

西、午不可問疾，人以之必死，代之有疾。 二六二

注釋

[一]『問疾』是整理者擬定的篇題。類似的内容見于孔家坡《日書》。内容主要講述探視疾病的吉凶。

[二]問疾，探问疾病。《禮記·雜記下》：『弔死而問疾。』

[三]五器，見于典籍記載，所指不詳。《書·舜典》：『脩五禮、五玉、三帛、二生、一死贄，如五器。』王引之《經義述聞·尚書上》：『五器，蓋公、侯、伯、子、男朝聘之禮器也。』

報囚[一]

正月壬、二月癸、三月甲、四月乙、五月午、六月丁、七月戊、八月己、九月 二五八貳 庚、十月辛、十一月、十二月亥、己，皆不可報囚。不亡，必受央（殃）。 二五九貳

注釋

[一]『報囚』是原有的篇題。報囚，即判決囚犯。《漢書·酷吏傳·嚴延年》：『初，延年母從東海來，欲從延年臘，到雒陽，適見報囚。』顏師古《注》：『奏報行決也。』《後漢书·章帝纪》：『律十二月立春，不以報囚。』李賢《注》：『報，猶論也。立春陽氣至，可以施生，故不論囚。』本篇的主要内容是關于判決囚犯的擇日宜忌。

刑罰人[一]

戊戌、壬寅，帝以賜黔首命[二]。不可以刑罰人[三]，害孫子。 二六〇貳

注釋

[一]『刑罰人』是原有的篇題。

[二]黔首，古代稱平民、老百姓。《禮記·祭義》：『明命鬼神，以爲黔首則。』鄭玄《注》：『黔首，謂民也。』孔穎達《疏》：『黔首，謂萬民也。黔，謂黑也。凡人以黑巾覆頭，故謂之黔首。』《史記·秦始皇本紀》：『二十六年……更民名曰黔首。』

[三]刑指肉刑、死刑，罰指以金錢贖罪。後泛指依照法律對違法者實行的强制處分。《書·吕刑》：『刑罰世輕世重，惟齊非齊，有倫有要。』《史記·吕太后本紀》：『刑罰罕用，罪人是希。』

耳鳴[一]

丑耳鳴，聞事君事。寅，嘉客。卯，有喜。戌，有酒肉。午，有田宅賜。未，有得也。申，有喪。酉，窮。子，聞事。 二六三

巳，有憂。午，聞田宅。未，有得有喪。酉，有客。戌，酒肉。亥，有賊。 二六四

注釋

[一]『耳鳴』寫在簡二六三頭端，是原有的篇題。古時以耳鳴爲占，居延漢簡和周家寨《日書》均存有『耳鳴』篇，《漢書·藝文志》雜占家有《嚏耳鳴雜占》十六卷。《太平御覽》卷四五九引漢蔡邕《廣連珠》：『臣聞目瞤耳鳴，近乎小戒也；狐鳴犬噪，家人小妖也。猶忌慎動作，封鎮書符，以防其禍。』①類似的簡文也見于『占行歸日』篇，參『占行歸日』篇注釋[三]。

① 參閱饒宗頤：《居延簡術數耳鳴目瞤解》，《選堂集林·史林》，中華書局，1982年，第295～299頁。

犬皋（皋）[一]

晦皋（皋），中男女有大喜。朝皋（皋），父死；夕皋（皋），長女死，日中皋（皋），男得爵禄，女得所欲。 二六五

注釋

[一]『犬皋（皋）』寫在簡二六五頭端，是原有的篇題。皋，讀爲皋，號呼、呼告，這裏應該指犬吠。《周禮·春官·大祝》：『來瞽，令皋舞。』鄭玄《注》：『皋，讀爲卒嘷呼之嘷。』一本作『皋』。孫詒讓《正義》：『注云「皋讀爲卒嘷呼之嘷」者，《樂師》注云「皋之言號」，嘷、號音義同。』本篇是用聽到犬吠的時間來判斷吉凶。

死失[一]

子死，其咎在里中[三]，必見血。 二六六壹

丑死，其咎在室，必有死者三人。 二六七壹

寅死，其咎在西四室[三]，必有火起。 二六八壹

卯死，其室必有弟若子死。死外，有外喪[四]。 二六九壹

辰死，其室必有言語[五]，有在五室馬牛。 二七〇壹

巳死，其兇（凶）在室中。 二七一壹

午死，其室必三人死。 二七二壹

未死，其咎在里，寡夫若寡婦[六]。 二七三壹

申死，其咎在三室畜産。 二七四壹

酉死，不出三月必有小子死。 二七五壹

戊〈戌〉死，其咎在室六畜。 二七六壹

亥死，其咎在室六畜，北二室[七]。 二七七壹

六月 未	（黑）	七月 申	八月 酉
五月 午	四月 巳	三月 辰	（黑）
（黑）	正月 寅	二月 卯	九月 戌
十二月 丑	十一月 子	（黑）	十月 亥

失，以死之月爲死者室，以死之日爲所先室，以建 二六六貳 日死，失不出[八]。 二六七貳

以死者室爲死者【月】，求 二六九叁 【子（支）】擊之， 二七〇叁 凡日與月同營居者死，失 二七一叁 不出[九]。 二七二叁

·甲子黃昏死，其失韋（圍）廄，不去西北，從東方入之。·乙丑死，失在北。去失西，從東方入之。·丙寅日中死，失西。丁卯，莫（暮） 二七八 食至日中死，失不出，出門求。·戊辰夙食死，失西南。去室而伐。·己巳夕死，失不出。小子必二人，大人其室不居。 二七九 庚午日中死，失西北。小子取父，大人不居[一〇]，必傷其家，去西北五步。·辛未雞鳴死，失西北卅步。·壬申三分夜 二八〇 二居死[一一]，失不出。雞鳴西去室而伐。·癸酉死，失出。必傷其家及禾稼。 二八一 甲戌夙食至日虒（昳）死[一二]，跑至三人[一三]，少莫（暮）去之步[一四]。 乙亥夜半死，失不出。日出毋（無）失，北去而伐。·丙子夜半死，失不出。日出母（無） 二八二 失北去而代〈伐〉[一五]。·丁丑莫（暮）食至日中死，女子取其夫，男子傷其家。 二八三 ·戊寅莫（暮）食至日中死，女子取其夫，男子傷其家。·己卯會庚辰死，失韋（圍）廄。不去北，西南入之。·庚辰日中死，女子取其夫，男子傷間三家。·辛巳夜半會壬午死，失不 二八四 出。莫（暮）東。·壬午旦死，失不出。莫（暮）東。·癸未死，失出。去其家。 二八五 甲申死，其失不出。出乃西南。其日中南北間一家。·甲乙死，南受之。丙丁死，西南受。·乙酉死， 二八六 日中東北間一室。·丙戌黃【昏】死，失南一里。少利於家。戊己死，已葬。去室西。丁亥黃昏死，失南十里。少 二八七 利於家。·戊子日中死，失不出，其莫（暮）西北去室五步。·庚辛死，東北受。壬癸死，東受之。己丑日中死，失不出。其莫（暮）

二八八　西北去家五步。・庚寅日中死，失東，去家五步，少利於家。　辛卯日中死，失東去家五步，少利家。　二八九　壬辰市日〈時〉死[一六]，失不出，出乃南東。・癸巳平旦死，失出三里。　二九○

甲午莫（暮）食至黃昏死，必傷家。・乙未莫（暮）食至日虒（昳）死，勿發[一七]。去之南北。從北方入之。・丙申會丁酉死，失西北去　二九一　室五步。・丁酉旦死，失北去家五步。・戊戌死，勿發，少寡，其不寡必傷其家。失出一里。己亥夕死，失西。庚　二九二　子死，失西北去室五步。辛丑夕死，失西北去室五步。壬寅食至黃昏死，失不出。去西南從門入之。　二九三　癸卯夕死，失不出。　二九四

甲辰雞鳴至黃昏死，韋（圍）廄不出。去之西南，道門入之。・乙巳莫（暮）食至日虒（昳）死[一八]，失出，去室。・丙午日出至日昏死，　二九五　失西去北，去一里。・丁未日出至日虒（昳）死，失西北，失南五步。・戊申夙食至黃昏死，失東北間一室。己酉夙食至日虒（昳）死，　二九六　失西去伐。　庚戌雞鳴至黃昏死，祝傷家[一九]，失南。辛亥夕死，失東北室而伐。壬子旦至日虒（昳）死，失東北室而伐。癸丑旦至　二九七　日虒（昳）死，失南，去室而伐。

二九八　甲寅雞鳴至黃昏死，失不出，出東南，去室而伐。・乙卯夙食至日昏死，失北去室而伐。・丙辰莫（暮）食至昏死，勿發，失北去　二九九　室百步。・丁巳旦至晦死，失出十里。戊午日至虒（昳）死，不利。・己未旦至昏死，失出十里。・辛酉雞鳴　三○○　【鳴】至黃昏死，失出，忘伐。・庚申夙食至昏死，失不出，出乃西。壬戌夙食至夜半死，失東南，去室五步。癸亥　三○一　莫（暮）食至黃昏死，失東，去家而伐。　三○二

注釋

［一］『死失』寫在簡二六六頭端，是原有的篇題。主要內容包括三部分：一、一幅『死失圖』及附圖說明文字。二、一段按十二地支排列，查找人死後作祟的去嚮及吉凶情況的文字。三、一段按六十甲子順序講解『死失』去嚮及吉凶情況的文字。睡虎地秦簡《日書》甲、乙兩種都有與此篇插圖情形近似的圖。『死失』似是指一種人死後對生人作祟的死煞，簡文亦稱作『失』。《顏氏家訓・風操》：『偏傍之書，死有歸殺。子孫逃竄，莫肯在家。』王利器《集解》按：『《吹劍錄》外集引唐太常博士呂才《百忌曆》載《喪煞損害法》：「如巳日死者雄煞，四十七日回煞，十三四歲女雌煞，出南方第三家，煞白色，男子或姓鄭、潘、孫、陳，至二十日及二十九日兩次回家。故世俗相承，至期必避之。」』回煞即歸煞，此六朝、唐人避煞謳言之可考見者。戴冠《濯纓亭筆記》七：『今世陰陽家以某日人死，則于某日煞回，以五行相乘，推其煞高上尺寸，是日，喪家當出外避之，俗云避煞。然，莫知其緣起。』《協紀辨方書》也記有《殃煞出去方》，可參。

［二］咎，《說文》：『灾也。』里中，街坊之謂。

［三］簡文中『西四室』等稱呼，應指本篇附圖十二個方格所代表的十二室，并非現實生活中的居室。

［四］外喪，謂大門以外的喪事。《禮記・曾子問》：『曾子問：「將冠子，冠者至，揖讓而入，聞齊衰大功之喪，如之何？」孔子曰：「內喪則廢，外喪則冠而不醴，徹饌而埽，即位而哭。如冠者未至，則廢。」』孔穎達《疏》：『外喪謂大門外之喪。』

［五］言語，爭執。睡虎地秦簡《日書》作『有言見』。

［六］寡夫或者寡婦會有灾禍。

［七］『北七室』三字的字體不同，書手或有不同。

［八］這段話（包括下一句）是配合圖使用的説明文字，分別講到兩種求死失日的方法。但是具體操作方法仍不明晰。就字面意思而言，這句話的大意是先找到死者死亡的月份所對應的室，然後用死亡的日子作爲『先室』，如果是在建日這一天死亡，則失不出。

［九］『同營居』是説日和月在圖中同處在一方格裏。這句話是先找到死者所處室所對應的月份，然後求出死亡的日子所對應的室，如果二者位于同一方格，則失不出。

［一〇］『大人不居』，孔家坡《日書》作『大人不去』。

［一一］三分夜二，夜的三分之二，大概相當于孔家坡《日書》『擊』篇的『夜過半』，即寅時。周家臺秦簡有『夜三分之一』的説法，可參。

［一二］日庲，即日昳，太陽偏西。《書·無逸》：『自朝至于日中昃。』孔《傳》：『從朝至日昳不暇食。』孔穎達《疏》：『昃亦名昳，言日蹉跌而下，謂未時也。』

［一三］弪，從足從予，疑讀爲促，《説文》：『促，迫也。』緊迫、急速之意。

［一四］少莫，即少暮，時稱名，相當于暮。

［一五］代，伐之誤寫。

［一六］市日，孔家坡《日書》作『市時』，時稱名。

［一七］發，可能即上文反復出現的『伐』。『毋發』，與下文的『勿發』『忘伐』用法相同。

［一八］屖，即日是。

［一九］祝，咒也。

報日［一］

辛亥、辛卯、壬午，不可以寧人［二］ 二七四叁　及問疾。人必反代之，利以賀人。 二七五叁　人必反賀之，此報日也。 二七六叁

注釋

［一］『報日』是整理者擬定的篇題。報，回報、報應。本篇講述寧人、問疾及賀人的擇日，睡虎地秦簡《日書》乙種、江陵嶽山秦牘及香港中文大學藏簡牘《日書》都有相近的内容。

［二］寧，慰問之意。

天牢 [一]

丁卯4　丙寅3　己丑2　甲子1　癸亥60

戊寅15　辛未8　庚午7　己巳6　戊辰5　壬子49

　　癸丑50　　甲戌11　癸酉10　壬申9　　　辛亥48

　　　丁巳54　　　　　　　　　　　丙戌23　庚戌47

己卯16　甲寅51　戊午55　乙巳42　辛酉58　庚申57　丁丑14　己丑26　己酉46

庚辰17　乙卯52　己未56　丙午43　　壬戌59　壬辰29　　丁未44　戊子25　己酉22

辛巳18　丙辰53　　　　　丙午43　　　　59　　29　　　丁未44　丁丑〈亥〉24　甲申21

壬午19　　　　　　　　　庚寅27　辛卯28　　　　　　　戊子25　癸未20

　　　壬寅39　癸卯40　甲辰41

戊戌35　己亥36　庚子37　辛丑38　戊申45

癸巳30　甲午31　乙未32　丙申33　丁酉34

[二]

・此天牢[三]。殹（繫）者[四]：一曰除[五]、三〇三貳　二曰貲[六]、三曰耐[七]、

三〇四貳　四曰刑[八]、五曰死；三〇五貳　居官、宦御[九]：一曰進　三〇六貳　大取、

二曰多前毋　三〇七貳　後，三曰拜吏大　三〇八貳　句（詢）；四曰深入多取；三〇九貳

五曰臣代其主。　三一〇貳

凡五兌[一〇]，其上五日曰舉，百事皆可用也。其四日【曰】處，百事皆可用也。其三

日曰悬（謀）詢[一一]，其始入及始出之日[一二]，皆不可爲悬（謀）詢　三一三　者，後

有賀以受賀及有喜事者後有後[一三]，後葬薶（埋）之事及發死者[一四]，用之，吉。及百

事可用也。所胃（謂）五兌者，道甲子　三一四　數之，十五日而爲兌，有（又）更數之

十五日[一五]。　三一五

其在中央者爲悬（謀）詢[一六]，以此日是有悬（謀）詢事者，必三之，以有吉事者，

毋（無）憂自如也，百事皆可用也。其二日曰深　三一六　入多取。其一

日曰臣代其主，不可以入臣妾。以居官及有置正（政）也[一七]，其【毋（無）】央（殃）

也。　三一七

注釋

[一]『天牢』是整理者擬定的篇題。由圖和配合圖的説明文字組成。天牢圖畫有四圈，將六十記日干支按一定規律分屬五欄，每一欄稱爲一『日』。文字内容包括兩個部分：第一部分内容是以天牢圖爲工具來占驗選擇『繫者』和『居官宦御』兩個項目。其具體辦法是，圖中由裏到外五圈干支分別對應簡文『一日』到『五日』。這樣只需知道『繫者』和『居官宦御』的干支，就可以推算吉凶。第二部分内容是以天牢圖爲工具來占驗『五兌』，五圈文字所在的干支日分布不均，分爲五日、四日、三日、二日和一日，分別對應『舉』『處』

『臾（諆）詢』『深入多取』『臣代其主』五個占辭，用以推算吉凶。如圖左側第二圈有五個日子，則對應『五日曰舉』這條占辭。圖上側第一圈有四個日子，則對應『四日曰處』這條占辭。圖中第三圈四方均有三個日子，則對應『三日臾（諆）詢』這條占辭。睡虎地《日書》甲種簡8-9貳記載『月生五日曰杵，九日曰舉，十二日見莫取，十四日臾（諆）詢，十五日日臣代主。代主及臾（諆）詢，不可取妻』，恐與天牢圖的推算有關。

[二] 為便于按照六十甲子順序推算，我們在圖中干支後面加上數字。第24『丁丑』為『丁亥』之誤。

[三] 天牢，《史記・天官書》：『赤帝行德，天牢為之空。』《正義》：『天牢六星，在北斗魁下，不對中臺，主秉禁暴，亦貴人之牢也。』

[四] 轂，讀為繫，囚繫。

[五] 除，免職。

[六] 貲，罰財物。

[七] 耐，削去鬢鬚之刑罰。《史記・淮南衡山列傳》：『徙郡國豪桀任俠及有耐罪以上，赦令除其罪。』

[八] 刑，指肉刑。

[九] 居官，宦御，擔任官職。《儀禮・士相見禮》：『與眾言，言忠信慈祥；與居官者言，言忠信。』《史記・汲鄭列傳》：『使黯任職居官，無以踰人。』

[一〇] 五兑，又見于印臺簡《日書》。指對應天牢圖上的五圈文字。

[一一] 臾詢，讀為諆詢。《韓非子・非十二子》：『罟辱也。』

[一二] 根據天牢圖六十干支的循環順序，臾詢日包括圖中第三圈的四方以及第四圈的東西兩側。『始入及始出之日』的推算可能如下：對于圖中第三圈上側的『壬申、癸酉、甲戌』三個日子來説，壬申為始入之日，甲戌為始出之日。

[一三] 後有賀以受賀，與『報日』篇記載的『利以賀人，人必反賀之』意思相近。『及有喜事者後有後』，該句疑有脱文，可能也與『報日』相關。

[一四] 葬霾，即埋葬。發，挖掘，使暴露出來。

[一五] 這句話是講『五兑』的推算方法。從甲子開始數，每十五日稱之為『兑』，因此第十五日戊寅、三十日癸巳、四十五日戊申、六十日癸亥均為『兑』，總共有四個兑日（不知何以稱之為五兑），兑日在天牢圖正好位于四個角落。從這個意義上將『兑』或許可讀為『鋭』，表示四個角落。

[一六] 中央，指天牢圖五個圈層的第三圈。一説指天牢圖內圈。

[一七] 置，立也。正，讀為政。因此『置正』相當于立政，苻政、臨政之意。《史記・范雎蔡澤列傳》：『臣聞明主立政，有功者不得不賞。』

禹湯生子占[一]

此禹湯生子占也[二]。直（值）頭、肩， 三二三壹　上貴。直（值）夜（腋）[三]，富。

足，男子 三二四壹　賤，女子貴。耳，聖。奎（胯）[四]， 三二五壹　嫠[五]。手，勞、

盜[六]。 三二六壹

子產子，三日、二月五日不死，必爲上君[七]。五十八年以甲子死。女子[八]三日、二月不

死，三夫[九]。卅九年甲子死。 三一八貳

丑產子，四月、五月不死，史。六十八年以丙寅死。女子二日、一月、五月不死，必爲巫。

五十六年以丙寅死。 三一九貳

寅產子，五月、四月不死，卅五年以丁卯死。女子四月、七月、十月不死，三夫。六十七年

以庚午死。 三二〇貳

卯產子，三日、六月不死，貧。三妻。八十年以己巳死。女三日不死，貧。卅一年以甲辰

死。·一日八十年庚寅死。 三二一貳

辰產子，七日、三月不死，多病。七十三年以辛卯死。女三日、五月不死，爲巫。七十二

以壬午死。女☒ 三二二貳

巳產子，三日、旬、三月旬不死，寡。六十一年以己巳死。女一日、八月不死，毋（無）

子。八十九年辛卯死。 三二三貳

午產子，八日、二月二日不死，爲大夫。六十九年以辛未死。女二日、五月六日不死，善盜。五十年以辛未死，善田。 三二四貳

未產子，三日、二月一日不死，必臨邦。六十五年以壬申死。女五日、三年不死，必爲上君妻。七十六年以庚申死。 三二五貳

申產子，七日、三月不死，史。五十一年以甲戌死。女七日、六月不死，大富。卅九年以己巳死。 三二六貳

酉產子，九日不死，狂。卅三年以丙子死。女一日、四月不死，爲大巫。卅九年以丁丑死。 三二七貳

戌産子，七日、三月二日不死，大富。七十四年以寅死。女三日、五月不死，必奸[一〇]。卅五年以壬子死。·一曰廿年死。 三二八貳

亥産子，三日、四月不死，善田。六十七年以庚午死。女五日、九月不死，十年以丁亥死。 三二九貳

甲、丙、戊、庚、壬、男；乙、丁、己、辛、癸、女。産子不中此日[一一]，不死，瘻，不行[一二]。 三三〇貳

注釋

[一]『禹湯生子占』是整理者據簡文内容擬定的篇題。内容包含生子圖和附圖的說明文字。類似的内容見于睡虎地秦簡、馬王堆漢墓帛書《胎産書》以及孔家坡漢簡、香港中文大學藏漢簡及北京大學藏漢簡《日書》。其中睡虎地秦簡《日書》甲種有題名爲『人字圖』。占卜的方法是根據生子日期干支在圖中小人身體部分出現的不同位置來進行占斷。

[二]禹湯，指夏禹和商湯，這是將占法假托在禹湯名下。

[三]夜，讀爲腋。指人的胳肢窩。

[四]《説文·大部》：『奎，兩髀之間。』段玉裁《注》：『奎與胯雙聲。奎宿十六星以像似得名。』

[五]嫏，《説文》：『嫏，㜩也。』

[六]勞，辛勞。盗，盗賊。

[七]上君，地位處尊。

[八]女子，在此指代子日出生的女子。

[九]三夫，三個丈夫，大意似乎是説這個女子會改嫁三次。下文中的『三妻』大概與此類似。

[一〇]奸，《説文》：『犯淫也。』

[一一]中，《漢書·成帝紀》『舉措不中』，《注》：『中，當也。』

[一二]本簡以十天干爲序説明生子吉凶，這是占生子的又一種方式。

育子[一]

毋以丁亥初餔（哺）子[二]，毋以子浴子，毋以丁丑負子[三]，子死。 三三三

[一]『育子』是整理者據簡文内容擬定的篇題。内容是生子後初哺、洗浴、抱負孩子的宜忌。

[二]餔，讀爲哺，給幼儿喂食。《漢書・賈誼傳》：『抱哺其子。』顏師古《注》：『哺，飤也。』

[三]負，抱持。《淮南子・説林》：『負子而登牆，謂之不祥，爲其一人隕而兩人傷。』高誘《注》：『負，抱也。』

五龍[一]

五龍好。甲午、丙午、丙辰、戊辰、戊寅，五龍面也，利見人，敵人、亡人，得。 三三四

乙巳、癸巳、丁巳、丁卯，五龍頭，利立邦君及五官，亡，不得。 三三五

壬辰、戊午、丙寅、庚辰、甲辰，五龍頸，皋陶與禹相倍（背）[三]，亡人，不得。 三三六

辛亥、乙酉、己亥、癸亥，五龍奎，爲酉（酒），鬼神弗燕[三]。 三三七

戊申、壬寅、丁亥、癸未、丙申、庚寅、乙亥、辛未，五龍夜（腋），利以取（娶）妻、嫁女、臣主[四]。 三三八

丙子、壬午、丁酉、己丑、甲子、庚午、辛酉、癸丑、己酉、辛丑，五龍手，以屬人及受屬[五]，不失其端[六]。 三三九

辛巳、丁丑、乙未、癸卯、己未、乙卯、乙丑、己巳，五龍胕[七]。 三四〇

甲申、丙戌、庚子、戊戌、戊子、壬申、壬子、戌，五龍忌[八]，利以入人，不失。 三四一

注釋

[一]『五龍』寫在簡三三四的上端，是原有的篇題。主要内容講的是某一天對應于五龍的某個部位，然後是該日適合做什麽事項的占斷。五龍的部位包括面、頭、頸、手、腋、奎、跗、忌等八處，占斷方式與『禹湯生子占』類似。推測這段簡文也可能有圖配套使用。五龍占法見于傳世文獻，如《鬼谷子・本經陰符》：『盛神法五龍。』陶弘景《注》：『五龍，五行之龍也。』《墨子・貴義》：『子墨子北之齊，遇日者，日者曰：「帝以今日殺黑龍于北方，而先生之色黑，不可以北。」子墨子不聽，遂北，至淄水，不遂而反焉。日者曰：「我謂先生不可以北。」子墨子曰：「南之人不得北，北之人不得南，其色有黑者，有白者，何故皆不遂也？且帝以甲乙殺青龍于東方，以丙丁殺赤龍于南方，以庚辛殺白龍于西方，以壬癸殺黑龍于北方，若用子之言，則是禁天下之行者也。是圍心而虛天下也，子之言不可用也。」』孫詒讓《墨子間詁》：此即古五龍之説，鬼谷子『盛神法五龍』，陶弘景

《注》云『五龍，五行之龍也』。《水經注》引《遁甲開山圖》云『五龍見教，天皇被跡』。榮氏注注云：『五龍治在五方，爲五行神。』《説文·戊部》云『戊，中宫也，象六甲，五龍相拘絞也』，義并同。然則五龍自有中宫，但日者之言，不妨約舉四方耳。

[二] 皋陶，相傳爲舜之臣。《論語·顏淵》：『舜有天下，選于衆，舉皋陶，不仁者遠矣。』上博簡《容成氏》説皋陶之賢，禹欲以爲后，皋陶五讓天下之賢者。表示皋陶是夏禹時候的人。也有記載説爲夏啓之臣。如《太平御覽》卷八二引《歸藏》曰：『昔夏后啓筮享神于大陵而上鈞臺，枚占皋陶以登于天，枚占于皋陶曰：吉而必同，與神交通。以身爲帝，以王四鄉。』清華簡《厚父》則記有『啓惟后，帝亦弗鞏啓之經德，少命咎繇下爲之卿事』，皋陶實際上是夏啓的輔臣。文獻中多記載皋陶的德行，與禹相得，未曾有與禹相背的記載。

[三] 燕，安寧、安逸之意。《易·中孚》：『初九，虞吉，有它不燕。』孔穎達《疏》：『燕，安也。』

[四] 臣主，可能爲簡文常見的『臣代其主』的縮寫。

[五] 屬，委托、囑咐。《左傳·隱公三年》：『宋穆公有疾，召大司馬孔父而屬殤公焉。』

[六] 端，公正、正直。劉向《説苑·至公》：『今棄法背令而釋犯法者，是爲理不端，懷心不公也。』

[七] 胕，讀爲跗，脚背。《儀禮·士喪禮》：『乃屨，綦結于跗。』鄭玄《注》：『跗，足上也。』賈公彦《疏》：『謂足背也。』

[八] 忌，讀『跽』，訓爲『足』。《説文·足部》：『跽，長跪也。』

占喜 [一]

甲子 [二]、乙丑、丙寅、丁卯、戊辰、己巳，聞憂不憂，聞喜不喜，聞兵不行。　三四二

庚午、辛未、壬申、癸酉，聞憂終吉，聞行，不到寇所 [三]。　三四三

甲戌、乙亥，聞憂後吉，聞吉不長，聞兵行，不到寇所，不戰。　三四四

南方赤鬼 [四]：丙子、丁丑、戊寅、己卯、庚辰、辛巳，聞憂憂，聞喜喜，聞兵不行。　三四五

壬午、癸未、甲申、乙酉，聞喜喜不長，聞兵，到寇所。　三四六

丙戌、丁亥，聞喜不長，聞兵，到寇所，不戰。　三四七

中央黄鬼：戊子、己丑、庚寅、辛卯，聞憂憂，聞兵必戰，有央（殃）。　三四八

壬辰、癸巳、甲午、乙未，聞憂憂，聞兵戰，有央（殃）。　三四九

丙申、丁酉、戊戌、己亥，聞憂憂，聞兵必戰，有央（殃）。　三五〇

庚子、辛丑、壬寅、癸卯、甲辰、乙巳，聞喜不喜，聞憂不憂，聞兵不行。　三五一

丙午、【丁未】[五]、戊申、己酉，聞憂後吉，聞兵行，不到寇所。　三五二

西方小時[六]，庚戌、辛亥，聞憂後喜不長，聞兵，到寇所，不戰。　三五三

壬子、癸丑、甲寅、乙卯、丙辰、丁巳，聞憂不憂，聞喜不喜，聞兵不行。　三五四

戊午、己未、【庚申】[七]、辛酉，聞憂後吉，聞喜不長，聞兵行，到寇所，不戰。　三五五

北方尚[八]……壬戌、癸亥，聞憂後吉，聞喜不長，聞兵行，到寇所，不戰。　三五六

注釋

[一]『占喜』寫在簡三四二頭端，是原有的篇題。主要内容是以六十甲子的順序來占斷各日聽聞『憂』『喜』『兵』的結果。類似篇章見于北京大學藏秦簡《日書雜抄》。敦煌所存《六十甲子曆》引述《伍胥法》云：『聞憂不憂，聞喜有喜，聞兵不行，聞賊不來。』①可能與『占喜』篇存在關聯。

[二]根據下面的文例，『甲子』前可能脫漏『兵』字。

[三]『聞』字下可能脫『兵』字。

[四]南方赤鬼，根據五行觀念，南方色爲赤色，故其神煞稱之爲『南方赤鬼』。

[五]根據六十甲子順序，補『丁未』。

[六]小時，爲西方神煞，與『時』篇所記作爲月建的『小時』不同。

[七]根據六十甲子順序，補『庚申』。

[八]尚，即『五帝』篇記載的『尚（顓）玉（頊）』。《淮南子·天文》：『北方，水也，其帝顓頊，其佐玄冥，執權而治冬。』

---

① 王晶波：《敦煌占卜文獻與社會生活》，甘肅教育出版社，2013年，第412頁。

正月朔[一]

（一）

正月子朔，聶（攝）提司歲[二]。四晦（海）有兵[三]，有年。　三五七壹

丑朔，戰（單）闢（關）日[四]，百果毋（無）實。秋，日食[五]。　三五八壹

寅朔，執郄（徐）司歲[六]，日食，毋（無）寒。　三五九壹

卯朔，大亡小〈荒〉爲司歲[七]，百資不食[八]，兵起，民盈街谷。　三六〇壹

辰朔，隤（敦）狀（牂）司歲[九]，有兵。　三六一壹

巳朔，蓋（協）給（洽）司歲[一〇]，民有疾，年月春秋食[一一]，有兵。　三六二壹

午朔，納漢司歲[一二]，百資不成，三穜（種）。　三六三壹

未朔，作司歲[一三]，有兵起。　三六四壹

申朔，谷牛司歲[一四]，有年。　三六五壹

酉朔，大畈（淵）獻司歲[一五]，毋（無）年。兵起。　三六六壹

戌朔，困（困）郭（敦）司歲[一六]，有年。受有兵。　三六七壹

亥朔，赤奮若司歲[一七]，大風，稗[一八]，兵革起，火行。　三六八壹

（二）

甲乙朔，青帝主歲[一九]。人炊行沒[二〇]，青禾爲上，白中，黃下，麥不收，吏（事）人炊[二一]。　三五七貳

丙丁朔，赤帝產[二二]，高行沒[二三]，赤禾爲上，黃中，白下，少旱，吏（事）高者。　三五八貳

戊己朔，黃帝主歲，邑主行沒[二四]，黃禾爲上，赤中，白下，有風雨，兵起。　三五九貳

庚辛朔，帝主歲[二五]，風伯行沒[二六]，白禾爲上，赤中，黃下，兵不起，民多疾，禾風[二七]。　三六〇貳

壬癸朔，剡（炎）帝主歲[二八]，群巫行沒，赤黑禾爲上，白中，黃下，禾不孰（熟）。　三六一貳

【下不孰】水不大出[二九]，民多疾，事群

巫。　三六二貳

丙丁朔，少旱，莫（暮）尌（澍）[三〇]。　三六三貳

（三）

子朔，有歲。　三六四貳

丑朔，敗穜（種），寡旱。　三六五貳

卯朔，戶幾（饑）。　三六六貳

辰、巳朔，五穜（種）。　三六七貳

午、未朔，多雨。　三六八貳

申朔，蚤（早）殺[三一]。　三六三叁

酉朔，莫（暮）殺，有歲。　三六四叁

亥朔，有空地。　三六五叁

（四）

正月甲乙雨，雨膏[三二]。　三六二叁

丙丁雨，田薔[三三]。　三六三肆

戊己雨，田饒。　三六四肆

庚辛雨，田多蒿。　三六五肆

壬癸雨，田涓〈消〉[三四]。　三六六叁

（五）

三以甲朔，大孰（熟）[三五]。　三六九壹

三以乙朔，中、穉爲[三六]。　三六九貳

三以癸朔，大不孰（熟）。　三六九叁

三以丁朔，歲戶[三七]。　三六九肆

三以辛朔，下田收。　三六九伍

三以戊朔，大稙、大中、叔（菽）、苔爲[三八]。　三六八叁

三以己朔，歲大爲，女子有疾。　三七一貳

三以壬朔，見赤地[三九]。　三七○壹

注釋

[一]『正月朔』寫在簡三五七頭端，是原有的篇題。根據內容大致分爲五個部分。其中以正月朔日的天干占斷的有兩種，以正月朔日的地支占斷的有兩種，另有以連續幾年朔日相同的情況進行占斷。占斷的內容包括農作物的收成、戰爭、風雨等。

[二]聶提，讀作攝提。《爾雅·釋天》作『攝提格』。歲星紀年法中的十二辰之一，相當于干支紀年法中的寅年。《爾雅·釋天》：『太歲在寅曰攝提格。』《史記·天官書》：『攝提者，直斗杓所指，以建時節，故曰「攝提格」。』司馬貞《索隱》：『太歲在寅，歲星正月晨出東方。李巡云：「言萬物承陽起，故曰攝提格。格，起也。」』

[三]晦，讀作海。四海，猶言天下、全國各地。《書·大禹謨》：『文命敷于四海，祗承于帝。』

[四]戰闔，即單閼。《爾雅·釋天》：『[太歲]在卯曰單閼。』《史記·天官書》：『單閼歲，歲陰在卯、星居子。』司馬貞《索隱》引李巡曰：『陽氣推萬物而起，故曰單閼。』據文例，『戰闔』下的『日』字當是『司歲』二字，這裏可能是涉下文『日食』的記載而誤。孔家坡《日書》此處亦出現同樣的錯誤。

[五]孔家坡《日書》作『百果實，日秋食』，無法讀通，當以『秋，日食』爲是。

[六]執郗，即執徐。《爾雅·釋天》：『[太歲]在辰曰執徐。』陸德明《釋文》引李巡云：『執，蟄也。徐，舒也。言蟄物皆敷舒而出，故曰執徐也。』

[七]大亡小爲，《爾雅·釋天》作『大荒落』，孔家坡《日書》寫法與此相同，劉樂賢認爲抄寫者將亢字上下兩個部件抄得較遠，以致乍看之下誤作『亡小』兩字，可從。《爾雅·釋天》：『[太歲]在巳曰大荒落。』《史記·天官書》：『大荒駱歲，歲陰在巳，星居戌。』

[八]資，《左傳·僖公三十三年》注：『糧也。』

[九]隤狀，讀作『敦牂』。《爾雅·釋天》：『[太歲]在午曰敦牂。』郝懿行《義疏》：『《占經》引李巡云：「言萬物皆茂壯，猗那其枝，故曰敦牂。」』

[一○]蓋給，讀爲『協洽』。《爾雅·釋天》：『[太歲]在未曰協洽。』郝懿行《義疏》：『協洽者，《占經》引李巡云：「言陰陽化生，萬物和合，故曰協洽。」』

[一一]春秋食，指春秋二季有日食。

[一二]納漢，《通雅》作『芮漢』，馬王堆《五星占》亦作『芮』。也作『涒灘』。《爾雅·釋天》：『[太歲]在申曰涒灘。』《吕氏春秋·序意》：『維秦八年，歲在涒

協，和也；洽，合也。』

灘。」高誘《注》：「歲在申名涒灘……涒灘，謏人短舌不能言爲涒灘也。」陳奇猷《校釋》引譚戒甫曰：「涒、灘爲雙聲聯綿字，亦爲漢代方言。」

[一三]作，孔家坡《日書》寫作「作駱」，《爾雅·釋天》作「作噩」，《史記·天官書》與《淮南子·天文》作「作鄂」，《漢書·天文志》作「作詻」，諸字音近可通。

[一四]谷牛，傳世文獻作「閹茂」。《淮南子·天文》：「太陰在戌，歲名曰閹茂。」

[一五]大齅獻，即大淵獻，《爾雅·釋天》：「〔太歲〕在亥曰大淵獻。」

[一六]困郭，即困敦。《爾雅·釋天》：「〔太歲〕在子曰困敦。」《淮南子·天文》：「困敦之歲，歲大霧起，大水出。」高誘《注》：「困，混，敦，沌也。言陽氣皆混沌，萬物牙蘗也。」

[一七]赤奮若，《史記·天官書》：「赤奮若歲：歲陰在丑（當斗、牛二宿之位），星居寅（當尾、箕二宿之位）。」《淮南子·天文》：「太陰在丑，名曰赤奮若，歲星舍尾、箕。」

[一八]稗，《左傳·定公十年》：「若其不具，用秕稗也。」杜預《注》：「稗，草之似穀者。」

[一九]青帝，主管東方之帝。歲，指農業收成。《左傳·昭公三十二年》：「閔閔焉如農夫之望歲。」杜預《注》：「歲，年穀也。」青帝主歲，是説青帝主管農業收成的年景好壞。

[二〇]人炊，可能爲掌炊事之鬼神，《漢書·郊祀志》顏師古《注》稱：「族人炊，古主炊母之神也。炊謂饎爨也。」《禮記·禮器》：「夫奥，老婦之祭也。」鄭玄《注》：「老婦，先炊者也。」本篇「人炊」等亦見于「病日」篇，常出來作祟，這裏是作爲「主歲」的青帝的對立面出現，因此「行没」應是「作祟」之類的意思。

[二一]吏，讀爲事。《玉篇》：「奉也。」下文經寫作「事群巫」，可見「吏」「事」互訓。

[二二]赤帝，上文南方之帝作「刼（炎）帝」，與此不同。赤帝應由炎帝神農氏分化而來，即祝融氏，爲火神。《淮南子·時則》：「南方之極……赤帝祝融之所司者，萬二千里。」

[二三]《後漢書·祭祀志中》：「立夏之日，迎夏于南郊，祭赤帝祝融。」「產」，此處原來可能作「主歲」。「主」訛爲「生」，又轉爲「產」。

[二四]邑主，可能是土地神，日書及卜筮祭禱簡中土地神有多種稱謂。具體而言，邑主可能即城隍的前身，一個證據是後世城隍廟也稱作「邑廟」。

[二五]『帝』前脱一『白』字。

[二六]風伯，風神。《楚辭·遠遊》：「風伯爲余先驅兮，氛埃辟而清涼。」《史記·司馬相如列傳》：「時若薆薆將混濁兮，召屛翳誅風伯而刑雨師。」張守節《正義》引張揖曰：「風伯字飛廉。」

[二七]禾風，此處疑有脱文。

[二八]據五行學説，包括一些文獻已有的記載（如『歲』篇，北方主神當爲黑帝。本篇將南方主神改爲赤帝，而將刼（炎）帝歸屬北方，當別有所本，值得重視。

[二九]『下不埶』涉上文而衍。

[三〇]『丙丁朔，少旱，莫對』這句話應該屬于簡三五八貳，恐是補録的脱文。對，孔家坡《日書》作「澍」。澍，時雨也。《淮南子·泰族》：「若春雨之灌萬物也，渾然而流，沛然而施，無地而不澍，無物而不生。」

[三一]殺，收割。《资治通鑒·陳長城公至德元年》：「百姓歌之曰：『老禾不早殺，餘種穢良田。』」「蚤殺」與下文「莫殺」相對。

[三二]膏，《禮記·禮運》注：『猶甘也。』《山海經·海内經》：『西南、黑水之間有都廣之野，后稷葬焉，爰有膏菽、膏稻、膏黍、膏稷。』

[三三]蘦，香草名，即白芷。《説文·艸部》：『蘦，楚謂之蘺，晉謂之蘦，齊謂之茝。』《山海經·西山經》：『〔號山〕其草多藥、蘦、芎藭。』王逸《九思·怨上》：『菽

蘦兮蔓衍，芳薷兮挫枯。』

[三四]涓，孔家坡《日書》作『消』。當以『消』爲是。『膏』『薵』『饒』『蒿』『消』均爲宵部字。

[三五]『三以甲朔』應指一年之中有三個月的月朔天干爲甲，下同。

[三六]中，中禾。穉禾。《詩·魯頌·閟宮》毛《傳》：『先種曰植，後種曰穉。』《史記·天官書》：『戎菽爲。』《集解》引孟康曰：『爲，成也。』

因此，植禾、中禾、穉禾大致相當于我們今天所説的早稻、中稻、晚稻。爲，成熟。《齊民要術·種穀》：『穀田必須歲易，二月三月種者爲植禾，四月五月種者爲穉禾。』

[三七]戶，疑讀作『惡』。《漢書·薛廣德傳》注：『歲惡，年穀不熟也。』

[三八]菽、荅，分指大豆和小豆。

[三九]赤地，空無所有的地面。指遭受嚴重旱災、蟲災後莊稼顆粒無收的景象。《韓非子·十過》：『晉國大旱，赤地三年。』《漢書·夏侯勝傳》：『蝗蟲大起，赤地數

千里。』

五帝[一]

中央黃帝[二]。　　三六五壹

東方昊[三]、南方剡（炎）帝[四]。　　三六六壹

西方少昊[五]、行〈北〉方耑（顓）玉（頊）[六]，内（入）。　　三六七壹

注釋

[一]『五帝』是整理者擬定的篇題，雜入『正月朔』篇内。

[二]中央黃帝，秦漢陰陽家以五帝配四時五方，以黃帝爲中央之神。《禮記·月令》：『〔季夏之月〕中央土，其日戊己，其帝黃帝，其神后土。』《淮南子·天文》：『中央，

土也，其帝黃帝，其佐后土，執繩而制四方。』

[三]東方昊，即太昊，或作太皞，爲主東方之神。《禮記·月令》：『〔孟春之月〕其帝太皞。』《吕氏春秋·孟春》：『〔孟春之月〕其日甲乙，其帝太皞。』高誘《注》：

『太皞，伏羲氏，以木德王天下之號。死，祀于東方，爲木德之帝。』《淮南子·天文》：『東方，木也，其帝太皞，其佐句芒，執規而治春。』

〔四〕剡，讀爲炎。炎帝爲主南方之神，《禮記·月令》：「〔孟夏之月〕其日丙丁，其帝炎帝，其神祝融。」按，仲夏、季夏之月同。《淮南子·天文》：「南方，火也，其帝炎帝，其佐朱明，執衡而治夏。」

〔五〕少昊，一作少皞，爲西方之神。《左傳·昭公十七年》：「郯子曰：『我高祖少皞摯之立也，鳳鳥適至，故紀于鳥，爲鳥師而鳥名。』」杜預《注》：「少皞，金天氏，黃帝之子，己姓之祖也。」《呂氏春秋·孟秋》：「孟秋之月，日在翼，昏斗中，旦畢中，其日庚辛，其帝少皞。」高誘《注》：「庚辛，金日也。少皞……以金德王天下，號爲金天氏，死配金，爲西方金德之帝，爲金神。」《淮南子·天文》：「西方，金也，其帝少昊，其佐蓐收，執矩而治秋。」

〔六〕行，『北』字之訛。尚玉，讀爲顓頊，爲北方之神。《淮南子·天文》：「北方，水也，其帝顓頊，其佐玄冥，執權而治冬。」

候時〔一〕

正月旦，風道東北來，有歲而〔二〕。道東方來，禾大孰（熟）。道東南來，民多疾。道南方來，大旱。道西南來，暴兵。道西方來，大戰。　三七一

滅軍。道北方來，大水。☐　三七二

正月旦西風，三日不報〔三〕，兵起在春三月中。入月二日而風，三日不報，兵起在夏三月中。入月三日而風，三日不報，兵起在秋三月中。　三七三

入月五日而風，三日不報，兵起在冬三月中。　三七四

正月上旬丁、己雨，上歲〔四〕；中旬丁〔五〕、下旬丁、己雨，下歲。三丁、己雨〔六〕，毋（無）歲。·朔日雨，歲饑（饑）　三七五

〔七〕，有兵。入正月二日小雨，小饑；大雨，大饑。　三七六

正月比三日見赤雲〔八〕，爲旱；黑雲，爲水；白雲，爲兇（凶）；青雲，爲兵。凡以兇（凶）吉，雲高，終歲至；中，歲至；雲下者，始至〔九〕。

三日有陰〔一〇〕，君子死，民多疾。三日晏暑〔一一〕，邦安，五穀皆孰（熟）。☐　三七七

▉正月戊己，北風發屋折榆，命日威（滅）。肖（小）人賣子，君子賣衣，君子憂，小人疏（流？）〔一二〕。　三七〇叁

七月朔日，終日西風，禾稼孰（熟），東風敗歲，禾不孰（熟）〔一三〕。　三六七叁

注釋

[一]「候時」寫在簡三七一頭端，是原有的篇題。同樣的內容見于孔家坡《日書》。本篇主要是通過風、雨、雲的徵象占候年歲。

[二]據孔家坡《日書》，「而」下脫「爲」字。簡文中「道……來」，孔家坡《日書》均作「從……來」。

[三]報，《淮南子·天文》注：「復也。」

[四]歲，《左傳·哀公十六年》注：「年穀也。」上歲即豐歲，下歲即歉歲。

[五]疑丁後脫「已」字。

[六]三，指上、中、下三旬。

[七]穖，讀爲饑。年成很差或顆粒無收。《詩·小雅·雨無正》：「降喪饑饉，斬伐四國。」毛《傳》：「穀不熟曰饑，蔬不熟曰饉。」

[八]比三日，連續三日。

[九]本段通過雲的高下位置占斷前文所云吉凶到來的時間。終歲至，即在年末到來。歲至，即在年中到來。始至，即在年初到來。

[一〇]此處應是承上文省略「比」字。「比三日有陰」，即連續三日陰天。

[一一]晏，《漢書·楊雄傳上》注：「無雲也。」

[一二]流，《禮記·樂記》：「其政散，其民流。」孔穎達《疏》：「流，謂流亡也。」《資治通鑒·晉紀十一》「民流殍者什五六」，胡三省《注》：「餓死于中野者曰殍，散而之他方者曰流。」這段話開始標注「正月朔」篇。

[一三]這枚簡文雜入「正月朔」篇的末尾，今據其內容歸入「候時」篇。

候糧貴賤[一]

入正月一日，日出而風，糧貴；；陰而雨，糧賤。入月二日，陰而雨，糧賤。入月二日爲二月，三日爲三月，四日爲四月，五日爲五月，六日爲六月。 三七八

入七月一日，日出而風，糧貴，陰而雨，糧賤。入月二日爲九月，四日爲十月，五日爲十一月，六日爲十二月。 三七九

凡戊寅日，日出而風，糧貴；六旬陰而雨，糧賤。不雨，日出不風，占如故。·風從南方來，糧貴尤甚；陰而風，風從東北來，糧 三八〇

尤賤；；勿予也。 三八一壹

四月有六日雨，雨霽，東風下其參（穆） [三]。三日、四日而不雨，旱百日。 三八一貳

五月齋（霽）來，春糶貴。壹齋（霽）倍，秋賈（價）再倍。二齋（霽）三倍，四齋（霽）四倍，五齋（霽）五倍，六齋（霽）六倍。　三八二

注釋

[一]『候糧貴賤』寫在簡三七九、三七八頭端，是原有的篇題。孔家坡《日書》有類似的內容。主要內容是以候風之術占斷穀物買賣的貴賤。

[二]參，讀爲糝。《説文》：『糝，以米和羹也……一曰粒也。從米，甚聲。……糝，古文糝從參。』東風下其糝，應該是寓意着豐收。

始種（種） [一]

注釋

出種（種）始耕田之良日。牽牛、酉、亥、辰、巳，不可種（種）、出種（種）。乙巳、壬，不可鼠（予）五穀種（種） [二]。·五月東井，利

尌（樹）藍、韭、司清 [三]。　三八三

以秋禾執（熟）時，取禾種（種）數物各一斗粟，盛新瓦甕（甕）中 [四]，臧（藏）燥地，到正月料取其息宔（最）多者 [五]，物宜令茲歲以二種

（種）之。　三八四

麥龍子，稷龍寅，黍龍丑，稻龍戊，叔（菽）龍卯，麻龍辰，毋以丙丁除田及燔 [六]，令田空。　三八五

□卯叔（菽）、亥稻，凡此日，不始種。　三八六

注釋

[一]『始種（種）』寫在簡三八三頭端，是原有的篇題。本篇主要講述耕種農作物的良日和忌日，睡虎地秦簡《日書》甲、乙種，放馬灘《日書》乙種都有相近的內容。

[二]鼠，讀作予，給予之意。孔家坡《日書》作『予』，并且在『予』下有『入』字。『五穀種（種）』，孔家坡《日書》作『五種（種）』。

[三]藍，一類植物的統稱，如蓼藍、松藍、木藍、馬藍等，葉可製藍色染料。此外，如甘藍、擘藍、芥藍等，雖爲蔬菜，因葉作藍綠色，故亦以『藍』稱。《詩·小雅·采綠》：『終朝采藍，不盈一襜。』《荀子·勸學》：『青，取之于藍，而青于藍。』韭，韭菜。《詩·豳風·七月》：『獻羔祭韭。』司清，疑爲植物名，待考。

[四]甕，《玉篇》：『同甕。』

[五]料取，选取。《三國志·吴志·陳表傳》：『表乃稱曰……「今除國賊，報父之仇，以人爲本。空枉此勁銳以爲僮僕，非表志也。」皆輒料取以充部伍。』息，滋息、生长。

《荀子·大略》:『有國之君，不息牛羊…錯質之臣，不息雞豚。』《漢書·高惠高后文功臣表》:『流民既歸，戶口亦息。』

[六]除田，整治田地。《管子·山國軌》:『春十日不害耕事，夏十日不害芸事，秋十日不害斂實，冬二十日不害除田。此之謂時作。』《國語·齊語》:『及寒，擊菜除田，以待時耕。』

日時[一]

平定，甲[二]。日出以到食時，乙。食時到莫（暮）時，丙[三]。莫（暮）時到隅中，丁。隅中到日中，戊[四]。日中到日失（昳），己。日失
（昳）到夕時，【庚。夕時】到日 三八七 入，辛。日入到人鄭（定），壬。人鄭（定）到夜半，癸。 三八八壹

注釋

[一]『日時』寫在簡三八七頭端，是原有的篇題。本篇將十天干與一日之時辰相配，分爲十份。《左傳·昭公五年》:『日之數十，故有十時，亦當十位。』

[二]平定，或稱作平旦。夜半之後、日出之前。

[三]食時，或稱作『蚤食』『夙食』；莫時，或稱作『暮食』。

[四]隅中，日將午時。《淮南子·天文》:『[日]至于衡陽，是謂隅中；至于昆吾，是謂正中。』劉文典《集解》:『《藝文類聚》《初學記》《御覽》引，隅并作禺。』《左傳·昭公五年》:『日之數十，故有十時。』杜預《注》:『隅中日出，闕不在第。』孔穎達《疏》:『隅，謂東南隅也。過隅未中，故爲隅中也。』

病日[一]

甲乙，頭、侯（喉）…；丙丁，肩、心…；戊己，肝、胃；庚辛，脾（髀）、邦（髈）[三]…；壬癸，瓯[三]、足。 三八九壹

甲乙，木也。平旦有疾，青色死。非青色，庚瘳、辛汗（閒）[四]。 三九〇壹

丙丁，火也。日出有疾，赤色死。非赤色，壬有瘳，癸汗（閒）。 三九一壹

戊己，土也。黃色有疾，中子死。非黃色，甲有瘳，乙汗（閒）。　三九二壹

庚辛，金也。白色有疾，中子死。非白色，丙有瘳，丁汗（閒）。　三九三壹

壬癸，水也。黑色有疾，季子死。非黑色，戊有瘳，己汗（閒）。　三九四壹

子有疾，四日小汗（閒），七日大汗（閒）。其祟天土子[五]。甲子雞鳴　三九五壹　有疾，青色死。　三九六壹

丑有疾，三日小汗（閒），九日大汗（閒）。其祟三土君[六]。・乙丑平旦有疾，青色死。　三九七壹

寅有疾，四日小汗（閒），五日大汗（閒）。其祟北君、冣主[七]。丙寅　三九八壹　日出有疾，赤色【死】。　三九九壹

卯有疾，三日小汗（閒），九日大汗（閒）。其祟三公主[八]。丁卯蚤　四〇〇壹　食有疾，赤色死。　四〇一壹

辰有疾，四日小汗（閒），七日大汗（閒）。其祟大父[九]。・戊辰莫（暮）食　四〇二壹　有疾，黃色死。　四〇三壹

巳有疾，三日小汗（閒），九日大汗（閒）。其祟高姑姊父[一〇]。・己巳　四〇四壹　有疾，黃色死。　四〇五壹

午有疾，三日小汗（閒），七日大汗（閒）。其禱及道鬼、尚（掌）行[一一]，　庚午日失（昳）　四〇六壹　有疾，白色死。　四〇七壹

未有疾，五日小汗（閒），八日大汗（閒）。其祟三司命[一二]。辛【未】蚤（早）市[一三]　四〇八壹　■有疾白色死。　四〇九壹

申有疾，五日小汗（閒），九日大汗（閒）。其祟親、旱殤、亡殤。・壬　四一〇壹　申莫（暮）市有疾，黑色死。　四一一壹

酉有疾，三日小汗（閒），八日大汗（閒）。其祟門閭之鬼[一四]。　四一二壹

戌有疾，五日小汗（閒），九日大汗（閒）。其祟門、街爲祟，戊戌黃昏　四一三壹　有疾死　四一四壹

亥有疾，四日小汗（閒），七日大汗（閒）。其祟人炊、老人、色鬼。・癸亥　四一五壹　【亥】[一五]人鄭（定）有疾死。　四一六

注釋

［一］『病日』寫在簡三八九頭端，是原有的篇題。本篇按干支日講述與生病相關的占卜，涉及生病的部位，某色人將死，非某色人者則會痊愈以及患病的原因，其占卜原理與五行學説有關。睡虎地秦簡《日書》甲種的『病』、乙種的『有疾』内容與之相似。

［二］邦，讀爲髈。髀髈，指大腿。《禮記・深衣》：『帶，下毋厭髀，上毋厭脅，當無骨者。』《玉篇・骨部》：『髈，浦朗切，股也。』

［三］《直音篇》：『跣，跣跗也。』跣，從身體部位看大概是指足部以上的下肢。

［四］閒，《方言》卷三：『差，閒，愈也。南楚病愈者謂之差，或謂之閒。』《禮記・文王世子》注：『閒猶瘳也。』

[五]天土子，孔家坡《日書》作『天土』，即后土，爲土神。

[六]三土君，應該也是土神一類的神煞。

[七]北君，北方之神煞。《水經注》云：『自下廟歷列柏，南行十一里，東迴三里，至中祠，又西南出五里，至南祠，謂之北君祠。』

[八]三公主，孔家坡《日書》『祠日』作『三土君』，睡虎地《日書》乙種簡145作『三土皇』。有學者指出即《史記·封禪書》中記載的『杜亳有三社主之祠』，可參。

[九]大父，古籍中既可指祖父，如《史記·留侯世家》：『留侯張良者，其先韓人也。』大父開地，相韓昭侯、宣惠王、襄哀王。』又可指外祖父，如《史記·劉敬叔孫通列傳》：『冒頓在，固爲子婿；死，則外孫爲單于。豈嘗聞外孫敢與大父抗禮者哉？』此處指祖父或外祖父所化之鬼。

[一〇]姑姊，《左傳·襄公十二年》疏：『蓋父之姊爲姑姊。』高姑姊父，可能指祖父之姊的父親。

[一一]道鬼，應即《論衡·辨祟》提到的『涂上之暴尸』所化之鬼。尚行，讀爲掌行，即睡虎地《日書》的『常行』和『大常行』，爲民間所信奉的路神，亦徑稱作『行』。

[一二]司命，神名。常見于包山、望山、天星觀等楚地出土卜筮祭禱簡中。根據文獻記載，其神格可以是主生命和疾病的天神，也可能爲家居小神①。三司命所指爲何，待考。

[一三]『辛』下脱『未』字。

[一四]閭，指里巷。《荀子·儒效》：『雖隱于窮閻漏屋，人莫不貴之。』

[一五]『亥』字衍。

孤虚[一]

甲子旬，辰巳虚，虚在東南；戌亥孤，虚在西北方[二]。　　三八八貳

甲戌[三]，寅卯虚，虚在東方；酉孤，孤在西方。　　三八九貳

甲申[四]，子丑虚，虚在北方；午孤，孤在南方。　　三九〇貳

甲午[五]，辰虚，虚在西北方；辰孤，孤在東南方。　　三九一貳

甲辰，申酉虚，虚在西方；寅卯孤，孤在東方。　　三九二貳

甲寅[六]，午未虚，虚在南方；子丑孤，孤在北方。　　三九三貳

·凡田獵之孤所，必得歙食；坐孤所，惡言失發[七]。　　三九四貳

① 楊華：《楚簡中的諸『司』及其經學意義》，《古禮新研》，商務印書館，2012年，第273、274頁。

正月取（娶）妻之孤所，兇（凶）。入資財之孤所，新財不

三九五貳　爲於虛，故不爲。不幸死者，殊死之孤所[八]。取（娶）妻、嫁女

三九六貳　者必以歲後之日。毋（無）犯，歲企及孤虛，大吉[九]。　三九七貳

注釋

[一] 『孤虛』寫在簡三八八第貳欄，是原有的篇題。孤虛是占卜推算日辰之法：天干爲日，地支爲辰，日辰不全爲孤虛，孤虛之日主事不成。《漢書·藝文志》記有《風后孤虛》二十卷。《史記·龜策列傳》：『日辰不全，故有孤虛。』《集解》：『六甲孤虛法：甲子旬中無戌亥，戌亥爲孤，辰巳即爲虛。甲戌旬中無申酉，申酉爲孤，寅卯即爲虛。甲申旬中無午未，午未爲孤，子丑即爲虛。甲午旬中無辰巳，辰巳爲孤，戌亥即爲虛。甲辰旬中無寅卯，寅卯爲孤，申酉即爲虛。甲寅旬中無子丑，子丑爲孤，午未即爲虛。』所記與本篇相同。本篇又將孤虛與方位相配，孤虛所在方位亦主事不吉。

[二] 戌亥爲孤，辰巳則爲虛。在式圖上，戌亥位于西北，辰巳位于東南，孤虛的方位恰好相反。其餘各簡所記類同。

[三] 甲戌後，承前省略了『旬』字。

[四] 『甲』字誤抄在上一欄。

[五] 『甲』字誤抄在上一欄。

[六] 『甲』字誤抄在上一欄。

[七] 《爾雅·釋詁》：『之，往也。』『坐，背對着的方嚮。

[八] 殊死，《漢書·高帝紀下》：『今天下事畢，其致天下殊死以下。』顏師古《注》：『殊，絶也，異也，言其身首離絶而異處也。』『殊死之孤所』下當有脱文。

[九] 孔家坡《日書》寫作『凡取（娶）婦嫁女，毋從孤之虛，出不吉。從虛之孤，殺夫』。

日説[一]

五子，不可以祠西〈百〉鬼，利爲困。　三九九貳

五丑，不可居新室，不出三歲必有死者。　四〇〇貳

五寅，利除疾。　四〇一貳

五辰，利繹（釋）枲及入臣妾[二]。　四〇二貳

五巳，不可食新禾黍，唯利學史、爲困。　四〇三貳

五午，不可入貨，貨後絶亡。　四〇四貳

五未，不可封（樹）宮中。封（樹），産人死。　四〇五貳

五酉，不可蓋屋、材（裁）衣常（裳）。　四〇六貳

注釋

［一］『日説』寫在簡三九八第貳欄，是原有的篇題。本篇講述五子日的宜忌。《漢書·藝文志》記有《古五子》十八篇，《注》云：『自甲子至壬子，説《易》陰陽。』《初學記》文部引劉向《別録》記《古五子》：『定著十八篇，分六十四卦，著之日辰，自甲子至于壬子，凡五子，故號五子。』本篇所列五子不全。

［二］繹，讀爲釋，浸漬之意。《禮記·内則》：『欲濡肉，則釋而煎之以醢。』孔穎達《疏》：『若欲得濡肉，則以水潤釋而煎之以醢也。』釋枲即將麻莖或已剥下的麻皮浸泡在水中，使之自然發酵，達到部分脱膠的目的。文獻亦作『漚麻』，《詩經·陳風·東門之池》：『東門之池，可以漚麻。』

齊嬰兒［一］

七月未，可齊嬰兒。　四〇七貳

注釋

［一］『齊嬰兒』寫在簡四〇七第貳欄，上有■作爲標記，是原有的篇題。

敬辰時［一］

毋鄉（嚮）北斗弱（溺）［二］，以敬辰（晨）時。　四〇八貳

注釋

[一] 『敬辰時』是整理者據內容擬定的篇題。

[二] 弱，讀爲溺，撒尿。《史記·范雎蔡澤列傳》：『賓客飲者醉，更溺雎。』司馬貞《索隱》：『溺即溲也。』簡文意思是說不要對着北斗星所在的位置撒尿。

馬牛亡者[一]

子，旦南，夕北。 四〇九貳

丑、寅，旦西南，夕東北。 四一〇貳

卯，旦西方，夕北。 四一一貳

辰、巳，旦西北，夕東。 四一二貳

午，旦北，夕南。 四一三貳

未、申，旦東北。 四一四貳

酉，旦東，夕北。 四一五貳

甲子，求西北。 四〇九叁

甲戌，求西方。 四一〇叁

甲申，求南方。 四一一叁

甲午，求東南方。 四一二叁

甲辰，求東方。 四一三叁

甲寅，求南方。 四一四叁

旬日爲據説明追尋的方位。

注釋

［一］『馬牛亡者』寫在簡四〇九第貳欄，上有 ▌ 作爲標記，是原有的篇題。據周家臺秦墓竹簡361號，本篇當爲追尋丟失的馬牛而設。首先列出丟失馬牛的支日及方位，然後以六甲

祠日［一］

入月七日，乙巳、丙申、丁酉、己亥、戊戌，勿以祠巫［二］。　四一七壹

乙巳、癸酉，勿以祠三土君［三］。　四一八壹

壬勿以祠司命［四］。　四一九壹

凡日長，己丑、辛巳、亥、甲申，是胃（謂）日長。利見長者，以祠大吉。　四二〇

注釋

［一］『祠日』寫在簡四一七頭端，是原有的篇題。簡文内容是關于祭祀的宜忌。

［二］巫，古代的神職人員。《周禮・春官・司巫》：『司巫掌群巫之政令。若國大旱，則帥巫而舞雩；國有大烖，則帥巫而造巫恒。』《公羊傳・隱公四年》：『于鍾巫之祭焉，弑隱公也。』何休《注》：『巫者事鬼神禱解，以治病請福者也。』

［三］三土君，睡虎地《日書》乙種簡145作『三土皇』，孔家坡《日書》簡355作『三公主』。有學者指出即《史記・封禪書》中記載的『杜亳有三社主之祠』，可參。

［四］司命，神名。常見于包山、望山、天星觀等楚地出土卜筮祭禱簡中。根據文獻記載，其神格可以是主生命和疾病的天神，也可能爲家居小神①。

---

① 楊華：《楚簡中的諸『司』及其經學意義》，《古禮新研》，商務印書館，2012年，第273、274頁。

·祠街 [一]

田街，龍[二]庚寅、辛卯。召不（丕）㬎（顯）[三]，久〈大〉街、大輅[四]、少輅，之〈主〉土皇神[五]。　四一七貳

·邑街，龍寅、辛卯、己酉。召不（丕）㬎（顯），大街，主牧四土[六]。　四一八貳

里中街，龍辛。召不（丕）㬎（顯），大街，斿（遊）士、斿（遊）女[七]。　四一九貳

注釋

[一]『祠街』寫在簡四一七第貳欄，是原有的篇題。簡文內容是關于祭祀街道的宜忌，將街道分爲田、邑、里中三類。田邑爲諸侯大夫的領地。《左傳·宣公二年》：『及成公即位，乃宦卿之適而爲之田，以爲公族。』杜預《注》：『爲公族大夫也。』《公羊傳·桓公元年》：『此邑也，其稱田何？田多邑少稱田，邑多田少稱邑。』又《楚辭·大招》：『田邑千畛，人阜昌只。』王逸《注》：『田，野也……邑，都邑也。』里爲秦漢時期基層行政制度的一環，《史記·張耳陳餘列傳》：『秦詔書購求兩人，兩人亦反用門者以令里中。』

[二]龍，忌。

[三]召，《詩·小雅·正月》：『召彼故老，訊之占夢。』高亨《注》：『召當讀爲詔，告也。』不㬎，即丕顯。

[四]久，疑爲『大』字之誤。大輅，亦作大路，古時天子所乘之車。《書·顧命》：『大輅在賓階面。』孔《傳》：『大輅，玉。』孔穎達《疏》：『《周禮》巾車掌王之五輅：玉輅、金輅、象輅、革輅、木輅，是爲五輅也……大輅，輅之最大，故知大輅玉輅也。』《禮記·樂記》：『所謂大輅者天子之車也。』《史記·齊太公世家》：『周襄王使宰孔賜桓公文武胙，彤弓矢，大路，命無拜。』

[五]之，疑爲主字之誤。土皇神，疑指君主。

[六]牧，統治、管理。四土，四方。

[七]斿，遊蕩、遊行。遊士、遊女代指普通男男女女。

四二一

天刺[一]

凡朔，入月六日、七日、望、十八日、廿二日，此天刺。不可以祠祀及殺。·凡月產三日、四日，勿以小祭，小兇（凶）；大祭，大兇（凶）。

有關。

注釋

[一]『天刺』寫在簡四二一頭端，是原有的篇題。因爲朔日，入月六日、七日、望，十八日、廿二日正是月相變化的四個臨界時日，因此天刺日大概與月相

殺日[一]

戊午可殺牛[二]。乙丑可以殺犬・子不可殺雞。　四二一

壬辰可殺豕（豕）。・戊己殺豕（豕），長子死。入月旬七月〈日〉以殺豕（豕），必有死之。春三月甲乙毋殺犬。夏三月丙丁毋殺雞。　四二三

春三月甲子不可食犬。・夏三月丙丁、戊己不可食黃赤犬。・秋三月戊己、庚辛不可食黃白犬。・冬壬癸、甲乙不可食黑犬、青犬。・凡是日

四二四　入其殺者而更問其良日。☐　四二五

五月庚寅戠（繫）畜，一爲十，二爲百。　四二六

注釋

[一]『殺日』寫在簡四二三頭端，是原有的篇題。這段文字講述殺牲的宜忌日。睡虎地秦簡《日書》甲種『帝』篇有『殺日』條，云『殺日，勿以殺六畜』。

[二]孔家坡《日書》作『不可』。

占所爲祠日[一]

子不可起土功，人支其襄（穰）[二]。丑不可穿戶牖，相奪四光[三]，長子失明。寅不可行，出入不至五里，人必見兵。不可　四二七　禱祠，歸

以禮傷，百鬼不鄉（饗）。卯不可投五種[四]，一入弗嘗（償）。不可穿井，百泉不通。辰不可舉喪，出入三月，人必有喪。　四二八　巳不可入錢

財，入必破亡。不可殺雞祠，主人毋傷，而巫受其央（殃）。 四二九

午不可計數[五]，不可臨官，四矞不當。未不可行作[六]，不可上山，斧斤不折，四支（肢）必傷。申不可功（攻）石玉，石玉不出，人必

四三〇 破亡。酉不可寇（冠）、馘（城），出入三歲，人必有詛明（盟）[七]。戌不可取（娶）婦、嫁女，且喪。亥不可遷徙，必復其鄉。 四三一

注釋

[一]『占所爲祠日』寫在四二七、四二八、四二九三枚簡的頭端，是原有的篇題。本篇講解十二地支的避忌，睡虎地秦簡《日書》甲種、孔家坡《日書》有相似的內容。在武威漢簡、敦煌卷子以及後世選擇通書中都有記載。一般稱作『百忌日』或托名彭祖稱『彭祖百忌歌』，在海外漢文獻中也有流傳。

[二]支，支付。《漢書·趙充國傳》：『今大司農所轉穀至者，足支萬人一歲食。』襄，疑讀爲穰。《説文》：『穰，黍梨已治者。』段玉裁《注》：『已治，謂已治去其筥皮也。謂之穰者，莖在皮中如瓜瓤在瓜皮中也。』

[三]四光，孔家坡《日書》作『日光』。

[四]投，指下種。《廣雅·釋地》：『投，種也。』王念孫《疏證》：『投，謂種于土中也。』

[五]計數，可能指計數。一説指官吏上計所涉及的名數。

[六]行作，勞作、作爲。《商君書·墾令》：『休居不聽，則氣不淫；行作不顧，則意必壹。』王充《論衡·辨祟》：『起動、移徙、祭祀、喪葬、行作、入官、嫁娶，不擇吉日，不避歲月，觸鬼逢神，忌時相害……如實論之，乃妄言也。』

[七]詛明（盟），即盟詛，結盟立誓。《周禮·春官·詛祝》：『作盟詛之載辭，以敘國之信用，以質邦國之劑信。』鄭玄《注》：『盟詛主于要誓。』孫詒讓《正義》：『盟詛亦有誓，但以用牲爲異。』《穀梁傳·隱公八年》：『誥誓不及五帝，盟詛不及三王，交質子不及五伯。』

血忌[一]

春心，夏與（興）鬼，秋妻，冬虛，不可出血若傷，必死。血忌：帝啟百虫口日也，甲寅、乙卯、乙酉，不可出血，出血不出三歲必死。·春三

月戌，夏三月 四三二 丑，秋三月辰，冬三月未，此四時徵日也，不可殺六畜，此帝大臣群不火食者[二]。以作事，犯者死，不可哭、灢（顙）舉、

發音、發喪[三]。 四三三

夏三月，與（興）鬼爲星徵，丁丑爲辰徵。冬三月，虛爲星徵，癸未爲日辰徵[四]。 四三四

注釋

[一]『血忌』寫在簡四三二的頭端，是原有的篇題。本篇講述出血的忌日。《論衡·譏日》云：『假令血忌、月殺之日固凶，以殺牲設祭，必有患禍。』《協紀辨方書》卷六有『血忌』條，説法與本篇不同；卷十講『血忌』日忌針刺，與本篇有相通之處。

[二]火食，謂吃熟食。《禮記·王制》：『東方曰夷，被髮文身，有不火食者矣。』鄭玄《注》：『不火食，地氣煖不爲病。』

[三]灋，讀爲殺。殺舉，即審殺薦舉。《後漢書·盧植列傳》：『宜使州郡殺舉賢良，隨方委用，責求選舉。』發音，泛指發出聲音。《淮南子·氾論》：『憤于志，積于內，盈而發音，則莫不比于律。』發喪，將死訊公告于眾。《左傳·莊公四年》：『王遂行，卒于樠木之下……莫敖以王命入盟隨侯，且請爲會于漢汭而還。濟漢而後發喪。』

[四]簡文缺少春三月和秋三月，當有缺簡。

歲[一]

天不足西方，天柱乃折。地不足東方，地維乃絶。於是名東方而對（樹）之木，胃（謂）之青；名南方而對（樹）之火，胃（謂）之赤；名西方而對（樹）之金，四三五【胃（謂）之】白[二]；名北方而對（樹）之水，【胃（謂）之黑】[三]；名中央而對（樹）之土，【胃（謂）之】黃[四]。於是紀日月而定四鄉（鄉）[五]，和陰陽，雌雄乃通，於是令日當月，令月當歲，各十二四三六時。東方青，南方赤，西方白，北方黑，中央黃，是胃（謂）五色。東方醉（酸）[六]，南方隸（辛？），西方飴（苦），北方齊（醶）[七]，中央甘，是胃（謂）五銇（味）。東方徵，南四三七方羽，西方商，北方角，中央宮，是胃（謂）五音。色以占死生，味飴（飴）[八]，音者以占悲樂，於是令火勝金，令水勝火，令木四三八勝土，令金勝木，是胃（謂）五勝[九]。勝者以占強弱，各居而鄉（鄉），必合陰陽，結解必當。於是令東方生，令南方長，令西方殺，令北四三九方臧（藏），令中央兼收，是胃（謂）五時。春以徵秋，夏以敗冬[一〇]，秋以徵春，冬以徵夏，是胃（謂）四時。春敫（徵）戌也，是胃（謂）倍（吾）且生，子毋四四〇敢殺，盡春三月乃解於戌。夏敫（徵）丑也，是胃（謂）倍（吾）且長，子毋敢臧（藏），盡【夏三月乃解於丑。秋敫（徵）辰也，是胃（謂）倍（吾）四時結[一一]。結解不當，五穀不四四一生，盡秋三月乃解於辰。冬敫（徵）未也，是胃（謂）且臧（藏），子毋敢長，盡冬三月乃解於未。結解苟當，五穀必成，草木盡實，兵革不作，刑、正（政）盡治[一三]。羊[一二]，刑、正（政）亂。結解不當，五穀不四四二盛，草木不實，兵革且作，六畜脊（瘠），民多夭四四三正月并居於寅，以謀春事，必溫[一四]。民多疾，草木、五穀生而不齊。·二月發春氣丑，是胃（謂）倍（吾）已生矣，必風[一五]。多腹　四四

腸之疾，草木不實。·三月止寒於戌，是胃（謂）倍（吾）已成矣。寒，名曰執，蚤（早）執，莫（暮）寒【蚤（早）執，莫（暮）寒】莫

（暮）執[一六]。終日寒三　四四五　執。·四月并居卯，以受夏氣，必溫。不【溫】[一七]，五穀夏夭，草木不實，夏洛（落），民多瘴

疾[一八]。·五月治虫於辰、巳，是胃（謂）倍（吾）已長矣，子毋敢徽，大雨【大】徽[一九]。小雨小虫，民多

（霧）於亥[二二]，是胃（謂）倍（吾）已長　四四六　矣。子戒毋敢徽，必星[一九]。小雨小虫，民多

疾病，五穀不〈夭〉死。八月止陽氣於未，是胃（謂）倍（吾）已殺矣，止子氣矣。不寒，民多瘴　四四八　疾。禾復（覆）[二三]。·九月為

計於卯，五穀不〈夭〉死。蚤（早）風以收草木[二四]，溫以請（清），五官受令[二五]，其風忘，有大事，有土功事；其黑　四四九　也，有憂；其

白也，有兵；其青也，有木功事；其赤也，民多疾，瘴疾，鬼火衰。·十月稱藏（藏）於子，【必】請（清）[二六]。風忘，有大事。受藏（藏）　四五〇

不成。十一月盾（循）事於酉[二七]，必請（清）。風忘，正（政）亂，下不聽。　四五一

十二月置免於午，必請（清）。風忘，執正（政）、置官不治，若有大事。　四五二

七月并居　四四七　於申，以行秋氣，必寒。溫，民多為瘴　四四七　疾。

注釋

[一] 歲，寫在簡四三五首端，是原有的篇題。本篇內容與孔家坡漢簡《日書》基本相同。

[二] 『胃（謂）之』二字脫，據孔家坡《日書》補。

[三] 『胃（謂）之黑』三字脫，據孔家坡《日書》補。

[四] 『胃（謂）之』二字脫，據孔家坡《日書》補。

[五] 歲、月、日、星辰、歷數，皆稱『紀』。《書·洪範》：『五紀：一曰歲，二曰月，三曰日，四曰星辰，五曰厤數。』《史記·日者列傳》：『司馬季主復理前語，分別天地之終始，日月星辰之紀。』紀日月而定四鄉（鄉）的意思是正名定位①，亦不確。『日月』在孔家坡《日書》中寫作『胃』，恐涉上文中的『胃』字而誤。『紀胃』不辭，有學者把孔家坡《日書》『紀』改釋為『糾』，認為『糾謂』的意思是根據日月來確定東南西北四個方位。

[六] 酳，疑即從酉贛省聲的『醫』字。《說文》：『醫，酒味淫也。從西，贛省聲。讀若《春秋傳》曰「美而醫。」』醫，可讀為酸。

[七] 齊，疑讀為醋。《廣韻·霽韻》：『醋，鹹也。』

[八] 佔，讀為占。此處有脫文。

① 王貴元：《讀孔家坡〈日書〉漢簡札記》，武漢大學簡帛網，2006年10月8日。

[九]「勝」字下有重文符。

[一〇]敗，據上下文，應是「徵」字之誤。一説「徵」讀爲「擊」，訓爲「敗」。

[一一]「結」字下有重文符。

[一二]孔家坡《日書》「夭」字作「不」，「夭」「不」形近致誤。不祥，即死亡的諱稱。一説，「夭羊」讀作「夭傷」，指夭折而死。《戰國策·秦策三》：「生命壽長，終其年而不夭傷。」

[一三]「治」字寫在第三道編繩下面（地腳）的位置。

[一四]孔家坡《日書》「必溫」下有「不溫」二字，此處疑抄脱。

[一五]據文例，「必風」下脱「不風」二字。

[一六]缺文據孔家坡《日書》補。

[一七]「溫」字據孔家坡《日書》補。

[一八]癉疾，乃一種熱病。《論衡·順鼓》：「其有旱也，何以知不如人有癉疾也。」《素問·奇病論》：「此五氣之溢也，名曰脾癉。」王冰《注》：「癉，謂熱也。」馬瑞辰《通釋》：「星者，姓之假借。古晴字正作姓。《説文》：姓，雨而夜除星見也。从夕生聲。《字通》作精與晴。《三倉解詁》：晴，雨止無雲也。

[一九]據文例，「必星」下可補「不星」。星，雨止星出之意。《詩·鄘風·定之方中》：「星言夙駕，説于桑田。」鄭玄《箋》：「星，雨止星見。」《史記》：天精而見景星。《漢書·天文志》作「天暒」。是晴，精皆姓也。其字亦省作星。《韓非子·説林下》：「荆伐陳，吳救之，軍間三十里，雨十日，夜星。」

[二〇]「大雨」據孔家坡《日書》補。

[二一]霿，孔家坡《日書》作「霧」，恐是形近致誤。

[二二]「大」字據孔家坡《日書》補。

[二三]復，讀作覆，傾覆、倒覆。

[二四]收，有枯萎之意。秋風蕭殺，草木凋萎，故曰收。孔家坡《日書》作「於」，疑是形近誤寫。

[二五]五官，即五方之神。《左傳·昭公二十九年》：「故有五行之官，是謂五官……木正曰句芒，火正曰祝融，金正曰蓐收，水正曰玄冥，土正曰后土。」

[二六]「必」字據孔家坡《日書》補。

[二七]盾，讀爲循，巡行、巡視之意。《墨子·迎敵祠》：「凡守城之法，縣師受事，出葆，循溝防，築薦通塗，脩城。」孔家坡《日書》對應的文字，整理者原釋「廥」，王强改釋爲「盾」，讀爲循①。甚是。

---

① 王强：《孔家坡〈日書〉漢墓簡牘校釋》，吉林大學碩士學位論文，2014年。

日辛[一]

古日辛藉天下之四時行□☑ 四五三

貴大人富桀（傑）、取（最）……上者、舉大事者辟（避）之，小事皆弗辟（避）也，細民[二]舉大事及嫁女、取（娶）婦、遷徙者及 四五四

嫁女、取（娶）婦、遷徙者，善擇四時之良日、時及建除之良日，及宿之良日[三]而用之，足矣。其諸☑ 四五五

凡人固有吉兇（凶），吉人易〈易〉爲日，兇（凶）人不可爲日。吉人舉事抵兇（凶）☑ 四五六 利。故人有善日、

不善日。爲吉人，日則善日矣；爲兇（凶）人，則不善日矣。□□□☑ 四五七

凡邑之有土好也，邑之福也，有（又）邑之孽也[四]。其所聞見者博，而其所言者多吉，而不好傷人成攻（功），則邑之福也。 四五八 其所聞

見者少，而所言者多過，而好傷人之成攻（功），則邑之孽也。其所聞見者不害於民而民忌之，害於民而民弗☑ 四五九 用也。

其親父母死日，其餘大父母、弟兄皆勿龍也。 四六〇 此皆不傷細民。天固不建龍日，毋（無）央（殃）罰。人者以口自置龍日，口之所央（殃）

者，有矣；心之所忌者，因有忌矣。皆毋（無）【央（殃）】☑ 四六一 之矣。其未察天者多，而民皆多以口自央（殃）也，不得其誠。今爲之辯

以傳之後世，其察天道者固☑ 四六二 其好教學人傳之後世，弗畀。匿者有益大，大上毋徙，舍少央（殃）。 四六五

四六四 愚識民者也皆勿用也，此不能利人，有（又）不能傷人。

詐爲此以䨥（勸）愚識民者也，皆勿用。用之不能利人☑ 四六三

凡日之傷人者，……取（最）害於細民而毋（無）辟（避）其臨矣。黃帝者，德不好傷人，唯用兵者辟（避）之。其居土☑ 四六六

凡用甲兵者，天道必左白龍而右孟（猛）虎、北赤鳥，及陰雨從高擊下[五]。其良日庚、戌、午。 四六七

凡用甲兵者，地刑（形）必左青龍而右伏虎、北招搖，及夏燥而從起者而前戰擊[六]。其良日丙、午。 四六八

凡葬貍（埋）者，其所辟（避）者寅、卯、辰及宿之名爲卯者，此皆不可以發（?）廣（壙）饔（兆）及葬貍（埋）[七]，其餗衝、剽、陷、除、徵日，龍日、忌日[八]。 四六九

反支之日，戌、巳之日者，雌日皆可用也，東西南北會及起也，皆不……其餘百事及禱祠皆勿辟（避）也。此不傷人☑ 四七〇

凡將葬，善人之。其卦不遇陰雨則吉矣。 四七一

凡行者之日，皆用禹之行日。無日是不可行，西、東、南、北，皆日，有時以起，無兇（凶）抵[九]。諸以它日射者皆勿用也[一〇]，不傷人，龍

日取（最）吉。 四七二

凡出入人之忌，戊戌、丁未、壬午、壬戌，其餘日皆可用也。毋忌者道也，道入者皆勿用也。

凡六畜事，將新爲家而未有六畜者，令將始畜者善問其良日，以始畜之，出入之，其後出入，毋（無）用日矣，諸日皆可不傷。 四七三

凡土攻之事，細民善辟（避）四時，擇土之良日而用之，毋辟（避）鉅徹，毋辟（避）宿，毋辟（避）土司空，毋辟（避）大武，毋辟 四七四

（避）雷公[一一]。 四七五

凡木事，善辟（避）丁、癸之日，其餘日，其餘皆可用也，不傷人。

【天】降四時以其當有，【其餘】百事小大皆毋辟（避）也。 四七六

四七七 事。必謹辟（避）此四歲……帝者也，一旬七舍[一二]，月其臨也。是以日徙一舍，終月集者。細民☑ 四七八

所謂一者，天也，正月也。二者，地也，二月也。三者，人也，三月也。四者，四時也，四月也。五者，五音也，五月也。六者，六律也，六

月也。七 四七九 者，七星也，七月也。【八】者，八風也，八月也。九者，九州也，九月也。九九者之長也，天道道一至九而反（返），故天

【有】九州，人有九敫（竅）。是故☑ 四八〇 道正月始生至九月而反（返）。 四八一

所謂（謂）蒼帝者，木情（精）也，東方也，主生。所胃（謂）赤帝者，火情（精）也，南方也，主長。所胃（謂）白帝者，金情（精）也，西

方也，主殺。☑ 四八二 黑帝者，水情（精）也，北方也，主臧（藏）。所胃（謂）☑『所胃（謂）』黃帝者，土情（精）☑ 四八三

所胃（謂）建者，斗星也。所胃（謂）咸池者，漢也。所胃（謂）宿者，皆衛☑ 四八四

所胃（謂）上朔叢辰，持辰者，繕氏者，縫（逢）龍……者，有土氏者、南蒙氏者、伊尹氏五章[一三]☑ 四八五

（謂）不生之旬者及道五子以到五☑ 四八六

所胃（謂）反支者，雄日朔道雄日反數之，【雌日朔】以雌日反數之，復遇其支，則以爲反支。以此日☑ 四八七

所胃（謂）詰咎道者[一五]，此傷鬼道者也，慎勿敢用也，百鬼疾之。用者恆……道者益令易智也。☑ 四八八

【所】胃（謂）孤虛者，唯反夜之寇者用之，其餘百事及嫁女、取（娶）婦、遷徙者皆勿辟（避）也。☑ 四八九

所胃（謂）禱祠之事者，百鬼固皆有，日以食其餘，善求月吉以祠之，此歆食之事也。其餘所胃（謂）八魁、反大及徵、反 四九〇

支、龍日，

日者皆勿辟（避）也[二六]，此不傷人。☐ 四九一

識民者也，慎勿用也。用之不能利人，勿用也不能病人。所胃（謂）八魁者[二七]，此四時春秋冬夏之相代也。而☐ 四九二

所胃（謂）反徼者，春三月當生，是以令乙徼夏之未，生事未成也，令夏氣毋蚤（早）至，日是不可以爲長事，其餘百事皆可用也。 四九三 三

月有乙未而爲反徼，及它未皆不爲反徼[二八]。夏六月當長，是以令丙徼秋之戌，長事未成也，令秋氣毋蚤（早）至，日是 四九四 冬之丑 不可以殺伐、功

（攻）擊及責[二九]，其餘百事皆可用也。六月有丙戌而爲反徼，其它戌皆不爲反徼。·秋九月當☐【收，是以令辛徼 四九五 冬之丑 收事未已

也，令冬氣毋蚤（早）至，日是不可以蓋臧（藏）及有發壞，陰事[二〇]，其它丑皆不爲反徼。九月有辛丑而爲 四九六 反徼，其餘百事皆可

冬十二月當蓋臧（藏），是以令壬徼春之辰，蓋臧之事未已也，令春氣毋蚤（早）至，日是不可以【爲】☐ 四九七 生長增高之事，其餘百事可

用也。十二月有壬辰而爲反徼，其它辰皆不爲反徼。 四九八

長收斂之月也，其不與朔者皆廢日。唯農事、起居、庸功者辟（避）之，其餘百事皆弗辟（避）也。 四九九 ☐之，皆可。及其衝、

剽、陷、除[三一]，勿辟（避）也，此不傷細民。所胃（謂）春三月之徼者，東方主生，是以令甲徼秋之季， 五〇〇 孟戌以止爽氣。所胃

（謂）夏三月徼者，南方主長，是以令丁徼冬之辰，孟丑以止寒氣。所胃（謂）秋三月之徼者，西方主殺 五〇一 是以令庚徼春之季，孟辰以止生

氣。所胃（謂）冬三月[三二]及有發壞也，而可以爲陰事及百事皆可用也。 五〇二

注釋

[一]『日辛』寫在簡四五三頭端，是原有的篇題。簡文假托古代的日者辛立論，内容前所未見。篇中目前可見有十三個『凡』和近二十個『所謂』，均系對日書中所見的『天道』『神煞』的系統總結、闡釋，相當于解經之傳。簡文『今爲之辯以傳之後世，其察天道者固☐』乃點睛之筆，與文書簡所謂『高里☐當後論』合觀，『日辛』的作者極有可能是周家寨M8的墓主人路平。

[二]細民，平民。《晏子春秋·諫下二十》：『遂欲滿求，不顧細民，非存之道。』

[三]宿，星宿。疑指日書中的『星官』篇而言。

[四]孽，作亂或邪惡的人。《吕氏春秋·遇合》：『賢聖之後，反而孽民。』高誘《注》：『孽，病也。』

[五]從高擊下，張家山漢簡《蓋盧》『凡戰之道，冬戰從高者擊之』。馬王堆《刑德》內篇：『此用斗之大方也，故曰左青龍而右白虎，前丹蟲而後玄武，招搖在上，☐☐在下，乘龍載斗，戰必勝攻必取，善者從事下。』傳世文獻也有《禮記·曲禮上》：『行，前朱鳥而後玄武，左青龍而右白虎，招搖在上。』《吳子·治兵》：『左青龍，右白虎，前朱雀，後玄武，招搖在上，從事在下。』其中青龍、白虎、朱雀、玄武代表二十八星宿。内容與馬王堆《刑德》、張家山漢簡《蓋盧》篇有相通之處，具有兵陰陽色彩。

〔六〕張家山漢簡《蓋盧》：『凡戰之道，……夏戰從卑者擊之。』

〔七〕發，發掘、挖開。廣，讀爲壙。窀，從辰從死，疑讀爲兆。發壙兆，即爲死者挖掘墓穴，用于安葬。

〔八〕鍊，讀爲束，約束、限制。《商君書·畫策》：『行間之治連以五，辨之以章，束之以令；拙無所處，罷無所生。』

〔九〕抵，至也。《史記·蒙恬列傳》：『始皇欲遊天下，道九原，直抵甘泉。』

〔一〇〕《爾雅·釋詁下》：『射，厭也。』陸德明《釋文》：『字又作斁，同。』

〔一一〕土司空，懷疑是土地神的一種。大武，疑即玄武，爲北方之神。《楚辭·遠遊》：『時曖曃其矇莽兮，召玄武而奔屬。』雷公，主管打雷的神。《楚辭·遠遊》：『左雨師使徑侍兮，右雷公以爲衛。』

〔一二〕舍，星次，星位所在。《史記·律書》：『七正二十八舍……舍者，日月所舍。』司馬貞《索隱》：『二十八宿，七正之所舍也。舍，止也……言日月五星運行，或舍于二十八次之分也。』

〔一三〕繒氏、縫（逢）龍、土氏、南蒙氏、伊尹氏，皆爲人名。伊尹爲商湯大臣，《左傳·襄公二十一年》：『伊尹放大甲而相之，卒無怨色。』其餘待考。

〔一四〕八風，指八音。《左傳·襄公二十九年》：『五聲和，八風平。』王引之《經義述聞·春秋左傳中》：『古者八音謂之八風。襄二十九年傳：「五聲和，八風平。」謂八音克諧也。』

〔一五〕詰，《周禮·太宰》注：『猶禁也。』詰咎，禁災。睡虎地《日書》甲種有『詰咎』篇，主要内容是如何制服各樣的鬼怪。

〔一六〕日者，古時以《日書》類文獻占候卜筮爲業的人。《墨子·貴義》：『子墨子北之齊，遇日者』。《史記·日者列傳》裴駰《集解》：『古人占候卜筮，通謂之「日者」。』

〔一七〕八魁，神煞名。《後漢書·蘇竟列傳》：『夫仲夏甲申爲八魁。』李賢《注》：『曆法，春三月己巳、丁丑，夏三月甲申、壬辰，秋三月己亥、丁未，冬三月甲寅、壬戌，爲八魁。』

〔一八〕三月的乙未日爲反徹，其他的未日不爲反徹。

〔一九〕《説文》：『責，求也。』

〔二〇〕發壞，毀壞。王充《論衡·龍虛》：『盛夏之時，雷電擊折破樹木，發壞室屋。』陰事，指隱秘、不可告人的事情。《史記·荊燕世家》：『至元朔元年，郢人昆弟復上書具言定國陰事，以此發覺。』

〔二一〕衝、剽，見于『咸池徙』篇，其云：『建所當爲衝日，卒衝前爲剽，後爲敗，是日毌可有爲也。』陷，見于『臽日』篇。除，疑即『建除』篇之除日。

〔二二〕季，指一年四季中每季的最後一個月。《逸周書·周月》：『歲有春夏秋冬，各有孟仲季，以名十有二月。』秋之季，即季秋，

〔二三〕『冬三月』下有缺文。據文例大致如下『所胃（謂）冬三月之徹者，北方主藏，是以令癸徹夏之季，孟未以止熱氣』。

待編連簡

（一）有字簡

☑報食☑　14

☑年不擊　24

☑二求？　46

正月以到九月生☑　65

☑☑　132

☑亥祠父母，不出三月必大得，不三必五。　363

□□□　C16

□□☑　C20

☑君之日，氣也，不可行於後世。不□□☑　C24

☑者巨徼☑　C29

（二）無字簡

朝霧

一　大致完好　　　　（M8:77-1）

二　大部（残）完好　（M8:77-2）

三　大部（残）完整　（M8:77-3）

四　大致完好　　　　（M8:77-4，直径80厘米）

暑期号

元年後九月丙戌[一]，桃侯國丞壽成、都鄉佐疵：高里公乘路平不幸[二]，從車一乘、馬二匹，奴婢十人，各將千石米，謁告地丞下〈地下丞〉[三]。以律令從事。

注釋

[一] 查張培瑜《中國先秦史曆表》，『元年』逢『後九月』的只有六個年份（惠帝元年、景帝元年、景帝後元年、武帝建元元年、元光元年和元封元年），其中『丙戌』日能容入的年份只有武帝建元元年（前140年）和元光元年（前134年）。

[二] 桃侯國，侯國名，封邑在今隨州市。壽成、疵、路平，人名。不幸，從陳偉先生改釋。『不幸』爲死亡的諱稱①。

[三] 『從』指隨墓主下葬。從者即是『車一乘』『馬二匹』『奴婢十人，各將千石米』。『地丞下』，『地下丞』之誤。

---

① 陳偉：《周家寨8號墓〈告地書〉中的『不幸』》，武漢大學簡帛網，2018年11月13日。

竹簡出土號與整理號對照表

篇名	整理號	出土號	篇名	整理號	出土號
建除	一	—	叢辰	一一	13+C25+C26
	二	503		一二	446
	三	511		一三	447
	四	510		一四	516
	五	502		一五	190
	六	461		一六	551+C48
	七	462		一七	512
	八	541		一八	309
	九	550+C39		一九	140+146上+C1
	一○	509		二○	133+146下+284上+C5

篇名	整理號	出土號	篇名	整理號	出土號
叢辰	二一	407	星官	三一	123
	二二	446		三二	147
	二三	287		三三	122
	二四	138		三四	148
	二五	196		三五	152
	二六	149		三六	153
	二七	191		三七	189
	二八	192		三八	193
	二九	253		三九	278
	三○	128		四○	308

篇名	整理號	出土號	篇名	整理號	出土號
星官	四一	197	星官	五一	286
	四二	344		五二	287
	四三	194		五三	196
	四四	138		五四	194
	四五	149		五五	151
	四六	191		五六	219
	四七	192		五七	220
	四八	253		五八	254
	四九	277		五九	283
	五○	284下		六○	285

篇名	整理號	出土號
星官	六一	306+C7
	六二	136+C12

續表

篇名	整理號	出土號	整理號	出土號	整理號	出土號	整理號	出土號	整理號	出土號
八壐（望）	七〇	454	六九	453	六八	457	六七	349	六六	305+348
	六五	261+369+C19	六四	256	六三	154	六二	218	六一	257
時，日夜分，日廷圖二	八〇	295	七九	263	七八	264	七七	297	七六	298
	七五	355+C17	七四	255	七三	211	七二	365	七一	
臨日										
威池從	九〇	356	八九	354	八八	367	八七	399	八六	449
	八五	371	八四	400	八三	370	八二	368	八一	293+C14
反支，日廷圖一，三，四	一〇〇		九九	214	九八	200	九七	262	九六	213
	九五	212	九四	210	九三	299	九二	300	九一	448
嫁女，根（艮）山禹之離日	一一〇	350	一〇九	303+351上	一〇八	291+C27	一〇七	216+C2+C3+C8	一〇六	199+294
	一〇五	143	一〇四	203	一〇三	205	一〇二	301	一〇一	292+259上
婦良日										
一二〇		一一九		一一八		一一七	209	一一六	505	一一五	504
	一一四		一一三		一一二		一一一	402	一一〇	
107	1+2	34下 +150+364+C28								
嫁女，根（艮）山禹之離日										
婦良日										
牝牡月日										
一三〇	419	一二九	336	一二八	74	一二七	129	一二六	450+C6	一二五	458
	一二四	124	一二三		一二二	31	一二一	32		
牝月，牝日	103									

篇名	整理號	出土號

续表

篇名	整理號	出土號	整理號	出土號	整理號	出土號	整理號	出土號	整理號	出土號
禹须臾所以见人日／牝月、牡月、牡日	一四〇	414	一三九	388	一三八	394	一三七	416	一三六	241
	一三五	317-2	一三四	56	一三三	160	一三二	157	一三一	104
禹须臾所以见人日	一五〇	390	一四九	335	一四八	247	一四七	386	一四六	273
	一四五	391	一四四	412	一四三	316	一四二	383	一四一	339
禹须臾／亡日	一六〇	96	一五九	315	一五八	385	一五七	384	一五六	240
	一五五	272	一五四	333	一五三	393	一五二	331	一五一	420
	一七〇	276	一六九	41+53	一六八	68	一六七	39	一六六	69
	一六五	98	一六四	90	一六三	89	一六二	91	一六一	97
入官	一八〇	314	一七九	184	一七八	229	一七七	238	一七六	319
	一七五	270	一七四	324	一七三	418	一七二	422	一七一	341
困日／畜产良日／材（裁）衣	囚日	440	一八九	235	一八八	233	一八七	234	一八六	424
	一八五	426	一八四	415	一八三	382	一八二	313	一八一	75
四法（腐）／学／图	二〇〇	423	一九九	425	一九八	392	一九七	389	一九六	387
	一九五	109	一九四	108	一九三	114	一九二	172	一九一	268
居室／盖屋	二一〇	373	二〇九	353	二〇八	289	二〇七	288	二〇六	246
	二〇五	318	二〇四	328	二〇三	99	二〇二	236	二〇一	269

续表

篇名	整理號	出土號	篇名	整理號	出土號
土府	二一九	515+451上	蓋屋	二二一	374
	546	二一八	544		500
	二三〇	二一七	513		二二二	547+C32
	二二九	二一六	518		二二三	403
蓋屋	二三〇	二一五	537		二三二	139
	401	304上+351下	土府	二二四	360
	352	290+304下		二四二	131+C10+141
置室門	二二九	二一七	259+347+C18		二三二	459
	二四〇	二三九	二三七	C45	417	451下+C47
置室門	361	362	359+C35	456	398	514	506	428
	二四〇	二四九	二四八	二四七	二四六	二四五	二四四	二四三
鼠襄窒	252	C42	C21+C22	258	260	198	144	130
男女日								
置室門	413	411	466	338	334	94	115	437
	二六〇	二五九	二五八	二五七	二五六	二五五	二五四	二五三
死失	105	174	168	117	112	161	93	188
甲鳴								
死失	二七〇	二六九	二六八	二六七	二六六	二六五	二六四	二六三
						大墾		470
								二七二
二八〇	378	281	248	224	162	33	73	52
	二七九	二七八	二七七	二七六	二七五	二七四	二七三	二七一
409						死失		40
								二七一
						周疾		

续表

篇名	整理號	出土號	篇名	整理號	出土號	篇名	整理號	出土號
死失								
	二九〇	二八九		二八八	二八七		二八六	二八五	二八四	二八三	二八二	二八一
	430	435	433	476	525	524	494	497	499	443
死失								
三〇〇	二九九	二九八	二九七	二九六	二九五	二九四	二九三	二九二	二九一
72	50	30	101	166	167	116	111	110	266
天牢								
三一〇	三〇九	三〇八	三〇七	三〇六	三〇五	三〇四	三〇三	三〇二	三〇一
484	480	482	489	529	528	523	535	26	21+54+C15
禹湯生子占								
三二〇	三一九	三一八	三一七	三一六	三一五	三一四	三一三	三一二	三一一
42+49	16+37	100	20+43+47	85	86	87	88	70	395
三三〇	三二九	三二八	三二七	三二六	三二五	三二四	三二三	三二二	三二一
375	343	310	279	222	187	159	9+34上	102	三二一
五龍							育子	禹湯生子占	
三四〇	三三九	三三八	三三七	三三六	三三五	三三四	三三三	三三二	三三一
337	239	332	228	323	330	421	322	536	520
占喜								五龍	
三五〇	三四九	三四八	三四七	三四六	三四五	三四四	三四三	三四二	三四一
495	522	521	508	410	377	342	280	223	320
正月朔						占喜			
三六〇	三五九	三五八	三五七	三五六	三五五	三五四	三五三	三五二	三五一
467	463	408	311	481	479	478	527	526	477

续表

篇名	整理號	出土號	篇名	整理號	出土號	篇名	整理號	出土號	篇名	整理號	出土號
正月朔	三七〇	170		三六九	171		三六八	321		三六七	429		三六六	431		三六五	473		三六四	471		三六三	472		三六二	491		三六一	468
候穫貴賤	三八〇	118		三七九	169		三七八	175		三七七	106		三七六	226		三七五	250		三七四	176		三七三	242		三七二	44		三七一	119
病日			候時																											
	三九〇	183		三八九	182		三八八	181		三八七	237		三八六	15		三八五	177		三八四	173		三八三	48		三八二	—		三八一	120
	四〇〇	438		三九九	439		三九八	441		三九七	442		三九六	465		三九五	381		三九四	340		三九三	275		三九二	245		三九一	244
始種（種）						病日			殺日															候穫貴賤						
	四一〇	227		四〇九	164		四〇八	165		四〇七	180		四〇六	231		四〇五	178		四〇四	179		四〇三	267		四〇二	427		四〇一	436
	四二〇	202		四一九	265		四一八	357		四一七	396		四一六	445		四一五	464		四一四	379		四一三	312		四一二	251		四一一	243
祠日						歲			血忌															天刻						
	四三〇	163		四二九	185		四二八	230		四二七	232		四二六	61		四二五	51		四二四	145		四二三	142		四二二	134+201+C4		四二一	204
古所爲祠日																								古所爲祠日						
	四四〇	282		四三九	249		四三八	225		四三七	186		四三六	35		四三五	217		四三四	—		四三三	296		四三二	302		四三一	274

续表

篇名	整理號	出土號	篇名	整理號	出土號	篇名	整理號	出土號
四四一	380		四四二	444		四四三	498	
四四四	496		四四五	493		四四六	492	四四七	490	四四八	475	四四九
434	四五〇		432	四四九		475	四四八	490	四四七	492	四四六	493	四四五	496	四四四	498	四四三	444	四四二	380	四四一

歲

篇名	整理號	出土號
四五〇	434	432
四四九	475	490
四四八	492	493
四四七	496	498
四四六	444	380
四五一	327	
四六〇	3+208	11
四五八	4	5+7
四五七	329+C13	538+565+C38
四五四	366	

日辛

篇名	整理號	出土號
36+326+25下	22+79	59	58	539+C41	6+12	10
四七〇	四六九					
四八〇	四七九	四七八	四七七	四七六	四六五	四六四

篇名	整理號	出土號
四六一	78	
四六三	121	452+C34+C36
四六四	63	
四七一	55	
四七三	60	
四七四	57+83	
四七六	76	

日辛

篇名	整理號	出土號
549+C31	548+C40	483+C30	25上+556
四八〇	四八九	四八八	四八七
四八一	553+C44	
四八三	540+C43	557+564
四八五	486	519+558+562
四八六	126	125+C23

日辛

篇名	整理號	出土號
23+67	84	207+554	92	474+487+560	552+559
四九〇	四九九	四九八	四九七	四九六	四九五	四九四	四九三	四九二	四九一
四九一	66	
四九三	95	
533+C37	71	485	488

日辛

篇名	整理號	出土號
五〇〇		
五〇一	531	
五〇二	530	

注：本表不包含《日書》中所有篇題，僅列出篇幅較大，內容重要且對簡序排列有參考意義的篇題。